PETER PRAGAL

Wir sehen uns wieder, mein Schlesierland

PETER PRAGAL

Wir sehen uns wieder, mein Schlesierland

Auf der Suche nach Heimat

Mit 27 Abbildungen

Piper München Zürich

Mehr über unsere Autoren und Bücher:
www.piper.de

MIX
Papier aus verantwortungsvollen Quellen
FSC® C014496

ISBN 978-3-492-05497-3

Satz: Nadine Thiel | kreativsatz, Baldham
Druck und Bindung: GGP Media GmbH, Pößneck
Printed in Germany

Für meine Familie

Inhalt

Wroclaw 1980

Als ich an einem Septembertag des Jahres 1980 in einem polnischen Mietwagen von Trebnitz Richtung Breslau fuhr, war ich voll gespannter Erwartung. Je näher ich der niederschlesischen Metropole kam, desto größer wurde meine Ungeduld. An der Stadtgrenze das Schild »Wroclaw«. Zum ersten Mal seit Ende 1944 war ich wieder in meiner Geburtsstadt. Das Bild, das ich von ihr im Kopf hatte, war eine Idylle, zusammengesetzt aus den Erzählungen meiner Eltern, aus Büchern mit Fotos aus der Vorkriegszeit und aus einigen Kindheitserinnerungen. Jetzt fuhr ich durch Straßen, die mir absolut fremd erschienen. Vorbei an alten Mietshäusern mit bröckelndem Putz und eintönigen Plattenbauten, wie ich sie aus der DDR kannte, an Aufschriften und Plakaten in einer Sprache, die ich nicht verstand. In meine freudige Erwartung drängte sich ein Gefühl von Enttäuschung. Ich war nicht in Breslau, ich war in der Realität angekommen, und ich begriff: Dies ist zwar meine Geburtsstadt. Aber jetzt ist sie polnisch. Als Heimatstadt, so erkannte ich, war sie in der »Festungszeit« der letzten Kriegsmonate 1945 untergegangen. Was hatte ich eigentlich erwartet? Warum hatte ich sie so sehr als »Breslau« festgehalten, diese Vaterstadt? Ich arbeitete als Journalist im Ressort Politik, ich wusste doch, dass die Leute in Wroclaw Polen sind und also auch Polnisch sprechen.

Anlass der Reise war der Besuch einer Delegation katholischer Bischöfe aus der Bundesrepublik. Ich begleitete sie gemeinsam mit Kollegen der Katholischen Nachrichten-Agentur als Journalist. Eigentlich war das nicht meine Aufgabe. Ich arbeitete damals als Korrespondent des Magazins *Stern* im Bonner Büro. Da ging es vor allem um deutsche Innenpolitik. Im Oktober standen Bundestagswahlen an. Der CSU-Chef Franz Josef Strauß forderte den Bundeskanzler Helmut Schmidt (SPD) heraus. Für Parlaments-Journalisten in der Bundeshauptstadt bot dieses Duell reichlich Stoff. Trotzdem wollte ich unbedingt mit den Männern der Kirche reisen. Führte ihre Besuchsroute doch auch nach Breslau, an den Wohnort meiner Vorfahren. Gewiss hätte ich schon längst privat ins heutige Wroclaw fahren können. Aber das wollte ich nicht. Ich mochte nicht zu den Heimweh-Touristen zählen, die mit dem eigenen Auto, per Bus oder Bahn in die früheren deutschen Ostgebiete fuhren. Deshalb war ich froh, dass ich mein persönliches Interesse hinter den Aufgaben eines Reporters tarnen konnte.

Als ich am Frankfurter Flughafen in die Maschine der polnischen Fluggesellschaft LOT gestiegen war, war ich voll innerer Spannung gewesen. Es störte mich nicht, dass die Bischöfe gegenüber uns Medienleuten auf Distanz achteten. Für sie sollte es eine rein kirchliche Pilgerfahrt sein, mit der sie einen Deutschland-Besuch ihrer polnischen Amtsbrüder zwei Jahre zuvor erwiderten. Die Gruppe der Oberhirten unter Leitung von Joseph Kardinal Höffner aus Köln war sich darüber klar, dass ihre fünftägige Reise in der deutschen und polnischen Öffentlichkeit aufmerksam beobachtet und auch mit politischen Erwartungen befrachtet sein würde. Zumal die Route nicht nur nach Warschau und nach Tschenstochau, sondern auch ins einstmals deutsche Schlesien sowie ins ehemalige Konzentrationslager Auschwitz führte. Schon im Vorfeld war darüber spekuliert worden, ob sich die deutschen Oberhirten zur umstrittenen Oder-Neiße-Grenze äußern würden. Ihre polnischen Gastgeber, die ein klärendes Wort zu dieser heiklen Frage vermutlich begrüßt hätten, waren in einer schwierigen Situation. Wenige Wochen zuvor hatten Arbeiter in Danzig und anderen polnischen Städten für höhere Löhne gestreikt und damit begonnen, freie Gewerkschaften zu gründen. Sie stellten damit das Monopol der Kommunistischen Partei infrage. Die katholische Kirche unterstützte ihre Forderungen, riet allerdings zu behutsamem Vorgehen.

Am Abend unserer Ankunft in Breslau feierten Gastgeber und Gäste einen Gottesdienst im Dom, der Kathedrale Sankt Johannes des Täufers. Auf der Fahrt durch die Stadt wurden die Gäste mit ihrer Wagenkolonne von der Miliz geleitet. Mit Blaulicht hielt sie die Straßen frei. Auf der Dominsel standen Menschen Spalier. Das Gotteshaus, dessen Bau bereits im 13. Jahrhundert begonnen hatte, war überfüllt. Mehrere Tausend Gläubige saßen und standen dicht gedrängt. »Unser Besuch ist ein pastoraler, kein politischer«, hatte Höffner zuvor klargestellt. Er trat damit Spekulationen entgegen, die deutschen Bischöfe könnten sich zur umstrittenen Grenzfrage äußern. Und dennoch war der Besuch auch ein Politikum. Zum ersten Mal seit Kriegsende hielt ein Kirchenführer aus der Bundesrepublik an diesem Ort eine Predigt auf Deutsch.

Ich schaute mich um, blickte auf die gotischen Säulen und hinauf zum Gewölbe. Bei Kriegsende war der Dom eine Ruine gewesen, das Dach eingestürzt, das Kirchenschiff zur drei Vierteln zerstört. Sechs Jahre später war er vollständig restauriert. Als der Mainzer Kardinal Hermann Volk ans Mikrofon trat, war ich gespannt. Was würde er seinen polnischen Zuhörern in der einstmals deutschen Kirche sagen? Volk traf den richtigen Ton. Er sprach vom Auftrag der Kirche, jeden möglichen Beitrag für den

Frieden unter den Menschen und Völkern zu leisten. Er würdigte das gute Verhältnis zu den polnischen Kollegen. Und er berichtete, wie er den Tag in Rom erlebt hatte, an dem der damalige Krakauer Kardinal Karol Wojtyla, der bei ihm in Mainz mehrfach zu Besuch gewesen sei, zum Nachfolger Petri gewählt wurde. »Ich stand am Fenster daneben, als der neu gewählte Papst die Hunderttausende auf dem Petersplatz in fließendem Italienisch begrüßte. Alle Verwunderung war überwunden, der Jubel kannte keine Grenzen. Das ist Weltkirche, auch wenn der Papst zugleich Bischof von Rom ist.« Damals, so Hermann Volk, sei das treffende Wort gefallen: »In der Kirche gibt es keine Ausländer.« Politische Äußerungen zum deutsch-polnischen Verhältnis kamen weder ihm noch den anderen Mitgliedern der Delegation während des Aufenthalts in Polen über die Lippen.

Wie in der Volksrepublik Polen damals üblich, hatte ich bei dieser Reise einen offiziellen Begleiter. Der Mann von Interpress, vermutlich Mitglied der Vereinigten Arbeiterpartei, ließ mich auch in der Kirche nicht allein. Ich bin evangelisch getauft und konfirmiert, aber als Student aus der Kirche ausgetreten. Mir war es etwas peinlich, als ich in der Nähe des Hochaltars aufrecht stehen blieb, während alle Polen um mich herum auf die Knie sanken, auch mein Genosse Begleiter. Viele Polen hatten kein Problem, gleichzeitig der herrschenden Partei und der Kirche anzugehören. Als ich erzählte, dass ich in Breslau geboren worden bin, bot er mir an, mich in die Taufkirche zu führen. Ich wusste nicht, wo die Taufe stattgefunden hat. Ich kannte lediglich unsere frühere Wohnadresse. Doch für einen Gang dorthin war die Zeit zu knapp. Ich musste mich nach dem Programm der Bischöfe richten. Es reichte gerade zu einer Führung im Städtischen Museum, die mir mein Begleiter kurzfristig vermittelte.

Im Rathaus erläuterte mir die Museumsführerin die Geschichte aus der damals üblichen kommunistisch-nationalistischen Sicht. Bis ins Mittelalter seien Schlesien und seine Hauptstadt unter der Herrschaft der Piasten polnisch gewesen. Dann sei das Land tschechisch geworden. Dass Böhmen damals zum Deutschen Reich gehörte, erwähnte sie nicht. Die These vom urpolnischen Territorium, das von Deutschen mit ihrem Drang nach Osten okkupiert worden sei und das man 1945 verdientermaßen wiedergewonnen habe, zog sich wie ein roter Faden durch ihren Vortrag. Jeder Pole, der einmal in Breslau gewesen war, diente ihr als Beweis für die polnische Vergangenheit der Stadt. Kein Wort über deutsche Bürgermeister und die deutsche Bürgerschaft. Dass über Jahrhunderte in diesem Rathaus Deutsch gesprochen worden war, kam in ihrer Darstellung nicht vor.

Ich hörte ihr höflich zu, aber innerlich war ich empört über ihre Geschichtsklitterung und die verzerrte Darstellung der Stadtgeschichte. Mir fiel ein, was ich über Breslau nach 1945 gelesen hatte. Wie polnische Kommunisten und Nationalisten, durchaus im Einverständnis mit der Mehrheit des katholischen Klerus, systematisch die Spuren des Deutschtums in Breslau getilgt hatten. Wie sie deutsche Denkmäler, Erinnerungstafeln und Aufschriften beseitigt und Friedhöfe eingeebnet hatten. Irgendwann konnte ich nicht mehr an mich halten und widersprach der Museumsführerin. Was folgte, war ein heftiger Wortwechsel. Wir schieden im Streit.

Als ich die Stadt verließ, hatte ich alle Illusionen über eine Wiederbegegnung mit der Heimat meiner Kinderzeit verloren. Ich hatte nichts von dem gefunden, was ich als Bild meiner Geburtsstadt in mir getragen hatte. Das in meiner Familie nach dem Krieg verklärte deutsche Breslau gab es nicht mehr, und meine Vorstellung davon ist bei der Konfrontation mit der polnischen Gegenwart in sich zusammengesunken. »Ich will davon nichts hören, Sohndl«, sagte meine Mutter, als ich ihr am Telefon von meinem Besuch berichtete. Sie wollte sich die Erinnerung an das Breslau ihrer Zeit unbeschädigt bewahren. Um ihr nicht wehzutun, redete ich nicht weiter von meinen Eindrücken und meiner Enttäuschung. Mir war klar, dem Beispiel vieler älterer Breslauer, die in zunehmender Zahl mit einem Reiseunternehmen in ihre geliebte Heimatstadt fuhren, würde sie niemals folgen. Bei meinem Vater, dem ich eher beiläufig von meiner Stippvisite in Breslau erzählte, war ich mir da nicht so sicher.

Mit meiner Frau und unseren beiden Kindern Markus und Katharina wohnte ich damals in Sankt Augustin bei Bonn. Dort hatte ich ein Haus gemietet. Es stand in der Breslauer Straße. Die meisten Straßen des Neubaugebiets trugen Namen ostdeutscher Städte, so wie vielerorts in den alten Bundesländern. Eine Geste der lokalen Politiker gegenüber den Vertriebenen, ein Versuch, sie zu beheimaten. Die Wirkung? Gleich null. Die Leute in der Nachbarschaft interessierten sich nicht weiter für den deutschen Osten. Wenn ich Freunden und Bekannten von meinen Beobachtungen in der »schlesischen Hauptstadt« erzählte, hörten sie meinen Schilderungen höflich-gelangweilt zu. Bei meinen Kollegen in der Redaktion war es nicht anders. Das war doch nun wirklich Geschichte, vorbei – oder?

In meinem Bericht für den *Stern* kam Breslau nicht vor. Dafür schilderte ich umso ausführlicher die heikle Situation der polnischen Kirche. Zwar verfolge sie die Kraftprobe der Arbeiter mit der kommunistischen Regierung voller Sympathie, schrieb ich in meinem Bericht. Aber die Sorge, dass es zu Gewaltakten kommen könnte, und die Furcht vor einem wirtschaftlichen Ruin verböten ihr eine offene Parteinahme. Dann zitierte ich einen deutschen Bischof, der sich in die Lage des polnischen Primas Stefan Kardinal

Wyszynski zu versetzen suchte: »Er kann Streiks nicht verhindern, aber er könnte das Feuer zum Lodern bringen. Die Last der Verantwortung drückt ihn schwer.« Schließlich ließ ich noch einen Regierungsfunktionär zu Wort kommen: »Die Kirche hat sich stets mit Polen identifiziert, Partei und Staat dagegen mit der Sowjetunion. Die Folgen bekommen die Genossen jetzt zu spüren.«

Die Einzige, die sich geduldig anhörte, was ich in Breslau erlebt hatte, war meine Frau. Das war immer so, wenn ich von dienstlichen Reisen zurückkam. Sie kannte mein ausgeprägtes Bedürfnis, mich mitzuteilen, und sie spürte, dass ich diesmal mehr von dem Erlebten bewegt war als sonst. »Warum fährst du nicht mit deinen Kindern nach Breslau und zeigst ihnen, wo du geboren bist?«, fragte mich meine Frau. »Das ist doch die Heimat deiner Familie.« Sie selbst stammt aus dem Siegerland im südlichen Westfalen. »Mache ich schon noch«, sagte ich. »Später, wenn ich Zeit habe.« Dabei blieb es.

So sehr mir mein Verstand auch sagte, dass ich mich von dem offenbar so sorgsam in mir bewahrten Bild von Breslau, meiner Vaterstadt, lösen müsse, in meinen Gefühlen kam ich davon nicht los. Heimat hat vor allem etwas mit Empfindungen zu tun, mit frühen Eindrücken, mit Sprache, mit der Mundart der Eltern, mit Geborgenheit. Wir sehnen uns nach den Orten, so wie sie gewesen sind, als wir Kinder waren, als wir begannen, die Umwelt zu entdecken. Je harmonischer wir unsere frühe Zeit erinnern, desto heftiger schmerzt die plötzliche Erkenntnis, dass die vertrauten Zeugen dieser Zeit, Straßen, Plätze, Häuser, Bäume, unwiederbringlich verschwunden sind. Breslau ging mir nicht mehr aus dem Kopf. Ich schaute in alte Stadtpläne, kaufte Bildbände, sammelte Erinnerungsliteratur. Und ich kramte Fotos aus meiner Kindheit hervor, die meine Mutter im Fluchtgepäck gerettet und mir später geschenkt hatte.

Eines der geretteten Bilder zeigt einen kleinen Jungen, der sich breitbeinig auf einen Spazierstock stützt und fröhlich in die Gegend schaut. Er trägt eine sogenannte Seppl-Hose. Dazu eine Weste, Kniestrümpfe und eine Art Tirolerhütchen. Als ich diese Kluft bekam, war ich drei, vier Jahre alt. Meine Mutter und ich fuhren mit dem Zug über Hirschberg zu einem Ort am Fuße des Riesengebirges. Im Eisenbahnabteil saß mir eine Dame gegenüber. Ich schaute sie an und rutschte unruhig auf meinem Sitz hin und her. Irgendwann platzte es aus mir heraus: »Ja, willst du denn gar nicht wissen, wohin ich fahre!?« So hat es mir meine Mutter erzählt. Mein Drang, mich mitzuteilen, war offenbar schon damals groß.

Krieg, Flucht und Vertreibung

Ich bin als behütetes Kind aufgewachsen, der älteste von drei Söhnen. Die ganze Liebe und Fürsorge meiner Mutter konzentrierte sich zunächst auf mich. Einen Kindergarten habe ich nicht besucht. Allein war ich dennoch fast nie. Entweder kümmerte sich meine Mutter um mich oder Erna, unser Hausmädchen. Was ich über meine frühe Kindheit weiß, stammt überwiegend aus Erzählungen meiner Mutter. Zum Beispiel die Geschichte mit Weihnachten. Vor einem Schuhgeschäft in der Innenstadt stand ein Schaukelpferd. Darauf bin ich wohl etliche Male geritten. So ein großes Pferd mit einer Sprungfedermechanik wünschte ich mir zum Christfest. Am Heiligen Abend öffnete sich die Tür zum Zimmer, in dem der geschmückte Tannenbaum mit den brennenden Kerzen stand. Tatsächlich erblickte ich ein hölzernes Schaukelpferd. Aber statt in Jubel auszubrechen, blieb ich wie versteinert stehen. Mir kamen die Tränen. Ich hatte so sehr auf ein Pferd wie das vor dem Geschäft gehofft. Jetzt stand da eine Miniaturausgabe. »So klein!«, soll ich traurig gesagt haben.

Von solcherlei Enttäuschungen abgesehen, war ich in den ersten Lebensjahren ein glückliches Kind. Gewiss, mein Vater kam nur selten auf Urlaub. Er war gleich zu Kriegsbeginn 1939 zur Wehrmacht eingezogen worden. Aber ich weiß nicht, ob ich ihn wirklich vermisst habe. Die unbeschwerte Zeit ging im Herbst 1944 zu Ende. Da erlebte ich bei meiner Großmutter im Vorort Wilhelmsruh den ersten Fliegerangriff. Bis weit ins Jahr 1944 war Breslau von Bombenabwürfen feindlicher Flugzeuge verschont geblieben, einer der »Reichsluftschutzkeller«, wie man Gebiete nannte, die die Alliierten noch nicht bombardierten. Am Abend des Angriffs war der Himmel zur Vorbereitung der Attacke hell erleuchtet, von den Erwachsenen »Christbaum« genannt. Wir gingen in einen Luftschutzkeller. Das Krachen der Einschläge machte mir Angst. Ich drückte mich an meine Mutter. »Bitte, bitte, lieber Gott, mach, dass dies aufhört«, soll ich, wie sie später erzählte, geflüstert haben. Alte Männer und Frauen hockten eng beieinander und zogen hin und wieder den Kopf ein. Auch sie hatten offensichtlich Angst. Die Betondecke bebte. Aber sie hielt. Als wir endlich wieder ins Freie kamen, sahen wir einen Feuerschein. Bei einem der Häuser war das Dach zertrümmert. Das Haus meiner Großeltern war verschont geblieben. Als wir am nächsten Tag in unsere Wohnung in der Matthiasstraße kamen, waren wir erleichtert. Sie war unversehrt. In dieser Gegend hatte der Angriff keinerlei Schäden angerichtet.

Um diese Zeit änderte sich die Stimmung in der Familie. Die Sorglosigkeit wich Unruhe und Ängsten. Das wohlige Lachen um den Tisch herum, wenn wir beim Essen saßen, war verschwunden. Die Gespräche der Erwachsenen in unserer Breslauer Wohnung wurden immer ernster. Ich verstand nicht genau, worum es ging. Aber ich spürte, dass uns etwas Unheimliches bedrohte. »Das sieht düster aus, ganz düster« – diese Worte fielen häufig. Abends mussten wir die Fenster verdunkeln. Als ich einmal aus Versehen ein Rollo herunterriss, geriet meine Mutter fast in Panik. Licht nach draußen dringen zu lassen war ein schweres Vergehen.

Im Reichssender Breslau spielten sie nun häufiger schnulzige Lieder. »Heimat, deine Sterne. Sie strahlen mir auch am fernen Ort. Was sie sagen, deute ich ja so gerne. Als der Liebe zärtliches Losungswort.« Mutter bekam feuchte Augen. Von ihrem Mann an der Ostfront erhielt sie nur spärliche Mitteilungen. Der Vater meiner Mutter wurde zum Volkssturm eingezogen. Meine Großmutter, eine energische Frau, die ich Ami nannte, schmiedete Pläne, was wir tun würden, wenn die Russen kämen.

Gegen Ende des Jahres 1944 war es so weit. Die Nachrichten von der Front waren so beunruhigend wie eindeutig: Die Russen kamen immer näher. Ami und meine Mutter beschlossen, Breslau zu verlassen. Das war klug, denn Mitte Januar trieb die Naziführung in einem überstürzten Evakuierungsbefehl die Zivilbevölkerung, vor allem Frauen und Kinder, bei bitterster Kälte aus der Stadt. Da die Züge hoffnungslos überfüllt waren, machten sich Zehntausende Menschen mit Kinder- und Handwagen zu Fuß auf den Weg. Ein großer Teil von ihnen hat diese Elendsmärsche nicht überlebt. Die Toten, unter ihnen viele Säuglinge, wurden am Straßenrand liegen gelassen. Die steinhart gefrorene Erde konnte sie nicht aufnehmen. So haben es Zeitzeugen geschildert.

Unsere neue Bleibe war das Dorf Hartenberg, das zur Gemeinde Petersdorf am Rande des Riesengebirges gehörte. Wir fuhren mit dem Zug in zwei oder drei Stunden dorthin, bepackt mit Rucksäcken, Koffern und Taschen. Mein jüngster Bruder Axel, geboren im September 1944, lag mal im Steckkissen, mal im Kinderwagen. Fremd war uns der Ort nicht. Bei der Bauernfamilie M. waren wir über viele Jahre zur Sommerfrische, wie man damals sagte. Meine Mutter ist dort schon als junges Mädchen gewesen. Mit Trudl, der Tochter des Landwirts, war sie befreundet. Auch mit mir und meinem jüngeren Bruder Manfred hat sie dort etliche Wochen im Jahr verbracht. Es gibt ein Foto, das zeigt, wie wir beide im Gras vor dem Wohnhaus sitzen. Wir kamen in eine vertraute Umgebung.

Der Winter war kalt, aber in Hartenberg hatten wir keine Not. Die Stuben waren warm, und wir hatten genug zu essen. Für mich war es wie Ferien. Wir wanderten zum Zackelfall und zu Gebirgsbauden oder fuhren Schlitten. Einmal stießen wir bei einer steilen Abfahrt gegen einen tief verschneiten Baumstumpf. Ich saß vorn und hatte Glück: Der Schnee hatte den Aufprall gedämpft. Ami und meine Mutter waren zerknirscht und meinten, es wäre wohl besser gewesen, mich in die Mitte zu nehmen. Merkwürdig, dass ich mich an ein solch belangloses Vorkommnis erinnere. Der Moment, in dem wir vom Weg abkamen und im tief verschneiten Graben landeten, ist bei mir glasklar gespeichert. Andere Ereignisse, wie etwa das Christfest 1944 oder der Abend vor unserer Abreise aus Breslau, sind vollständig aus meinem Gedächtnis gelöscht.

Die Erwachsenen versuchten, die bedrohlichen Nachrichten von uns fernzuhalten. Nichts vom Vormarsch der Russen, nichts von der unvermeidlichen deutschen Niederlage. Manchmal besuchten wir Bekannte. Mit dem Direktor der Josefinen-Glashütte in Schreiberhau war meine Großmutter gut bekannt. Wir wurden mit einer Torte bewirtet, Kaffee, Tee und Kakao gab es aus sogenannten Sammeltassen. Der Krieg mit seinen Schrecken und Entbehrungen schien weit weg zu sein. Und doch sah ich Zeichen, die zu der von den Erwachsenen aufgebauten Fassade idyllischer Winterferien nicht passten. Eines Tages beobachtete ich, wie unsere Gastgeber anfingen, ihr gutes Geschirr in Kisten zu verpacken. Sie wurden unter der Gartenlaube vergraben.

Bald darauf – inzwischen war es März geworden – packten Großmutter und Mutter auch unsere Sachen und schlossen sich den Menschen an, die über das Riesengebirge ins vermeintlich sichere Sudetenland flüchteten. Wir waren mit einer Gruppe von Dorfbewohnern zu Fuß unterwegs. Unser Gepäck bestand im Wesentlichen aus Proviant, Kleidung und Bettdecken. Mutter hatte aus unserer Breslauer Wohnung Dokumente, Fotos, Bargeld und ihren Schmuck mitgenommen. Geschirr, Silber, Gläser – alles war dort geblieben. Auch mein Spielzeug. Ich hatte etliche Zinnsoldaten, deren farbige Uniformen mir sehr gefielen. Um die tat es mir leid. Mutter und Großmutter schoben abwechselnd Axel im Kinderwagen. Manfred wurde manchmal getragen. Oder er durfte sich bei anderen Flüchtlingen aus der Gruppe auf einen der mitgeführten Handwagen setzen. Von Petersdorf über die Passstrasse ins böhmische Harrersdorf war es nur ein Tagesmarsch. Die überwiegend deutsch besiedelten Randgebiete von Böhmen und Mähren gehörten seit dem Münchner Abkommen zum Deutschen Reich. Dort waren, wie auch im sogenannten Protektorat, dem tschechischen Kernland, deutsche Truppen. Von ihnen erhofften sich die geflohenen Schlesier Schutz. Als wir auf der böhmischen Seite des Gebirges auf einer Waldlichtung rasteten, bemerkten wir in der Nähe einen Trupp junger Wehrmachtssoldaten. Wir wollten uns ihnen anschließen. Aber sie machten uns klar, dass wir Zivilisten ihnen lästig waren. Sie hatten nur ein Ziel: so rasch wie möglich nach Westen zu den Amerikanern, um sowjetischer Gefangenschaft zu entgehen.

In den sudetendeutschen Dörfern wurden wir freundlich empfangen. Manche Bewohner boten uns Quartier an. Sie ahnten noch nicht, dass sie bald selbst vertrieben werden würden. Das Kriegsende erlebten wir in einem Gasthaus in Nordböhmen. Diese Bilder habe ich noch heute deutlich im Kopf. Zuerst zogen – auf der Flucht vor den nachrückenden Russen – zumeist junge, erschöpfte deutsche Soldaten über die enge, kurvenreiche Straße. Manche zerschlugen ihre Gewehre an den Randsteinen und warfen die Reste in den Graben. Dann, ein paar Stunden später, kamen Rotarmisten auf Armeefahrzeugen.

Meine Mutter hatte Angst. Ich spürte es an ihren leisen Bemerkungen zu Ami, daran, dass sie uns Kinder nicht aus den Augen ließ, an ihren unruhigen Blicken aus dem Fenster. Mutters Angst übertrug sich auf mich: Wenn ich harte Stiefeltritte hörte, kroch ich reflexartig unter das nächste Sofa oder Bett. Es dauerte Jahre, bis sich bei mir die panischen Reaktionen legten. Ich blieb ein leicht zu verängstigendes Kind. Selbst noch als Erwachsener fuhr ich bei ungewohnten Geräuschen oder unerwarteten Begegnungen schreckhaft zusammen und konnte erst mit Verzögerung die Lage rational erfassen. Die sowjetischen Fronttruppen zogen weiter, ohne die Deutschen zu drangsalieren. Einige Soldaten gaben zu verstehen, dass den Frauen Gefahr erst von den Einheiten der Etappe drohe.

»Suschte nich als heeme« – nichts wie heim, so dachten meine Mutter und viele andere Schlesier, als Deutschland kapitulierte. Wer wusste damals schon, dass die Siegermächte übereingekommen waren, Ostpreußen, Pommern und Schlesien von Deutschland abzutrennen und ihre Bewohner zwangsweise »auszusiedeln«. Der Krieg war zu Ende, aber für viele der besiegten Deutschen begann die eigentliche Leidenszeit erst jetzt. Ich weiß nicht, wie wir uns in der Zeit des Zusammenbruchs der staatlichen Ordnung ernährt haben. Es muss sehr schwierig gewesen sein. Meine Mutter hat erzählt, dass sie Brot vorgekaut habe, mit dem sie meinen sechs Monate alten Bruder Axel fütterte. Babynahrung gab es nicht. Zusammen mit anderen deutschen Flüchtlingen liefen wir Richtung Norden. Wir waren viele Tage unterwegs. Manchmal, so wurde mir später berichtet, sind wir auch ein Stück mit dem Zug gefahren. Ich aber musste die meiste Zeit zu Fuß gehen. »Daher stammen deine O-Beine«, hat meine Mutter Jahre später gescherzt.

Heute frage ich mich, wie ich das als knapp sechs Jahre alter Junge geschafft habe. Die älteren unserer fünf Enkelkinder maulen bereits, wenn sie länger als eine halbe Stunde laufen sollen. Mir aber blieb damals keine andere Wahl.

Aus vielen Häusern wehten nun tschechische Fahnen. Die Angst vor Misshandlung und Vergewaltigung saß bei den deutschen Frauen tief. Auch bei meiner Mutter. Als wir einmal eine Nacht in einem Bahnhofswartesaal verbrachten, versteckte sie sich bis zum frühen Morgen kauernd unter den breiten Röcken einer alten, volksdeutschen Bäuerin. Ich saß neben Ami auf einem Stuhl. Irgendwann bin ich wohl eingeschlafen, angelehnt an ihren Körper oder an ein Gepäckstück. Dennoch: Wenn ich später las, mit welchen Gräueltaten tschechische Chauvinisten ihre Rachegelüste an Deutschen auslebten, kann ich nur sagen: Wir haben, bei allen Strapazen, die wir aushalten mussten, gewaltiges Glück gehabt.

Zwei Wochen nach Kriegsende kamen wir nach Görlitz. Die Stadt, an beiden Seiten der Lausitzer Neiße gelegen, war mit Flüchtlingen überfüllt. Schlesier, die vor den Russen geflohen waren und nach Ende der Kampfhandlungen zurück in die Heimat wollten, darunter auch viele Bauern, die die Frühjahrsaussaat auf ihren Feldern ausbringen wollten; andere Schlesier, die von dort kamen und unbedingt weiter nach Westen kommen wollten. Viele waren auf ihrem Rückmarsch Richtung Osten von Russen und Polen mit Waffengewalt aufgehalten und zurückgeschickt worden. Auf jedem Fleckchen Grün lagerten erschöpfte Menschen. Lebensmittel wurden knapp. Die Stadtverwaltung forderte die Flüchtlinge zum Weiterziehen auf, weil eine Hungersnot drohe. Aber die meisten wollten fürs Erste hier bleiben, weil sie hofften, von Görlitz aus leichter in ihre heimatlichen Dörfer und Städte zurückzukommen.

Gleich nach Kriegsende hatte die provisorische polnische Regierung die Gebiete westlich von Oder und Neiße mit Stalins Einverständnis, aber noch ohne formelle Zustimmung der Westmächte unter ihre Verwaltung gestellt. Der östliche Stadtteil von Görlitz, das heutige Zgorzelec, wurde zur polnischen Stadt erklärt. Die neuen Machthaber begannen, die deutschen Bewohner aus ihren Häusern und Wohnungen auf die westliche Seite des Flusses zu treiben. Wir aber wollten nach Hause, in unsere schlesische Heimat. Irgendwie schaffte es meine Mutter, eine behördliche Genehmigung zum Überqueren der neuen Grenze zu bekommen. »Passierschein« steht in russischer und deutscher Sprache auf einem Dokument, das sich im Nachlass meiner Mutter befand. Das Dokument, ausgestellt von der Stadtverwaltung am 25. Mai 1945, berechtigte »Ruth Pragal, geb. Kriegerstein mit Mutter und drei Kindern«, sich nach Hirschberg/Riesengebirge zu begeben. Warum sie dieses Ziel, nicht aber Breslau genannt hat, kann ich nur vermuten. Sie wollte wahrscheinlich wieder nach Hartenberg im Kreis Hirschberg, wo wir im Winter noch wärmenden Unterschlupf gefunden hatten. Ich habe es versäumt, sie zu fragen, solange das noch möglich gewesen wäre.

Über die Neiße hatten Sowjetsoldaten eine Notbrücke geschlagen. Die früheren Übergänge hatte die Wehrmacht beim Rückzug gesprengt. Meine Großmutter schob den Kinderwagen mit meinen jüngsten Bruder Axel, meine Mutter schleppte Taschen, als wir die Behelfskonstruktion betraten. Nach ein paar Metern klemmte das Vorderrad an einer Holzplanke fest. Da kam uns von der Gegenseite ein Trupp berittener Rotarmisten entgegen. Die beiden Frauen erschraken. Sie fürchteten, die Soldaten würden brutal über den Kinderwagen hinwegreiten. Doch es geschah das Überraschende: Der Kommandierende, »ein Mann mit Mongolengesicht«, wie sich Ami erinnerte, hob den Arm, und der Trupp hielt an. Er wartete so lange, bis meine Großmutter das Rad wieder freibekommen hatte.

Auf der anderen Seite der Neiße ging es weiter Richtung Osten. Wir schlossen uns einem Treck von Schlesiern an, die ebenfalls nach Hause wollten, und »tippelten« über die von Obstbäumen gesäumte Landstraße. Wenn ich viel später in meinem Leben gefragt wurde, wo wir denn damals übernachteten, konnte ich nur sagen: Ich weiß es nicht. Ich habe auch keine Ahnung, wie viele Tage wir unterwegs waren. Ich würde gern genau beschreiben können, wie das damals war auf der Landstraße. Aber mein Gedächtnis versagt, in meinem Kopf ist eine Leerstelle. Fotos würden mir sicherlich helfen, mich zu erinnern. Aber meine Mutter hatte andere Sorgen, als ihre Kinder beim Rückmarsch im Bild festzuhalten. Ich stoße beim Schreiben auf viele weiße Flecke. Ich wüsste zum Beispiel gern, wo unser Fluchtweg durch Böhmen verlief. Ich habe tschechische Karten studiert und nach eingezeichneten Burgen gesucht. Eine solche hatten wir bei unserem Gasthofaufenthalt besichtigt. Während anderswo der Krieg tobte, erlebten wir im Sudetenland vor der Kapitulation eine friedliche Stimmung. Das Leben ging ja weiter. Meine Mutter musste Manfred und mich irgendwie beschäftigen. Wir konnten nicht den ganzen Tag in der Wirtshausstube sitzen. Da lag es nahe, nicht anders als in sorglosen Friedenszeiten, die örtlichen Sehenswürdigkeiten zu besichtigen. Im Gedächtnis geblieben ist mir ein »Hungerturm«, in dessen Inneren ich an den Felswänden Rillen entdeckte, die Menschen in ihrer Verzweiflung mit ihren Fingernägeln in den Stein gekratzt hätten, so hieß es. Ich fand das gruselig. Aber vielleicht habe ich es mir gerade deshalb gemerkt.

Besser kann ich mich an Liebenthal erinnern. Die kleine Stadt, die heute Lubomierz heißt, liegt ein paar Kilometer abseits der Landstraße zwischen Görlitz und Hirschberg.

Vielleicht hat uns jemand, der von dort stammte, den Ort als vorübergehende Bleibe empfohlen. Jedenfalls haben wir dort von Juni 1945 bis Juli 1946 gelebt, in Schlesien und doch nicht zu Hause. Es war eine Übergangsstation, die für uns zum Endpunkt vor der Ausweisung werden sollte. Wir haben es nicht weiter geschafft, weder nach Hirschberg noch nach Breslau. In Liebenthal waren wir »hängen geblieben«.

Unser erstes Quartier war das Gartenhaus neben der Villa eines Sägewerksbesitzers. Im Hauptgebäude hatten sowjetische Offiziere Quartier bezogen. Manchmal sonnten sie sich in Liegestühlen. Ein junger Uniformierter mochte mich. Ich durfte seine Mütze aufsetzen. Die war mir natürlich viel zu groß und rutschte mir über die Ohren. Er lachte und scherzte, als er mich so sah. Weil viele der knapp 1700 Liebenthaler dem Evakuierungsbefehl vor Kriegsende nachgekommen und nicht alle nach dem 9. Mai heimgekehrt waren, standen etliche Wohnungen leer. Als zugezogene Polen, von ihrer Regierung Repatrianten genannt, unsere Bleibe für sich beanspruchten, mussten wir uns erneut eine Unterkunft suchen. Etliche Male sind wir umgezogen, nicht freiwillig, sondern weil die seit Juni eingerichtete neue polnische Verwaltung uns klarmachte, wer hier jetzt die Herren waren. Zuletzt hausten wir in einer schäbigen Wohnung, die meine Mutter nur »das Loch« nannte. Sie hatte als junges Mädchen nach der Mittleren Reife eine Schneiderlehre absolviert und sollte nach dem Wunsch ihres Vaters in der Modebranche arbeiten. Ihre Ausbildung kam uns nun zugute. Aus Uniformstoffen nähte sie zivile Kleider, die sie gegen Naturalien tauschte. Dafür organisierte sie eine Nähmaschine, die deutsche Bewohner bei der Flucht zurückgelassen hatten. Die russische Kommandantur beorderte jugendliche und erwachsene Deutsche zum Ernteeinsatz. Meine Großmutter nahm mich manchmal mit, und wenn wir Glück hatten, fielen bei dieser Gelegenheit für uns ein paar Kartoffeln ab. Deutschen Schulunterricht gab es zu dieser Zeit nicht mehr. Ich lernte ein paar polnische Wörter. Im Gedächtnis geblieben sind mir nur die Bezeichnungen für verschiedene Lebensmittel.

Einmal hat meine Mutter versucht, in Begleitung eines Liebenthaler Lehrers nach Breslau zu kommen. Sie hat darüber nicht viel gesprochen, aber ich weiß, dass ich verzweifelt war, als sie sich auf den Weg machte. Ich fürchtete so sehr, dass sie nicht zu uns zurückkehren würde. Und dann hätte ich nur noch Ami. Nach ein paar elend langen Tagen des Wartens war sie wieder da. Das Unternehmen war ihr zu gefährlich geworden, und schließlich hatte sie der Mut verlassen. Sie hat unsere Breslauer Wohnung nie wieder gesehen.

Die Mädchen und Frauen aus der noch deutschen Nachbarschaft sangen häufig deutsche Volkslieder. »Im schönsten Wiesengrunde ...« oder »In einem Schneegebirge steht meiner Heimat Haus«, Zeilen voller Sehnsucht nach einer Heimat, die den Menschen bald genommen werden sollte. Je mehr die Liebenthaler unter der Ausquartierung, der Plünderung ihrer Wohnungen und Geschäfte und dem herrischen Auftreten der polnischen Miliz litten, desto enger rückten sie zusammen und gaben sich gegenseitig Halt. Die eigene Stadt wurde ihnen fremd. Die Straßen bekamen polnische Namen. Immer mehr Polen zogen hierher, die oft selbst aus dem von der Sowjetunion annektierten Osten vertrieben worden waren. Durch Dekrete der Warschauer Regierung und Anordnungen lokaler polnischer Behörden wurden die Deutschen entrechtet. Sie verloren ihr Eigentum, das als »verlassenes Vermögen« deklariert wurde, konnten zur Zwangsarbeit verpflichtet werden und mussten sich zum Beispiel einem Versammlungsverbot und einem nächtlichen Ausgehverbot unterwerfen. Die wichtigste moralische

Stütze war für meine Mutter in dieser Zeit der evangelische Pfarrer Egbert Vierow. »Ich habe auf meiner langen Wanderschaft nirgends wieder so herzenswarme und hilfreiche Menschen angetroffen wie in Ihrem Städtchen«, hat sie ihm später geschrieben. Während wir nach der Vertreibung in Westfalen eine neue Bleibe fanden, hat es ihn zunächst in ein Dorf im Erzgebirge verschlagen. Mir war meine Mutter stets als glaubensstarke, unbeirrbare Protestantin erschienen, die »Ein feste Burg ist unser Gott« wie ein trutziges Bekenntnis sang. Aus diesem Brief, den ich erst nach ihrem Tod im Jahr 1999 fand, erfuhr ich von ihrer tiefen Glaubenskrise während der Wochen und Monate der Flucht und des Herumirrens. »Sie, verehrter Herr Pastor, haben mir geholfen, wieder den Weg zu gehen, den ich damals verloren hatte.« Und weiter: »Damals verzweifelte ich an Gott, habe ankämpfen müssen gegen dieses ›Warum‹. Aber Ihre Güte und Ihr Verstehen haben mir wieder den Weg gewiesen. Heute ist mein Gottvertrauen meine einzige Kraftquelle.«

Nachdem sich die Sowjetunion, die USA und Großbritannien auf der Potsdamer Konferenz von Mitte Juli bis Anfang August 1945 darauf verständigt hatten, die deutschen Ostgebiete unter polnische Verwaltung zu stellen und die verbliebene deutsche Bevölkerung nach Rest-Deutschland umzusiedeln, war die endgültige Vertreibung nur noch eine Frage der Zeit. Zwar sollte die Oder-Neiße-Linie erst in einem späteren Friedensvertrag festgelegt werden. Das hinderte die Warschauer Regierung aber nicht daran, Schlesien, Ostbrandenburg, Pommern und das südliche Ostpreußen als polnisches Staatsgebiet zu bezeichnen und die bereits unmittelbar nach Kriegsende begonnene »Entdeutschung der wiedergewonnenen Gebiete« und die Enteignung der ortsansässigen Bevölkerung fortzusetzen.

Anfang Juli 1946 mussten wir Liebenthal verlassen. Wir

wurden mit einigen Hundert anderen Bewohnern, überwiegend Frauen und Kinder, zum Marktplatz beordert. Von dort traten wir den Marsch in eine ungewisse Zukunft an. Ich weiß nicht, ob uns der Weg zum kleinen Liebenthaler Bahnhof führte oder ob wir, wie andere Ausgewiesene berichteten, bis zur Sammelstelle in Plagwitz nahe der Kreisstadt Löwenberg laufen mussten. Ich erinnere mich nur noch, dass die Sonne schien und die Landschaft sich in ungewöhnlicher Klarheit zeigte. Unser spärliches Gepäck, zu dem immer noch unsere Bettdecken aus Breslau gehörten, inspizierten polnische Milizionäre und Zöllner. Maximal 20 Kilogramm pro Person durften mitgenommen werden. Auch bei dieser Gelegenheit wurden Menschen um einen Teil ihrer Habe erleichtert. Dann kletterten wir in die bereitstehenden Güterwagen.

Die Siegermächte hatten zugesagt, dass die Umsiedlungen »in geordneter und humaner Weise erfolgen sollen«. Die Wirklichkeit sah anders aus. Zusammengepfercht hockten oder lagen die Menschen in den fensterlosen Waggons. Es gab keine Sitzmöglichkeiten. Die hygienischen Verhältnisse waren katastrophal. Dabei hatten wir noch Glück. Der Transport gehörte zur »Aktion Swallow« (Schwalbe), einer Vereinbarung zwischen Polen und Engländern über die Aufnahme der Ausgewiesenen in der britischen Besatzungszone. Der Zug wurde über Liegnitz nach Kohlfurt geleitet, einem Eisenbahnknotenpunkt wenige Kilometer östlich der Neiße. Dort überprüfte eine englische Kommission die Transportlisten.

Weiter ging es durch die sowjetische Zone. Der Zug fuhr langsam, musste wegen defekter Gleise oft halten oder Umwege fahren. Viele Tage waren wir unterwegs. Manchmal wurden wir auf Bahnhöfen vom Roten Kreuz mit Essen verpflegt. Immer wieder stoppte der Zug. Dann stiegen Menschen aus und verrichteten ihre Notdurft. Wenn der Aufenthalt länger dauerte, entzündeten Frauen zwischen aufgestellten Steinen ein kleines Feuer, um irgendetwas zu kochen oder warm zu machen. Auf irgendeinem Bahnhof ist meine Mutter ausgestiegen, um Wasser zu holen. Plötzlich ertönte ein Pfiff, und die Lokomotive setzte sich in Bewegung. Sie bemerkte es, trat in Panik einen Zaun nieder, der die Wagen von ihr trennte, und konnte – während ich vor Angst schrie – noch auf ein Trittbrett springen.

Durchgangsstationen im Westen

Unsere erste Station im Westen war das Durchgangslager Uelzen-Bohldamm in Niedersachsen. Wir waren hungrig, müde, ungewaschen. Das Lager bestand aus Baracken. Wir schliefen auf Stroh, in qualvoller Enge. Kein Schrank oder Spind, in dem man die wenigen Habseligkeiten hätte verstauen können. Und doch war meine Mutter froh, hier zu sein und nicht, wie sie befürchtet hatte, in der sowjetischen Zone. Wo Uelzen liegt und was für eine Stadt das ist, wusste sie nicht. Wir kamen aus dem Lager, das dicht am Bahnhof lag, nicht heraus. Angestellte nahmen wie am Fließband die Personalien auf. An manchen Tagen mussten sie bis zu 6000 Neuankömmlinge registrieren. Fest eingeprägt in meine Erinnerung hat sich die Prozedur der obligatorischen »Entlausung«. Wie allen anderen wurde mir mit einer Art Insektenspritze weißes Pulver zwischen Hals und Kragen gespritzt und dann noch einmal auf die Brust. Das staubte etwas, aber besonders unangenehm war es nicht.

In Uelzen blieben wir nur wenige Tage, dann ging der Transport weiter nach Siegen in Südwestfalen, ein Ort, der Jahre später unsere Kreisstadt werden sollte. Aber das ahnten wir damals nicht. Vom Bahnhof wurden wir mit einem alten Militäromnibus zum Lager auf den Wellersberg gefahren. Die Stadt hatte im Krieg durch Bombenangriffe schwer gelitten. Von den rund 10 500 Wohnungen war etwa die Hälfte zerstört oder schwer beschädigt. Beim Anblick der Ruinen und der bergigen Landschaft ohne erkennbare Landwirtschaft drum herum packte meine Mutter das Entsetzen. »Wovon sollen wir uns hier bloß ernähren?«, stöhnte sie. Angekommen sind wir am 15. Juli 1946. Dieses Datum steht auf einer »Verpflegungskontrollkarte«, die ein hilfsbereiter Beamter des Bundesverwaltungsamtes in Gießen als einzigen Nachweis unserer Registrierung im Archiv gefunden hat. Aus der Karte geht hervor, dass meine Mutter berechtigt ist, im Lager für sich und ihre Kinder Lebensmittel in Empfang zu nehmen. Die eigentlichen Aufnahmeakten über unsere Familie, so schrieb er mir, seien nicht mehr vorhanden. Bei anderen Behörden, etwa beim Niedersächsischen Landes- und Staatsarchiv Wolfenbüttel und beim Stadtarchiv Uelzen, wurde ich bei der Suche nach Eintragungen auch nicht fündig. Transportlisten, auf denen unser Name verzeichnet ist, sind offenbar entsorgt worden.

Das Lager Siegen, das wie Uelzen als Durchgangseinrichtung diente, um von da aus das unübersehbare Heer der Flüchtlinge aus dem Osten weiter über das Land zu verteilen, war im November 1945 auf Weisung der britischen Militärverwaltung von den lokalen Behörden notdürftig in einem ehemaligen Kasernenkomplex eingerichtet worden. Für den Standort war ausschlaggebend, dass der Kreis Siegen an die amerikanische und an die französische Zone grenzte. Von hier aus ließ sich die Verteilung der Vertriebenen nach Süd- und Südwestdeutschland besser organisieren. Erst kurz vor Eintreffen der ersten Transporte aus Schlesien war es gelungen, Strohsäcke, Wolldecken und Glühbirnen in der notwendigen Menge zu beschaffen. Für meine Mutter und uns Kinder begann erneut die uns schon bekannte Prozedur: Wir wurden »entlaust«, registriert, bekamen eine warme Mahlzeit und ein Nachtlager zugewiesen, das wir in einem Raum mit vielen anderen Schicksalsgefährten teilten.

Wie die hier durchgeschleusten Menschen, die man nicht Vertriebene, sondern Flüchtlinge nannte, auf das Betreuungspersonal wirkten, habe ich später in einem amtlichen Bericht nachgelesen. Sie seien »verhärmt, verängstigt und abgemagert« gewesen, seien vereinzelt barfuß gegangen und hätten nur wenig Gepäck mit sich geführt. Die Ankunft eines jeden neuen Transports sei »ein erbarmungswürdiger Anblick« gewesen.

Nach einigen Tagen Lagerleben ging die Odyssee weiter. Diesmal war der Kreis Iserlohn im Sauerland das Ziel. Dort wurden die nunmehr Heimatlosen auf die Dörfer verteilt. Unsere neue Bleibe war eine Kammer im Haus eines Landwirts in Ostsümmern. Anton S. war von der behördlich angeordneten Einquartierung wenig erbaut. Dass wir mit offenen Armen aufgenommen wurden, kann man wirklich nicht sagen. Der Bauer ließ uns Habenichtse seine Ablehnung und Verachtung spüren. Meine Großmutter kam auf einem anderen Bauernhof unter. Abfällig sprachen Einheimische von uns Schlesiern als den »Polacken«.

Sie hatten keine Ahnung von unserer ostdeutschen Heimat. Sie wussten nichts von unserer Geschichte, von der Kultur der Städte, von der Größe der landwirtschaftlichen Güter, von der Schönheit der Landschaft. Wenn Vertriebene von ihren verlorenen Besitztümern erzählten, hielten das die ortsansässigen Bauern für maßlose Übertreibung. Höhnisch erklärten sie den vermeintlichen Angebern, diese hätten wohl »zehn Morgen Wind ums Haus« besessen. Konnte man den Bauern ihre Unkenntnis und ihre Einfalt verdenken? Menschen, die vor dem Krieg kaum aus ihren Dörfern herausgekommen waren? Hätten sich die Landwirte aus dem Riesengebirgs-Vorland anders verhalten, wenn sie bei einem anderen Verlauf der Geschichte gezwungen worden wären, Westfalen, Bayern oder Schwaben zu beherbergen? Wahrscheinlich nicht. Schlesier waren keine besseren Menschen. Sie hatten nur das schwerere Schicksal und sie büßten härter als die meisten Westdeutschen für Hitlers Untaten.

Die Einrichtung unserer Kammer war spartanisch. Wir hatten keine eigenen Möbel. Das Bett teilte ich mit meinen Brüdern. Wir sammelten Fallobst, suchten im Wald Beeren, buddelten nach zurückgelassenen Kartoffeln und lasen nach der Ernte auf den Feldern Ähren auf. Oft tat mir dabei der Rücken weh. Aber ich lernte auch, barfuß über die Stoppeln, die kurzen, stehen gebliebenen Roggenhalme zu gehen, ohne dass es schmerzte. Man musste sie mit dem Fuß nur umbiegen. Spielkameraden aus dem Dorf hatte ich zunächst nicht, aber unglücklich war ich auch nicht. Ich schaute zu, wie die Kühe gemolken wurden, lief mit meinem jüngeren Bruder zum Gaxberg, einer 250 Meter hohen Anhöhe, auf der Buchen standen. Dort kletterten wir auf Bäume oder legten uns einfach nur ins weiche Moos des Waldes und hörten den Vögeln zu.

Wenn wir zum Essen oder auch schon mal am Abend in der bäuerlichen Stube sitzen durften, wurde gelegentlich über Politik gesprochen. Ich war hin und wieder dabei und hörte zu. In dem gerade entstandenen Bundesland Nordrhein-Westfalen hatte sich mit der CDU eine überkonfessionelle christlich-demokratische Partei gebildet. Sie konkurrierte mit der traditionsreichen katholischen Zentrums-Partei, die in dieser Gegend viele Anhänger hatte. Der Bauer war für die neue Partei. Auch meine Mutter ließ für sie Sympathie erkennen. Es sei doch gut, wenn die Spaltung zwischen den Konfessionen überbrückt würde, sagte sie. Ein Elektriker, Freund des Bauern, bekannte sich als Sozialdemokrat. Er war es, der uns geholfen und unser ärmliches Leben ein wenig erträglicher gemacht hat. Mal brachte er ein Brot, mal einen Kochtopf und wieder ein anderes Mal eine wattstarke Glühbirne, die er gegen die funzelartige Leuchte austauschte, die von der Decke baumelte. Bei jedem

Besuch bedachte er meine Mutter mit freundlichen und aufmunternden Worten.

Am 6. Dezember polterte es an der Tür des Bauernhauses. In Breslau war der Nikolaus in einem weiten Mantel, mit weißem Bart, der ihm bis zur Nase reichte, und einer roten Mütze mit einer Bommel erschienen. Der Mann, der hier den Flur betrat, sah anders aus, eher wie ein Bischof. Er hatte Knecht Ruprecht, seinen Gesellen, dabei, einen unsympathischen Kerl mit einem geschwärzten Gesicht. Auf dem Rücken trug er einen Sack, aus dem zwei Kinderbeine baumelten. Die Strümpfe waren ausgestopft, aber das erkannte ich nicht. Ich erschrak heftig, zumal die Erwachsenen sagten, so ergehe es unartigen Mädchen und Jungen. Mich verschonte er. Ich sagte ein Gedicht auf und bekam vom heiligen Nikolaus sogar ein kleines Geschenk.

In der Fastnachtszeit verkleideten sich die Dorfkinder und gingen zu Nachbarn und Bekannten. Ich durfte dabei sein. Vor den Türen sangen sie ein Lied, das sich mir bald einprägte. Schon beim dritten oder vierten Auftritt konnte ich mitsingen. »Lüttke, lüttke Fastnacht, wir hab'n gehört, ihr habt geschlacht, habt so fette Würst'gemacht. Gebt uns eine, gebt uns eine, aber nicht so 'ne ganze kleine. Lasst das Mess'ken sinken, bis tief in den Schinken. Lasst uns nicht so lange steh'n, wir woll'n noch ein Häuschen weitergeh'n.« Als ich mit vielen kleinen Wurststücken zu meiner Mutter kam, war ich stolz. An das erste Schlachtfest, das ich auf dem Bauernhof erlebte, erinnere ich mich dagegen mit Schaudern. Die Sau quiekte entsetzlich, als sie aus dem Stall geholt wurde. Da bin ich weggelaufen. Später, als sie tot war, hing sie aufgeschnitten an einer Leiter, die an einer Wand aufgerichtet war. Die Beine waren an den Sprossen festgebunden. Der Anblick versetzte meiner Kinderseele einen Stich.

Im Herbst 1946 bin ich eingeschult worden, mit einem Jahr Verspätung. Da war ich sieben Jahre alt. Meinen Namen mit dem Datum fand ich im »Hauptschüler-Verzeichnis« der Volksschule Sümmern, das ich im Iserlohner Stadtarchiv einsehen konnte. Die Schule, in der heute Kinder unterrichtet werden, die einer besonderen Förderung bedürfen, stand im Hauptort Sümmern, in Sichtweite der Kirche, eine katholische Bekenntnisschule. In Breslau war die Bevölkerung überwiegend evangelisch. Hier, im Sauerland, waren die Leute traditionell katholisch. Eine protestantische Kirche gab es nur in der benachbarten Stadt Menden sowie in der Kreisstadt Iserlohn.

Meine Mutter wollte, dass ich am katholischen Religionsunterricht teilnehme. Ihr »Sohndl« sollte nicht gottlos aufwachsen. Sie kannte das Wort Ökumene nicht. Aber sie hat danach gehandelt. Viele Bilder sind mir aus dieser Zeit in Erinnerung geblieben. Der Beichtspiegel, bei dessen Lektüre ich mich prüfen musste: Habe ich Unkeusches »gedacht, angehört, angeschaut, gelesen, getan, allein oder mit anderen, wie oft?«. Der exotisch gekleidete Mohr am Eingang der Kirche, der nickte, wenn man ihm eine Münze durch einen Schlitz in den Kopf steckte. Vor allem aber die Fronleichnamsprozession. Das ganze Dorf war daran beteiligt. Überall gab es mit Blumen und Birkenzweigen geschmückte Altäre, mit Girlanden verzierte Bögen und viele Fahnen. Es beeindruckte mich sehr, wie der Priester, umgeben von Messdienern und Mitgliedern des Kirchenvorstandes, unter einer Art Baldachin die Monstranz durch den Ort trug.

Nach etwa zwei Jahren sind wir bei dem Bauern ausgezogen. Wir bekamen in Sümmern einen Raum in einer früheren Reichsarbeitsdienstbaracke auf dem Schützenplatz. Vor dem Fenster, durch das wir über einen Austritt ins Freie kletterten, gab es ein paar Quadratmeter Fläche, auf der wir einen Kaninchenstall errichten konnten. Dahinter waren Wiesen, die heute dicht bebaut sind. Täglich bin ich unterwegs gewesen, um Löwenzahn für unseren Stallhasen zu holen. Wir hielten auch eine Henne, die wir erst dann frei herumlaufen ließen, wenn sie ein Ei gelegt hatte. Geheizt wurde in einem Behelfsherd, den wir mit Holz oder mit »Schlammkohle« fütterten, einer minderwertigen, schwarzen Masse ohne nennenswerten Brennwert.

Die Nachbarn waren Vertriebene wie wir. Wir waren alle arm, und vielleicht habe ich deshalb nicht wirklich unter der Armut gelitten. Über geringste Geschenke habe ich mich gefreut, zum Beispiel über einen Gummiball, den mir meine Mutter eines Tages in die Hand drückte. Wir hatten wieder eine Bleibe, das zählte. In den Gesprächen zwischen den Erwachsenen tauchte immer wieder die Frage auf, ob wir hier jemals heimisch werden könnten, ob wir hier jemals Wurzeln schlagen würden. Meine Mutter konnte es sich nicht vorstellen. Ich war noch zu jung, um ernsthaft darüber nachzudenken, was Heimat bedeutet. Anders als in Ostsümmern hatte ich in der Barackenzeit etliche Spielkameraden. Auf dem Sportplatz unterhalb des Sümmerbergs spielten wir Fußball. Ich hatte keine Sportschuhe und lief mit meinen normalen Halbschuhen über den dunklen Aschenboden. Die Sohlen waren sehr dünn, ich spürte jeden Stein. Vielleicht war das der Grund, warum ich – anders als in späteren Jahren – ein schlechter Spieler war. Ein bisschen hatte ich auch Angst. Wenn ein scharf geschossener Ball kam, habe ich ihn nicht gestoppt, sondern bin weggelaufen.

Zu meinem neunten Geburtstag habe ich von meiner Mutter einen Roller geschenkt bekommen. Mit ihm habe ich weite Touren gemacht, bis in die Nachbardörfer Kalthof und Hennen. Es war ein wunderbares Gefühl, mich immer wieder mit einem Bein abzustoßen, es zum anderen hochzuziehen und stundenlang – so kam es mit vor – über die Asphaltstraßen zu sausen. Natürlich hätte ich gern ein richtiges Fahrrad gehabt. Aber dafür reichte das Geld meiner Mutter nicht. Einige meiner Kumpel hatten sich einen »Drahtesel« aus zusammengesuchten Einzelteilen gebastelt. Ich besaß lediglich einen verrosteten Rahmen, den ich auf dem Müll gefunden hatte. Nach Rädern habe ich vergeblich Ausschau gehalten. Auf einem geliehenen Vehikel habe ich Radfahren gelernt. Der Sattel wurde ganz niedrig gestellt. Ich weiß noch, dass es ein Ostersamstag war. Als ich heraushatte, wie man die Balance hält, bin ich auf der Allee zwischen den Barackenblöcken Dutzende Male hin- und hergefahren. Ich war selig und wollte gar nicht mehr aufhören.

Inzwischen war der Vater meiner Mutter zu uns gestoßen. Vermutlich hat er unsere Adresse über den Suchdienst des Roten Kreuzes ermittelt. Er wohnte mit meiner Oma zur Untermiete in einem Haus im Dorfzentrum. Mit ihm bin ich viel spazieren gegangen. Er konnte wunderbar Geschichten erzählen und hat mir viel über die Natur erklärt. Außerdem kannte er etliche »Schnoken«, gereimte Spott- oder Nonsensverse: »Wer Geld hat, schickt seine Frau ins Bad, wer keins hat, wäscht sie selber ab. Wer Geld hat, kann sich vieles kaufen, wer keins hat, der muss Wasser saufen.« Über solche ewigen Weisheiten, die unsere ärmliche Lage doch eigentlich ganz erträglich erscheinen ließen, haben wir viel zusammen gelacht.

Wenn ich müde war, nahm er mich auf seine Schultern. Dann sah ich von oben auf seine Glatze – die rühre vom Tragen des Stahlhelms im Ersten Weltkrieg, behauptete er. Wenn die Sonne brannte, legte er sich ein an vier Ecken geknotetes Taschentuch darüber. Er rauchte gern, aber die von ihm bevorzugen Stumpen konnte er sich nur selten leisten. Irgendwann kam er auf die Idee, in unserem Minigärtchen Tabakpflanzen zu ziehen. Sie gediehen tatsächlich. Ich sah fasziniert zu, wie er die getrockneten Blätter rollte und daraus eine Art Zigarillo drehte.

Als ältester Sohn hatte ich die Aufgabe, Holz aus dem Wald zu beschaffen. Heute sind die Wälder voll von Stämmen und Ästen, die – von niemandem begehrt – massenhaft zwischen den Bäumen liegen. Man kann sich vom Forstamt einen Schein besorgen und so viel nach Hause schleppen, wie man will. Damals hatte ich Mühe, ein paar dürre Zweige zu finden. Der Sack, den ich zum Sammeln mitnahm, blieb oft halb leer. Die Wälder wirkten sehr aufgeräumt. Um diese Zeit erschien in der Lokalausgabe der *Westfälischen Rundschau* eine Meldung mit der Überschrift: »Iserlohner Wald ruft um Hilfe.« Darin wurde beklagt, dass »unvernünftiger Holzdiebstahl« die Hänge um die Städte und Ortschaften kahl geschlagen habe.

Hinter den Baracken standen große Buchenbäume. Wenn die Eckern, die kleinen dunklen Früchte, herunterfielen, haben wir sie aufgesammelt und die Schale abgepult. Meine Mutter hat die Kerne gemahlen und daraus einen Kuchen gebacken. Er schmeckte etwas eigenartig, aber immerhin ein bisschen nach Mandeln. Als wir ihn verzehrt hatten, wurde uns speiübel. Meine Mutter hatte zwar gehört, dass aus Bucheckern Öl gewonnen wird. Aber sie wusste nicht, dass die zerquetschten Eckern eine giftige Substanz enthalten, die Tiere und Menschen krank machen und sogar Lähmungen hervorrufen können. Als es uns wieder besser ging und sie die Ursache unserer Übelkeit erfahren hatte, rief sie erschrocken und schuldbewusst: »Oh Gott, ich hätte uns alle beinahe umgebracht!«

Hunger gelitten habe ich nicht. Wir hatten zwar keine Wertsachen, die wir beim »Hamstern« den Bauern im Tausch gegen Nahrungsmittel hätten anbieten können. Und die zugeteilten Lebensmittelrationen waren karg. Doch mit leeren Mägen sind wir Kinder selten zu Bett gegangen. Trockenes Brot wurde aufgehoben. Meine Mutter machte daraus eine Suppe. Bis heute tue ich mich schwer, altbackenes Brot wegzuwerfen. Zudem kam ich in den Genuss der »Schulspeise«, zubereitet am Ort, aber gesponsert von US-amerikanischen Bürgern. Wir sagten »Quäkerspeise«, wussten aber nicht, dass der Name für eine religiöse Gemeinschaft steht. Häufig gab es Nudeln oder Brei. Mein Lieblingsgericht war warmer Kakao. Ich bekam ihn in einer Konservenbüchse, die ich an einem Drahtbügel hielt. Dazu gab es ein Brötchen.

Eine der Lehrerinnen meinte es besonders gut mit mir. Johanna Knop stammte selbst aus dem Osten. Sie war in Oliva bei Danzig geboren, hatte das katholische Lehrerinnen-Seminar zu Lissa in Posen absolviert, in Westpreußen ihren Beruf ausgeübt und war gegen Kriegsende in den Kreis Iserlohn gekommen. Sie meinte, ich sollte später aufs Gymnasium gehen, und gab mir außerhalb der Schule zusätzlichen Unterricht, um mich auf die höhere Schule vorzubereiten. Außerdem sorgte sie dafür, dass ich einen regelmäßigen Mittagstisch bei einer Bauern- und Gastwirts-Familie in Ostsümmern bekam, ganz in der Nähe des Landwirts, bei dem wir zunächst untergebracht waren.

Nach der Schule bin ich etwa zwei Kilometer über die Landstraße gelaufen, durfte mit am Tisch der kinderreichen Familie sitzen und danach, warm und satt, den Heimweg antreten. Autos, durchweg Vorkriegsmodelle, waren selten unterwegs. Ab und zu überholte mich ein britisches Militärfahrzeug oder ein Lastwagen mit einem ofenartigen Aufbau, ein »Holzvergaser«. An manchen Sommertagen war es sehr heiß, so heiß, dass die Sonne den Asphalt aufweichte und ich mit meinen Kunststoffsandalen im Teer stecken blieb. Auf meinem Weg musste ich an einem Hof vorbei, zu dem ein Wachhund gehörte. Der lief zuweilen frei herum. Ich machte um das Anwesen einen großen Bogen.

»Stimmt, meine Mutter konnte sehr gut kochen. Und zu essen hatten wir immer reichlich.« Ferdinand, der älteste

Sohn, schiebt mir ein Fotoalbum zu. »Oma hatte ein gutes Herz«, ergänzt seine Frau. Jahrzehnte sind vergangen, seit ich bei seinen Eltern Gastkind gewesen bin. Wir sitzen im Wintergarten des Wohngebäudes, das die Familie neben dem ursprünglichen Bauernhaus im Fachwerkstil errichtet hat. Mein Blick geht hinaus auf eine Pferdekoppel. Die Landwirtschaft hat er längst eingestellt. Jetzt betreibt er einen Reitstall. Wir sind fast gleichaltrig, vom Jahrgang her beide Rentner. Dass ich, der Flüchtlingsjunge, damals neben ihm und seinen vier Brüdern am Tisch gesessen habe, hat er nicht mehr in Erinnerung. Dafür umso mehr Erlebnisse aus der Schulzeit. Wir hecheln die Lehrer und Lehrerinnen durch, denen damals nicht selten »die Hand ausrutschte«. Auch Frauen schlugen zu. Einmal, so erinnert er sich, habe er von Frau G. eine so kräftige Ohrfeige erhalten, »dass ich sie heute noch spüre«.

Zum Haus unserer ersten Einquartierung sind es von hier aus nur wenige Hundert Meter. Hinter dem Ehrenmal für die Toten der Weltkriege biege ich in einen schmalen Weg und stehe vor unserem ehemaligen Notquartier. Das Gebäude ist renoviert, es hat neue Fenster, eine neue Eingangstür. Es gleicht nicht mehr dem Bauernhaus, das ich in Erinnerung hatte. Ich vermisse auch den Stall. Der Familienname am Klingelschild aber stimmt. Ich läute, ein Mal, zwei Mal, aber niemand öffnet. Ich will schon gehen, da kommt ein Mann aus der Scheune. Es ist der Enkelsohn, der im elterlichen und großelterlichen Haus als Junggeselle lebt. Ich erzähle ihm, dass ich hier als Kind gewohnt habe. Ich beschreibe ihm die Kammer und hoffe, dass er mich ins Haus bittet. Aber das tut er nicht. Er ist nicht unfreundlich, nur wortkarg. Ich will nicht aufdringlich sein und verabschiede mich. Ich komme mir vor wie manche Schlesier, die nach Polen gefahren waren und mit einem flauen Gefühl vor ihren früheren Häusern gestanden haben. Der Unterschied? Die neuen polnischen Bewohner haben sich in vielen Fällen als gastfreundliche Menschen erwiesen.

Die andere Lehrerin, zu der ich eine enge Beziehung entwickelte, war Christel Brüggestraß. Sie stammte aus Bochum und war nur 13 Jahre älter als ich. Ihre während des Krieges begonnene pädagogische Ausbildung hatte sie 1946 mit der Lehramtsprüfung beendet. 1947 wurde sie nach Sümmern berufen. Sie war evangelisch, die einzige Protestantin im Kollegium. Sie verkörperte einen neuen Typ von Lehrperson, jung, aufgeschlossen, tolerant. Mich mochte sie sehr. Sie erkannte meine Begabungen und hat mich nach Kräften gefördert. Mit meiner Mutter war sie befreundet. Auch als sie heiratete, blieb der enge Kontakt erhalten. Bis ins hohe Alter hat sie mir geschrieben und an meiner beruflichen und familiären Entwicklung Anteil genommen.

Im August 1948 bekamen wir neues Geld, anstelle der fast wertlos gewordenen Reichsmark die Deutsche Mark (DM). Bargeld sowie Bank- und Sparguthaben wurden im Verhältnis 10 zu 1 umgetauscht. Jeder Bewohner in den Westzonen bekam einen Kopfbetrag von insgesamt 60 DM. Meine Mutter gab mir einen neuen Zwei-Mark-Schein und schickte mich zum Milchkaufen in den Tante-Emma-Laden in der Schützenstraße. Andere Kinder, die ich dort traf, wunderten sich, dass mir so viel Geld anvertraut wurde. Sie hatten nur einen 50-Pfennig-Schein. Münzen waren anfangs nicht im Umlauf. Selbst zehn Pfennige gab es nicht als Geldstück, sondern als Papier, etwa so klein wie die Fläche einer Streichholzschachtel.

Wovon haben wir damals eigentlich gelebt? Meine Mutter ging als alleinstehende Frau mit drei Kindern keiner Erwerbsarbeit nach. Die Ersparnisse aus der Breslauer Zeit waren längst aufgebraucht. Die Antwort fand ich in einem Briefdurchschlag vom März 1949 an die Ärztekammer Westfalen. »Meine wirtschaftliche Lage«, so schrieb meine Mutter, »hat sich in keiner Weise geändert, da sich mein Mann immer noch in Gefangenschaft befindet.« Deshalb bitte sie, »auch weiterhin die mir bisher gewährte Unterstützung zur Verfügung zu stellen«.

Immerhin wusste sie, dass ihr Mann noch lebte. Er war am Tag der deutschen Kapitulation als Truppenarzt eines Regiments der 12. Panzer-Division im Baltikum in sowjetische Gefangenschaft geraten und zunächst nach Morschansk, später in das Lager 7168 bei Minsk in Weißrussland gebracht worden. Über ein befreundetes Ehepaar in Chemnitz, an das sich meine Eltern verabredungsgemäß gewandt haben, erfuhren sie ihren jeweiligen Aufenthaltsort. Post meines Vaters an meine Mutter habe ich nicht gefunden, wohl aber eine Karte, die er im November 1948 an seine nicht weit von uns ebenfalls im Kreis Iserlohn wohnenden Eltern geschickt hatte. »Fünf Jahre sind ein nicht unbeträchtlicher Teil eines Menschenlebens«, schrieb er in seiner für einen Mediziner ungewöhnlich klaren Handschrift. So lange hatte er seine Familie nicht gesehen. »Aber was hilft alles Klagen und alle Bitterkeit, es ändert nichts an den Tatsachen.« Er gebe die Hoffnung nicht auf, »dass auch für mich endlich und bald die Stunde der Heimkehr und unseres Wiedersehens schlagen möge«. An die Karte hatte er ein Foto von sich geheftet. Es zeigt einen Mann mit schmalem Gesicht in einem abgetragenen Pullover. Er steht vor einer Tür mit der deutschen Aufschrift: »Rauchen streng verboten.«

Im Jahr darauf endete für ihn die Kriegsgefangenschaft. Im September 1949 durfte er heimkehren, nach Deutschland und zu seiner Familie. Meine Mutter und wir drei Geschwister standen auf dem kleinen Bahnhof Iserlohner Heide. Wir waren sehr aufgeregt. Er hatte nach der Beendigung der Formalitäten im Lager Friedland angekündigt, mit welchem Zug er kommen würde. Wir waren die einzigen Menschen auf dem Bahnsteig. Der Personenzug hielt, aber wir sahen niemanden aussteigen. Da ertönte aus dem hintersten Waggon eine Stimme: »Schaut nicht so, hier bin ich.« Dann kam er auf uns zu und umarmte uns. Vor mir stand ein fremder Mann. So also sieht mein Vater aus, dachte ich. Bisher hatte ich nur Bilder von ihm gesehen, mal in Offiziersuniform, mal in Freizeitkleidung. Auf einem Foto hält er mich an den Füßen, während ich mit steifem Rücken auf den Händen an einem Fluss- oder Seeufer ins Wasser laufe, im Hintergrund das Faltboot meiner Eltern. Eine eigene Erinnerung verbinde ich damit nicht.

Für mich war seine Rückkehr zur Familie eher belastend. Als ältester Sohn – ich war inzwischen zehn Jahre alt – fühlte ich mich als eine Art Vaterersatz, denn viele Pflichten und Aufgaben, die sonst dem Mann im Hause zukamen, erledigte ich. Ich war »der Große« und der Liebling meiner Mutter. Bald spürte ich, dass ich ihre Liebe und Zuwendung mit diesem Heimkehrer teilen musste. Auch meine Mutter musste sich umstellen. Bisher hatte sie, unterstützt von ihrer tatkräftigen Mutter, den harten Alltag allein gemeistert. Jetzt beanspruchte ihr Mann, der zehn Jahre in der Männerwelt des Militärs verbracht hatte, wie selbstverständlich in der Familie die Führungsrolle. Er entschied allein, was gemacht wurde. In einem Ton, der Widerspruch kaum zuließ. Das zu akzeptieren fiel meiner Mutter schwer. Ich merkte es daran, dass sie manchmal seufzte, sich aber letztlich fügte. Er konnte sich offenbar nicht vorstellen, dass wir auch ohne ihn im Alltag zurechtgekommen waren. Er war mager, eine Folge der dürftigen Gefangenenkost, die – wie er sagte – überwiegend aus Kohlsuppe bestand, in der nur ab und zu ein Stückchen Fleisch schwamm. Nach der ersten reichlichen Mahlzeit, die meine Mutter ihm bereitete, musste er sich erbrechen. Sein Magen war darauf nicht vorbereitet. Ansonsten aber wirkte er gesund. Meine Geschwister und besonders ich bekamen bald zu spüren, dass unser Vater ziemlich autoritäre Erziehungsvorstellungen hatte. Wir hatten zu parieren, ohne Widerworte. Seine drohende Haltung schüchterte mich ein. Auch meiner Mutter rutschte schon mal die Hand aus. Ihr habe ich eine Ohrfeige nicht übel genommen. Schläge, die mir mein Vater mit einem Gummischlauch auf den Hintern versetzte, empfand ich dagegen als demütigend. Schon als Junge habe ich mir geschworen, dass ich – sollte ich einmal Kinder haben – niemals körperliche Gewalt gegen sie anwenden würde.

Nach all den »verlorenen Jahren«, wie er sie nannte, war mein Vater voller Energie. Er wollte sofort wieder als Arzt arbeiten. Aber das war nicht so einfach. Es gab noch keine Zulassungsfreiheit. Die Kassenärztliche Vereinigung entschied darüber, wer wo seinen Beruf ausüben durfte. Um endlich, nachdem er schon einige Monate arbeitslos gewesen war, wieder selbst Geld verdienen zu können, bewarb er sich um eine Vertretungsstelle. In Krombach im Kreis Siegen war der langjährige Dorfarzt gestorben. Mein Vater bekam die mündliche Erlaubnis, die vakante Praxis bis zur offiziellen Berufung eines Nachfolgers zu übernehmen. Die schriftliche Genehmigung stand noch aus. Ein einheimischer Mediziner hatte es ebenfalls auf diesen Posten abgesehen. Dieser Kollege, so schrieb mein Vater an meine Mutter, »wird mir noch große Schwierigkeiten machen. Mit Gott und der Welt verschwägert. Sogar der Geschäftsführer der Interessengemeinschaft der Ostvertriebenen – ein Breslauer – ist mit ihm gut bekannt. Hoffentlich gibt es keine Pleite.« Seine Sorge erwies sich als unbegründet. Mein Vater wurde nicht nur Vertretungsarzt, sondern bekam die Praxis offiziell zugesprochen. Er war jetzt 40 Jahre alt und fest entschlossen, die »gestohlenen Jahre« aufzuholen.

Neuanfang im Siegerland

Anfang Januar 1950 verließen wir Sümmern. Mit unserem wenigen, ärmlichen Mobiliar zogen wir zur Miete in das Haus des verstorbenen Arztes, in dem noch seine Mutter wohnte. Emma H. war eine ebenso rüstige wie resolute alte Dame, die im Dorf hohes Ansehen genoss. In ihrem großen Fachwerkhaus in der Mitte des Ortes war einst die Krombacher Brauerei gegründet worden. In der evangelisch-reformierten Kirche hatte die Familie eine eigene, mit ihrem Namen gekennzeichnete Bank. An der Tür ihres Zimmers im ersten Stock stand »Comptoir«. Es war das Chefzimmer. Von dort aus kontrollierte sie das Geschehen im Haus. Ich musste es mir als besondere Ehre anrechnen – und entsprechend anstrengend fand ich es –, wenn sie mich zum Halma-Spielen einlud.

Zum Haus gehörte ein großer, von einem Gärtner gepflegter Garten. Den durften wir Kinder zwar betreten, aber nur auf den mit hellem Kies belegten Wegen, die stets frisch geharkt waren. Die Beete und Blumenrabatten waren von Buchsbüschen begrenzt. Im hinteren Teil des parkähnlichen Geländes, wo hohe Bäume standen, konnten wir uns frei bewegen, ebenso auf der angrenzenden Wiese. Es gab auch einen kleinen Hühnerhof und etliche Bienenstöcke. Im Dachgeschoss nisteten Tauben. Die wurden in ihrem Schlag nicht mehr regelmäßig mit Körnern gefüttert und waren deshalb verwildert. Ihr Gurren begleitete mich in den Schlaf. Wenn sich heute auf dem Schornstein unseres Berliner Hauses oder auf dem Dach unserer Nachbarin eine Taube niederlässt und die vertrauten Laute von sich gibt, spüre ich unwillkürlich ein Stück Krombach in mir.

Der erste Junge, mit dem ich mich anfreundete, war ein Flüchtlingskind wie ich. Rudi führte mich durchs Dorf, spazierte mit mir zum Festplatz auf der Kaiserhöhe und nahm mich mit nach Hause. Sein Vater war Stellmachermeister, ein bienenfleißiger Handwerker, der wie so viele Vertriebene 1947 bei null anfangen und sich in der neuen Umgebung behaupten musste. Rudi wurde selbst Schreinermeister, er hat 1964 die Werkstatt des Vaters übernommen und zu einem großen, weit über die Region hinaus bekannten Innenausbaubetrieb und Möbelhaus erweitert. Zusätzlich betreibt er ein Bestattungsinstitut. Meinem Vater schlug unter den Dörflern anfangs erhebliches Misstrauen entgegen. Aber das legte sich. Nach einigen Jahren war er der beliebte Doktor, dem sie vertrauten, der sich Zeit für sie nahm und zu dem sie auch nach Feierabend oder am Wochenende kommen konnten. Es gab Wochentage, da machte er 25 bis 30 Hausbesuche. Auch an den Oster- und Weihnachtstagen wurde er zu akuten Krankheitsfällen gerufen.

Die Erfahrung vieler anderer Vertriebener, als lästige Fremdlinge behandelt zu werden, blieb uns in Krombach erspart. Im Dorf waren wir die »Doktorsjungen«, die man respektierte. Allerdings erfuhren meine Eltern fast immer, wenn meine Brüder und ich etwas »ausgefressen« hatten. Streiche zu spielen war eine beliebte Freizeitbeschäftigung. So legten wir zum Beispiel eine Geldbörse auf den Gehsteig, befestigten sie mit einem dünnen Faden und versteckten uns hinter der Hecke des Nachbarhauses. Bückte sich ein Erwachsener und wollte das Portemonnaie aufheben, zogen wir es weg. Über solch harmlosen Schabernack lachten Vater und Mutter.

Weniger erfreut waren sie, als sie beobachteten, wie ich die filterlosen Stummel der Zigaretten, die mein Vater rauchte, aus den Aschenbecher nahm, um mit den Tabakkrümeln meine Tonpfeife zu stopfen. Die hatte ursprünglich zu einem »Stutenkerl« gehört, einer Figur aus süßem Teig. Mit den einheimischen Jungen spielte ich im Sommer Fußball, im Winter fuhren wir gemeinsam Schlitten über abschüssige Dorfstraßen. Vor Autos mussten wir uns nicht in Acht nehmen. Nur wenige Krombacher hatten in den frühen 50er-Jahren einen eigenen Wagen. In die dörfliche Volksschule ging ich nur ein paar Wochen. Dann kam ich – als Einziger meiner Klasse – aufs Gymnasium in Weidenau, einem inzwischen eingemeindeten Ortsteil der Kreisstadt Siegen, und wurde Fahrschüler. Mit der Dorfjugend blieb ich gleichwohl verbunden.

Sonntage konnte ich nicht ausstehen. An diesem Tag hatte mein viel beschäftigter Vater noch am ehesten Zeit für die Familie. Spaziergänge gehörten zum Standardprogramm. Während der Woche konnte ich herumlaufen, wie ich wollte. Bei warmem Wetter trug ich Sandalen, Hemd und kurze Hose. Meine Garderobe war nicht gerade reichhaltig. Viel zu wechseln hatte ich nicht. Am siebten Tag jedoch mussten wir Kinder uns fein machen. »Sonntagsbrocken anziehen«, sagten die Siegerländer. Das bedeutete: eine wollene Hose, Jacke und weiße Strümpfe, die an den Strapsen eines »Leibchens« festgemacht waren. In diesem Aufzug konnte ich weder durch Büsche kriechen noch auf Bäume steigen, denn die Kleider durften nicht schmutzig werden. Hinzu kam eine weitere Kränkung: Mein Vater meinte, ich ginge nicht aufrecht genug. Um mich an eine gerade Haltung zu gewöhnen, musste ich einen Spazierstock tragen, den er mir zwischen die Schulterblätter klemmte. Gesteigert bis zur

Peinigung hat er die Situation, als er mich bei einem solchen Spaziergang sexuell aufklären wollte. Da hatte ich bereits mit Mädchen aus der Nachbarschaft »Doktorspiele« gemacht, und wie man küsst, hatten sie mir auch beigebracht. Aber das habe ich ihm damals nicht verraten.

Zu unserem Haushalt gehörte schon bald Lisbeth. Sie war unverheiratet und Mädchen für alles. Sie half meinem Vater in der Praxis, meiner Mutter beim Saubermachen und in der Küche. Sie stammte aus dem Kreis Treuburg in Ostpreußen, hatte bei der Flucht grausame Situationen erlebt und mochte sich, die flache Weite ihrer Kindheit vor Augen, mit der Mittelgebirgslandschaft des südlichen Westfalens nicht anfreunden. »Ich mag nicht gegen die Berge rennen«, sagte sie in dem wohlklingenden Dialekt ihrer alten Heimat. Wenn sie auf uns Jungen böse war, weil wir etwa mit schmutzigen Schuhen durchs Haus gelaufen waren, drohte sie uns in ihrer breiten Mundart: »Ihr kriegt'se, dass ihr die Wände raufgeht!«

Lisbeth und ihre Schwester fuhren, sobald dies möglich war, nach Polen in ihr Heimatdorf. Als sie zurückkam, erzählte sie voller Mitgefühl von den neuen Bewohnern ihres Elternhauses: »Die armen Schweene haben nuscht zu beeßen.« Fortan schickte sie Päckchen und hielt auch sonst Kontakt zu den Menschen, die nach dem Krieg als Fremdlinge in Lisbeths einstiges Heimatdorf gekommen waren. Durch Lisbeth ist mir der Klang ihrer ostpreußischen Mundart ebenso vertraut wie das Schlesisch meiner Mutter. Der Gedanke, dass beide Dialekte bald niemand mehr authentisch sprechen wird, macht mich traurig.

Mit elf Jahren machte ich meine erste Reise. Ganz alleine, bis nach Gelsenkirchen. Dort wollte ich die Eltern meiner Mutter besuchen. Opa, gelernter Textilkaufmann, hatte wieder eine Aufgabe in seiner alten Branche. Die Inhaber der Breslauer Kleiderfirma, bei der er leitender Angestellter gewesen war, hatten das Unternehmen im Ruhrgebiet neu gegründet. Als sie erfuhren, dass Gerhard Kriegerstein im Kreis Iserlohn wohnt, boten sie ihm die Geschäftsführung an. Er sagte sofort zu und mietete im Gelsenkirchener Ortsteil Buer eine kleine Wohnung.

Meine Eltern hatten zunächst Bedenken, mich allein fahren zu lassen, aber auf mein unablässiges Drängen hin gaben sie nach. In Krombach setzte ich mich in den Personenzug Richtung Hagen. Der Zug schlängelt sich durchs enge Tal der Lenne. Ich schaute ununterbrochen aus dem Fenster, um meinen Umsteigebahnhof nicht zu verpassen, und vergaß vor Aufregung, meine Butterbrote auszupacken. Hinter Altena kam mir die Gegend bekannt vor. In der dortigen Jugendherberge war ich im Jahr zuvor mit meiner Schulklasse aus Sümmern gewesen. Auf dem Bahnhof in Gelsenkirchen holte mich meine Großmutter ab. Wir fuhren noch etliche Stationen mit der Straßenbahn bis zu ihrem neuen Zuhause.

Am nächsten Tag führte mich mein Opa durch die Firmenräume und stellte mich seinen Mitarbeitern als seinen Enkel vor. Mein Großvater war schon Mitte 60, aber voller Elan. Er hatte sich vorgenommen, dem traditionsreichen Breslauer Familienunternehmen auch an seinem neuen Sitz die frühere Geltung zu verschaffen. Bei diesem Besuch habe ich ihn zum letzten Mal gesehen, denn bald darauf, im August 1951, erlitt er einen Herzinfarkt und starb. Sein plötzlicher Tod war für mich ein Schock, wohl gerade deshalb, weil nach Jahren der Ungewissheit die Gegenwart so wohlgeordnet schien und so sicher der Weg zum nächsten Ziel. Die Firmenchefs und zahlreiche Mitarbeiter kamen zur Trauerfeier nach Krombach. Der schmale Weg zum Dorffriedhof war von schweren Limousinen gesäumt. In einem der Wagen, einem Opel »Kapitän«, hatte mir Opa erst wenige Wochen zuvor Gelsenkirchen und andere Städte im Revier gezeigt. Ich musste weinen, als ich daran dachte. Meine Oma gab ihr neues Heim auf und zog auf Bitten meiner Mutter nach Krombach.

Meine Familie erlebte eine Pechsträhne. Zuerst erkrankte mein Bruder Manfred an Typhus. Er bekam hohes Fieber, starken Durchfall und wurde in einer Klinik behandelt. Es dauerte lange, bis sich sein geschwächter Körper erholte. Dann erlitt meine Mutter bei einem Unfall mehrere Rippenbrüche. Am härtesten traf es mich. Bei mir entdeckte man eine Lungentuberkulose. Die Behandlung war langwierig. Tagsüber lag ich, auf eine Trage gebettet, in einem Pavillon im Garten unserer Vermieterin. Das ging über viele Monate. Ich wurde mit dick bestrichenen Butterbroten gepäppelt und sollte, wie in einer Heilstätte, an der frischen Luft genesen. Mir blieb nur, viel zu lesen, Karl-May-Romane und ähnliche Abenteuerbücher. Trotzdem zog sich diese unfreiwillige Liegekur endlos hin, ein halbes Jahr lang konnte ich nicht zur Schule gehen. Prompt blieb ich sitzen und musste die Quinta, die zweite Klasse des Gymnasiums, wiederholen.

1952 kaufte mein Vater ein neues Auto, einen VW Käfer. Mit Schiebedach! Bis dahin hatte er einen Opel Kadett aus der Vorkriegszeit gefahren. Meine Mutter und wir Kinder bestaunten das schicke Vehikel. Damit fuhren wir in unseren ersten Familienurlaub, an den Bodensee. In den Ferien zu verreisen war damals noch nicht selbstverständlich. Kaum waren wir über die Kreisgrenze ins Hessische gekommen, wurden wir von einem entgegenkommenden Auto angeblinkt. Der Fahrer hatte uns am Nummernschild als Bewohner des Siegerlandes identifiziert. Die heimatbewussten Siegerländer grüßten sich in der Fremde, und die begann schon mit dem Überqueren der Kreisgrenzen, durch Blinken oder Hupen. Zuweilen malten sie als landsmannschaftliches Erkennungszeichen auch das Wort »Riewekooche«, Reibekuchen, auf das staubige Blech unseres parkenden Autos. Dabei waren wir doch nur Zugezogene, »Mäckeser«, wie manche Einheimischen sagten. Das bedeutete im lokalen Dialekt, dem Sejerlänner Platt, nichts anderes als hergelaufenes Gesindel.

Kaum waren wir in Krombach eingezogen, nahm mich meine Mutter am ersten Sonntagvormittag mit in die Kirche. Die evangelische Gemeinde gehörte dem Reformierten Bekenntnis an. Die besonders Frommen versammelten sich am Nachmittag zusätzlich in der pietistischen Gemeinde. Ich saß auf einer Bank neben meiner Mutter. Um mich herum nur Frauen. Ich schaute hinauf zur Empore. Da hockten die Männer. Diese Art Geschlechtertrennung befremdete uns. Peinlich wurde es für mich, als die Gemeinde in einen Wechselgesang einstimmte. Eine Strophe die Frauen, die nächste die Männer. Mit meiner piepsigen Jungenstimme war ich unten allein. Von da an hatte ich keine Lust mehr, meine Mutter zu begleiten.

Der Konfirmandenunterricht blieb mir allerdings nicht erspart. Erteilt wurde er vom örtlichen Pastor. Der war im Krieg gewesen und liebte Ordnung und Disziplin. Jungen und Mädchen mussten in Zweierreihen vor der Treppe zum Eingang des Gemeindehauses antreten. Wir hatten laut zu rufen: »Guten Tag, Herr Pastor.« Mit Betonung auf dem o. Und er antwortete mit sonorer Stimme: »Guten Tag, liebe Kinder.« Dann erst durften wir den Unterrichtsraum betreten. Ich mochte den Mann nicht. Ich hatte das Gefühl, er glaubte selbst nicht, was er predigte. Vielleicht tat ich ihm Unrecht. Vielleicht habe ich mir seine Unaufrichtigkeit nur eingebildet, tatsächlich hat dies erheblich dazu beigetragen, dass ich mich von der Kirche entfremdete. Nicht jedoch von der evangelischen Jungschar. Der gehörte ich – wie später dem CVJM, dem Christlichen Verein Junger Männer – gern an. Wir unternahmen Ausflüge, mal zu Fuß, mal mit dem

Rad. Wir übernachteten in Zelten, saßen am Lagerfeuer, sangen Wanderlieder, schwammen in Talsperren und lernten immer wieder neue Orte in der näheren und weiteren Umgebung kennen.

Heimat ist ein von Gefühlen beladener Begriff. Er beinhaltet Nähe, Verbundenheit, Vertrautheit. Der eine verbindet damit mehr eine Landschaft, der andere eine Sprache oder einen bestimmten Dialekt. Im Siegerland spürte ich, dass in mir das Gefühl einer neuen Heimat wuchs. Mit fünf Jahren – so alt war ich, als wir Breslau verließen – ist man zu jung für nachhaltig prägende Eindrücke. Meine Bilder aus diesen ersten Jahren sind aus vielen Quellen gespeist. Als Erwachsener kann man nur schwer auseinanderhalten, was man selbst erlebt oder nur erzählt bekommen hat. Das vermischt sich zu einem unentwirrbaren Knäuel. Manchmal verselbstständigt sich die Erinnerung und lenkt uns auf eine falsche Spur. Wir bilden uns fest ein, dass eine Begebenheit so und nicht anders gewesen ist. Irgendwann stellen wir fest, dass uns das Gedächtnis genarrt hat. Die Zeit jedoch, in der man die erste Freundin hatte, den ersten Kuss bekam, mit dem eigenen Fahrrad die Landschaft erkundete, prägt sich unlöschbar tief in die Erinnerung.

Das galt natürlich auch für meine Eltern. Sie, die ihre am stärksten prägenden Jahre in Schlesien verbracht hatten, hingen fest an ihrer alten Heimat. Schlesische Traditionspflege blieb für sie selbstverständlich, das Bild vom Breslauer Rathaus hatte über alle Jahre seinen festen Platz im Wohnzimmer, Fotobände und Bücher über Schlesien und seine Hauptstadt füllten die Regale. Manchmal legten meine Eltern eine Schallplatte mit Texten des schlesischen Humoristen Ludwig Manfred Lommel auf und vergnügten sich an seinen Sketchen über »Paul und Pauline«, Mutter rezitierte Gedichte in schlesischer Mundart, und wenn wir beim Frühstück saßen, fiel ihr der Spruch ein:

»Honigschnieta, doß se klecka, doß man mecht de Finger lecka.« Oder die Anekdote vom Bauern Krause, in dessen Dorf es viele Krauses gab. Da vor seinem Haus ein Nussbaum stand, nannte man ihn den »Nussbaum-Krause«. Das ärgerte ihn, weshalb er eines Tages den Baum fällte. Damit war freilich nichts gewonnen. Von nun an hieß er nur noch: »Der abgehackte Nussbaum-Krause.« Der schlesische Tonfall meiner Mutter ging mir dauerhaft ins Ohr. Wenn ich heute irgendwo schlesische Laute höre, wird mir nach wie vor ganz heimelig zumute.

Schlesisch ging es auch an Weihnachten zu. Schon ein paar Tage zuvor schickte mich meine Mutter in die Kreisstadt, um Mohn zu kaufen. Den brauchte sie für den »Moh-Kucha«, wie Schlesier ihren Mohnkuchen nennen. Dann begannen die Vorbereitungen fürs Fest. Am Heiligen Abend kam in einer großen Terrine die Polnische Soße auf den Tisch, zubereitet aus Pfefferkuchen, Bier und Wurzelwerk. Dazu gab es Sauerkraut, Kartoffeln und verschiedene Würste – fette Krakauer, lange Wiener und schlesische Weiße. Wenn nach der Bescherung im Rundfunk die Tonaufnahme vom Geläut einer Breslauer Kirche gesendet wurde und das schlesische Weihnachtslied »Transeamus« erklang, schien es mir jedes Mal, als träten die Erwachsenen ihre wohlbekannte innere Reise in eine andere Zeit an einen anderen Ort an. Besonders meine Großmutter Ami saß in Gedanken versunken in ihrem Sessel und tauchte in die Welt ihrer Kindheit ein. Sie schwieg und lauschte der Weihnachtsmusik. »Transeamus usque ad Bethlehem«, komponiert vom Breslauer Domkapellmeister Joseph Ignaz Schnabel, war ihr Lieblingslied. Im Hörfunk war es nur während des Christfestes zu hören. Einen Plattenspieler hatten wir damals nicht. Wenn es erklang, durfte nicht dazwischengesprochen werden. Wir Kinder mussten so still sein wie sonst nur, wenn zur Mittagszeit des ersten Feiertags, an dem es Gans oder Pute gab, der Bundeskanzler im Radio sprach.

Häufig hatten meine Eltern Besuch von Freunden und Bekannten, die ebenfalls aus Breslau und aus Schlesien stammten. Ich wurde dann zur Gastwirtschaft gegenüber geschickt, um eine Flasche Wein zu holen. Der Betrag wurde angeschrieben. In unserem Haushalt ging es nach wie vor bescheiden zu. Vorräte an alkoholischen Getränken gab es kaum, abgesehen von Bier und einem Likör, den meine Mutter besonders mochte. An freien Wochenenden besuchten wir ebenfalls schlesische Landsleute. Immer ging es in den Gesprächen um die alte Heimat und die Möglichkeit einer Rückkehr. Irgendwann konnte ich dieses ewige Wühlen in der Erinnerung nicht mehr hören. Ich hatte als Zwölf- oder Dreizehnjähriger noch kein ausgeprägtes politisches Bewusstsein. Aber schon damals hielt ich das Gerede über die Rückkehr in die Heimat für illusionär. Was denn mit den dort neu angesiedelten Polen geschehen solle, fragte ich. Darauf hatten meine Eltern keine Antwort. An eine dauerhafte Rückkehr in die alte Heimat glaubten sie damals wohl nicht mehr, und ich habe sie nie den Wunsch äußern hören, zurück nach Breslau zu gehen. Sie waren dabei, sich in Krombach einzurichten. Außerdem war zumindest mein Vater Realist, der sich keine politischen Illusionen machte.

Einmal haben sie mich zu einem Schlesiertreffen mitgenommen. Sie waren nicht in der Landsmannschaft organisiert, auch nicht in einer Lokalgruppe des Bundes der Vertriebenen, und sahen sich nicht in der Pflicht, jedes große Treffen zu besuchen. Aber wenn die Veranstaltung in Frankfurt oder Köln stattfand, Städte, die man vom Siegerland aus in wenigen Stunden erreichen konnte, haben sie die Gelegenheit genutzt. Im Juli 1953 fuhren wir zu dritt für einen Tag in die Domstadt am Rhein. Das Bundestreffen fand auf dem Messegelände in Köln-Deutz statt. Für die meisten Teilnehmer war das Wiedersehen mit Freunden und Nachbarn der wichtigste Grund der Anreise. In den Hallen und in einem zusätzlichen Zelt saßen die Schlesier in dichten Reihen an langen Tischen, auf denen Schilder mit den Namen von Kreisen und Städten der alten Heimat standen. Meine Eltern ließen sich an einem der vielen Breslau-Tische nieder. Ich weiß nicht mehr, ob sie – wie erhofft – bekannte Gesichter getroffen haben. Die Gespräche der Besucher ähnelten sich. Überall erzählte man vom früheren Leben, redete über schlesische Gerichte, klagte über das mangelnde Verständnis Einheimischer und berichtete, wer krank oder gestorben war. Ich kannte das schon in- und auswendig und langweilte mich.

Gegen Mittag fand eine Großkundgebung statt, der politische Höhepunkt des Schlesiertreffens. Sie begann mit einem Aufmarsch von Musikkapellen, Fahnenträgern, Trommlern und Volkstanzgruppen. Die Leute klatschten begeistert. Mir war die Darbietung zu aufdringlich, auch zu militärisch. Eigentlich hatte ich nichts gegen Trachten. Traditionelle, landsmannschaftliche Kleidung wurde überall in Deutschland zu bestimmen Anlässen getragen. Aber hier diente das folkloristische Schauspiel – und das merkte selbst ein halbwüchsiger Junge – vor allem dazu, politische Forderungen zu unterstreichen. Es war üblich, dass prominente Vertreter von Regierung und Opposition bei den Vertriebenen als Gastredner auftraten. Die Millionen Ostdeutschen, die in der Bundesrepublik lebten, wurden als Wähler umworben. In Köln sprach sogar der Bundeskanzler. Ich habe nur dunkel in Erinnerung, was Konrad Adenauer sagte. Es lief darauf hinaus, dass er die Hoffnung nährte, die ihrer Heimat beraubten Ostdeutschen könnten eines Tages zurückkehren. Dafür bekam er viel Beifall. Die Reden der Funktionäre waren im Ton aggressiv und klangen unversöhnlich. Sätze wie »Schlesien ist deutsch und muss es bleiben« oder »Immer und ewig bleibt Schlesien deutsches Land« empfand ich aus meiner Krombacher Sicht überzogen, rückwärtsgewandt und weltfremd. Beim nächsten Mal, so dachte ich, sollten meine Eltern allein fahren. Ich jedenfalls hatte von Scharfmachersprüchen und der Heimattümelei die Nase voll.

Im April 1954 bin ich konfirmiert worden. Der kirchlichen Aufnahme in die Welt der Erwachsenen gingen drei Jahre der Vorbereitung und Unterweisung voraus. Zum feierlichen Gottesdienst, so sagte man uns Konfirmanden, gehöre eine Prüfung. Wir bekamen einen Zettel, auf dem die Texte aufgelistet waren, die wir hätten auswendig lernen sollen. Dazu zählten nicht nur Kirchenlieder und Bibelsprüche, sondern auch etliche Artikel des Heidelberger Katechismus. Der war in einer antiquierten Sprache verfasst, die sich nur schwer ins Gedächtnis einprägte. Die gleichaltrigen Jungen und Mädchen aus der Volksschule hatten Angst, sich zu blamieren. Bis zum letzten Tag büffelten sie das geforderte Pensum. Ich hatte weniger gelernt als sie, aber ich sah die Sache locker. Der Pastor, so meinte ich, könne kein Interesse daran haben, seine Schützlinge bloßzustellen. So war es. Die Prüfung, vor der so viele zitterten, verdiente den Namen nicht. Nur wer sich freiwillig meldete, durfte etwas sagen.

Ich trug an diesem Tag einen braunen Anzug. Ein Dunkelblauer von der Stange, wie ihn die anderen Jungen hatten, wäre mir lieber gewesen. Den braunen Stoff hatte mein Vater beim einzigen Schneider im Dorf ausgewählt und den Anzug dort nach der üblichen Anprobe nähen lassen. Zusätzlich ließ er eine Knickerbocker-Hose aus demselben Material schneidern. Kein Junge in Krombach lief mit einem derartigen Beinkleid herum. Aber mein Vater meinte, damit könne ich mich sogar in London sehen lassen. Ein Glück, dass er mich nicht zwang, mit der Knickerbocker zur Konfirmation zu gehen. Der Pastor wollte, dass wir bei der Einsegnung gerade stehend ihm in die Augen schauen sollten. Alle hielten sich daran. Nur ich nicht. Ich machte als Sohn eines erzpreußischen Vaters wie gewohnt einen zackigen Diener. Meinem Vater gefiel das. Er sei stolz auf mich gewesen, hat er mir nachher gesagt. Die Bibel mit dem Konfirmandenspruch besitze ich noch heute. »So man von Herzen glaubt, wird man gerecht, und so man mit dem Munde bekennt, so wird man selig«, hat mir der Pastor hineingeschrieben. Mit blauer Tinte in altmodischer Sütterlinschrift.

Um diese Zeit war mein größter Wunsch, ein Kofferradio zu besitzen. Mit einem solchen Gerät ins Freibad zu spazieren, Musik zu hören und damit den Mädchen zu imponieren stellte ich mir herrlich vor. Aber auf ein so teures Geburtstagsgeschenk meiner Eltern durfte ich nicht hoffen. Ich bat meinen Vater, bei einer Baufirma im Nachbarort zu fragen, ob ich dort in den Sommerferien arbeiten dürfe. Tatsächlich wurde ich für vier Wochen als Handlanger eingestellt. Die Schicht begann morgens um sechs Uhr und endete für mich um 14 Uhr. Am Samstag war beim Ertönen der Mittagssirene um zwölf Uhr Schluss. Ich musste Zementsäcke schleppen, die Maurer mit Steinen und Mörtel versorgen und Eisen auf eine noch zu gießende Betondecke legen. Mein Stundenlohn betrug 86 Pfennige, den ich am Ende der Arbeitswoche bar ausgezahlt bekam. Es war ein tolles Gefühl, als mir der Polier die erste sorgfältig beschriftete Lohntüte überreichte. Für das ersehnte Radio reichte das Geld am Ende nicht. Meine Eltern gaben mir den Rest dazu.

Nach fünf Jahren Wohnen zur Miete beschloss mein Vater, ein eigenes Haus zu bauen. Er kaufte ein Gartengrundstück an der Hauptstraße, beauftragte einen Architekten und vertiefte sich in die Planung des künftigen Eigenheims. Die Bauausführung übernahm dieselbe Firma, bei der ich gearbeitet hatte. Als die Ferien begannen, durfte ich wieder Hilfsarbeiter sein, diesmal auf der eigenen Baustelle. Ich erlebte, wie das Gebäude in die Höhe wuchs, war dabei, als der Schlussstein gesetzt wurde, und freute mich: Endlich würde ich ein eigenes Zimmer haben! Als wir das Wohnhaus mit der angeschlossenen Arztpraxis bezogen, war ich glücklich. Ich hatte das Gefühl: Hier in Krombach, im Siegerland, ist meine Heimat.

Als Gymnasiast in der Oberstufe wollte ich mich politisch engagieren. Die drei Parteien, die in Bund und Ländern die Parlamente beherrschten, hatten damals wie heute eigene Jugendorganisationen. Mit der Jungen Union hatte ich nicht viel im Sinn. Ihre Mutterorganisation, die CDU/CSU, war zwar wirtschaftlich erfolgreich, aber gesellschaftspolitisch war sie mir zu restaurativ. Wer mit dem Leitspruch »Keine Experimente« warb, gab damit zu erkennen, dass er an Reformen wenig interessiert war. Die Jungsozialisten, der Nachwuchs der SPD, setzten zu stark auf den Staat und zu wenig auf die Eigenverantwortung des einzelnen Bürgers. Am besten gefielen mir die Liberalen. Bei ihnen kündigte sich gerade ein Generationswechsel an. Nationalliberale wie der Ritterkreuzträger Erich Mende verloren an Einfluss. Die sogenannten Jungtürken, zu denen auch der spätere Bundespräsident Walter Scheel gehörte, waren auf dem Vormarsch. Ich entschloss mich, den Jungdemokraten beizutreten. Vielleicht war auch ein bisschen Protest gegen die konservative, zum Teil auch rückwärtsgewandte Weltsicht meiner Eltern dabei. Ich klebte im Wahlkampf eifrig FDP-Plakate, möglichst dicht neben die der Union, die mit ihrem Angst einflößenden Slogan »Alle Wege führen nach Moskau« noch tief im Kalten Krieg steckte. Die Jungtürken, Pragmatiker ohne ideologische Scheuklappen, stürzten den christdemokratischen Ministerpräsidenten in Düsseldorf und bildeten die erste sozialliberale Landesregierung. Das gefiel mir. Noch besser fand ich, dass diese junge FDP-Garde Ideen entwickelte, die auf eine Verständigung mit den östlichen Nachbarvölkern zielten.

Mit meinem Vater geriet ich nun öfter in Streit. Seine politischen Ansichten reizten mich zum Widerspruch. Die USA, die ich als Schutzmacht der jungen Bundesrepublik ansah, waren ihm wegen ihrer kapitalistischen Wirtschaftsordnung suspekt. Obwohl er so lange in sowjetischer Gefangenschaft gewesen war und den Kommunismus ablehnte, mochte er die Russen. Mit ihnen als Verbündeten sei es Deutschland immer gut gegangen, sagte er. Von den Polen, die er für den Raub seiner Heimat verantwortlich machte, hielt er wenig. Innenpolitisch sympathisierte er mit rechten Splitterparteien. In den frühen 50er-Jahren favorisierte er die Deutsche Gemeinschaft (DG), eine rechtsradikale Partei, die einen deutschen Sozialismus propagierte. Später sympathisierte er mit der »Aktionsgemeinschaft Unabhängiger Deutscher«. Ein neutrales, blockfreies, wiedervereinigtes Deutschland, von dem zeitweise auch manche DDR-Kommunisten träumten, hätte ihm gefallen. Mein Vater meinte immer, gegen den politischen Strom schwimmen zu müssen. Und der wurde nun mal in der Frühzeit der Bundesrepublik von Konrad Adenauers CDU bestimmt. Am heftigsten reagierte er, wenn ich ihm und seiner Generation die Tolerierung und Unterstützung der NS-Diktatur vorhielt. »Das kannst du nicht beurteilen«, wies er mich zurecht. »Du hast damals nicht gelebt und weißt nicht, in welchem Elend Deutschland steckte.« Damit meinte er die extreme Arbeitslosigkeit, das Versagen der Weimarer Parteien, das Trauma des Diktats von Versailles und die Hoffnungslosigkeit der Massen. Meine Mutter versuchte zu schlichten. Meistens ohne Erfolg. Die Gegensätze waren zu schroff. Wenn wir bei Tisch saßen, sprang er manchmal auf, verließ wütend das Zimmer und zog sich in seine Praxisräume zurück. Er war kein guter Diskutant. Ich glaube, ihm fehlten bei unseren Streitgesprächen überzeugende Argumente. Er fühlte sich stets angegriffen. Die Stimmung war dann eisig. Meine Mutter litt darunter sehr. Später, als meine Frau und ich schon Kinder hatten, haben wir beschlossen, bei Besuchen meiner Eltern über Politik – sei es vergangene oder gegenwärtige – überhaupt nicht mehr zu reden. Dass mein Vater Mitglied der NSDAP war, habe ich erst lange nach seinem Tod herausgefunden. Er war bereits als Student im Dezember 1931 der Nazipartei beigetreten, also noch vor Hitlers »Machtergreifung« im Januar 1933. Meine Mutter wusste wohl über seine NS-Vergangenheit Bescheid. Gegenüber uns Kindern hat er sie verschwiegen.

Geschichte gehörte in der Schule zu meinen Lieblingsfächern. Der Mann, der sie mir in der Oberstufe des Fürst-Johann-Moritz-Gymnasiums vermittelte, hieß Hugo Novak. Der promovierte Pädagoge stammte aus Ostpreußen und hatte nach seiner Entlassung aus sowjetischer Kriegsgefangenschaft im November 1952 als Oberstudiendirektor die Leitung der Schule übernommen. Er war klein, von robuster Natur, umfassend gebildet und beeindruckte mich mit einer klaren, präzisen Sprache. Er verkörperte den Typ Staatsbürger, den man einen leidenschaftlichen Patrioten nennen würde. Er hatte die Gabe, Historie anschaulich und lebendig darzustellen, besonders die des deutschen Ostens und der östlichen Nachbarvölker. Er war von seiner politischen Grundhaltung deutsch-national, aber nicht nationalistisch. Als überzeugter Demokrat setzte er die Nachbarvölker nicht herab, sondern stellte ihre Geschichte sachlich dar. Darin unterschied er sich von meinem Vater. Wie kaum ein anderer hat er meinen Blick in diese Regionen gelenkt und mein Interesse an deren kultureller Vergangenheit geweckt. In der Ausprägung meines Interesses für Zeitgeschichte war er eine Schlüsselfigur. Staatsbürgerliche Bildung stand bei ihm obenan. Desinteresse an politischen Gegenwartsfragen hielt er für unentschuldbar, mangelndes Wissen machte ihn zornig. In einer Lehrerkonferenz hat er einmal dafür plädiert, Abiturienten, die nicht die dritte Strophe des Deutschlandsliedes kennen, das Zeugnis der Reife zu verweigern. Nicht jede seiner Ansichten wäre nach heutigen Maßstäben politisch korrekt. Als Schüler akzeptierten wie sie ohne größeren Widerspruch.

In seiner Rede zu unserer Abiturfeier machte er deutlich, was ihn bedrückte: »Entrüsten wir uns mit Recht über die Unkenntnis von Amerikanern, Franzosen und Engländern bezüglich der Grenzfragen Deutschlands«, so fragte er, »wenn deutsche Oberprimaner und Oberprimanerinnen über die Städte an der Oder, über die Lage und geschichtliche Entwicklung Danzigs, über die deutsche Sprachgrenze in Südtirol und die politische Situation Elsass-Lothringens während der letzten hundert Jahre, über die von Polen verwalteten deutschen Ostgebiete keine oder nur schemenhafte Vorstellungen besitzen?« Ihn trieb die Sorge um, eines Tages könnte vergessen sein, »dass Schlesien, Pommern, Ostpreußen durch Jahrhunderte eine Aufbauarbeit von Bauern, Rittern, Handwerkern, Kaufleuten und Mönchen waren«.

Mit meinen Mitschülern und mir war er jedoch hochzufrieden. Nach einer Studienfahrt in das noch nicht durch die Mauer geteilte Berlin sagte der sonst mit Lobreden sparsame Mann, wir hätten ihm mit unserer Aufgeschlossenheit, unserem Sinn für kulturelle Leistungen und mit unserem Verständnis für die politische Not des deutschen Volkes »eine rechte Freude geschenkt«. Unsere Klasse habe ihn in seiner Auffassung bestärkt, dass es sich lohne, für die Jugend zu arbeiten. Mich schmerzt es noch heute, dass ich ihn in der mündlichen Prüfung enttäuschte, ausgerechnet ich, einer seiner Besten. Er fragte mich nach der folgenreichen Niederlage des Deutschen Ritterordens gegen ein polnisch-litauisches Heer. Ich wusste die Jahreszahl 1410, kannte die Vorgeschichte der Schlacht, hatte Grunwald, den polnischen Namen des Ortes, parat. Aber mir fiel der deutsche Name nicht ein, so sehr ich auch grübelte. Mein Erinnerungsvermögen war wie gelähmt. Sprachlos stand ich vor der Prüfungskommission. Der strenge Dr. Novak sah mich nachsichtig an. Er mochte mich und wollte mir helfen. »Denken Sie mal an Weihnachten«, sagte er. Da machte es klick in meinem Kopf. »Tannenberg«, sagte ich erleichtert.

Anders als die meisten meiner Klassenkameraden wusste ich schon früh, welchen Beruf ich wählen würde. Ich wollte Journalist werden. 1958 gehörte ich zu den Gründungsmitgliedern einer Schülerzeitung. Wir nannten sie *Strebergarten*. Eine derartige Publikation gab es am Fürst-Johann-Moritz-Gymnasium bis dahin nicht. Der Direktor dankte allen, »die bereit sind, Brücken zu schlagen zwischen Schülern und Lehrern«. Die Arbeit an dem Blättchen machte mir Spaß, aber als Test meiner Tauglichkeit für eine Lebensaufgabe reichte sie nicht aus. »Vielleicht solltest du es bei einer richtigen Zeitung ausprobieren«, sagte mein Vater. Er kannte den Chefredakteur der *Siegener Zeitung* und versprach, ihn anzurufen. Ich war als »Ferien-Volontär« willkommen und durfte sechs Wochen lang in der Lokalredaktion mitarbeiten. Es war eine harte, aber lehrreiche Schule. Manchmal ließ mich der Lokalchef eine Polizeimeldung drei-, viermal umschreiben, bis sie seinen Ansprüchen genügte. Er tat das nicht, um mich zu schikanieren. Er wollte mir nur beibringen, den Text professionell zu formulieren.

In den folgenden Ferien – zunächst noch als Schüler, später als Student – durfte ich wieder die Redaktion verstärken. Ich schrieb Gerichtsberichte und beobachtete Gemeinderatssitzungen, besuchte Tierschauen und rezensierte Chorkonzerte, vor allem aber berichtete ich von Schützen-

und anderen Heimatfesten. Ich verstand mehr und mehr die Siegerländer Mentalität, erfasste Feinheiten des Dialekts, dessen typisches Merkmal ein rollendes R ist. Je öfter ich an Heimatabenden, Sänger-, Turner- und anderen Festen teilnahm, desto mehr wurde mir bewusst, was den meisten Dorfbewohnern wichtig war: die Verwurzelung in der Umgebung, in der sie sich auskennen, die Pflege von Bräuchen und Traditionen und das Gefühl, in einer komplexen Welt wenigstens im Lokalen Überblick und Orientierung zu finden.

Galt das nicht auch für uns und andere Zugezogene? Die Älteren, deren familiäre Wurzeln im verlorenen Osten waren, gaben es nach und nach auf, in einem mentalen Wartestand zu leben, immer nur die Rückkehr im Kopf, wenn sich dazu eine Möglichkeit böte. Die zeichnete sich nicht ab. Während die Illusionen schwanden, nahm die Bereitschaft zu, sich in die Gemeinschaft der neuen Umgebung einzugliedern, und ebenso die Zahl der Vertriebenen in den örtlichen Vereinen. Mein Vater wurde Mitglied beim Roten Kreuz und beim Gesangverein, obwohl er kein Chorsänger war. Meine Eltern schlossen sich einem Kulturkreis an. Dass Vater auch dem Kyffhäuserbund angehörte, der die Kameradschaft von aktiven und früheren Soldaten pflegte, hatte wohl damit zu tun, dass er in seinen Gedanken vom Krieg nicht loskam. Im Familienkreis hat er darüber selten gesprochen, auch nicht über seine Jahre in der Gefangenschaft, aber er las einschlägige Bücher. Vater war ein verschlossener Mensch, der von seinen Empfindungen wenig preisgab. Kein Wort in der Gegenwart der Kinder über Ängste, Schmerzen, Heimweh, und seien es auch weiter zurückliegende Empfindungen. Nur wenn ehemalige »Kameraden« zu Besuch waren oder wenn er nach ein paar Gläsern Wein gut gelaunt war, hat er von Russland erzählt: kleine Geschichten mit perfekt bewältigten Gefühlen. Wie sich die stets hungrigen Gefangenen ausgemalt haben, was sie nach der Heimkehr kochen und essen würden. Oder wie er sich einmal für eine paar Minuten vor die Sanitätsbaracke gesetzt, sein Gesicht in die Sonne gehalten und ihn die russische Lagerärztin angeherrscht habe: »Pragal, Sie sind hier in Kriegsgefangenschaft und nicht im Kurort.« Bei solchen Ausbrüchen von Mitteilsamkeit fielen ihm viele russische Begriffe ein. Sein Lieblingswort war Natschalnik. Das bedeutet Vorgesetzter oder Chef. So hat er sich auch in der Familie gesehen.

Wie überall in der Bundesrepublik gab es auch im Siegerland Ortsvereinigungen der Vertriebenen. Als Ferienvolontär der Lokalzeitung hatte ich mit ihnen zu tun. Wenn der Tag der Heimat gefeiert oder eine Ostdeutsche Heimatstube eröffnet wurde, beauftragte mich die Redaktion hin und wieder mit der Berichterstattung. Ich schrieb ausführliche Berichte, aber persönlich berührten mich die vorgetragenen Probleme nicht. Obwohl selbst Vertriebener, fühlte ich keine Nähe zu den Personen oder Themen. Es waren Routinetermine, die ich nicht anders wahrnahm als die Einweihung eines neuen Kindergartens oder den Jahresbericht des Kaninchen-Zuchtvereins.

Nach dem Abitur zog ich 1961 nach München. An der Ludwig-Maximilians-Universität schrieb ich mich für Geschichte und Politologie ein. Als Hauptfach wählte ich Zeitungswissenschaft. Das war, wie sich später herausstellte, ein Fehler. Ich erwartete Vorlesungen und Seminare in Publizistik, an der Praxis orientierte Wissenschaft. Stattdessen wurde ich mit kommunikationswissenschaftlichen Theorien und Modellen konfrontiert, die mir für meinen angestrebten Beruf als nutzlos erschienen. Die Enttäuschung meiner hochfliegenden Erstsemestererwartungen wurde noch dadurch verstärkt, dass ich mich in der bayerischen Metropole einsam fühlte. Ich hatte ein winziges

Zimmer in einem kleinen Siedlungshaus aus den 30er-Jahren am Stadtrand, das einer Witwe gehörte. Die Miete betrug 50 D-Mark im Monat. Einmal in der Woche durfte ich ihre Badewanne benutzen. Der Weg mit der Tram zur Universität war lang, die Kontakte zu den Kommilitonen flüchtig. Ich suchte Anschluss. Am Schwarzen Brett warben Studentische Verbindungen um neue Mitglieder. Ich könnte mich ja mal informieren, dachte ich. Burschenschaften, Corps und Landsmannschaften kamen nicht infrage. Mit Mütze und Band herumzulaufen und Mensuren zu fechten hielt ich für antiquiert. Die Rituale der Korporierten stießen mich ab.

Bei einem »Keilabend«, wie man die Werbeveranstaltungen nennt, geriet ich an eine Gruppe von Studenten, die mir gefielen. Ihre Verbindung, bei der man weder Mensuren schlug noch eine spezielle Korporationskleidung trug, hieß »Polytechnischer Club«. Die meisten Aktiven, in der Mehrzahl höhere Semester, waren Naturwissenschaftler. Ihr Weltbild war – anders als das vieler Geisteswissenschaftler – nicht von Ideologien geprägt. In ihrer Runde fühlte ich mich wohl, bei Diskussionsabenden ebenso wie bei gemeinsamen Ausflügen. Wohl gab es auch bei ihnen eine Hierarchie mit Füxen, Leibburschen, Fuxmajor und anderen Chargen. Aber diese Formalien spielten im Alltag der Zusammenkünfte eine geringe Rolle. Bevor ich 1962 zur Uni in Münster wechselte, erhielt ich ein Kommersbuch mit Widmung und Unterschrift aller Präsidiumsmitglieder zur Erinnerung geschenkt. Formell ausgetreten bin ich nicht; die Bindungen haben sich nach und nach gelöst. Irgendwann wird man mich wohl aus der Mitgliederliste gestrichen haben. Lebenslange Freundschaften, auf die sich viele Studentenverbindungen gründen, sind mir im Polytechnischen Club nicht erwachsen. Und als heimatähnliche Gemeinschaft, wie manche Akademiker noch als »Alte

Herren« ihre Korporation begreifen, habe ich diesen Studentenbund auch nicht verstanden.

Anders als in München freundete ich mich in der westfälischen Universitätsstadt rasch mit Kommilitonen an. Bald fand sich in der Fachschaft Publizistik eine Clique zusammen, die einen großen Teil ihrer Freizeit gemeinsam verbrachte. Einige hatten, so wie ich, schon journalistische Erfahrungen gesammelt. Gemeinsam gründeten wir den »Club Junger Publizisten«. Obwohl ich das gesellige Leben in Münster genoss, freute ich mich auf die Fahrten nach Hause. Wenn ich mich im Zug dem Siegerland näherte, durchzog mich ein Gefühl der Vertrautheit und eine Hochstimmung, die freilich nicht nur mit der Landschaft und meinem neuen Elternhaus in Krombach zu tun hatte, sondern auch mit meiner Freundin Karin. Seit 1966 bin ich mit ihr verheiratet. Sie ging damals noch zur Schule, machte ihr Abitur zwei Jahre nach mir. Obwohl ihr Vater aus einer heimischen Industriellenfamilie stammte – er war in sowjetischer Kriegsgefangenschaft gestorben –, mochte sie das Siegerland nicht. Viele seiner alteingesessenen Bewohner waren in ihrer Lebensführung calvinistisch oder von sektenartigen protestantischen Glaubensrichtungen geprägt. Beim Gedanken an solche engstirnigen, bigotten Menschen überkam sie ein Frösteln. Von manchen älteren Lehrerinnen auf ihrer Mädchenschule Stift Keppel behauptete sie, diese würden den Schülerinnen ihre Jugend missgönnen. Karin hatte für etliche Monate in England die Schule besucht und sich dort wohlgefühlt. Sie konnte es kaum erwarten, das Siegerland und seine »klerikale Enge« endlich zu verlassen. Meine Wahrnehmung war anders. Ich hatte dort nach den Erfahrungen der Flüchtlingszeit, immer nur vorläufig irgendwo unterzukommen, ein Heimatgefühl entwickelt. Hier hatte ich nach vielen Jahren erstmals wieder ein richtiges Zuhause. Das verstand meine Freundin.

Wir beide schmiedeten Zukunftspläne. Gemeinsam wollten wir es noch einmal mit München versuchen, wo ich mein Studium fortsetzte und sie ihre Ausbildung an der dortigen Sprachenschule begann. In den alten VW, der ihrer Mutter gehört hatte, packten wir unsere Habseligkeiten, außerdem einen Laib Siegerländer Schwarzbrot und einen Kasten Krombacher Pils.

Mein Engagement bei den Jungdemokraten in Siegen hatte ich zwar beendet, aber der Politik der Liberalen stand ich weiter nahe. Ich las gern den *Spiegel*. Die vom damaligen Verteidigungsminister Franz Josef Strauß, CSU, initiierte Polizeiaktion gegen das Hamburger Nachrichtenmagazin im Oktober 1962, die das Land erschütterte, hatte mich wie ein Schlag getroffen. Ich rechnete es der FDP hoch an, dass sie bei diesem Angriff auf die Pressefreiheit die Rechtsstaatlichkeit über die Staatsräson stellte und das Vorgehen von Justiz und Polizei geißelte. Es freute mich, dass die kleinere Regierungspartei auch auf anderen Politikfeldern zur CDU/CSU, die sich wie eine Staatspartei gebärdete, auf Distanz ging. Nirgendwo zeigte sich das deutlicher als in der Deutschland- und Ostpolitik. Die wurde bis dahin ohne politische Phantasie betrieben und stützte sich auf Rechtsstandpunkte, die kaum zu verwirklichen waren. Unter dem Schock des Baus der Berliner Mauer im August 1961 plädierten einflussreiche Liberale für eine neue Ausrichtung der nationalen Strategie. Einer der führenden Köpfe unter den Vordenkern war der außenpolitische Referent der Bundespartei, Wolfgang Schollwer. Im März 1962 legte er in einer Denkschrift für die Mitglieder des Bundesvorstands dar, dass eine Wiedervereinigung in absehbarer Zeit nicht zu erwarten sei. Um eine tiefere Spaltung in Deutschland zu verhindern, müsse Bonn seine Anstrengungen auf eine »Wieder-Verklammerung« konzentrieren, die nur über Verhandlungen mit der DDR zu erreichen sei. Andere Liberale gingen in ihren Überlegungen noch weiter und empfahlen, die Oder-Neiße-Grenze offiziell zu respektieren, weil ein weiteres Offenhalten dieser Frage nur die DDR stärke und die eigene Verhandlungsposition schwäche.

Die freidemokratischen Planspiele, in denen bereits die spätere Ost- und Entspannungspolitik der sozialliberalen Bundesregierung Konturen gewann, erbosten nicht nur Unionspolitiker, sondern auch Vertreter der Vertriebenenorganisationen. Sie wetterten gegen die »Verräter« und bezichtigten die Befürworter neuer Konzepte der nationalen Unzuverlässigkeit. In den Köpfen der Kritiker steckte noch das Bild von Deutschland in den Grenzen von 1937, dessen faktische Dreiteilung in Bundesrepublik, DDR und abgetrennte Ostgebiete man niemals hinnehmen werde. Damit waren sie in der Bundesrepublik nicht allein. Das Zweite Deutsche Fernsehen, das ab Frühjahr 1963 sendete, zeigte auf seiner täglichen Wetterkarte Deutschland nach wie vor als ungeteiltes Ganzes.

Meine Haltung zu den organisierten Vertriebenen war in dieser Zeit zwiespältig. Ich verstand, dass sie mit ihrem Schicksal haderten. Kollektive Vertreibung war auch in meinen Augen ein Unrecht. Ich konnte nachvollziehen, dass sie unter der Ignoranz und dem mangelnden Mitgefühl litten, die sie vielerorts in Westdeutschland erfahren hatten. Ihr Wunsch nach Rückkehr in die alte Heimat ist durch die zahlreichen Kränkungen noch verstärkt worden. Nicht zuletzt empfand ich es als ungerechtfertigt, dass die kommunistisch gelenkten Medien der DDR und auch manche mit dem »realen Sozialismus« sympathisierende Publizisten im Westen Funktionsträger und Mitglieder der Vertriebenenverbände pauschal als »Revanchisten« abstempelten. Die gab es auch, aber sie repräsentierten nach meinem Eindruck nicht die Mehrheit der Menschen, die einen Flüchtlingsausweis besaßen.

Andererseits stieß mich die Militanz ab, mit der die Verbandssprecher ihre Forderungen öffentlich vortrugen. Auf Kritik reagierten sie mit Unverständnis und Polemik. Es gab in den Führungsriegen Persönlichkeiten, an deren demokratischer Lauterkeit nicht zu zweifeln war. Aber auf manchen Posten saßen ehemalige Nazis und Mitläufer, die immer noch so redeten, als hätten sie aus der Vergangenheit nichts gelernt. Männer, die ihre völkische Gesinnung hinter plumpen antikommunistischen Parolen versteckten und die Tatsache ausblendeten, dass ohne den von Adolf Hitler geführten Vernichtungskrieg die Deutschen im Osten ihre Heimat nicht hätten verlassen müssen. Nie habe ich gehört oder gelesen, dass Sprecher des BdV oder einer Landsmannschaft die jüdischen Mitbürger erwähnt hätten. Die Reden der Funktionäre konzentrierten sich auf ihre eigene Opferrolle.

Was ich bei der Kommunikationswissenschaft vermisst hatte, fand ich an der Deutschen Journalistenschule. Ich hatte mich Ende 1963 um Aufnahme bei der renommierten Münchner Ausbildungsstätte beworben und nach erfolgreicher mündlicher Prüfung im April 1964 einen der begehrten Plätze erhalten. Die Dozenten, die uns auf den späteren Beruf vorbereiten und uns an ihrem profunden Wissen teilhaben ließen, gehörten zur ersten Garnitur der Münchner Redaktionen. Etliche dieser gestandenen Journalisten hatten ihre Karriere in der Weimarer Zeit begonnen und prägten seit den 50er-Jahren mit ihren Kommentaren und Leitartikeln das Meinungsklima der Bundesrepublik. Einer von ihnen war Immanuel Birnbaum. Der gebürtige Königsberger stammte aus einer jüdischen Gelehrtenfamilie, hatte in München Staatswissenschaften studiert und sich nach dem Ersten Weltkrieg dem Journalismus zugewandt. Er war Chefredakteur sozialdemokratischer Blätter in Bremen und Breslau gewesen und 1927 als Korrespondent nach

Warschau gegangen. Vor den Nazis emigrierte er nach Finnland und Schweden. Nach dem Krieg kehrte er noch einmal als Journalist und Presseattaché der Österreichischen Botschaft nach Polen zurück und wechselte 1951 zur *Süddeutschen Zeitung*. Als ich ihn kennenlernte, war er Mitglied der Chefredaktion und leitete das Auslandsressort.

Dieser weltläufige, kluge Mann faszinierte mich. In seinen Artikeln begegnete ich Argumenten und Gedanken, die mir schlüssig erschienen, die bei mir Zweifel ausräumten und eigene Überlegungen stützten. Insbesondere dann, wenn er sich in seinen Analysen mit den östlichen Nachbarländern und der Vertreibungsproblematik befasste. Wenn Vertriebenenpolitiker das Recht auf Rückkehr in die Heimat damit begründeten, dass Deportationen nach dem Völkerrecht verboten seien, verwies Birnbaum auf das ebenso gut begründete Heimatrecht der jetzt dort wohnenden und oft auch schon dort geborenen Tschechen, Polen und Russen. Die »normative Kraft des Faktischen« sei nicht eine Erfindung von Zynikern, sondern eine unentbehrliche Grundlage des Zusammenlebens der Menschen und Völker. »Sonst könnten die Angelsachsen wieder aus Nordamerika ausgewiesen werden, die Russen aus Sibirien und die Israelis aus ihrem ganzen Staatswesen.« Birnbaum widersprach auch dem von Vertriebenen vorgebrachten Argument, aus Jahrhunderten deutscher Tradition und Kultur lasse sich ein Rechtstitel begründen. »Was bedeutet der Umstand, dass Immanuel Kant und E.T.A. Hoffmann Königsberger waren, Angelus Silesius, Eichendorff und Schleiermacher Schlesier, für deutsche Ansprüche auf die Heimat solcher Männer?« Seine Antwort: »Die Heimat Homers und der großen Ionier, mit denen die europäische Philosophie anhebt, gehört heute nicht mehr zu Griechenland, sondern zur Türkei. Die größten Dichter Polens, Adam Mickiewicz und Juljusz Slowacki, sind in Orten geboren, die heute zur Sowjetunion gehören. Beispiele dieser Art ließen sich ins Endlose vermehren. Wollte man aus jedem von ihnen Rechtsansprüche ableiten, so käme die politische Geografie unserer Erde nie zur Ruhe.« Birnbaum, der sich stets nur als »beobachtenden Begleiter des Flusses politischen Geschehens« sah, hat den Zusammenbruch des sowjetischen Imperiums nicht mehr erlebt. Er starb 1982 im Alter von 87 Jahren.

Die 16 Teilnehmer der Lehrredaktion kamen aus allen Regionen der Bundesrepublik. Einige hatten ihr Studium bereits abgeschlossen, andere – wie ich – hatten es zugunsten der Journalistenschule vorzeitig aufgegeben. Ein Ausländer war dabei, Johannes, ein Diplomatensohn aus Finnland. Wir verstanden uns ziemlich schnell und wurden eine verschworene Gemeinschaft, die von der Chefsekretärin Marianne Bock wie eine große Familie betreut und zusammengehalten wurde. Die technische Ausstattung der Schule war auf dem neuesten Stand. Es gab sogar ein kleines Tonstudio. Zur Faschingszeit produzierten wir einen Fernsehbeitrag über die Münchner Prinzengarde. Wir waren sehr stolz, als er im Regionalprogramm gesendet wurde. Obwohl ich bereits einige Jahre Erfahrung mit München hatte, wurde mir erst jetzt die Stadt Stück um Stück vertraut. Gemeinsam mit den künftigen Berufskollegen und meiner Freundin Karin genoss ich nun die bayerische Landeshauptstadt: das südliche Flair, die Biergärten, das Oktoberfest, die Cafés und Kneipen in Schwabing, die Floßfahrten auf der Isar, die Faschingsfeste, die zahlreichen Theater und die Nähe der Seen und Berge, den Wechsel vom strengen Siegerland ins barocke München.

Zur Ausbildung gehörten auch Praktika bei verschiedenen Medien. In der Nachrichtenredaktion des Bayerischen Rundfunks nahmen mich die Profis in ihre Obhut. Vom ersten Arbeitstag an habe ich unter ihrer Anleitung aus dem Agenturmaterial sendefähige Nachrichten formuliert.

Ich war ziemlich stolz, als ich den Hörfunksprecher meine Texte lesen hörte, und es dauerte nicht lange, bis ich allein verantwortlich arbeiteten konnte. Niemand musste mir mehr über die Schulter schauen. Auf einem Merkblatt waren Begriffe aufgelistet, die nicht verwendet werden sollten. »Strichweise Regen« durfte es zum Beispiel im Wetterbericht nicht heißen. Das erinnere zu sehr ans Rotlichtmilieu. Das korrekte Wort lautete »gebietsweise«. Heute gibt es eine solche Liste nicht mehr. Sie sei, so wurde mir gesagt, längst abgeschafft worden.

Die nächste Station war Pirmasens in der Pfalz. In der dortigen Lokalzeitung standen mir alle Türen offen: In jedem Ressort und in jeder journalistischen Form durfte ich mich ausprobieren, von der Lokalglosse bis zum politischen Leitartikel. Der Chefredakteur gab mir den Auftrag, eine Reportage über das örtliche Obdachlosenasyl zu schreiben. Um die Unterkunft für Tippelbrüder, unbehauste Arbeitslose und Penner lebensnah schildern zu können, sollte ich mich als Obdachloser auf der Durchreise ausgeben. Ich war skeptisch, ob man mir diese Rolle abnehmen würde. In meinem ersten Beitrag, »Pirmasens mit den Augen eines Fremden gesehen«, hatte mich die Zeitung mit einem Passfoto vorgestellt. Ich ließ mir einen Dreitagebart stehen, zog mir die ältesten Sachen an, die ich dabeihatte, in der Hoffnung, sie könnten als Gammellook durchgehen. Mit mulmigem Gefühl läutete ich am Abend an der Tür des Heims. Eine ältere, resolute Frau öffnete mir. Auf meine Frage, ob ich über Nacht bleiben dürfe, meinte sie: »Das können Sie, junger Mann.« Sie ließ mich Platz nehmen und reichte mir ein Anmeldeformular. Mit verstellter, ungelenkter Schrift füllte ich es aus. Danach verlangte sie meinen Personalausweis. Wenn nur das Passbild nicht wäre, dachte ich. Aber sie schöpfte keinen Verdacht. Sicherlich dachte sie jetzt: Der hat auch schon mal bessere Tage gesehen. Dann wurde ich von einem Mann in den Keller geführt, wo eine Gelegenheit zum Waschen war. Der Mann betrachtete meine Unterwäsche. Sie war für diese Verhältnisse offenbar zu neu und zu sauber. »Feina Macka«, bemerkte er.

Im Aufenthaltsraum saßen acht Gestalten, Männer überwiegend in der zweiten Lebenshälfte. Sie blickten mich stumm an. Nach etlichen Minuten Schweigen fragte jemand: »Wo willst du denn hin, Junge?« Ich brachte die zurechtgelegte Antwort vor: »Nach Saarbrücken, per Anhalter, ein Mädchen besuchen.« »Wird sich wohl freuen, das Mädchen«, brummte einer der Männer. Damit war das Interesse an mir erloschen. Ich versuchte, ein Gespräch in Gang zu bringen, wollte wissen, warum sie hier waren und ob sie sich ohne festen Wohnsitz als Heimatlose fühlten. Doch sie hatten keine Lust zu reden. Um 21.30 Uhr war Bettruhe. Meine Schlafgenossen legten ihre Hemden und Hosen über Stühle, kletterten in die Bettgestelle und zogen die Wolldecken über ihren Körper. Die Fenster wurden geschlossen, und das Licht verlosch. Ich grübelte noch eine Weile über meine Mission. Immerhin konnte ich beschreiben, wie es in der Herberge zuging – unerwartet ordentlich und alltäglich –, aber über die Empfindungen und das Leben dieser Obdachlosen habe ich nichts erfahren. Damals war ich als Journalist noch unerfahren. Heute, mit der Routine eines altgedienten Reporters und Interviewers, wäre es mir wahrscheinlich gelungen, sie in ein Gespräch zu verwickeln.

Berufsstart in München

Absolventen der Journalistenschule hatten eine Anstellung als Journalist so gut wie in der Tasche. Ich bekam ein Angebot von der *Süddeutschen Zeitung*. Der Leiter des Bayern-Ressorts wollte mich gern in seinem Team haben. Ich sagte zu und wurde am 1. Oktober 1965 Mitglied der Redaktion, zunächst als Pauschalist für ein Monatssalär von 600 DM. Im Jahr darauf wurde ich ins Angestelltenverhältnis übernommen. Ich wunderte mich, wie schnell es mir als Preuße gelang, mit der bajuwarischen Mentalität klarzukommen, denn meine Themen spielten sich ja nicht in der Millionenstadt München ab, sondern zu einem erheblichen Teil auf dem bäuerlichen Lande. Mein Ressortchef war Franke, genauer gesagt Mittelfranke. Er bevorzugte im Blatt diese Region. Kollegen sprachen spöttisch vom »Frankenteil«. Mir war das recht. Viele Berichte und Reportage führten mich ins nördliche Bayern. Die Rivalitäten zwischen den bayerischen »Stämmen« blieben mir nicht verborgen. Ich habe in dieser Zeit viel über die Geschichte und die Besonderheiten des Freistaats gelernt. Und ich verstehe auch, wenn jemand »boarisch« redet. Bis heute. Als bei einer Adventsfeier in der Bayerischen Vertretung in Berlin der Schauspieler Friedrich von Thun Ludwig Thomas »Weihnachtslegende« in klangvollem Oberbayerisch vortrug, erhoben sich am Schluss viele Gäste aus der Hauptstadt ratlos von ihren Plätzen. »Ich habe fast nichts verstanden«, beschwerte sich ein Bekannter beim Hinausgehen. »Ich schon«, gab ich zurück und bemühte mich, meinen Worten eine bayerische Klangfarbe zu geben.

Im Laufe des Jahres 1966 beschlossen Karin und ich zusammenzuziehen. Bisher wohnte sie in zwei kleinen Mansardenzimmern im Münchner Stadtteil Nymphenburg. Meine Unterkunft, ein großes geräumiges Zimmer, lag nicht weit entfernt. Bei der Suche nach einer gemeinsamen Wohnung wurden wir in einer Neubausiedlung am östlichen Stadtrand fündig. Zwei helle Zimmer, dazu Küche, Bad, Balkon. Wohnfläche insgesamt 50 Quadratmeter plus Autostellplatz in einer Tiefgarage. Die Anlage war noch nicht ganz fertig. Wir wären gern eingezogen, aber die Sache hatte einen Haken. Wir waren nicht verheiratet. Damals galt noch der »Kuppeleiparagraf«. Danach war es strafbar, zwei unverheirateten Menschen eine Wohnung zur Verfügung zu stellen. Der Vermieter wollte keinen Ärger. Wir sagten, dass wir demnächst heiraten wollten, der Termin stünde schon fest. Mit der Auflage, unseren Trauschein vorzulegen, sagte uns der Vermieter die Wohnung zu.

Am 9. August 1966 haben wir in Hüttental, das heute zu Siegen gehört, geheiratet. Wir haben uns nicht in der Kirche, sondern nur vor dem Standesbeamten das Jawort gegeben. Unsere Verlobung hatten wir mit einem Fest gefeiert, die Trauung fiel schlichter aus. Wir wollten so bald wie möglich nach München. Im September konnten wir die Wohnung beziehen. Nicht weit vom Haus führte eine Bahntrasse vorbei, und bis zum damaligen Flughafen München-Riem waren es nur ein paar Kilometer. Aber das störte uns nicht in unserem Glück. Endlich waren wir nicht mehr Untermieter! Jetzt hatten wir ein richtiges Heim, eine Adresse mit erstem Wohnsitz, und fühlten uns als Münchner. Im Oktober begann meine Frau in einem Verlagsbüro ihre Berufstätigkeit. Sie ging zu einer Bank, um ein eigenes Girokonto einzurichten. Wo denn ihr Ehemann sei, wollte ein Angestellter wissen. Meine Frau verstand nicht, was er meinte. »Was hat denn mein Mann mit meinem Konto zu tun?«, wollte sie wissen. Der Angestellte erläuterte ihr, dass der Ehemann sein schriftliches Einverständnis zur Kontoeröffnung seiner Ehefrau geben müsse. Karin war fassungslos. Aber es war tatsächlich so. Zwar war die Gleichberechtigung von Mann und Frau gegen heftigen Widerstand des konservativen Lagers im Grundgesetz festgeschrieben worden. In den 1950er- und 1960er-Jahren stimmten Verfassung und Wirklichkeit jedoch an vielen Punkten nicht überein. So konnte ein Ehemann seiner Frau eine berufliche Tätigkeit untersagen und sogar ihr Arbeitsverhältnis gegen ihren Willen kündigen. Verständlich, dass sich vor allem jüngere Menschen an solchen reaktionären Bestimmungen stießen und mit wachsender Lautstärke Reformen forderten.

Nach zweieinviertel Jahren verließ ich das Bayern-Ressort und übernahm im Februar 1968 die Aufgaben eines Kollegen, der zum *Spiegel* nach Hamburg ging. Ich schrieb Analysen und Kommentare, vor allem aber Reportagen. Zu meinen neuen Aufgaben gehörte die Beobachtung »politischer Randgruppen«, zu denen sowohl die rechtsextreme Szene als auch orthodox-kommunistische Vereinigungen und linksradikale Gruppen der Außerparlamentarischen Opposition, der APO, zählten. Ein großes Thema, das die bundesrepublikanische Gesellschaft erregte, waren die Studentenunruhen. Schon seit Monaten brodelte es unter den Studierenden. Zwischen ihnen und dem etablierten Bürgertum tat sich eine Kluft auf. In zahlreichen Universitätsstädten gingen junge Leute auf die Straße, buhten, provozierten und legten sich mit der Polizei an. In einem längeren Beitrag beschrieb ich, wie es zur Eskalation gekommen war, wie sich aus der Unzufriedenheit mit ihren Professoren eine Welle des Studentenprotestes entwickelte. Wie mit dem Sozialistischen Studentenbund (SDS) eine kleine, radikale Minderheit die Führungsrolle übernahm, und wie zunächst friedliche Demonstrationen in Randale ausarteten. »Die organisierte extreme Linke«, so schlussfolgerte ich, »will es zur Kraftprobe mit der Staatsautorität kommen lassen. Revolutionen, so meinen die radikalen Studenten, sind in der Geschichte noch niemals sanft und geordnet verlaufen.«

Wenn ich Massenkundgebungen und Protestzüge beobachtete, hatte ich zwiespältige Gefühle. Dass die Studenten von den starren Hierarchien an ihren Hochschulen die Nase voll hatten, konnte ich verstehen. Ich amüsierte mich über witzige Sprüche wie »Unter den Talaren Muff von tausend Jahren«. Ich war auf ihrer Seite, wenn sie sich darüber empörten, dass ehemalige Nazis in der Zeit des Wirtschaftswunders Karriere gemacht und wichtige Posten in Politik und Gesellschaft besetzt hatten. Und sie hatten auch meine Sympathie, wenn sie die Militärdiktatur in Griechenland anprangerten. Aber mussten sie deshalb den Kampf der Vietcong verherrlichen, Kommunisten wie Mao Tse-tung und Ho-Chi-Minh zu Lichtgestalten verklären und rote Fahnen wie Symbole der Freiheit schwenken? Wie konnten es Demonstranten rechtfertigen, dass Geschäfte demoliert, Autos umgeworfen und Straßenbahnwagen zerstört wurden? Und wie borniert und verblendet mussten Aktivisten der APO sein, wenn sie die Bundesrepublik auf dem Weg in eine präfaschistische Diktatur wähnten? Nie wäre ich auf die Idee gekommen, mich bei solchen Demonstranten einzureihen. »Brecht dem Schütz die Gräten – alle Macht den Räten!«, einen solchen gegen den damaligen Regierenden Bürgermeister von Berlin gemünzten Spruch fand ich genauso zynisch und abstoßend wie Aufrufe in Zeitungen des Springer-Konzerns, »die Unruhestifter auszumerzen« und »den Terror der Jung-Roten« zu stoppen, denn die seien »so rot, dass sie nur noch rot sehen«.

Die meisten Leute, die 1968 und in den folgenden Jahren den Aufstand und die Revolution probten, waren nur unwesentlich jünger als ich. Dennoch trennte uns mehr als nur ein paar Jahre Altersunterschied. Angehörige der Jahrgänge, deren prägende Erfahrungen in Schule und Elternhaus so wie bei mir in den 50er-Jahren lagen, hat der Soziologe Helmut Schelsky die »skeptische Generation« genannt. Wir haben nicht kritiklos übernommen, was uns erzählt wurde. Wir haben den Konflikt mit Lehrern und Vätern nicht gescheut und bekämpft, was wir für autoritär und überholt hielten. Wir wollten Veränderung und Reformen, aber nicht den Umsturz der Gesellschaftsordnung. Diejenigen, die nach uns kamen und sich politisch engagierten, waren härter, radikaler und kompromissloser. Sie, allen voran die Aktivisten der 68er-Bewegung, gingen mit ihren in den Nationalsozialismus verstrickten Altvorderen gnadenlos um. Viele dieser Jungen waren ideologisch fixiert, hielten sich selbst aber für offen, internationalistisch, vorurteilslos. Mit Begriffen wie Heimat und Vaterland verbanden sie nur Engstirnigkeit und reaktionäres Denken. Die bürgerliche Gesellschaft war ihnen suspekt.

In Beruf und Privatleben kannte ich etliche, die so dachten und argumentierten. Fast alle waren gebürtige Westdeutsche. Mich ärgerten ihre intellektuelle Arroganz und ihre mangelnde Empathie. Ich habe mich mit ihnen heftig gestritten, auch über die territoriale Nachkriegsordnung in Deutschland und über das Thema Vertreibung. Dass die früheren deutschen Ostgebiete polnisch geworden sind und die dort lebenden Menschen ungeachtet persönlicher Schuld oder Unschuld ihre Heimat verlassen mussten, war für sie nicht nur die Konsequenz aus Hitlers verlorenem Angriffskrieg, sondern auch die gerechte Strafe für die

Naziverbrechen. Da erwachten in mir Trotz und Widerspruchsgeist des Flüchtlingsjungen. »Aber wir haben den Tribut bezahlt und nicht ihr«, hielt ich zornig dagegen. »Ihr konntet doch in eurem vertrauten Milieu einfach weiterleben. Was der Verlust von Heimat bedeutet, davon habt ihr keine Ahnung.« Ich war aufgebracht. Ich merkte nicht, dass ich in die Argumentation meiner Eltern verfiel. Die Leute sahen mich verständnislos an. Wahrscheinlich dachten sie, ich sei zu den »Ewiggestrigen« übergelaufen.

Ende Juli 1968 flog ich nach Sofia, um über die »Weltfestspiele der Jugend und Studenten« zu berichten. An dem von den kommunistischen Parteien veranstalteten Treffen mit rund 20000 Gästen nahm auch eine Delegation aus der Bundesrepublik Deutschland teil. Die Truppe war ziemlich bunt zusammengesetzt. Da gab es die radikalen Linken vom SDS, die sich lustvoll mit orthodoxen kommunistischen Abgesandten anlegten, weil denen das revolutionäre Bewusstsein fehle. Daneben die straff geführte Sozialistische Deutsche Arbeiterjugend, eine Nachwuchstruppe der Moskau-hörigen DKP, und viele andere kleine Gruppen – junge Christen, Falken, Gewerkschafter, Naturfreunde, Pfadfinder –, die zum Bundesjugendring gehörten. Seine Sprecher hatten bei einer Pressekonferenz eine Broschüre zur Geschichte und zum Selbstverständnis des Dachverbandes verteilt. In der Schrift setzten sich die Autoren auch mit der Freien Deutschen Jugend der DDR auseinander und wiesen darauf hin, dass die FDJ unter kommunistischer Führung wie seinerzeit die Hitler-Jugend ein Staatsmonopol besitze. Ich fand diese Feststellung zulässig, stutzte allerdings, als ich in Bezug auf die DDR das Wort »Mitteldeutschland« las. Das wird Ärger geben, dachte ich. Zwar sagten viele Konservative Mitteldeutschland, wenn sie das Land zwischen Elbe und Oder meinten. So stand es auch in manchen Schulbüchern. Und im historischen Sinne war es auch korrekt. Aber als Bezeichnung für die DDR war es eine Provokation, die man sich besser hätte sparen sollen.

Die FDJ, in Sofia mit 700 einheitlich gekleideten Aktivisten vertreten, nutzte diese Vorlage für eine heftige propagandistische Attacke. Wer den sozialistischen deutschen Staat derart diffamiere, so wetterte Walter Ulbrichts junge Garde bei einer Kundgebung in der Sofioter Radrennbahn, »der gibt zu erkennen, dass er in Übereinstimmung mit den Revanchistenzielen des westdeutschen Militarismus Gebiete der Volksrepublik Polen und der UdSSR als Ostdeutschland ansieht und Kurs auf die Wiederherstellung des Deutschen Reiches in den Grenzen von 1937 nimmt«. Dass keine der im Bundesjugendring vereinten Organisationen derartige Ziele im Sinn hatte, wussten vermutlich auch die Chefagitatoren in der Ostberliner SED-Zentrale. Aber es war mal wieder eine schöne Gelegenheit, den »Revanchismus« der westdeutschen Klassenfeinde vor einer internationalen Öffentlichkeit an den Pranger zu stellen und – wie ich damals schrieb – »die Bundesregierung moralisch zu verprügeln«. Die FDJler fühlten sich an diesem Tage als haushohe Sieger über die Westdeutschen. Lautstark skandierten sie von der Tribüne: »Von der Elbe bis zur Saar wird der Sozialismus wahr.«

Wenn ich nicht mit den deutsch-deutschen Auseinandersetzungen beschäftigt war, verbrachte ich viel Zeit bei der tschechoslowakischen Delegation. Wie viele Angehörige meiner Generation faszinierte mich der Versuch, in unserem Nachbarland einen »Sozialismus mit menschlichem Antlitz« zu schaffen. Ich war noch auf der Suche nach einer politischen Vision, konnte mir nicht vorstellen, dass die reine Marktwirtschaft, ein die Politik dominierender Kapitalismus das Ende der gesellschaftlichen Entwicklung sein sollte. Deshalb begeisterte ich mich für den »Prager Frühling.« Wenn es tatsächlich gelingen sollte, das bürokratisch-zentralistische Planungssystem zu überwinden, die Betriebe von staatlicher Reglementierung zu befreien und eine demokratische Ordnung ohne selbst ernannte Führer zu etablieren, dann – so dachte ich – wäre das der von vielen Menschen in Ost und West erträumte »dritte Weg«: eine Gesellschaftsordnung mit Pluralismus, sozialer Gerechtigkeit und Meinungsfreiheit – kurzum ein Modell für die Zukunft. Fast jeden Tag saßen westliche Journalisten mit ihren tschechoslowakischen Kollegen zusammen und ließen sich über die Veränderungen in ihrem Land unterrichten. Manchmal kamen Schriftsteller und Künstler hinzu. Funktionäre aus Moskau-treuen »Bruderländern« beobachteten diese Zusammenkünfte mit Argwohn. Sie bezichtigten die Vordenker der Reformbewegung des Verrats am Sozialismus. Die antworteten souverän, diese Anklage werde von jenen erhoben, die den Sozialismus in Misskredit gebracht, ihn betäubt und in eine Religion von Ikonen und Heiligensprüchen verwandelt hätten. »Der Sozialismus unserer Vorstellungen«, so der Schriftsteller und Drehbuchautor Jan Procházka, »ist ein lebendiger Sozialismus, überschäumend von einem Wettstreit der Ideen, und kein trostloser Kerker der Vernunft.«

Für den Rückflug hatte ich zwei Maschinen gebucht. Zunächst wollte ich mit einer CSSR-Maschine nach Belgrad fliegen und von dort mit einer jugoslawischen nach München. Als ich in Sofia das Flugzeug betrat, beobachtete ich mit Staunen, wie die tschechischen und slowakischen Passagiere geradezu gierig nach den Zeitungen griffen, die ihnen die Stewardess hinhielt. Sie brannten darauf zu erfahren, was zu Hause vorging. Nie zuvor hatte ich erlebt, dass sich Leute um kommunistische Parteiblätter rissen. Doch die hier angebotenen Exemplare waren nicht mehr mit Phrasen gespickte Sprachrohre einer Parteidiktatur, sondern Gazetten, die von Journalisten ohne Zensur geschrieben und redigiert waren. Das war am 7. August. Zwei Wochen später, in der Nacht zum 21. August, wurde ich durch einen Anruf meines Ressortleiters von Seite 3 geweckt. In die Tschechoslowakei seien Truppen des Warschauer Paktes einmarschiert, sagte er. Ich solle mich sofort ins Auto setzen und hinfahren. Als ich bei Furth im Wald an die Grenze kam, war der Übergang gesperrt. Zwei Stunden zuvor, erklärten mir bayerische Beamte, hätten ihre Kollegen von der anderen Seite Bundesbürger noch passieren lassen. Ich spürte eine doppelte Enttäuschung. Die Vision Alexander Dubceks und vieler seiner Landsleute von einem Sozialismus mit menschlichem Antlitz war geplatzt. Und statt aus Prag berichten zu können, stand ich vor einer geschlossenen Grenze. Ich besann mich auf meine Reporterpflicht, befragte Tschechen, die in den Westen geflüchtet waren, und besuchte Aufnahmelager, die sich langsam mit Emigranten füllten. Aber wenn ich abends im Fernsehen den ZDF-Reporter Heinz Metlitzky auf dem Prager Wenzelsplatz sah und seine bewegenden Berichte verfolgte, dann hätte ich nur allzu gern mit ihm getauscht.

In meinem Leben gab es nur wenige Tage, die ich vor dem Fernseher verbrachte. Ein solcher Tag war Dienstag, der 21. Oktober 1969. Meine Frau und ich saßen in einer Ferienwohnung auf Sylt. Wegen der Bundestagswahl im September hatte ich meinen Urlaub um einen Monat verschoben. Seit dem Morgen hockten wir vor dem Bildschirm und sahen gespannt zu, wie im Bundestag in Bonn Geschichte geschrieben wurde. Als Bundestagspräsident Kai-Uwe von Hassel, CDU, das Ergebnis der Stimmenauszählung bekannt gab und Willy Brandt fragte, ob er die Wahl annehme, warteten wir sein Ja nicht mehr ab. Wir jubelten und fielen uns in die Arme. Dass dieser Moment eine Zäsur in der Geschichte Deutschlands bedeutete, war uns bewusst. 39 Jahre nach dem letzten sozialdemokratischen Kanzler

Hermann Müller, 20 Jahre nach der Gründung der Bundesrepublik, stand wieder ein SPD-Politiker an der Spitze der Regierung. Am Abend gingen wir mit Freunden essen. Wir waren in ausgelassener Stimmung und malten uns aus, was die nächsten Wochen bringen würden. Wir verehrten Willy Brandt und hatten ihm diesen Erfolg gewünscht. Wir zollten ihm Hochachtung für seinen Mut, trotz knapper Mehrheit mit der FDP ein Bündnis zu schließen. Brandt und sein neuer Außenminister Walter Scheel waren für uns die Hoffnungsträger für einen politischen Aufbruch. Wir fühlten uns bestätigt, als der Kanzler in seiner Regierungserklärung unter dem Protest von Abgeordneten der CDU/CSU-Opposition den Satz sagte: »Wir stehen nicht am Ende unserer Demokratie, wir fangen erst richtig an.«

Kernstück des sozialliberalen Regierungsprogramms war die neue Deutschland- und Ostpolitik. 25 Jahre nach dem Ende des Zweiten Weltkriegs erschien es dem Kanzler und seinem Vize an der Zeit, das Verhältnis zur DDR und zu den Staaten des östlichen Europa zu verbessern, zu normalisieren und vertraglich zu regeln. Überlegungen, wie das politisch zu gestalten wäre, hatte es schon früher gegeben. 1965 hatte die Evangelische Kirche in Deutschland eine Denkschrift zur Lage der Vertriebenen und zum Verhältnis des deutschen Volkes zu seinen östlichen Nachbarn veröffentlicht. In diesem von der Kammer für öffentliche Verantwortung erarbeiteten Dokument setzten sich die Autoren dafür ein, »das Lebensrecht des polnischen Volkes zu respektieren und ihm den Raum zu lassen, dessen es zu seiner Entfaltung bedarf«. Das war eine kaum verhüllte Aufforderung, die Oder-Neiße-Grenze anzuerkennen. Nicht minder deutlich war der Appell, dass eine künftige Friedensordnung »nicht ohne Opfer des deutschen Volkes an alten Rechtspositionen zu haben sei«. Für solche Thesen, mit denen die Kirchenleute gegen Nachkriegstabus verstießen, wurden sie von Vertriebenenfunktionären mit Protesten und Schmähungen überhäuft. Es sei nicht hinzunehmen, entrüstete sich das BdV-Präsidium, »das Heimatrecht über die Köpfe der Betroffenen hinweg als Kaufpreis für eine Versöhnungspolitik gegenüber dem kommunistischen Regime Polens anzubieten«. Ähnliche Gedanken wie ihre evangelischen Glaubensbrüder formulierten katholische Wissenschaftler und Publizisten des »Bensberger Kreises« drei Jahre später in einem eigenen Memorandum. Auch sie empfahlen einen Verzicht auf die deutschen Ostgebiete.

Die Annäherung an Polen erwies sich für die neue Regierung als besonders schwierig. Die psychologischen und politischen Hürden waren hoch. Für einen großen Teil der bundesdeutschen Bevölkerung war Polen ein Vasallenstaat der Sowjetunion, der sich die deutschen Ostgebiete widerrechtlich angeeignet und dessen Bewohner vertrieben hatte. Dass Polen 1939 von Deutschland überfallen worden war und unter der deutschen Besatzungsherrschaft aufs Schwerste gelitten und Millionen Todesopfer zu beklagen hatte, verblasste in der Wahrnehmung der Deutschen. Ich teilte dieses Feindbild von Polen nicht, aber auch ich hatte keine guten Erinnerungen an die Zeit unter polnischer Herrschaft. Gleichwohl versuchte ich, mich in die Gefühlswelt der Menschen zwischen Danzig und Krakau zu versetzen. Was bedeutete für ihr historisches Bewusstsein die Tatsache, über Jahrhunderte eingezwängt zu sein zwischen Deutschen und Russen, für lange Zeit ohne eigenes Staatswesen existieren zu müssen? War es nicht verständlich, dass eine sicherere Grenze für das polnische Volk und die Regierung in Warschau die Kardinalfrage war? Der Grund, warum viele Dörfer im westpolnischen Grenzgebiet verfielen, lag vor allem darin, dass die neuen Bewohner nicht in die Gebäude investierten, weil sie immer noch fürchteten, die Deutschen könnten zurückkehren. Ich zog daraus den Schluss: Ohne

Anerkennung der Oder-Neiße-Grenze würde die Bundesrepublik mit Polen nie ins Reine kommen.

Nach langwierigen Verhandlungen, die in der Schlussphase von Außenminister Walter Scheel geführt wurden, reiste der Kanzler am 7. Dezember 1970 mit großem Gefolge nach Warschau, um den Vertrag über die Normalisierung zwischen der Bundesrepublik und der Volksrepublik Polen zu unterzeichnen. An diesem Tag wurden die Fernsehzuschauer Zeugen einer Szene, die um die Welt ging und Millionen Menschen anrührte. Vor dem Mahnmal für die Opfer des Warschauer Gettos ging Willy Brandt auf den nasskalten Steinstufen auf die Knie. Was für eine Geste, dachte ich. Da bekennt sich ein Mann, der als Emigrant deutsche Schuld persönlich nicht mit zu tragen brauchte, stellvertretend für sein Volk zur Verantwortung für die Vergangenheit und bittet um Vergebung. »Ich hatte das Gefühl, ein Neigen des Kopfes genügt nicht«, hat Brandt am Abend dieses Tages gegenüber seinem Vertrauten Egon Bahr seinen Kniefall begründet.

Nicht alle Deutschen haben dem Kanzler dieses Versöhnungszeichen und den Besuch insgesamt gedankt. Der Warschauer Vertrag, in dem die Bundesrepublik die Oder-Neiße-Linie als Westgrenze anerkannte und sie für unverletzlich erklärte, spaltete Politik und Gesellschaft. Die CDU/CSU-Opposition beklagte einen »Ausverkauf deutscher Interessen« und behauptete, das Abkommen mit Warschau sei »ein Vertrag gegen das Selbstbestimmungsrecht«. In Leserbriefen und an Stammtischen geißelten Deutsche den »Verrat an der Heimat«. Und wie einst in der Weimarer Republik redete man wieder von »Verzichtspolitikern« und von »vaterlandslosen Gesellen«. Besonders empört waren die Repräsentanten der Vertriebenenverbände. »Der Warschauer Grenzvertrag bestätigt die kommunistische Herrschaft und die damit verbundene nationalistische Expansion«, entrüstete sich Herbert Hupka, der Sprecher des Schlesischen Landsmannschaft. »Aus Unrecht kann nicht durch einen Federstrich Recht werden.« Weniger prominente Funktionäre drückten ihre Empörung platter aus. Sie nannten Brandt und die führenden Sozialdemokraten »Verräter« und verwiesen auf deren frühere Aussagen.

Tatsächlich hatte die SPD-Spitze Anfang der 60er-Jahre noch anders geredet. »Verzicht ist Verrat« – so steht es in einem von Erich Ollenhauer, Willy Brandt und Herbert Wehner gezeichneten Grußtelegramm an das Deutschlandtreffen der Schlesier im Jahr 1963. »Das Recht auf Heimat kann man nicht für ein Linsengericht verhökern – niemals darf hinter dem Rücken der aus ihrer Heimat vertriebenen oder geflüchteten Landsleute Schindluder getrieben werden.« Empört über den Wortbruch, hauten Vertriebenensprecher den Sozialdemokraten ihre Aussagen von damals um die Ohren. Scharenweise traten gebürtige Ostdeutsche aus der SPD und der FDP aus, unter ihnen auch Herbert Hupka und der frühere Liberalen-Chef Erich Mende. Ihre neue politische Heimat fanden sie in den Unionsparteien, die für längere Zeit zu den alleinigen Fürsprechern der Vertriebenen wurden. Durch die sozialliberale Ostpolitik wurde das Verhältnis zwischen den organisierten Vertriebenen und der SPD nachhaltig gestört. Die Eiszeit dauerte bis in die 90er-Jahre. Das Klima war nicht nur frostig, sondern – wie die spätere BdV-Präsidentin Erika Steinbach einräumte – ausgesprochen feindselig.

Die Entspannungspolitik gegenüber dem Osten bescherte den Rechtsradikalen massiven Zulauf. In der Einsicht, dass es an der Zeit sei, die in Parteien, Grüppchen und Sekten zersplitterte extreme Rechte im Kampf gegen die »Bonner Politik des Ausverkaufs und der Unterwerfung« zu sammeln, hatten NPD-Funktionäre und andere Aktivisten der rechtsradikalen Szene im Herbst 1970 in München die »Aktion Widerstand« gegründet. Bei ihr sollten alle mitmachen, die nicht bereit waren, »die selbstmörderische Zerstörung der deutschen Nation« tatenlos hinzunehmen. Zur ersten Großkundgebung am Reformationstag 1970 fuhr ich nach Würzburg und erlebte dort einen der schaurigsten und beängstigendsten Tage meiner beruflichen Laufbahn. Seitdem die NPD 1969 den Einzug in den Bundestag verfehlt hatte, konnten die Rechtsradikalen keinen großen Saal mehr füllen. An diesem 31. Oktober strömten knapp 4000 »deutsche Frauen und Männer« in der Frankenhalle zusammen: Mitglieder der NPD und der »Aktion Oder-Neiße«, des »Bundes Heimattreuer Jugend« und der »Wiking-Jugend«, des »Stahlhelms« und der »Gemeinschaft der deutschen Frontsoldaten«, des »Arbeitskreises Volkstreuer Verbände« und des »Freiheitlichen Schülerbundes«. Auch die »Gemeinschaft Ostdeutscher Grundstückseigentümer« war vertreten. CSU-Politiker, die ebenfalls eingeladen waren, hatten abgesagt.

Die Stimmung war von Beginn an aufgeheizt. Auf einem Spruchband stand, worum es den Veranstaltern ging: »Fegt ihn weg, den roten Dreck.« Darüber die Namen von Brandt und Wehner. Wie auf Kommando reckten alte und junge Rechtsradikale ihre rechten Arme, formten mit drei gespreizten Finger ein »W« und schrien dazu im Takt: »Widerstand, Widerstand, Widerstand.« Auf einem anderen Plakat war zu lesen: »Hängt die Verbrecher.« Mehrere Stunden lang trugen Redner unter tosendem Beifall ihre Hetztiraden vor, polemisierten gegen »den Kanzler der Sowjetunion«, boten ihm auf Staatskosten »einen Freifahrtschein nach Norwegen« an und drohten allen politischen Gegnern, von diesem Tage an würden sie »nichts mehr zu lachen haben«. Mir wurde mulmig zumute. Denn auch das kleine Häuflein von Journalisten blieb von den verbalen Attacken nicht verschont. Als einer der Redner auf die »verlogene Agitationstaktik der Meinungsmacher in Presse und Fernsehen« schimpfte und einige Hitzköpfe »Pressekanaillen raus« riefen, fürchtete ich, ein Opfer körperlicher Gewalt zu werden.

Ich war froh, als ich den Hexenkessel chauvinistischer Emotionen heil verlassen konnte. Aber damit war das makabre Schauspiel noch nicht vorbei. Ungeachtet eines von der Stadt erlassenen Demonstrationsverbotes formierten sich nach Ende der Kundgebung rund 1000 Neonazis zu einem »spontanen« Demonstrationszug. »Willy Brandt, an die Wand!«, brüllten die Horden. Und: »Deutsches Land wird nicht verschenkt, eher wird der Brandt gehenkt!« Und: »Macht den Volksverrätern Dampf, nationaler Freiheitskampf!« Der Stoßtrupp der rechtsradikalen APO okkupierte die Straßen der Innenstadt, verscheuchte verschreckte Passanten und hielt Autos an. Manche jungdeutsche Marschierer trugen paramilitärische Uniform, bunte Tarnjacken mit Koppel und Schulterriemen. Kampfeslustig umklammerten sie die Holzstangen, an denen sie ihre Widerstandsschilder befestigt hatten. Als sie vor einem Brunnen am Rathausplatz auf eine Gruppe Jugendlicher stießen, die sie mit dem Ruf »Nazis raus aus unserer Stadt« empfingen, drehten die Anführer der wilden Demonstration ihre »Widerstands«-Schilder um und prügelten mit den Stangen auf ihre Gegner ein. Polizeibeamte schauten teilnahmslos zu und ließen die neonazistischen Schläger unbehelligt weiterziehen. Als Oberbürgermeister Klaus Zeitler, SPD, das Ausmaß der braunen Randale erfuhr, war er erschüttert: »Der nationalistische Mob hat heute, für alle Würzbürger sichtbar, in einer westdeutschen Großstadt Gewalt und Terror ausgeübt.«

Die demokratischen Parteien verurteilten einmütig den neonazistischen Aufmarsch und die Lynchparolen der »neuen Rechten«. Auch die Repräsentanten der Vertriebenenverbände gingen auf Distanz. Trotzdem wurde ich den Verdacht nicht los, dass manche Mitglieder der Landsmannschaften mit den selbst ernannten »Widerständlern« klammheimlich sympathisierten. Es waren nicht wenige, die so dachten wie der frühere Vertriebenenvorsitzende Linus Kather. Für ihn war die Kundgebung »ein Akt berechtigter Notwehr«, die Hetzparolen nur »jugendliche Eseleien«. Die offiziellen Sprecher und Funktionäre der Vertriebenen, die mit polemischen Reden zur Verschärfung des gesellschaftlichen Klimas beigetragen hatten, hielten an ihrer grundsätzlichen Gegnerschaft zur Bundesregierung fest. Sie wollten nicht wahrhaben, dass die ostdeutschen Provinzen faktisch verloren waren, und bekämpften diejenigen, die ihre Illusionen von deren Wiedergewinnung nicht länger teilten.

Umstrittene Ostpolitik

Spektakuläre Kurswechsel hat es in der deutschen Politik häufig gegeben. Manchmal entsprangen sie purem Populismus, in anderen Fällen neu gewonnenen Einsichten. Den regierenden Sozialdemokraten und den Liberalen hielt ich einen Lernprozess zugute. Sie hatten es sich mit dem neuen Kurs nicht leicht gemacht. Immer wieder mussten sie Zweifel und Skrupel überwinden. Auch unter ihren Mitgliedern, Unterstützern und Sympathisanten gab es viele Menschen, die ihrer verlorenen Heimat nachtrauerten, zum Beispiel Marion Gräfin Dönhoff, langjährige Politikchefin, Chefredakteurin und Herausgeberin der *Zeit*. Das Hamburger Wochenblatt gehörte zu meinen Lieblingszeitungen. Dönhoffs Kommentare und Leitartikel habe ich besonders gern gelesen. Sie bestärkte mich in der Überzeugung, dass man in der Politik Positionen bei wachsender Einsicht ändern kann, sogar ändern muss. Genau dies hatte sie in einem längeren, zuweilen selbstquälerischen Prozess getan. Deshalb war sie für mich glaubwürdig.

»Man kann sich mit Verlusten abfinden, auf Vermögenswerte kann man auch verzichten, aber niemand, der aus dem Osten kommt, wird auf Land verzichten.« Das schrieb die gebürtige Ostpreußin 1964. Sechs Jahre später sah sie das anders: »Niemand kann heute mehr hoffen, dass die verlorenen Gebiete je wieder deutsch sein werden. Wer anders denkt, der müsste schon davon träumen, sie mit Gewalt zurückzuerobern. Das würde heißen, wieder Millionen Menschen zu vertreiben – was nun wirklich keiner will.« Und sie fügte hinzu: »Man muss hoffen, dass nun auch die Polemik der Landsmannschaften, für die jeder ein Verräter ist, der ihre Illusionen nicht für Realitäten hält, eingestellt wird.« Trotz ihres Plädoyers für die sozialliberale Ostpolitik und den Warschauer Vertrag war die »Gräfin«, wie diese prägende Gestalt des deutschen Nachkriegsjournalismus respektvoll genannt wurde, gegenüber Warschau nicht unkritisch. So wünschte sie sich, »dass die Polen uns in Zukunft mit ihrem Chauvinismus verschonen, der sie von wiedergewonnenen Gebieten reden lässt«. Sie widersprach auch mit Nachdruck der regierungsamtlichen Behauptung, Ostpreußen, Pommern, Ostbrandenburg und Niederschlesien seien unter deutscher Herrschaft größtenteils von bodenständiger polnischer Bevölkerung bewohnt gewesen. »In Wahrheit stellten die Deutschen 98 bis 100 Prozent der Bevölkerung.« Oberschlesien sei die einzige Provinz mit einer nennenswerten Polnisch sprechenden Minderheit gewesen.

Der Tag, an dem sich die Bundesrepublik dazu durchrang, die Oder-Neiße als unverletzliche Westgrenze Polens anzuerkennen, war für Gräfin Dönhoff kein Freudentag. Der Kanzler hatte sie eingeladen, ihn nach Warschau zu begleiten. Wie sie in ihren Memoiren schrieb, hatte sie zunächst zugesagt, dann aber ihre Bereitschaft widerrufen. Sie hatte sich zwar damit abgefunden, dass ihre Heimat Ostpreußen endgültig verloren gegangen war, aber sie mochte, während Brief und Siegel darunter gesetzt wurden, nicht auch noch selbst assistieren. »Ein Glas auf den Abschluss des Vertrages zu trinken, das erschien mir plötzlich mehr, als man ertragen kann.« Von Brandt erhielt sie später einen handgeschriebenen Brief, in dem er ihr versicherte, wie gut er sie verstehen könne. Auch ihm sei beim Sichten der Dokumente vor der Reise das Heulen gekommen. Sein Schreiben endete mit dem Bekenntnis: »Ich habe es mir nicht leicht gemacht.«

Zuhause auf Zeit: Ostberlin

Die Vertragspolitik der Bundesregierung eröffnete mir eine neue berufliche Perspektive. Nachdem die beiden deutschen Staaten in der Folge des Grundlagenvertrages sich bereit erklärt hatten, wechselseitig ständige Korrespondenten zu akkreditieren, bekundete ich der Chefredaktion mein Interesse, nach Ostberlin zu wechseln. Mich reizte die Vorstellung, aus dem anderen Teil Deutschlands unter Bedingungen berichten zu können, die es bisher nicht gab. Unterschwellig spielte noch ein anderer Gedanke mit: Wenn ich mich bis zur Oder und Neiße frei bewegen könnte, wäre ich Breslau und Schlesien um einige Hundert Kilometer näher. Bis heute ist mir nicht klar, ob das ein kurzfristiger sentimentaler Impuls war oder eine Art von Heimweh, das ich mir nicht ernsthaft eingestehen wollte. Die *Süddeutsche Zeitung* beantragte für mich eine Arbeitserlaubnis, im März 1973 bekam ich die Zusage, und ein Jahr später konnte ich meinen neuen Posten als DDR-Korrespondent antreten.

Bei meinen Erkundungen der DDR zog es mich in den ersten Monaten häufig in Richtung Osten. Auch da spielte wohl eine bislang unterdrückte Sehnsucht mit, der ich rational nicht beikam. Auf der Autobahn Richtung Uckermark sah ich ein Schild, das die Entfernung nach Szczecin anzeigte. Es dauerte einen Moment, bis ich darauf kam, dass Stettin gemeint war. Der deutsche Städtename war nicht angegeben, nicht mal in kleiner Schrift oder in Klammern unter der polnischen Bezeichnung. Wie ich bald merkte, war das kein Zufall. Nach Süden führte die Fernstraße über Dresden nicht nach Prag, sondern nach Praha. Nach dieser Entdeckung wunderte es mich nicht, dass auf DDR-Landkarten alle Städte im ehemaligen deutschen Osten und im Sudetenland ausschließlich polnische und tschechische Namen trugen. Gdansk für Danzig, Wroclaw für Breslau und Liberec für Reichenberg. Aus Schulen und Medien des SED-Staates waren die deutschen Ortsnamen östlich von Oder und Neiße verbannt. Aus dem Stettiner wurde das Oderhaff, aus der Pommerschen die Oderbucht. Es kam sogar vor, dass kommunistische Dienststellen darauf bestanden, Geburtsorte mit der polnischen Bezeichnung in Dokumente einzutragen, selbst dann, wenn die Betroffenen vor dem Ende des Zweiten Weltkriegs geboren waren.

Unsere neuen Ostberliner Bekannten und Freunde hatten wie fast alle DDR-Bürger die Bezeichnungen in den fremden Sprachen verinnerlicht. Sie benutzten sie auch in privaten Gesprächen, entweder weil sie es so gelernt hatten, oder weil sie die deutschen Namen nicht kannten. »Wir sagen doch auch nicht Milano, sondern Mailand«, hielten meine Frau und ich ihnen vor. »Und Engländer sagen Munic, wenn sie München meinen.« Das sei etwas anderes, bekamen wir zur Antwort. Sie fürchteten, sie könnten beim Verwenden deutscher Namen mit westdeutschen »Revanchisten« in einen Topf geworfen werden. Darin ähnelten sie Westdeutschen, die – um politisch korrekt zu sein – bei slawischen Namen mit den vielen Zischlauten sich lieber die Zunge abbrachen, als die alten deutschen Bezeichnungen zu verwenden. Und dies auch noch zu einer Zeit, als Polen ab Mitte der 80er-Jahre bereits wie selbstverständlich Breslau, Liegnitz und Oppeln sagten.

Schon vor der Gründung der DDR im Jahr 1949 hatte die SED-Führung damit begonnen, die abgetrennten Ostprovinzen des untergegangenen Deutschen Reiches aus dem öffentlichen Bewusstsein zu verdrängen. Ostpreußen, Pommern und Schlesien verschwanden aus dem offiziellen Sprachgebrauch. Die dortigen Städte und Dörfer lagen nun in Polen, einem »sozialistischen Bruderland«, und sollten auch so genannt werden. Die vertriebenen Deutschen hießen im Parteijargon »Umsiedler«. Das war nicht nur ein verharmlosender, sondern auch ein irreführender Begriff. Er erweckte den Anschein, die Menschen, denen die Heimat genommen worden war, seien freiwillig gekommen, weil es ihnen woanders besser gefallen habe. Gelegentlich wurde die Vertreibung, die man heute wohl »ethnische Säuberung« nennen würde, als »Familienzusammenführung« kaschiert. Dass die Zwangsaussiedlung von Millionen Deutschen mit Rechtlosigkeit, Gewalt und Tod verbunden war, wurde in den kommunistischen Medien verschwiegen. Nur in der Familie und im Freundeskreis konnten die »Umsiedler« über ihre leidvollen Erfahrungen des Heimatverlustes und über die Gewaltexzesse reden, die sie erlebt hatten. Denn im Gegensatz zu ihren Schicksalsgefährten in Westdeutschland war es ihnen nicht erlaubt, sich zu Verbänden zusammenzuschließen. Trauernde Erinnerung in der Öffentlichkeit war untersagt, kulturelle Brauchtumspflege außerhalb der Privatsphäre ebenso. Solange die Sektorengrenzen in Berlin noch durchlässig waren, ließen sich die Restriktionen umgehen. Viele aus dem Osten stammende DDR-Bürger fuhren zu Treffen der Landsmannschaften nach Westberlin. Mit dem Mauerbau am 13. August 1961 ging auch diese Möglichkeit, sich mit Gleichgesinnten zu treffen, zu Ende.

Die Verbote und Einschränkungen der DDR-Regierung dienten einem politischen Zweck: Die herrschenden Kommunisten wollten die rund vier Millionen Flüchtlinge und

Vertriebenen, die ein knappes Viertel der Bevölkerung zwischen Ostsee und Erzgebirge ausmachten, so schnell wie möglich in den Aufbau einer sozialistischen Gesellschaft einbeziehen. Sie erhielten Wohnungsbeihilfen und andere soziale Vergünstigungen, jedoch keinen Lastenausgleich wie in der Bundesrepublik. Einige Zehntausend Vertriebene bekamen nach der Enteignung von Gutsbesitzern und Großlandwirten als Neubauern ein Stück eigenes Land. Später wurden sie, oft mit brachialem Druck, dazu gedrängt, dieses Land in Genossenschaften einzubringen. Viele Neubauern wollten diese Zwangskollektivierung nicht mitmachen und flüchteten über die noch offene Berliner Grenze in den Westen. Aber mindestens ebenso viele gebürtige Ostdeutsche arrangierten sich mit der sozialistischen Staatsmacht. Einige von ihnen besetzten im deutschen Arbeiter- und Bauernstaat höchste Positionen.

So stammt beispielsweise Egon Krenz, der letzte SED-Generalsekretär, aus dem pommerschen Kolberg, sein Politbürogenosse Günter Mittag aus Stettin. Albert Norden, viele Jahre Chefpropagandist, wurde in Oberschlesien geboren, Verteidigungsminister Heinz Keßler im niederschlesischen Lauban, Außenminister Oskar Fischer ebenso wie Generalstaatsanwalt Josef Streit in Böhmen. Erhard Krack, einst Ostberliner Oberbürgermeister, kam in Danzig zur Welt. Ob sie mit ihren Geburtsorten heimatliche Gefühle verbanden oder nicht, haben sie für sich behalten. Öffentlich haben sie sich dazu nie geäußert. Ganz anders Erich Honecker. Auch der sprach wie alle Spitzenfunktionäre von der DDR als seinem »sozialistischen Vaterland«. Aber als er gegen Ende seiner Amtszeit den ersehnten Besuch in der Bundesrepublik machen durfte und ihn die Reiseroute auch in seinen saarländischen Geburtsort führte, war er sichtlich gerührt. »Viele persönliche Gefühle bewegen mich«, bekannte er mit belegter Stimme. Für einen kurzen Moment gab der »alte Neunkirchener«, wie er sich selbst nannte, am Ort seiner Jugend zu erkennen, dass er sogar im Land des kapitalistischen Gegners Heimatgefühle verspürte.

Von Ostberlin aus bin ich etliche Male nach Frankfurt an der Oder gefahren. Manchmal ohne konkrete Recherche. Ich saß dann auf einer Bank, schaute auf den Fluss, auf die Grenzbrücke und auf die weiß-roten Hoheitspfähle auf der polnischen Seite. Ich dachte daran, dass Breslau am selben Fluss liegt, und ließ meine Gedanken wandern. Wut auf Hitler und die Nazis stieg in mir auf, denn sie waren es, die mir durch einen verbrecherischen Angriffskrieg Breslau und meine schlesische Heimat genommen hatten. Wie wäre ohne braune Machtergreifung und Diktatur mein Leben verlaufen? Vielleicht hätte ich in meiner Geburtsstadt studiert, so wie mein Vater. Vielleicht hätte ich für eine Breslauer Zeitung geschrieben. Vielleicht sogar aus der Reichshauptstadt Berlin. Aber hätte ich dann auch meine Frau aus dem Siegerland kennengelernt? Meine Gedanken verirrten sich. Es war müßig, Antworten auf die Frage »Was wäre wenn« zu suchen. Auf beiden Seiten des Flusses standen Grenzpfähle. Das war die Realität. Ich stand auf und ging zu meinem Wagen.

Einige Wochen später besuchte ich Görlitz. Ich hatte die Stadt zuletzt als Kind gesehen, damals nach Kriegsende, als ich mit Mutter, Oma und Geschwistern auf dem Weg nach einem Zuhause war, das es nicht mehr gab. Ich konnte mich nicht mehr an die Görlitzer Straßen erinnern. Die Bilder von damals stimmten mit der Gegenwart nicht überein. Vergeblich versuchte ich, Eindrücke von 1945 zurückzuholen. Sie waren fast 30 Jahre später wie in einem Nebel verschwunden. Ich lief zur Peterskirche, die hoch über das Westufer ragt. Von dort hat man einen weiten Blick auf Zgorzelec, die frühere Vorstadt. Ich schaute auf die Häuserfront am polnischen Ufer. Sie lag zum Greifen nahe. Die

Neiße floss träge dahin. Sie führte nicht viel Wasser. Man hätte, wäre sie kein Grenzfluss, durchwaten können.

Ich dachte daran, dass es noch eine andere, die weiter östlich liegende Glatzer Neiße gibt. Amerikaner und Engländer hatten sie ursprünglich als neue Westgrenze Polens favorisiert. Dann wären große Teile Niederschlesiens deutsch geblieben, und Breslau wäre eine geteilte Stadt, mit dem Ring und dem Rathaus auf der westlichen Seite der Oder. Doch gegen Stalin, der in Potsdam auf der Lausitzer Neiße als Grenze beharrte, konnten sich die westlichen Alliierten nicht durchsetzen. Immer wieder gingen mir derartige Gedanken durch den Kopf, besonders dann, wenn ich an einer Grenze wie dieser stand und das Land der Vorfahren nicht weit entfernt war. War ich deshalb ein Nationalist? Ich stellte das Potsdamer Abkommen und die darin festgelegte Oder-Neiße-Grenze nicht infrage. Ich teilte nicht die Rückkehrillusionen der Vertriebenenfunktionäre. Ich klammerte mich nicht an Rechtstitel, die inzwischen in der Realpolitik nichts mehr zu suchen hatten. Ich hegte keinen Groll gegen das Nachbarvolk und wollte, dass sich Deutsche und Polen besser verstehen. Aber ich wollte mich auch nicht dafür rechtfertigen müssen, dass ich mir die Folgen einer Grenzziehung weiter östlich ausmalte. Und dass ich Wehmut spürte, weil die Siegermächte sich anders entschieden hatten. War ich ein Nostalgiker? »Nein, Papa«, sagte mein Sohn Markus, mit dem ich mich darüber unterhielt, »du bist ein linker Revanchist.«

Meine Empfindungen habe ich mit vielen Vertriebenen geteilt. Auch deutsche Kommunisten taten sich schwer, die Beschlüsse der Alliierten zu akzeptieren. Der KPD-Vorsitzende Wilhelm Pieck, dessen Gubener Elternhaus auf dem östlichen Ufer der Lausitzer Neiße stand, lehnte die Grenzziehung zunächst ab. Sie sei schrecklich, und er hoffe, hie und da noch Korrekturen erreichen zu können, sagte er im Sommer 1946 im Gespräch mit Egon Bahr, der damals Korrespondent der *Neuen Zeitung* in Berlin war. Der Sozialdemokrat Otto Grotewohl, der sich nach der Zwangsvereinigung von KPD und SPD mit Pieck den Vorsitz der SED teilte, äußerte sich ebenfalls ablehnend und erklärte, eine endgültige Regelung müsse auch von deutschen Interessen bestimmt sein. SED-Zeitungen äußerten die Hoffnung, »dass über die schmerzliche Grenzziehung im Osten noch nicht das letzte Wort gesprochen ist«.

Die deutschen Kommunisten dachten dabei vor allem an Stettin. In Vorpommern folgt die Grenze über eine längere Strecke nicht dem Verlauf der Oder. Als ich das erste Mal in dieser Gegend war, wunderte ich mich. In Höhe des Ortes Gryfino, der früher Greifenhagen hieß, biegt sie weg vom Fluss nach Nordwesten, schneidet einen Teil des Stettiner Umlands westlich der Oder ab und verläuft quer über das Haff bis Swinemünde. Stettin, die einzige polnische Stadt westlich der Oder, hätte eigentlich zur sowjetischen Zone gehören müssen. Tatsächlich hatte die sowjetische Besatzungsmacht Anfang Mai 1945 einen deutschen Kommunisten als Oberbürgermeister eingesetzt. Auch Polen, das Stettin für sich beanspruchte, baute eine eigene Verwaltung auf. 70 Tage lang kämpften beide Seiten um die Vorherrschaft. Zweimal mussten Polens Beauftragte auf Geheiß der Sowjets die Stadt verlassen. Am Ende hatten sie im machtpolitischen Pokerspiel der Siegerstaaten die besseren Karten und Stalin auf ihrer Seite. Am 5. Juli 1945 wurde Stettin endgültig an Polen übergeben. Die Deutschen mussten die Stadt verlassen. Die deutschen Kommunisten fühlten sich nach wie vor im Recht, waren aber zu schwach, um an der willkürlichen, Polen begünstigenden Grenzziehung noch etwas zu ändern. Im Dezember 1946 untersagten Vertreter der sowjetischen Besatzungsmacht der SED-Führung, die Oder-Neiße-Grenze öffentlich in Zweifel zu ziehen. Die deutschen Genossen hielten sich daran. Ihr Wunsch nach Grenzkorrekturen hatte sich damit erledigt. Am 6. Juli 1950 unterzeichnete Otto Grotewohl als Ministerpräsident der DDR im Kulturhaus auf der Ostseite der geteilten Stadt den Görlitzer Vertrag. Darin wurde die Oder-Neiße-Linie als »unantastbare Friedens- und Freundschaftsgrenze« deklariert. Die Vertragspartner hielten es nicht für nötig, den von der Oderlinie abweichenden Grenzverlauf westlich von Stettin in dem Dokument zu erwähnen.

Etwa um das Jahr 1975 besuchte ich den evangelischen Bischof Hans-Joachim Fränkel in Görlitz. Er empfing mich mit den Worten: »Willkommen in der schlesischen Landeskirche.« Ich war angenehm überrascht, denn ich wusste, dass der offizielle Name seit 1968 lautete: »Evangelische Kirche des Görlitzer Kirchengebietes.« Der Hinweis auf Schlesien war auf Druck der SED getilgt worden. Die Stadt gehörte wie der bis Ruhland reichende Landkeil mit Orten wie Niesky, Weißwasser und Bad Muskau zwischen 1815 und 1945 zur preußischen Provinz Schlesien. Für die Einheitssozialisten war Görlitz keine schlesische Stadt, sondern eine Kommune im sächsischen Bezirk Dresden. Als ich Fränkel sagte, dass ich gebürtiger Breslauer sei, hatten wir sofort ein Gesprächsthema. Er stammte aus Liegnitz und hatte nicht nur in Breslau studiert, sondern war dort während des Krieges auch Pfarrer gewesen, ein Pfarrer, der das NS-Regime ablehnte und sich in der Bekennenden Kirche engagierte.

Er war dabei gewesen, als sich die Provinzialsynode der Evangelischen Kirche Schlesiens im Juli 1946 zum letzten Mal in der Breslauer evangelischen Hofkirche versammelte. Er war Ohrenzeuge, als bei dieser Zusammenkunft der aus christlicher Demut formulierte Satz verlesen wurde. »Wenn wir die Heimat verlassen müssen, dann nehmen wir dieses Schicksal an – nicht aus den Händen von Polen und Russen, nicht als Folge missverstandener internationaler Abkommen – sondern aus den Händen Gottes.« Und Fränkel war es auch, der nach der Ausweisung durch die polnischen Behörden gemeinsam mit dem amtierenden Bischof Ernst Hornig den Sitz der schlesischen Kirchenleitung nach Görlitz verlegte, in die sowjetische Zone von Deutschland.

Das Kirchengebiet, dem er seit 1964 als Bischof vorstand, war klein. Es gliederte sich in nur 73 Gemeinden und etwa 100 Pfarrstellen. Unter den protestantischen Amtsbrüdern in der DDR ragte Fränkel jedoch heraus. Der kommunistischen Obrigkeit, die Kirchen für überlebte Einrichtungen hielt, war er unbequem. Mehr noch, SED-Funktionäre betrachteten ihn als Feind, warfen ihm »staatsfeindliche Hetze« vor und verunglimpften ihn als »Handlanger der Bonner Politik«. Die Stasi bespitzelte sein öffentliches und privates Leben und versuchte immer wieder, ihn durch »Zersetzungs«-Aktionen einzuschüchtern. Den Zorn der SED-Kommunisten hatte sich Fränkel durch öffentliche Kritik an ihrer Herrschaftspraxis zugezogen. Freiheit und Rechtsgleichheit seien im Marxismus-Leninismus an das Maß der Zustimmung zum Sozialismus gebunden, hatte er 1973 in einem Vortrag vor Synodalen erklärt. Sie würden also aufgrund erfüllter Bedingungen gewährt. »Damit aber werden Menschenwürde und die mit ihr verbundenen Freiheiten wie Grundrechte in ihrem Wesen verkannt.« Es gab nicht viele Kirchenführer, die den Mut hatten, den totalen Wahrheitsanspruch der SED infrage zu stellen und einen Grundfehler der kommunistischen Ideologie zu benennen.

Couragiert verlangte Fränkel die Beachtung der Menschenrechte, zu denen auch das Recht auf freie Wahl des Wohnsitzes gehöre. Von vielen evangelischen Christen wurde er, weit über seine eigene restschlesische Landeskirche hinaus, dafür bewundert und verehrt. »Er hat uns jungen Leuten hier den Rücken freigehalten«, sagte mir viele Jahre später der sächsische CDU-Landtagsabgeordnete Volker Bandmann aus Görlitz. Als Fränkel sich in den 70er-Jahren für die Entspannungspolitik zwischen den Machtblöcken einsetzte, waren manche DDR-Christen jedoch enttäuscht. Sie warfen ihm vor, seine kritische Einstellung zur DDR geändert zu haben. 1979 legte der Bischof sein Amt nieder. Die DDR gestattete ihm, in die Bundesrepublik zu ziehen. Mitte der 90er-Jahre wurde Fränkel verdächtigt, Zuträger der Stasi gewesen zu sein. Gegen diesen Vorwurf hat er sich heftig und, wie ich finde, auch glaubwürdig gewehrt. Im Dezember 1996 ist er im Alter von 87 Jahren in Marburg/Lahn gestorben. In Görlitz, der Stadt, die ihm 1993 die Ehrenbürger-Würde verliehen hatte, wurde er auf eigenen Wunsch beigesetzt. Aus dem Görlitzer Kirchengebiet wurde 1992 die »Kirche der schlesischen Oberlausitz«. Dieser Name blieb auch nach der Fusion mit der Evangelischen Kirche Berlin-Brandenburg erhalten.

Das Äußere des Gebäudes war mir vertraut. Ich hatte mir das Foto von Schloss Cecilienhof oft angeschaut: Erbaut zwischen 1913 und 1916 im englischen Landhausstil mit ornamental verwendetem Fachwerk, vorspringenden Giebeln und Torbauten. Im Innenhof inmitten einer Blumenrabatte ein fünfzackiger roter Stern. In diesem ehemaligen Wohnsitz des letzten deutschen Kronprinzen Wilhelm von Preußen und seiner Ehefrau Cecilie, eingebettet in einen Park zwischen Jungfernsee und Heiligem See, hatten vom 17. Juli bis 2. August 1945 die drei Großmächte der Anti-Hitler-Koalition, Sowjetunion, USA und Großbritannien, über das Schicksal des besiegten Nazideutschlands verhandelt. Ich hatte mir schon lange vorgenommen, Cecilienhof zu besichtigen. Ende Juli 1975, 30 Jahre nach der Potsdamer Konferenz, bot sich ein Anlass. Ich wollte mir vor Ort ein Bild davon machen, wie die DDR mit diesem weltgeschichtlichen Ereignis umgeht. Vor dem zur Gedenkstätte umgewandelten Landsitz reihte ich mich ein in die Schlange der Wartenden, unter ihnen auch Schüler einer DDR-Klasse. Durch den »Weißen Saal«, der den russischen Gastgebern als Empfangsraum gedient hatte, wurden die Besucher in den mit Holz getäfelten Konferenzsaal geführt. Die Möbel waren noch so platziert, wie sie standen, als die »Großen Drei« die Weichen für die Nachkriegsentwicklung in Deutschland und Europa stellten. In der Mitte der runde Tisch, der eigens in Moskau hergestellt worden war. Darauf die Fahnen der Konferenzteilnehmer. Drum herum die rot gepolsterten Stühle, auf denen der sowjetische Diktator Josef W. Stalin, US-Präsident Harry S. Truman und der britische Premier Winston Churchill, später sein Nachfolger Clement Attlee mit ihren Ministern und engsten Beratern Platz genommen hatten. In der zweiten Reihe saßen Experten und an den Tischen dahinter die Protokollführer.

In den angrenzenden, museal gestalteten Räumen waren Schautafeln und Dokumente ausgestellt. Sie sollten die historischen Zusammenhänge des Abkommens erläutern und die Entwicklung der beiden deutschen Staaten veranschaulichen. Die Texte waren gespickt mit Angriffen auf die Bundesrepublik. Ihr Charakter, so war zu lesen, sei geprägt »vom Revanchismus, der Reaktion und der Restauration«. 25 Jahre lang habe das westliche Deutschland versucht, die nach dem Krieg in Europa entstandenen sozialen und politischen Verhältnisse zu revidieren. Und auch nach Abschluss der Verträge mit den sozialistischen Staaten sei Bonn von der Erfüllung der Verpflichtungen, die das Potsdamer Abkommen den Deutschen auferlegt hatte, weit entfernt. Ein Angestellter, der die Besucher durch die Gedenkstätte führte, rühmte die Haltung der DDR. Deren Politik sei »stets vom Geist Potsdams durchdrungen«. Sie sei der einzige deutsche Staat, »der keine Bedrohung seiner Nachbarn darstellt«. Die Zuhörer, die ich überwiegend für DDR-Bürger hielt, hörten schweigend zu, einige nickten bestätigend mit dem Kopf. Mich dagegen bewegten ganz andere Überlegungen und Empfindungen. In diesem Saal, so machte ich mir klar, ist meine Vertreibung, die meiner Familie und aller anderen, die ihre Heimat jenseits von Oder und Neiße hatten, von den Siegermächten mit der Unterschrift ihrer Repräsentanten legalisiert worden. Als ich, in Gedanken versunken, vor der Heimfahrt noch einmal um das Schloss herumging, blickte ich auf die Sperranlagen der Grenze. Im Hintergrund, schon auf Westberliner Gewässer, erkannte ich ein paar Segelboote. Schilder mit der Aufschrift »Grenzgebiet – Betreten und Befahren verboten« bildeten einen unübersehbaren Kontrast zu den Propagandatexten in der Gedenkstätte.

Es passierte bei einer Geburtstagsfeier mit alten Freunden in Berlin. Als einer der Gäste das Wort Heimat erwähnte, stimmte ein anderer ein Lied an. »Unsere Heimat, das sind nicht nur die Städte und Dörfer…« Eine junge Frau ergänzte »…unsere Heimat sind auch all die Bäume im Wald.« Die meisten in der fröhlichen Runde waren ehemalige Bürger der DDR. Die gab es schon seit mehr als 20 Jahren nicht mehr. Sie alle kannten das Lied der Jungen Pioniere, das sie als Kinder gelernt hatten. Plötzlich sang die ganze Gesellschaft, außer meiner Frau, einem Alt-Bundesrepublikaner und mir. »Unsere Heimat ist das Gras auf der Wiese, das Korn auf dem Feld und die Vögel in der Luft und die Tiere der Erde und die Fische im Fluss.« Die pathetische Art, wie sie den Text vortrugen, war leicht als Ironie zu deuten. Ich sah in ihre Gesichter und merkte, dass sie sich über sich selbst lustig machten. Auch wenn sie die Verse für sozialistischen Kitsch hielten, sie waren fest in ihrem Gedächtnis verankert. »Und wir lieben die Heimat, die schöne«, sang laut der Chor, »und wir schützen sie, weil sie dem Volk gehört, weil sie unserem Volk gehört.«

Seit der Gründung der DDR im Jahr 1949 bemühte sich die SED, den Bewohnern des neuen Staatswesens ein Heimatgefühl zu vermitteln. Im Gegensatz zur Bundesrepublik, die in den 50er-Jahren von einer Welle rührseliger, zumeist rückwärtsgewandter Heimatfilme überschwemmt wurde, definierten die Kommunisten ihren Heimatbegriff politisch, mit dem Blick nach vorn. Die Menschen sollten sich in der sozialistischen Gesellschaft heimisch und geborgen fühlen. Bei der Umsetzung dieser Vision taten sich die Machthaber allerdings schwer. Denn zum einen fehlte ihrem Staat von Moskaus Gnaden eine eigene Identität. Zum anderen waren Brauchtum und Heimatpflege nicht nur in der Bundesrepublik, sondern auch in Mitteldeutschland lokal verwurzelt. Die SED erkannte, dass sie auf die traditionellen Vereine und Bürgergruppen, die sich die Heimatpflege auf ihre Fahnen geschrieben hatten, nicht verzichten konnte. Um sie politisch besser kontrollieren zu können, wurden die Träger der örtlichen und ehrenamtlichen Heimatpflege als »Arbeitsgemeinschaften der Kultur- und Heimatfreunde« in den zentral gelenkten Kulturbund aufgenommen. Auf Anweisung des Ministeriums für Volksbildung wurde 1955 in den Schulen das Fach Heimatkunde eingeführt. Auf diese Weise sollten schon die Kinder ein bewusstes und emotionales Verhältnis zu ihrer »sozialistischen Heimat« und ihrem »sozialistischen Vaterland« gewinnen.

An ihren traditionellen Bräuchen und Festen hielten die Menschen auch unter den ideologischen Vorgaben im sozialistischen deutschen Staat fest. Der Zwiebelmarkt in Weimar, das Tonnenreiten in Wustrow, die Lausitzer Vogelhochzeit, die Vorweihnacht in Schneeberg, das Dornburger Rosenfest und viele andere Traditionsveranstaltungen waren weit über die Kreisgrenzen hinaus bekannt. Sie zogen Besucher aus der ganzen DDR an. In einem 1983 vom Mitteldeutschen Verlag Halle/Leipzig herausgegebenen

Foto- und Leseband wurde die Zahl der Feste zwischen Ostsee und Erzgebirge mit rund 7000 angegeben. »Nicht gezählt die Bräuche der Sorben, die Sitten der Vogtländer, die Traditionen an der Küste, die alten und neuen Gewohnheiten in Stadt und Land.« In dem Band las ich erstaunliche Sätze. »Brauchtum, wir brauchen es, könnte man sagen, nicht als museales Gut, sondern als historisches Gefühl unseres eigenen, heutigen Lebens.« Und noch ein Satz, der mir gefiel: »Unsere Nachkommen werden uns nicht nur daran messen, was wir selbst geschaffen haben, sondern auch daran, was wir ihnen aus der Vergangenheit bewahrt, aufgehoben haben.«

Ein besonders populäres Spektakel habe ich mir im Februar 1975 angeschaut. Da war ich im thüringischen Städtchen Wasungen, der zwischen Meiningen und Eisenach gelegenen närrischen Hochburg der DDR. Der Karneval hatte dort Tradition. In den tollen Tagen fielen mehrere Tausend Gäste durch die aus Pappmaschee nachgebildeten Stadttore in die Kneipen und Tanzsäle ein, freuten sich über die aufgehobene Sperrstunde und applaudierten beim traditionellen Umzug durch die mit Girlanden geschmückten Straßen den Aktiven auf den 30 Festwagen. Im Saal der HO-Gaststätte »Paradies« erlebte ich Szenen, wie ich sie im Arbeiter- und Bauernstaat nicht vermutet hätte. Einige Hundert einheimischer Karnevalisten hatten gerade die letzte Strophe des jüngsten Schlagers »Die schönste Quelle ist der Hahn am Fass« lautstark mitgesungen, da ermunterte der befrackte Zeremonienmeister des Elferrates die ausgelassene Gesellschaft zu neuen Aktivitäten. Man möge nur tüchtig von der »Kussfreiheit« Gebrauch machen, rief er von seiner Bütt ins Mikrofon und kündigte umgehend eine weitere Neuschöpfung ortsansässiger Liedermacher an. Und während die Kapelle den Stimmungs-Hit »Ja, da machste was mit, e' du endlich Opa wirst« intonierte, begannen die Leute vehement zu schunkeln. Auch die Herren mit der Narrenkappe, die auf der bunt drapierten Bühne der Veranstaltung präsidierten, erhoben sich und bewegten sich im Rhythmus der Musiker und Sänger. Wie es mir gefiele, wollte ein Tischnachbar von mir, dem aus Ostberlin angereisten Reporter wissen. Wahrheitsgemäß hätte ich sagen müssen, die Darbietungen ähnelten denen einer ziemlich provinziellen Karnevalsveranstaltung im Westen. Aber ich wollte seine Begeisterung nicht trüben und antwortete mit dem lokalen Schlachtruf: »Woisinge ahoi.«

War die von der Staatspartei propagierte »sozialistische Heimat« nur eine Fiktion? Glaubten die Menschen Erich Honecker, wenn er erklärte, ihnen gehörten die Fabriken, Landwirtschaftsbetriebe, Kulturstätten und Naturschönheiten, und deshalb sei die DDR ihre Heimstatt? Ich denke nicht. Im täglichen Leben erfuhren sie, dass ideologischer Anspruch und soziale Realität weit auseinanderklafften. Gewiss gab es Bürger, die so dachten wie der Generalsekretär. Vom überwiegenden Teil der SED-Mitglieder durfte man es annehmen. Aber sie waren eine Minderheit. Die meisten Menschen zwischen Werra und Neiße verbanden Heimat mit dem Geburtsort, der Landschaft, den Freunden und der Familie. Manchmal auch mit dem Kollektiv der Menschen, mit denen sie arbeiteten und oft auch ihre Freizeit verbrachten. Geborgenheit fand der DDR-Bürger im Kleinen, im Überschaubaren, nicht in einer »sozialistischen Menschengemeinschaft«, die nur in der Theorie der Ideologen existierte. Heimat – das war die Datsche mit Wohnlaube, Grill und Sommerfest und die Gruppe, mit der man wanderte, Sport trieb oder musizierte.

Christen fanden ihre Heimstatt in den Kirchen und ihren Gemeinden. »Bleibe im Lande und wehre dich täglich«, sagten die Oppositionellen, die sich nicht anpassen wollten. Aber wenn der politische Druck zu groß wurde, wenn

Menschen wegen ihrer kritische Haltung zum SED-Regime drangsaliert wurden und jegliche Hoffnung auf Besserung der Verhältnisse verloren gegangen war, dann half auch der Rückzug ins Private nicht mehr. Dann war der Drang nach Freiheit stärker als die Bindung an die Heimat, an die Nachbarn und Schulfreunde, an das gepachtete Wochenendgrundstück und an die Stammkneipe. Fast jede Woche kamen Menschen in mein Büro, die wegwollen aus der DDR, die einen Ausreiseantrag gestellt hatten und frustriert oder wütend waren, wenn er abgelehnt wurde. »Ich habe mit diesem Staat abgeschlossen, mich hält hier nichts mehr«, bekam ich häufig zu hören. So ähnlich hatten in früheren Zeiten auch die Auswanderer geredet, wenn sie die Not dazu zwang, ihre Heimat zu verlassen.

Im Februar 1979 kamen die Möbelpacker. In Bonn, im Parlamentsbüro des *Stern*, wartete auf mich eine neue Aufgabe. Meine Frau und ich sahen zu, wie sich die Wohnung leerte. Mir wurde wehmütig ums Herz. Ostberlin – das war für uns von Anfang an ein Leben auf Zeit. Wir waren Deutsche mit einem grünen Bundespass. Wir konnten gehen, wann wir wollten. Unsere Behausung im Plattenbau war nicht sonderlich komfortabel gewesen. Im Rheinland würden wir ein Haus beziehen, ein Einfamilienhaus mit Garten. Und doch fiel uns der Abschied schwer. Ostberlin war mir inzwischen vertrauter als Westberlin. Nach fünf Jahren Korrespondententätigkeit war ein Geflecht menschlicher Bindungen gewachsen. Freundschaften, so hofften wir, würden bestehen bleiben. Aber wir wussten auch, dass wir sie in einem geteilten Land nicht mehr so intensiv würden pflegen können wie bisher. Ich blickte auf die nun kahlen Wände. Das war ja keineswegs unser erster Umzug, aber diesmal war es anders. Wir gaben ein Zuhause auf, das mehr war als eine Stätte zum Essen, Schlafen, Reden, mehr als die Durchgangsstation einer beruflichen Laufbahn. Könnte ich es ein Stück Heimat nennen? Nicht wirklich, sagte mir mein Verstand. Aber vom Gefühl her sehr wohl. Der Zusammenhalt im Freundeskreis war enger, die Bindungen gingen tiefer, als wir dies vor unserer DDR-Zeit erlebt hatten.

Zwischenstation am Rhein

Das Haus war eingerichtet, der Wohnortwechsel amtlich gemeldet, das neue Autokennzeichen montiert, da fuhren wir ins Siegerland zu meinen Eltern, um unsere Kinder abzuholen. Wir hatten sie dort nach der Rückkehr aus Ostberlin in Obhut gegeben. Am 25. Februar 1979 – es war Karnevalssonntag – trafen wir in Sankt Augustin, unserem künftigen Wohnsitz, ein. Die Straße, die zu unserem Haus führte, war gesperrt. Vor uns bewegte sich der örtliche Karnevalszug. Kinder und Erwachsene standen auf den Bürgersteigen, riefen »Kamelle« und versuchten die Süßigkeiten aufzufangen, die ihnen von den kostümierten Narren aus den Festwagen zugeworfen wurden. Weil uns die rheinischen Bräuche noch fremd waren und wir uns nicht unter das schunkelnde Volk mischen wollten, fuhren wir am Rosenmontag ins Siebengebirge. Wie Touristen wanderten wir mit unseren Kindern hinauf zur Burg Drachenfels, schauten hinab auf den Rhein und wunderten uns, dass so wenige Ausflügler unterwegs waren. An Einkaufen war an diesem Tag nicht zu denken. Rosenmontag, Höhepunkt der Karnevalssession, war arbeitsfrei. Und die Geschäfte hatten selbstverständlich geschlossen.

Uns in Sankt Augustin einzuleben fiel nicht schwer. Die rechtsrheinische Stadt, nur ein paar Kilometer von Bonn entfernt, bestand aus einer Reihe zusammengelegter Dörfer, zwischen denen zahlreiche Neubausiedlungen lagen. Wir wohnten im ursprünglichen Ortskern. Die meisten Geschäfte waren zu Fuß zu erreichen, der Bäcker lieferte die bestellten Brötchen frühmorgens ins Haus. Und wer im »Dorfkrug«, der nächstgelegenen Kneipe, mehrere Male ein paar Gläschen Kölsch trank, galt bereits als Stammgast. Die Einheimischen waren offen und redselig. Wer selbst ein wenig kontaktfreudig war, hatte mit ihnen keine Probleme. Am schnellsten assimilierten sich die Kinder. Unsere Tochter Katharina, die aus ihrer Ostberliner Kindergartenzeit noch den Tonfall der Hauptstädter in ihrer Aussprache hatte, wechselte nach kurzer Zeit in die rheinische Sprachmelodie. Beim nächsten Karneval stand sie schon mit anderen Kindern an der Straße und schrie wie die Einheimischen nach »Strüßchen« und »Kamelle«. Und auch meine Frau und ich sangen bei häuslichen Karnevalfesten die Ohrwurm-Lieder der kölschen Popgruppe »Bläck Fööss« in rheinischer Mundart begeistert mit: »Drink doch ene met …« Mit unserem neuen Autokennzeichen bekamen wir den Spott zu spüren, dem Bewohner von Landkreisen bis heute ausgesetzt sind. In Bayern zum Beispiel hatten Witzbolde aus dem Kennzeichen für Berchtesgaden (BGD) »Bayerischer Gebirgsdepp« gemacht. Uns, die wir nunmehr im Rhein-Sieg-Kreis mit den Buchstaben SU ansässig waren, erging es schlimmer. Da hieß es: »Sau unterwegs.«

Nachdem ich Bonn über viele Jahre nur aus der Entfernung wahrgenommen hatte, konnte ich die politische Szene der Bundeshauptstadt nun aus unmittelbarer Nähe beobachten. Noch regierte die sozialliberale Koalition. Aber die Faszination aus den ersten Kanzlerjahren Willy Brandts war verschwunden. Sein Nachfolger Helmut Schmidt war kein Visionär, sondern ein Pragmatiker. Ein Mann mit Tatkraft und Augenmaß, der bei der Fortsetzung der Ausgleichspolitik mit den Staaten des Ostblocks Erfolge verbuchen konnte, aber auch immer wieder Rückschläge hinnehmen musste. Die »Normalisierung« war ein mühsames Geschäft. Beherrschendes Thema war der Streit um die Nachrüstung. Mein spezielles Interesse galt der Haltung der CDU/CSU-Opposition zur Ostpolitik. Zwar hatten die Konservativen gegen heftigen Widerstand in den eigenen Reihen letztlich den Weg zur Ratifizierung der umstrittenen Ostverträge freigemacht. Aber sich von alten Positionen zu trennen fiel ihnen immer noch schwer. Als die Bundesregierung im Herbst 1979 bei der Neufassung des Umsatzsteuergesetzes den Begriff Inland nicht länger auf das Deutsche Reich in den Grenzen von 1937, sondern auf das Hoheitsgebiet der Bundesrepublik beschränken wollte, legte sich die Union mit ihrer Mehrheit im Bundesrat quer. Dass Schlesien, Pommern und Ostpreußen künftig steuertechnisch als Ausland betrachtet werden sollten, schien den Unionschristen unannehmbar. Grundsatztreue rangierte vor Realpolitik.

Würde das auch gelten, wenn die Unionsparteien irgendwann wieder den Bundeskanzler stellten? Auf die Antwort musste ich noch einige Jahre warten. Erst ab Mitte 1982 zeichnete sich ein Regierungswechsel ab. Der Kanzler verlor den Rückhalt in seiner eigenen Partei, die FDP liebäugelte mit einem Partnertausch, und im September brach die seit 13 Jahren bestehende sozialliberale Koalition auseinander. Der Hauptgrund waren grundsätzliche Meinungsverschiedenheiten in der Wirtschaftspolitik. Aber auch ohne diesen Dissens wäre das Bündnis wohl bald zu Ende gegangen. Misstrauen vergiftete die Atmosphäre, die Partner hatten sich auseinandergelebt. Helmut Schmidt wurde durch ein konstruktives Misstrauensvotum gestürzt und der CDU-Chef Helmut Kohl mit den Stimmen von CDU/CSU und FDP zum Kanzler gewählt. Die Spitzenleute der Vertriebenenorganisationen atmeten auf. »Unser Rechtskampf für die Deutschland-Politik war nicht vergeblich«, freute sich der BdV-Präsident und CDU-Bundestagabgeordnete Herbert Czaja. Sein Parteifreund und Parlamentskollege Herbert Hupka, Bundesvorsitzender der Landsmannschaft Schlesien, machte seinem Anhang Mut: »Noch ist nichts verloren. Der gegenwärtige Zustand Schlesiens darf nur ein Provisorium sein.«

Doch schon bald wich ihre Zuversicht der Ernüchterung. Die Liberalen, deren Chef Hans-Dietrich Genscher auch in der neuen Konstellation Außenminister blieb, hielten an der bisherigen Ostpolitik fest. Auch wenn mir der Wechsel der FDP an die Seite der Union persönlich nicht gefallen hat – ihr Pochen auf Kontinuität in der Deutschland- und Ostpolitik registrierte ich mit Genugtuung. Der Christdemokrat Heinrich Windelen, gebürtiger Schlesier und im Kabinett Kohl Minister für innerdeutsche Beziehungen, blieb in seinen Äußerungen moderat. Während Vertriebenenfunktionäre erklärten, sie würden sich »mit dem Raub unserer Heimat« nicht abfinden, ließ Windelen seine Klientel wissen, das Pochen auf die Vorläufigkeit der Oder-Neiße-Grenze sei »sicher nicht ein Auftrag der Tagespolitik«. Auch der Kanzler selbst hielt gegenüber Czaja, Hupka und ihrem Anhang Distanz. Er machte ihnen klar, dass eine auf Erfolg angelegte Ost- und Deutschlandpolitik nur »von den realen Machtverhältnissen ausgehen kann«. Zwar bewilligte Bonn den Vertriebenenverbänden mehr Geld für ihre Kulturarbeit. Aber einmütig mit seinem Vizekanzler Genscher ignorierte Kohl die Forderung der Vertriebenenpolitiker, die deutschen Auslandsmissionen sollten am 17. Juni flaggen und in der Öffentlichkeitsarbeit wieder jene Karten verwenden, auf denen Deutschland in den Grenzen von 1937 dargestellt ist.

»Wir wünschen uns einen Kanzler«, mäkelte BdV-Vizepräsident Friedrich Walter im Verbandsorgan »Deutscher

Ostdienst«, »der den Mut hat, deutsche Interessen auch gegen ausländisches Missvergnügen zu verfolgen.« Die BdV-Spitze bat ihre Getreuen um Geduld. Die von vielen politischen Freunden gewünschte grundlegende Wende der bisherigen Ostpolitik sei nicht »in einem einzigen Manöver« zu vollziehen, versuchte Czaja seine Anhänger zu beruhigen. Sein Blick richtete sich auf die vorgezogene Bundestagswahl im Frühjahr 1983. Sollte die Union die absolute Mehrheit gewinnen und nicht mehr auf die FDP angewiesen sein, dann – so hofften Czaja, Hupka und Co. – könne auch Kohl seinen behutsamen Kurs aufgeben und wieder offensiv Ostpolitik im Sinne der Vertriebenen machen. Ihre Wunschträume zerplatzten. Die Union legte zu, verfehlte aber die Alleinregierung. Die durch zahlreiche Mitgliederaustritte geschwächte FDP erlitt Verluste, konnte aber mit sieben Prozent der Zweitstimmen wieder in den Bundestag einziehen und das Bündnis fortsetzen. Kohl und sein Partner Genscher, der Garant ostpolitischer Kontinuität, sahen sich durch die Wähler legitimiert. Der Einfluss der Vertriebenenlobby auf die Bundesregierung ging zurück. Das zeigte sich beim Bundestreffen der Schlesier 1985. Das Motto der Veranstaltung sollte lauten: »40 Jahre Vertreibung – Schlesien bleibt unser.« Kohl, der als Festredner zugesagt hatte, drohte mit einer Absage, falls die Landsmannschaft auf ihrer Devise beharre. Hupka und seine Mitstreiter knickten ein. Statt des provozierenden »Schlesien bleibt unser« hieß es nun: »Schlesien bleibt unsere Zukunft – im Europa freier Völker.«

Nach fast fünf Jahren Bonn war der Reiz, als Hauptstadtkorrespondent arbeiten zu können, verschwunden. Ich hatte den Niedergang der SPD für meine Leser beleuchtet, den Sturz von Helmut Schmidt und die ersten Kanzlerjahre seines Nachfolgers Helmut Kohl. Ich hatte ausreichend Politiker auf Reisen begleitet, kannte eine Menge

Leute, wurde zu zahlreichen Empfängen von Diplomaten und Politikern eingeladen, und wenn ich durchs Regierungsviertel ging, brauchte ich Zeit, denn fast an jeder Ecke begegnete ich Abgeordneten, Regierungsbeamten und Lobbyisten, die offen für ein Gespräch waren. Die liberalkonservative Bundesregierung schien sich auf eine längere Amtszeit einzurichten. Was sollte da schon Sensationelles passieren, was man als Journalist nicht verpassen wollte? Hinzu kam, dass ich als Büroleiter für ein Team verantwortlich war. Ich aber war als Journalistentyp eher ein Einzelkämpfer, dem Redaktionskonferenzen ein Graus waren und der sich als Reporter am wohlsten fühlte.

Da traf es sich gut, dass mir die Chefredaktion anbot, mich erneut in Ostberlin akkreditieren zu lassen. Nicht etwa, dass ich Bonn nicht gemocht hätte. Die Lebensart der Menschen, die sich auch im »Kölschen Grundgesetz« ausdrückte, gefiel mir. Der Satz »Et es, wie et es«, den man mit »Sieh den Tatsachen ins Auge« übersetzen könnte, war auch als Maxime für die Politik geeignet. Ebenso »Et kütt, wie es kütt« – ein Plädoyer für Gelassenheit und gegen Zukunftsangst. Ob die rheinische Spruchweisheit »Watt fott es, es fott«, »Was fort ist, ist fort«, bei Vertriebenen auf Verständnis stieß, erschien mir dagegen zweifelhaft. Unser privates Leben war jedenfalls gesellig, abwechslungsreich und angenehm. Ich liebte es, über den Bonner Markt und durch die engen Gassen der Altstadt zu gehen. Die Bundeshauptstadt war überschaubar, offen, freundlich und auf eine nicht unangenehme Weise provinziell. Wenn nach einem meiner Besuche in der Hamburger *Stern*-Redaktion die Maschine zum Landen auf dem Köln-Bonner-Flughafen ansetzte, fühlte ich mich zu Hause. Trotzdem konnten sich weder meine Frau noch ich ernsthaft vorstellen, unser ganzes Leben dort zu verbringen. Dafür war die Umgebung zu nett und auf die Dauer wohl auch zu langweilig.

Ganz anders Berlin, die Metropole, noch immer geteilt. Schaufenster West und Schaufenster Ost. Eine Stadt mit Brüchen und Narben, gezeichnet von den Auseinandersetzungen zwischen freiheitlicher Demokratie und kommunistischer Diktatur. Zwei Stadthälften in Konfrontation und doch aufeinander bezogen. Die ganze Stadt im ständigen Umbruch, abstoßend und anziehend, hektisch und beschaulich, grau und bunt, beneidet und gehasst, aber: immer spannend, nie langweilig. Als ich meine Korrespondententätigkeit in der »DDR-Hauptstadt« wieder aufnahm, fühlte ich mich wie ein Heimkehrer. So wurde ich auch empfangen. Die meisten bundesdeutschen Kollegen kannte ich noch aus meiner ersten Zeit, ebenso Mitarbeiter aus der Ständigen Bonner Vertretung. Auch in der Presseabteilung des Außenministeriums hatte ich es mit bekannten Gesichtern zu tun. Selbst an der Grenze erinnerten sich Passkontrolleure und Zöllner an mich und sprachen mich mit Namen an. Und dann gab es noch die alten DDR-Freunde, die sich freuten, dass ich wieder da war. Einige Monate pendelte ich noch zwischen Berlin und Sankt Augustin. Damit unsere Kinder ihr Schuljahr beenden konnten, kam die Familie erst im Sommer 1984 nach. Ihr Lebensmittelpunkt wurde ein gemietetes Haus im westlichen Stadtbezirk Charlottenburg, mein Arbeitsplatz lag wie früher im Ostteil, in der Leipziger Straße in Mitte. Von nun an lebten wir gesamtberlinisch in beiden Teilen der Stadt, ausgestattet mit dem Privileg, die Grenze – wann immer wir wollten – passieren zu können. Noch ahnte ich nicht, dass ich aus dieser Stadt nie wieder wegziehen würde. Aber wenn ich jemandem, der sich in Berlins Geschichte auskannte, meinen Geburtsort Breslau nannte, dann hörte ich öfter den Satz: »Die Breslauer waren schon früher die eigentlichen Berliner.«

Ein kompliziertes Verhältnis – DDR und Polen

Ein befreundetes Ostberliner Ehepaar hatte auf der Insel Usedom ein Ferienhaus. Es lag etwas landeinwärts am südlichen Ufer des Achterwassers. Von dort war es nicht weit zur Grenze mit Polen. Nach wie vor zog mich diese Trennlinie zum östlichen Nachbarland an. Ich lief den Strand entlang Richtung Osten und kam an die Stelle, wo die DDR zu Ende war. Über den feinkörnigen Sandstrand spannte sich ein Zaun, geflochten und nur etwa ein Meter hoch. Gefährlich sah er nicht aus. Dennoch blieben Spaziergänger in respektvollem Abstand vor dem Hindernis stehen. »Halt! Staatsgrenze. Passieren und Fotografieren verboten«, mahnte ein Schild. Von einem Beobachtungsturm aus musterten DDR-Grenzsoldaten argwöhnisch die Zivilisten. Etwa 200 Meter weiter östlich wehte die weiß-rote Fahne Polens. Auch dort standen Spaziergänger vor einer Barriere. Im Hintergrund erkannte ich ein weißes Schiff, das vom Hafen Swinemünde, dem polnischen Swinoujscie, auf die offene Ostsee fuhr. Ich folgte dem Grenzzaun landeinwärts durch ein Waldstück und kam an den deutsch-polnischen Grenzübergang. Auf dem weitflächigen Parkplatz, angelegt für Hunderte von Fahrzeugen, standen nur wenige Autos. Die »Allee der Freundschaft«, die von Swinemünde nach Ahlbeck führt, wirkte wie ausgestorben. Noch vor ein paar Jahren, so erzählten mir meine DDR-Freunde, habe reger Verkehr geherrscht. Polen kamen, um in Ahlbeck und Heringsdorf einzukaufen. DDR-Bürger liefen oder fuhren nach Polen hinüber, um zu baden oder über die Strandpromenade zu bummeln. Aber als 1980 Streiks und Unruhen das Nachbarland erschütterten, blieben ab Oktober die Schlagbäume für Touristen geschlossen. Aus Sorge, der polnische Freiheitsbazillus könnte die eigene Bevölkerung infizieren, setzte die DDR-Führung Ende Oktober 1980 den 1972 eingeführten visafreien Grenzverkehr aus, »zeitweise«, wie es offiziell hieß. Für gewöhnliche Touristen blieben die Schlagbäume unten. »Polen«, so klagte ein einheimischer Fischer, »ist für uns praktisch dicht.«

Von Anfang an waren sich Polen und DDR-Deutsche, die wir heute Ostdeutsche nennen, nicht sonderlich grün. Obwohl in beiden Ländern Kommunisten die Macht ausübten, waren die Beziehungen von Abneigung und Misstrauen bestimmt. Die »Friedensgrenze« an Oder und Neiße war zwar nicht so stark gesichert wie die »Staatsgrenze« der DDR im Westen, nicht mit Mauer, Minenfeldern und Metallgitterzäunen. Aber offen und für jedermann passierbar war sie auch nicht. Der Besucherverkehr beschränkte sich im Wesentlichen auf Funktionäre, Dienstreisende und organisierte Gruppenreisen. Weil die gewöhnlichen Bürger diesseits und jenseits der Grenze wenig voneinander wussten, bestimmten alte Klischees und Ressentiments die Bilder, die man voneinander hatte. Für viele Polen waren Deutsche, egal ob sie in der Bundesrepublik oder in der DDR lebten, die Bösen, mit denen man historisch schlechte Erfahrungen verband. Und in den Köpfen von DDR-Bürgern saßen die Stereotypen von der »polnischen Wirtschaft« und den »faulen, arbeitsscheuen und unordentlichen Polacken«.

Das änderte sich, als zu Beginn des Jahres 1972 der visafreie Reiseverkehr eingeführt wurde. Statt eines Passes, den nur wenige DDR-Bürger besaßen, genügte für den Grenzübertritt der Personalausweis. Erstmals konnten die Menschen in beiden Staaten ohne bürokratische Hürden ins jeweils andere Land fahren. Die gleiche Regelung galt auch für die Tschechoslowakei. Die neue Reisefreiheit nutzte die Bevölkerung beiderseits der Grenzflüsse, um sich ein persönliches Bild vom Nachbarland zu machen. Millionen Menschen beider Staaten passierten die Grenze. Es bildeten sich Freundschaften und Ehen. Auch aus den früheren deutschen Ostgebieten vertriebene DDR-Bürger fuhren erstmals in größerer Zahl wieder in ihre früheren Heimatorte. Manche berichteten nach der Rückkehr, wie verblüfft sie waren, als sie ungeachtet der Sprachbarriere von den jetzigen Bewohnern herzlich und gastfreundlich aufgenommen worden seien. Nicht wenige DDR-Bürger wussten zunächst gar nicht, wo der Ort ihrer Kindheit lag. Eines Tages kam ein Mann aus der Ostberliner Nachbarschaft zu mir in die Wohnung und wollte wissen, wo Sommerfeld liege. Das war sein Geburtsort, aber er fand ihn weder auf einer polnischen noch auf einer DDR-Karte. Ich besaß eine Landkarte mit den früheren und den neuen Ortsnamen. Ich musste eine Weile suchen, bis ich das Städtchen gefunden hatte. »Da liegt Sommerfeld«, sagte ich und zeigte mit dem Finger darauf, »etwa 15 Kilometer südöstlich von Guben. Heute heißt der Ort Lubsko.« Der Nachbar, ein strammer SED-Genosse, bedankte sich. An seinem Gesicht konnte ich nicht erkennen, ob er sich dafür genierte, dass ihm ein Vertreter des Klassenfeindes Orientierungshilfe leisten musste.

Auch Wolfgang Thierse, dessen politische Karriere ihn im vereinten Deutschland bis ins Amt des Bundestagspräsidenten führte, war als DDR-Bürger nach der Liberalisierung des Grenzverkehrs in Polen gewesen. Den 22. Oktober 1973, seinen 30. Geburtstag, erlebte er in Breslau. Er war nicht privat, sondern dienstlich in seiner Geburtsstadt.

Er arbeitete an einem Dokumentarfilm mit, den der DDR-Filmbetrieb DEFA produzierte. Sein Titel: »Physiker in Wroclaw.« »Ich habe mich nicht getraut, meinen polnischen Gesprächspartnern zu sagen, dass ich hier geboren bin«, hat er mir später bei einem gemeinsamen Besuch erzählt. So gespannt sei damals noch das politische Verhältnis zwischen den sogenannten sozialistischen Bruderstaaten gewesen. Die Stadt war noch immer von den Zerstörungen des Krieges gezeichnet. Es gab Trümmer und verfallene Bauten. Thierse war trotzdem von ihr angetan. Er sei durch die Stadt gelaufen, habe auf die Oder geblickt, restaurierte Altstadthäuser und Neubauten gesehen, »und viele junge hübsche Frauen«. Da sei ihm der Gedanke durch den Kopf gegangen: »Was sind wir Deutsche doch für ein entsetzliches Volk, dass wir durch einen verbrecherischen Krieg eine so schöne Heimat wie diese Stadt Breslau endgültig verlieren.« Zugleich aber schmerzte es ihn zu sehen, wie sehr die deutsche Vergangenheit Breslaus tabuisiert wurde. Eine Vergangenheit, »die auch ein untilgbarer Teil meiner Familiengeschichte war und für immer bleiben wird«.

Der Massentourismus war für die Regierungen in beiden Staaten nicht ohne Risiko. DDR-Deutsche, vor allem junge Leute, lernten in Polen ein Lebensgefühl kennen, das weitaus freiheitlicher war als bei ihnen zu Hause. In Jugendklubs und Studentenkneipen wurde offen über die Schwächen des Sozialismus diskutiert. In Kinos liefen auch westliche Filme. In Buchhandlungen konnte man Titel und in Musikläden Schallplatten kaufen, die im SED-Staat niemals die Zensur passiert hätten. Es herrschte eine kulturelle Vielfalt, die SED-Funktionäre mit Argwohn beobachteten. Umgekehrt stellten polnische Besucher in der DDR fest, dass der Lebensstandard dort höher war. Das Warenangebot war reichlicher und oft auch preiswerter. Aber in der staatlichen Planwirtschaft reichte es mal gerade recht und schlecht für die eigene Bevölkerung. Mehr und mehr empfanden DDR-Bürger die Masse der polnischen Einkaufstouristen als Bedrohung. In Grenzbezirken sahen sich Behörden gezwungen, dem Handel Anweisungen zur Warenrationierung zu geben. Etliche Male habe ich in Ostberliner Kaufhäusern beobachtet, wie sich Verkäuferinnen weigerten, bestimmte Waren in größeren Mengen an polnische Bürger zu verkaufen. Das galt für Schuhe und Kindersachen ebenso wie für optische Geräte und Lebensmittel. Böse Witze machten die Runde. Warum wird im Centrum Warenhaus am Ostberliner Alexanderplatz zu jeder vollen Stunde die polnische Nationalhymne gespielt? Antwort: Damit die Polen für ein paar Minuten stillstehen müssen und Deutsche eine Chance zum Einkaufen bekommen. Die faktische Schließung der Grenze wurde von vielen, aber beileibe nicht von allen DDR-Bewohnern bedauert. Es sei höchste Zeit gewesen, dass die Regierung etwas unternommen habe, konnte man auf der Straße und in Geschäften hören. »Sonst hätten uns die Polen völlig ausgekauft.«

Die Spannungen nahmen noch zu, als die polnische Parteispitze 1980 die Gewerkschaft Solidarność als unabhängige Arbeitnehmervertretung anerkannte. Die SED-Führung schäumte und wertete das als »Preisgabe der Lehren des Leninismus«. Die zentral gelenkten Medien der DDR ließen keine Gelegenheit aus, um Solidarność systematisch zu diskreditieren und in die Nähe einer Feindorganisation zu rücken, die vom Westen gesteuert werde. Dabei zeichneten sie ein derart verzerrtes Bild von der Realität im Nachbarland, dass polnische Journalisten der SED böswillige Stimmungsmache vorhielten und Solidarność als eine vom Volk gebilligte Erneuerungsbewegung vehement verteidigten. Der Schlagabtausch blieb nicht auf die Medien beschränkt. Im Oktober 1981 unternahm das damals populäre Klavierduo »Marek & Wacek« eine Tournee durch die

DDR. Während ihres Aufenthalts trugen die beiden das Solidarność-Emblem als Sticker an ihrer Kleidung. Das empfanden SED-Kulturfunktionäre als Provokation. Sie forderten die polnischen Künstler auf, bei ihrem Abschlusskonzert im Ostberliner »Palast der Republik« jegliche Sympathiebekundungen für die »antisozialistische Organisation« zu unterlassen. Als die Polen das ablehnten, erhielten sie Auftrittsverbot und mussten die DDR verlassen.

Ich habe mich mit polnischen Korrespondenten in Ostberlin über die konfliktreiche Beziehung zwischen den Nachbarländern etliche Male unterhalten. Unser Umgang war offen und kollegial – ganz im Gegensatz zu dem mit Medienvertretern der DDR. Die polnischen Kollegen beschwerten sich darüber, dass die SED durch ihre polenfeindliche Agitation vorhandene Negativklischees nicht abbaute, sondern verfestigte. Immer wieder bekämen sie von einfachen DDR-Bürgern den Satz zu hören: Die Polen sollten nicht streiken, sondern lieber arbeiten. Bei solchen Gesprächen unter Korrespondenten wurde eines klar: Auch polnischen Kommunisten gingen die deutschen Genossen wegen ihrer Überheblichkeit und Schulmeisterei gewaltig auf die Nerven. Dabei waren polnische Medien mit Polemik gegen die DDR ebenfalls nicht zimperlich. Als dort eine Neubewertung der preußischen Vergangenheit einsetzte, warfen polnische Publizisten den Machthabern in Ostberlin Ignoranz gegenüber historischen Erfahrungen und die Verherrlichung einer Epoche vor, die Polen in schlimmster Erinnerung habe. 1980 ließ die DDR-Führung das vom Bildhauer Christian Daniel Rauch geschaffene und über viele Jahre eingelagerte Reiterdenkmal Friedrichs des Großen an historischer Stelle, auf dem Mittelstreifen der Straße Unter den Linden im Zentrum Berlins, wieder aufstellen. Viele Polen werteten dies als demonstrativen Ausdruck einer überheblichen Politik, die auf Empfindsamkeiten im Nachbarland keine Rücksicht nahm. Die zeitgleich in der Bundesrepublik aufkommende Preußenwelle nährte in Warschau überdies den Verdacht, die Deutschen in Ost und West betrieben zum Nachteil Polens ihre Annäherung mit dem Ziel der Wiedervereinigung. Bei allem Verständnis für die Empfindsamkeit der Polen und ihrer leidvollen Geschichte – der Vorwurf einer gesamtdeutsch-preußischen Kumpanei schien mir doch ein bisschen weit hergeholt.

Der westdeutsche Historiker Burkhard Olschowsky hat in seinem Buch *Einvernehmen und Konflikt* einen Streitfall beschrieben, der zeigt, wie hart es auf diplomatischer Ebene zwischen den deutschen und den polnischen »Klassenbrüdern« auch ohne öffentliche Geräuschkulisse zuging. Schon in den 60er-Jahren, schreibt Olschowsky, hatte sich die DDR bemüht, historisch wertvolle Bestände der ehemaligen Preußischen Staatsbibliothek, die während des Krieges nach Schlesien ausgelagert und nach 1945 polnischen Sammlungen einverleibt worden waren, zurückzubekommen. Nachdem Polen zunächst bereit schien, im Austausch gegen andere Kulturgüter, wie etwa Städteansichten des Malers Canaletto, auf den Wunsch der DDR einzugehen, verhärteten sich in den 80er-Jahren die Positionen. Während sich Ostberlin auf allgemein anerkannte völkerrechtliche Normen berief und die Rückführung an den rechtmäßigen Aufenthaltsort verlangte, lehnte Warschau dieses Ansinnen brüsk ab und erklärte weitere Gespräche auf Regierungsebene für gegenstandslos. Zur Begründung hieß es unter anderem: »Die polnische Bevölkerung würde angesichts der Zerstörung gewaltiger kultureller Schätze Polens infolge der Aggression Hitlerdeutschlands eine Übergabe an die DDR nicht verstehen.« Allenfalls sei man bereit, Beratungen über den Zugang zu Kulturgütern in beiden Ländern auf der Basis der Gegenseitigkeit zu führen.

Mitte der 80er-Jahre hatte sich die beiderseitige Aversion so hochgeschaukelt, dass die Regierungen in Ostberlin und Warschau sogar wieder über die Grenze stritten. Es ging um die Abgrenzung der Territorialgewässer in der Pommerschen Bucht. Um großen Schiffen die Einfahrt in die Häfen von Swinemünde und Stettin zu ermöglichen, hatte Polen eine Fahrrinne geschaffen und in der Bucht Ankerplätze eingerichtet. Nachdem die DDR Ende 1984 ihre Hoheitsgewässer von drei auf zwölf Seemeilen ausgedehnt hatte, lagen Fahrrinne und Ankerplatz in dem von Ostberlin beanspruchten Seegebiet. Während die DDR auf ihr Kontrollrecht pochte, auch schon mal ein polnisches Schiff aufbrachte und in einen DDR-Hafen dirigierte, erklärte die Regierung in Warschau, Kapitäne polnischer und fremder Schiffe bräuchten nicht auf Weisungen der DDR-Grenzschutzeinheiten zu reagieren. Der Streit zwischen zwei Warschauer-Pakt-Staaten eskalierte bis an die Grenze militärischer Konfrontation und konnte erst 1989 friedlich beigelegt werden.

Bei der morgendlichen Zeitungslektüre in meinem Ostberliner Büro stutzte ich bei einer Überschrift: »Über 20000 Ehemalige wollen zurück«, verkündete das SED-Blatt *Neues Deutschland*. Wen die wohl meinen?, murmelte ich. Der Bericht handelte von Menschen, die in die Bundesrepublik übergesiedelt waren und reumütig in die DDR zurückgekehrt waren oder zurückwollten. Ich hielt die Zahl 20000 für maßlos übertrieben, zweifelte aber nicht daran, dass es Leute gab, die mit dem Leben in der Bundesrepublik nicht zurechtkamen. Einige der West-Ost-Umsiedler wurden in der Zeitung vorgestellt. »Ich bin überall mit meiner Sprache angeeckt«, klagte ein junger Sachse, als er wieder zu Hause war. Er hatte zwar im Westen einen Job gefunden – zuerst in Süddeutschland, dann in Österreich, zuletzt in Westberlin –, aber nirgendwo Freunde.

Er setzte sich in einen Transitzug nach Polen, stieg unterwegs aus, fuhr in seine alte Heimatgemeinde und stellte sich in der Hoffnung, bleiben zu dürfen, den Behörden. Was er auf eigene Faust zu erzwingen versuchte, wollten andere mit staatlicher Genehmigung erreichen. Warum die DDR-Medien diese Heimwehbekenntnisse veröffentlichten, lag auf der Hand. Die SED-Führung reagierte damit auf die Flut der Ausreiseanträge und auf die Massenflucht ihrer Bürger, die als Zufluchtsuchende in Botschaften oder über die durchlässige ungarische Grenze in den Westen gekommen waren. Ziel der Propagandakampagne: Menschen, die der SED-Diktatur den Rücken kehren wollten, sollten von einem »Leben ohne Zukunftsaussichten« abgeschreckt werden. Auch wenn die Zahl der Ausreisewilligen die der potenziellen Rückkehrer um ein Vielfaches überstieg, lohnte es sich doch, sich mit ihren Motiven zu beschäftigen. Die SED stellte besonders soziale Unsicherheit und Arbeitslosigkeit heraus. Aber es gab auch andere Gründe, warum Ostler im Westen nicht heimisch wurden und ihre Entscheidung bereuten: Enttäuschung über West-Verwandte, fehlende Nestwärme und Sehnsucht nach den alten Freunden.

Ich musste an eine Geschichte denken, die ich in einer 1987 erschienenen Heimatanthologie *... und ist der Ort, wo wir leben* des Ostberliner Union Verlages gelesen hatte. Sie handelte von einer DDR-Rentnerin, die nach einem Besuch bei der Familie ihres Sohnes in Köln nach Hause fuhr. Der Abschied war ihr schwergefallen, sie musste weinen. Wenn du nicht mehr allein leben willst, hatte sie ihr Sohn getröstet, dann komm her, eine erschwingliche Wohnung wird sich schon finden und zur Not auch ein Altersheimplatz. Als sie müde von der Reise in ihrer Wohnstube saß und ihre beiden Katzen streichelte, dachte sie: Fressen und Saufen und ein Dach über dem Kopf ist auch für Tiere nicht alles. Wärme und Zuwendung sind notwendig, aber an Wärme hatte es ein wenig gemangelt in Köln, vielleicht auch an Zuwendung. Ja, wenn ihr Sohn gesagt hätte: Zieh in das halbe Zimmer, Mutter, dann sind wir wieder zusammen. Aber eine eigene Wohnung in einer fremden Stadt und später das Altersheim. War das genug? Mich hat die Erzählung berührt. Und zum Nachdenken angeregt. Ob wir uns heimisch fühlen, so überlegte ich, wird nicht so sehr vom Ort bestimmt, wo wir geboren sind, sondern weitaus mehr von der Art, wie wir miteinander umgehen. In der Nachbarschaft, im Freundeskreis und in der Familie.

Görlitz – eine schlesische Stadt

Der Tag, an dem Heino im März 1990 in Görlitz auftrat, hat sich bei Volker Bandmann tief ins Gedächtnis geprägt. Der westdeutsche Volksliedsänger hatte unter dem begeisterten Applaus der rund 1500 Besucher sein Konzertprogramm beendet, aber die Fans in der Stadthalle wollten nicht gehen. »Aus dem Saal kam der Ruf, Heino möge das Schlesierlied singen«, erinnerte sich Bandmann. Den Barden mit den strohblonden Haaren traf die Aufforderung nicht unvorbereitet. »Das Schlesierlied hat er sich bis zum Schluss aufgehoben«, sagte Bandmann, der in der Zeit der Friedlichen Revolution im Herbst 1989 Mitbegründer des Neuen Forums in Görlitz war. Dann schallte es von der Bühne herab: »Kehr ich einst zur Heimat wieder …« Den Refrain des zur Landeshymne verklärten Liedes sangen viele Einheimische mit: »Mein Schlesierland, mein Heimatland, wir sehn uns wieder am Oderstrand.« Sehr emotional sei dieser Moment gewesen, »sehr emotional«.

Kaum war die Mauer in Berlin gefallen und die Politbürokraten um Erich Honecker entmachtet, da brachen sich in der Stadt Görlitz Empfindungen Bahn, die jahrzehntelang unterdrückt worden waren. Die Görlitzer, von denen mindestens jeder Dritte Flüchtling, Vertriebener oder Nachkomme war, bekannten sich öffentlich zu ihrer Vergangenheit. Überall in der Stadt wurden Schlesien-Fahnen gehisst. Als Helmut Kohl vor der Volkskammerwahl am 18. März 1990 zu einer Kundgebung nach Görlitz kam, waren mehr weiß-gelbe als schwarz-rot-goldene Flaggen zu sehen. Zeitungsartikel erinnerten an die schlesische Epoche vor 1945. Die Niederschlesische Sparkasse eröffnete ihre Schalter. Bei zahlreichen Vorträgen, Ausstellungen und Podiumsdiskussionen stand das Thema Schlesien im Mittelpunkt. Abgesandte der westdeutschen Vertriebenenorganisationen betätigten sich als Ratgeber. Und führende Mitglieder der Schlesischen Landsmannschaft erwogen sogar, ihren Sitz vom Rhein an die Neiße zu verlegen. »Zu keiner Zeit ihrer Geschichte«, sagte mir Markus Bauer, Direktor des Schlesischen Museums, »war Görlitz so schlesisch wie in diesen Jahren.«

Lokalpolitiker und heimatbewusste Aktivisten gründeten schlesische Vereinigungen. Sie nannten sich »Unabhängige Initiativgruppe Niederschlesien«, »Kuratorium Schlesische Lausitz«, »Schlesischer Heimatbund«, »Schlesisch-Regionale Einheitsfront« und »Demokratischer Schlesierbund«. Manchen ging es darum, »dass schlesische Geschichte und Kultur nicht untergehen«. Andere mochten nicht länger »Beutesachsen« sein. Und wieder andere forderten ein eigenes Bundesland Schlesien. Zu den Unterstützern gehörte auch die Deutsche Soziale Union (DSU), eine mithilfe der bayerischen CSU gegründete neue Partei. Die CDU, die dabei war, sich als dominierende politische Kraft der Region zu etablieren, blieb dagegen skeptisch. In ihren Reihen gab es viele geschichtsbewusste Bürger, die darauf verwiesen, dass Görlitz und sein Umland vor 1815 über Jahrhunderte mehr mit der Oberlausitz als mit mit Schlesien verbunden waren. Während die 1952 von der SED aufgelösten Länder Brandenburg, Mecklenburg-Vorpommern, Sachsen, Sachsen-Anhalt und Thüringen sich neu konstituierten, blieb der Wunschtraum der Schlesier im Görlitzer Gebiet unerfüllt. Ein selbstständiges Bundesland wäre wohl kaum wirtschaftlich lebensfähig gewesen. Auch der Vorschlag des Görlitzer CDU-Bundestagsabgeordneten Georg Janovsky, wenigstens einen Regierungsbezirk Schlesien im Freistaat Sachsen einzurichten, fand keine ausreichende Unterstützung. Görlitz, die letzte größere deutsch gebliebene Stadt in Schlesien, blieb, was sie nach 1945 war: ein Teil des Landes und heutigen Freistaates Sachsen.

Der Görlitzer Volker Bandmann aber ließ nicht locker. Als Abgeordneter hat er im Landtag dafür geworben, dass der Begriff Schlesien in der Landesverfassung verankert würde. Das Heimatgefühl der Bevölkerung müsse sich auch in der Konstitution Sachsens widerspiegeln, forderte er. Wenn das nicht geschehe, wenn Schlesien wie zu DDR-Zeiten ein Tabu bleibe, dann würden sich rechtsradikale Kräfte des Themas annehmen. Und denen dürfe man das Feld nicht überlassen. Tatsächlich wurde in die Verfassung ein Satz aufgenommen, wonach »im schlesischen Teil des Landes« neben den Landesfarben Weiß und Grün und dem offiziellen Wappen »Farben und Wappen Niederschlesiens gleichberechtigt geführt werden«. Im ursprünglichen Entwurf stand noch: »im ehemaligen schlesischen Teil«. »Das Wort ›ehemalig‹ habe ich streichen lassen«, erzählte Volker Bandmann. »Nach einer ziemlich harten Kontroverse.« Ich sah ihm an, dass er auf diesen Erfolg stolz war.

Wladeslaw aus Zielona Gora, dem früheren Grünberg, hatte Pech. Keiner seiner Mitreisenden im Abteil wurde kontrolliert, nur er musste seine Reisetasche öffnen. Und die war voller Tonbandkassetten. Polnische Fabrikate, 320 Stück. Die habe er in Westberlin gekauft, erzählte Wladeslaw. »Aber es war die falsche Sorte. Nun will ich sie wieder zurückbringen.« Der deutsche Zöllner verzog keine Miene. »Wir erleben hier manche Märchenstunde«, sagte er. Der Pole musste den Zug verlassen. Im Juni 1990, wenige

Tage bevor der Vertrag über die Währungs-, Wirtschafts- und Sozialunion zwischen der Bundesrepublik Deutschland und der DDR in Kraft tat, war ich wieder einmal in Frankfurt an der Oder. Die Redaktion in Hamburg hatte mich beauftragt, eine Reportage über die Arbeit der Zöllner zu schreiben. Was, so sollte ich herausfinden, hatte sich verändert, seit in Warschau und Ostberlin demokratisch gewählte Regierungen im Amt waren? Und welche Konsequenzen würde es haben, wenn ab dem 2. Juli mit der Einführung der D-Mark in der DDR die Zollgrenze der Europäischen Union nicht mehr an der Elbe, sondern an der Oder verliefe?

Der D 394 aus Warschau in Richtung Berlin hatte 40 Minuten Aufenthalt. Ich folgte den Kontrolleuren, als sie sich durch die mit Gepäck und Reisenden verstopften Gänge schlängelten, um Schieber und Schmuggler aus dem Menschengewimmel herauszufischen. Der Express war wie üblich überfüllt. »Mehr als Stichproben sind gar nicht drin«, erklärte einer der Zollbeamten. Trotzdem wurden nach und nach rund 60 Männer und Frauen aus dem Zug geholt, weil sie mehr Waren dabeihatten, als Touristen für den Eigenbedarf gemeinhin benötigen. Stangenweise Zigaretten, Batterien von Wodkaflaschen, Stapel billiger Hosen und T-Shirts – zum Verhökern in Westberlin und in der DDR. Die Stimmung war aggressiv. »Wie bei den Nazis«, grollte ein Mann mit Schnauzbart. Obwohl auch die polnischen Zöllner, die auf dem Grenzbahnhof gemeinsam mit ihren deutschen Kollegen ihren Dienst taten, nicht eben nachsichtig waren, richtete sich die Wut der Kontrollierten vornehmlich gegen die Uniformierten aus der DDR. »Die behandeln uns«, schimpfte eine junge Frau, »als seien wir Verbrecher.«

Die noch im alten System geschulten Frauen und Männer in der blauen Zolluniform mussten umlernen. Früher sollten sie verhindern, dass Polen subventionierte DDR-Waren aus dem Land schafften. Nun mussten sie Reisende aus dem Osten davon abhalten, illegal Waren einzuführen. Das ohnehin gereizte Klima wurde noch durch die ungleiche Behandlung verschärft. Während Deutsche nach der Grenzöffnung zum Westen ohne besondere Formalitäten über die Oder- und Neiße-Brücken gehen und fahren durften, benötigten Polen zur Einreise in die Noch-DDR eine von der Volkspolizei bestätigte Einladung. Nur Gastarbeiter und Transitreisende waren von dieser Regelung ausgeschlossen. Ein Mitglied des örtlichen Solidarnoość-Komitees nannte das »schrecklich ungerecht«. Wer auf deutscher Seite dagegen anging, wie etwa Kirchenleute und Vertreter der Bürgerrechtsbewegung Neues Forum, hatte einen schweren Stand. Ein paar Monate zuvor hatte das Forum zu einer völkerverbindenden Menschenkette über die Oderbrücke aufgerufen. Die Einreisebeschränkungen für Polen wurden für einen Tag aufgehoben. Doch die Aktion endete mit einem Missklang. Frankfurter und Slubicer gerieten sich in die Haare und schrien sich gegenseitig an: »Polen raus!« und »Ihr Faschisten!«.

Deutschlands endgültige Ostgrenze

Der Mann hinter dem Rednerpult war sichtlich empört. »Wir, die aus der Heimat Vertriebenen, sind auf uns allein gestellt«, rief Herbert Hupka in den Saal. »Man möchte uns am liebsten ein zweites Mal vertreiben, diesmal nicht aus der Heimat, sondern aus dem Hier und Heute.« Künftig, so fuhr der Bundesvorsitzende der Landsmannschaft Schlesien fort, solle sogar nicht mal mehr von Ostdeutschland jenseits von Oder und Neiße gesprochen werden dürfen, das sei jetzt das frühere Mitteldeutschland. »Und was sind dann wir?«, fragte er mit erregter Stimme. »Vielleicht erlaubt man uns noch die Bezeichnung Fernostdeutsche. Oder man nennt uns Polendeutsche. Man stelle sich das einmal vor: Joseph Freiherr von Eichendorf, Gerhard Hauptmann, James Graf von Moltke: Polendeutsche!« Je länger Hupka sprach, desto mehr redete er sich in Rage. »Es erbittert uns, erfahren zu müssen, dass wir allein gelassen werden, dass die Aussagen und Zusagen von gestern und vorgestern nicht mehr gelten. Wenn das in der Demokratie machbar wäre, würde man über uns am liebsten ein Schweigegebot verhängen.« Wer Hupka in der voll besetzten Nürnberger Messehalle zuhörte, dem vermittelte sich der Eindruck: Hier sprach nicht nur ein erboster Funktionär, sondern auch ein tief enttäuschter und gekränkter Mensch.

Das 24. Deutschlandtreffen der Schlesier im Sommer 1991 war das erste nach dem Fall der Mauer und des Eisernen Vorhangs, der Europa bisher geteilt hatte. Die Stimmung der Teilnehmer war gespalten. Freude und Schmerz, Genugtuung und Empörung lagen dicht beieinander. Mit dem Ende des SED-Staates und der friedlichen Wiedervereinigung im Oktober 1990 war den Schlesiern wie allen anderen Vertriebenen aus den ehemaligen deutschen Ostprovinzen ein Herzenswunsch in Erfüllung gegangen. Unbeirrt hatten sie daran fest gehalten, dass die deutsche Frage offen sei. Nie hatten sie sich mit der Teilung abgefunden. Und lauter und konsequenter als manche christdemokratische Politiker hatten sie darauf gedrängt, »die Einheit und Freiheit ganz Deutschlands in freier Selbstbestimmung zu vollenden«. Dieses Ziel hatten sie mit der Hoffnung verbunden, dass auch über Schlesiens Zukunft und die der anderen abgetrennten Reichsteile das letzte Wort noch nicht gesprochen und eine Revision politisch zu erreichen sei. Wenn die Kommunisten beiderseits von Oder und Neiße nicht mehr regierten, dann – so hatten sich die Verbandsfunktionäre über Jahrzehnte eingeredet – wäre es möglich, ihr Recht auf Heimat zu verwirklichen.

Doch nun, neun Monate nach dem euphorischen Festakt vor dem Berliner Reichstag, mit dem der Vollzug der deutschen Einheit gefeiert wurde, war alle Hoffnung dahin. Die Kommunisten der SED und der Polnischen Arbeiterpartei waren von den Schaltstellen der Macht verjagt worden. Doch die bürgerlich-demokratischen Regierungen hatten Fakten geschaffen, die den organisierten Vertriebenen ihre Illusionen raubten. Im Zwei-plus-Vier-Vertrag vom 12. September 1990, mit dem Deutschland seine volle Souveränität zurückgewann, sowie im deutsch-polnischen Grenzvertrag vom 14. November 1990 war die Oder-Neiße-Linieals polnische Westgrenze endgültig und völkerrechtlich bestätigt worden. »Unser Schlesien ist und bleibt eine offene Wunde«, erklärte Hupka trotzig in seiner Nürnberger Rede und verbat sich heuchlerische Beileidbezeugungen aus den Reihen der konservativen Politiker: »Schmerzliches Mitgefühl wird bekundet, während gleichzeitig ein Viertel von Deutschland aus Deutschland ausgeschlossen und ausradiert werden soll. Darum unser Protest, unser Aufschrei, unser Widerspruch!«

Ich konnte diese Empörung nicht teilen. Ich verstand ja, dass es die Vertriebenen schmerzte, mit dem Verlust ihrer Heimat für den verlorenen Krieg bezahlen zu müssen. Ich konnte auch ihre Enttäuschung über den Sinneswandel ihrer politischen Freunde von der Union nachvollziehen. Aber dass ein gewählter Repräsentant der Landsmannschaften den Vertrag mit Warschau ein »Grenzdiktat« nannte, war reine Polemik. Genauso wie die larmoyant vorgetragene Frage: »Wann hört es endlich auf, dass man unser Volk ständig auf die Anklagebank drückt?« Sätze dieser Art vernahm ich sonst nur aus der rechtesten Ecke des politischen Spektrums. Von Leuten, die es ablehnten, sich mit den Verbrechen der Nazis auseinanderzusetzen. Das dogmatische Verharren in der Opferrolle, ohne im gleichen Atemzug die vom Dritten Reich ausgegangenen Ursachen der Vertreibung zu benennen, war in meinen Augen ein Ausdruck von Realitätsverlust. Wenn die Vertriebenenlobby weiter an Rechtspositionen festhielt, die realpolitisch nicht mehr durchzusetzen waren, würde sie sich in der Gesellschaft noch mehr isolieren. Für mich jedenfalls galt unverändert der Satz von Willy Brandt, den er im August 1970 nach Unterzeichnung des Moskauer Vertrags in einer Fernsehansprache geäußert hatte: »Mit diesem Vertrag geht nichts verloren, was nicht längst verspielt worden war.«

Der rechtsverbindlichen Anerkennung der Grenze war ein heftiges Tauziehen vorausgegangen, national wie international. Es ging nicht um die Bestätigung selbst, sondern um den Zeitpunkt. Polen, das seit Sommer 1989 von einem Kabinett unter dem ersten nichtkommunistischen Ministerpräsidenten Tadeusz Mazowiecki regiert wurde, hatte das Recht der Deutschen auf Wiedervereinigung akzeptiert, aber zugleich eine völkerrechtlich verbindliche Regelung der Oder-Neiße-Grenze noch vor der deutschen Vereinigung verlangt. Dagegen sträubte sich Kanzler Kohl. Über die Anerkennung der Grenze müsse ein gesamtdeutsches Parlament entscheiden, argumentierte er. Mit Blick auf die Wählerstimmen der Vertriebenen wollte er die unvermeidliche Entscheidung so lange wie möglich hinausschieben. Außenminister Genscher war anderer Meinung. »Ich fand, es bestand kein Anlass zu zögern«, hat er mir bei einem Gespräch in seinem Privathaus bei Bonn gesagt. Schon im September 1989 hatte er vor der UNO dem Außenminister des neuen Polens versichert, die Deutschen würden die Oder-Neiße-Grenze nie infrage stellen.

Da die polnische Position auch in westlichen Hauptstädten, besonders in Paris, unterstützt wurde, geriet der Kanzler unter Druck. Er sah ein, dass er die von Warschau verlangte Grenzgarantie-Erklärung nicht mehr auf die lange Bank schieben konnte. Am 13. Juni 1990 machte er einer Runde von Unionspolitikern, unter ihnen auch Repräsentanten der Vertriebenen, mit deutlichen Worten klar, dass es ohne Anerkennung der Oder-Neiße-Grenze keine deutsche Wiedervereinigung geben werde. Die Alternative laute: die Einigung Deutschlands in den bekannten Grenzen erreichen oder die Zwei-plus-Vier-Verhandlungen scheitern lassen. Das wirkte. Als der Bundestag am 21. Juni in einer Entschließung seinen Willen bekundete, der bestehenden Grenze in einem völkerrechtlichen Vertrag endgültig zuzustimmen, gab es aus dem Regierungslager nur 15 Gegenstimmen. Am selben Tag fasste die Volkskammer einen gleichlautenden Beschluss. Damit war der Abschied von den einstmals deutschen Ostgebieten besiegelt.

Mit dem Beitritt der DDR zur Bundesrepublik Deutschland endete auch meine Korrespondententätigkeit in Ostberlin. Ich hätte in die *Stern*-Zentrale nach Hamburg wechseln können. Aber ich wollte – auch aus familiären Gründen – in Berlin bleiben. Dass die Hauptstadt wieder Sitz von Parlament und Regierung werden würde, war Ende 1990 noch nicht klar. Die Entscheidung darüber fiel erst im Juni 1991. Ich beschloss, zum Tagesjournalismus zurückzukehren. Von den Gazetten der Metropole erschien mir die *Berliner Zeitung* am reizvollsten. Mein bisheriger Arbeitgeber, der Hamburger Gruner und Jahr Verlag, wollte als neuer Eigentümer aus dem ehemaligen SED-Blatt die führende Hauptstadtzeitung machen. Dafür suchte er geeignete Mitarbeiter. Am 1. März 1991 wurde ich mit meiner Ost-West-Erfahrung als politischer Reporter in die Redaktion aufgenommen.

Wenige Monate nach meinem Wechsel begleitete ich im Juli 1991 den brandenburgischen Ministerpräsidenten Manfred Stolpe, SPD, nach Polen. Es war sein offizieller Antrittsbesuch beim östlichen Nachbarn. Die Reise führte ihn zunächst in die Hauptstadt Warschau, wo er Außenminister Kryzstof Skubiszewski, einen alten Bekannten, traf. Über Grünberg/Zielona Gora ging es nach Stettin, seiner Geburtsstadt. Ich war gespannt, wie er sich verhalten würde. Er war nicht zum ersten Mal seit Kriegsende in der Stadt seiner Kindheit. Schon zu DDR-Zeiten hat er die Grenze häufig zu einer Stippvisite passiert. Diesmal war er offizieller Gast, der Regierungschef eines benachbarten deutschen Bundeslandes. »Ich kann es hier ohne Gemütsbewegungen aushalten«, sagte er in seiner trockenen, schnörkellosen Art. Den Verdacht, er habe seine zweitägige Polenreise nur deshalb nach Stettin ausgedehnt, um auf den Spuren seiner

Kindheit zu wandeln, ließ er gar nicht erst aufkommen. Sich Sentimentalitäten hinzugeben war nicht seine Art. Ihn bewegten handfeste Interessen, etwa die Absicht, Stettin stärker für den Umschlag von Waren aus und für Brandenburg zu nutzen. »Ein Hafen braucht ein Hinterland«, meinte Stolpe, als er bei einer Rundfahrt erfuhr, dass die Kapazitäten der Anlagen nur reichlich zur Hälfte ausgelastet waren.

Die Visite endete im Stadtmuseum im Alten Rathaus. Schweigsam und geduldig hörte Manfred Stolpe zu, wie ihm ein polnischer Historiker mit patriotischem Überschwang Gegenwart und Vergangenheit von Stettin erklärte. »Man nennt die Stadt auch Paris des Nordens«, dozierte der Fremdenführer und zeigte anhand eines Modells auf die breiten Boulevards, die strahlenförmig das vom wilhelminischen Stil geprägte Häusermeer der pommerschen Metropole durchschneiden und sich immer wieder zu Plätzen und Rondells zusammenfügen. Der Historiker schaute auf Stolpe und seine Begleitung. »Haben Sie noch irgendwelche Fragen zur Geschichte der Stadt?«, übersetzte die Dolmetscherin. Da konnte sich der Gast eine bissige Bemerkung nicht verkneifen. »Können wir Ihnen beantworten«, sagte der Ministerpräsident und drängte zum Aufbruch. Bei aller diplomatischen Höflichkeit ließ er seine Gastgeber spüren, dass er Unterweisungen, wie sie sonst ortsfremden Touristen zuteil werden, nicht nötig hatte.

Seit wir wieder in Berlin lebten, wurden die Besuche im Krombacher Elternhaus seltener. Mein Vater hatte seine Arztpraxis aufgegeben und nutzte sein Rentnerdasein, um mit meiner Mutter häufig zu verreisen. Wir sahen uns an manchen Geburts- und Feiertagen, mal war ich allein, mal mit Frau und Kindern. Die wohnten dann meistens bei meiner ebenfalls im Siegerland lebenden Schwiegermutter. Meine Eltern bezogen außer der Lokalzeitung das Wochenblatt *Der Schlesier*, mit dem Untertitel *Breslauer Nachrich-*

ten. Ab und zu warf ich einen Blick in die Gazette. Der Ton, der mir entgegenschlug, war eindeutig rechtsradikal. »Warum lest ihr dieses dubiose Blatt?«, fragte ich meine Eltern. Das sei seine Sache, brummte mein Vater. Er wollte sich nicht rechtfertigen. Und meine Mutter antwortete erstaunt: »Aber Sohndl, da stehen doch schöne Artikel über Breslau und Schlesien drin.« Tatsächlich gab es einige Beiträge, die sich aus literarischer und kunsthistorischer Sicht mit der alten Heimat befassten. Der größere Teil aber war revanchistische Agitation.

Da wetterte die Redaktion gegen »die Umerziehung«, gegen »die Umformung unseres Volkes in eine multikulturelle Gesellschaft« und gegen »die ununterbrochenen Büßerzahlungen ans Ausland infolge der Kriegsschuldlüge«. Bücher wurden angeboten mit Titeln wie: *Die polnische Legende. Von den Vertreibungsverbrechen bis zum Kriegsrecht.* Und in einem Leserbrief las ich den Satz: »Die Regierenden jedweder Couleur in der BRD vertreten nicht die Interessen der vertriebenen Deutschen, sondern die der Vertreiberstaaten.« Ich erkundigte mich beim Bund der Vertriebenen und erfuhr, dass die finanzielle Förderung bereits 1984 eingestellt worden sei und dass man sich vier Jahre später vom *Schlesier*, der über Jahrzehnte Hausblatt der Landsmannschaft gewesen war, getrennt habe. Seither sei die in einem Privatverlag erscheinende Gazette Sprachrohr des »Zentralrats der vertriebenen Deutschen«, einer Splittergruppe des rechtsextremen Spektrums. Als mein Vater an Demenz erkrankte, habe ich das Abonnement gekündigt.

Über Politik hatten wir zu Hause schon lange nicht mehr gesprochen. Die Zeit, in der ich mit meinem Vater gestritten hatte, war lange vorbei. Er war in seinen Ansichten erstarrt, vergrub sich in seinen Büchern, die merkwürdige Titel trugen wie *Polens verschwiegene Schuld.* Dann saß er stundenlang an seinem Schreibtisch, las und unterstrich Passagen, die ihm besonders gefielen, in verschiedenen Farben. Umgang pflegte er mit Männern, die ähnlich dachten wie er: deutsch-national oder völkisch. Irgendwann in den 80er-Jahren, als er bereits Rentner war, hat er sich sogar aufgerafft und ist mit einem Freund und Kollegen, der wie er aus Breslau stammte, mit dem Auto in seine nun polnische Geburtsstadt gefahren. Er wollte noch einmal Breslau sehen. Meine Mutter lehnte das ab, sie blieb in Krombach. Nach seiner Rückkehr hat er mit ungewohnter Emotionalität erzählt, dass sein Elternhaus in einem guten Zustand sei. Das hat ihn überrascht und zugleich erfreut – und es hat ihn sehr berührt. Auch das Haus, in dem er die Praxis hatte, hat er unzerstört angetroffen. Insgesamt aber ist ihm die Stadt offenbar fremd geworden. Er fand sich dort nur schwer zurecht. Wenn ich mit ihm telefonierte, habe ich ihn nicht weiter ausgefragt. Vielleicht haben mich seine Eindrücke damals nicht sonderlich interessiert, oder ich befürchtete, ein ausführliches Gespräch könnte wieder Streit auslösen. Ich wollte mit meinem alten Vater aber in Frieden leben. Trotz der weltanschaulichen Kluft, die uns trennte, hatte ich den Eindruck, dass er mich mochte und schätzte. Briefe, die ich ihm zum Geburtstag schrieb, hat er aufgehoben, einzelne Sätze, die ihm besonders gefielen, mit Rotstift dick unterstrichen.

Sicher hätte er lieber gesehen, wenn ich Medizin studiert und die Praxis übernommen hätte. Trotzdem schien er stolz zu sein, dass sich sein ältester Sohn im Journalismus einen Namen gemacht hatte. Zu meiner Mutter war das Verhältnis viel enger. Politik haben wir aus unseren Gesprächen ebenfalls ausgeklammert. Umso mehr haben wir über andere Dinge gelabert, wie die Schlesier sagen. Über die Kinder, die Schule, die Nachbarn. Sie konnte wunderbar über ihre Eindrücke erzählen, seien es Reisen, Konzerte oder

Begegnungen mit interessanten Menschen. Sie trank gern »a Schnäpsel« und erzählte von ihrer Jugend, von ihren Schulfreundinnen und von Breslau. Nur die Zeit der Flucht und Vertreibung blieb weitgehend ausgespart. Allenfalls bruchstückhaft habe ich erfahren, was sie an traumatischen Erlebnissen in sich verschlossen hatte. Meine Wissenslücken über diese Zeit erschrecken mich. Es ärgert mich, dass ich versäumt habe, ihre Erinnerungen aufzuschreiben. Ich bin doch Journalist. Warum habe ich meine Mutter nicht nach Einzelheiten gefragt? Warum habe ich kein Aufnahmegerät eingeschaltet und sie erzählen lassen? Was war der Grund für meine Zurückhaltung, für mein Versagen beim Recherchieren der eigenen Familiengeschichte? War es Desinteresse? Ich denke nicht. Die Annahme, dass dafür noch später Zeit sei? Schon eher. Rücksichtnahme? Das kommt der Wahrheit am nächsten. Ich hatte gemerkt, dass es sie schmerzte, wenn ich mit ihr über die schwerste Zeit ihres Lebens reden wollte. Ich konnte und wollte ihr nicht wehtun.

Erika Steinbach

Am 2. Mai 1998 traf die Bundesversammlung des BdV eine ungewöhnliche Entscheidung. Sie wählte Erika Steinbach zur Präsidentin. Nach fünf Männern stand zum ersten Mal eine Frau an der Spitze des Vertriebenenverbandes. Die CDU-Bundestagsabgeordnete aus Frankfurt am Main übernahm ein schweres Erbe. Vier Jahrzehnte nach seiner Gründung steckte der Dachverband der Landsmannschaften und BdV-Landesverbände in einer Krise. Ihre Repräsentanten galten in weiten Teilen der Öffentlichkeit als »Berufsflüchtlinge« und »Ewiggestrige«. Die Mehrheit der westdeutschen Bevölkerung lehnte ihre Forderung nach Rückgabe der nach dem Krieg verlorenen Heimat ab. Vor allem junge Leute mochten die immer gleiche Litanei von erlittenem Unrecht nicht mehr hören. Mitglieder traten aus, die sogenannte Erlebnisgeneration schrumpfte. Bei den im Bundestag vertretenen Parteien verlor der Verband an Rückhalt. Die Folkloredarbietungen der Vertriebenen wurden von vielen Bundesbürgern als Heimattümelei abgetan oder belächelt. Ein bundesweites mediales Echo bekam der BdV in der Regel nur noch, wenn sich die organisierten Vertriebenen jährlich zum Tag der Heimat versammelten.

Das wollte die neue Frontfrau ändern. »Es nützt weder uns noch unseren Anliegen, sich trotzig in die Schmollecke zurückzuziehen«, machte sie ihren Anhängern Mut. Schon gleich nach ihrer Wahl verkündete sie, der BdV solle künftig »Stachel im Fleisch der Politik« sein. »Wir Vertriebenen sind keine zahnlosen Tiger.« Diese Warnung richtete sich auch an ihre eigene Partei, die ihnen manche bittere Enttäuschung bereitet habe. Ich war neugierig auf diese Frau und erhielt auch bald eine Gelegenheit, mit ihr ausführlich zu reden. Mein erster Eindruck: eine liebenswürdige, charmante Person, die zuhören kann und andere Meinungen gelten lässt. Aber schon bald spürte ich, dass dieses kultivierte Auftreten nur den einen Teil ihrer Person ausmachte, zum anderen ist sie eine ungewöhnlich harte Politikerin mit ausgeprägtem Selbstbewusstsein und Durchsetzungsvermögen. Die Botschaft dieser ersten Begegnung, der viele andere folgen sollten, war unüberhörbar: Sie wollte ihrem Verband wieder mehr öffentliche Wahrnehmung und politische Schlagkraft verschaffen. »Ich äußere mich vielleicht stringenter als meine Vorgänger«, sagte sie. »Würde ich mich so artikulieren, dass es keiner für interessant hält, dann wäre da keine Reibungsfläche.« Aber die benötige man, um sich Geltung zu verschaffen.

Die erste große Rede, die ich von ihr hörte, hielt sie im September 1998 in einer Sporthalle in Berlin-Charlottenburg. Dort beging der BdV den Tag der Heimat. Der Tagungsort war von Polizisten umstellt. Sie erwarteten eine größere Schar von Gegendemonstranten. Tatsächlich protestierten nur drei Dutzend Linke. Drinnen spielte eine Märkische Kapelle. Eine siebenbürgische Trachtengruppe führte Tänze auf. Dann wandte sich Erika Steinbach an die »lieben Schicksalsgefährten«: »Wir sind eine sehr beständige und höchst lebendige Mahnung gegen millionenfach verletzte Menschenrechte. Und wir werden so lange nicht verstummen, wie diese Menschenrechte nicht geheilt sind.« Die 1,80 Meter große Frau mit den weich fallenden blonden Haaren machte eine kurze Pause. »Wer glaubt, wir deutschen Heimatvertriebenen und Spätaussiedler taugten nur noch als Dekorationsstücke in Heimatstuben, der irrt gewaltig. Wir werden uns immer und immer wieder zu Wort melden.« Kämpferisch ging es weiter. Mit Attacken auf Polen und die Tschechische Republik. Steinbach zählte die Bedingungen auf, die vor Aufnahme beider Länder in die Europäische Union erfüllt werden müssten: Rückkehrrecht für Vertriebene in ihre Heimatorte, eine Entschädigungsregelung durch Warschau und Prag zugunsten der Heimatvertriebenen sowie Strafverfolgung für Mordtaten an Deutschen. Ziemlich anmaßend, dachte ich. So redet eine beinharte Interessenvertreterin. Der kann an einer Versöhnung mit den Nachbarländern eigentlich nicht gelegen sein.

Vielleicht hatte ich mich mit meiner Meinung über sie getäuscht. Ein halbes Jahr später reiste sie nach Prag. Das hatte sich bis dahin kein Spitzenvertreter des Verbandes getraut. Ich begleitete sie. »Viele in Deutschland haben mir von dieser Reise abgeraten«, erzählte sie mir. Aus triftigen Gründen. Für die tschechische Regierung und das Parlament war sie eine Unperson. Niemand aus der politischen Klasse wollte mit ihr reden. In den Medien des Landes verkörperte sie das traditionelle Feindbild. Eine Buh-Frau, der man vor allem ihre Äußerung übel nahm, die Tschechen hätten unter der NS-Herrschaft weniger gelitten als andere Nachbarvölker. Dieses Image wollte sie mit ihrem Besuch an der Moldau korrigieren. »Ich bin hier, um Vorurteile abzubauen und um Vertrauen zu werben«, beteuerte sie. Die tschechischen Gastgeber waren die »Union für gute Nachbarschaft« und die Studentengruppe »Antikomplex«, eine Bürgervereinigung, die sich gegen einen »engstirnigen und selbstgefälligen nationalen Provinzialismus« richtet und sich darüber hinaus kritisch mit den Folgen der Vertreibung der Sudetendeutschen befasst. Wäre es nach den Studenten gegangen, dann hätte die Begegnung mit Erika Steinbach in der Aula der Karls-Universität stattgefunden. Doch dies hatte der Rektor untersagt. »Sein gutes Recht«, wiegelte sie ab. Einen Eklat mochte sie in der Abweisung nicht sehen.

Im Prager Clubhaus der Vereinigung tschechischer Journalisten fand sich ein Raum, in dem die BdV-Chefin ihr Referat halten und sich anschließend der Diskussion stellen konnte. Ihr Auftritt vor vollem Haus war eingebettet in historische Jahrestage und politische Ereignisse, die das Verhältnis der Nachbarländer nachhaltig bestimmten. Fast auf den Tag genau 60 Jahre zuvor war die deutsche Wehrmacht in Tschechien einmarschiert. Und nur wenige Tage lag ein Treffen von Bundeskanzler Gerhard Schröder und seinem tschechischen Amtskollegen Milos Zeman in Bonn zurück, bei dem die Regierungschefs übereinstimmend erklärt hatten, die Beziehungen nicht mehr mit Problemen der Vergangenheit belasten zu wollen. »Ein Schlussstrich unter die Vergangenheit ist der falsche Weg«, widersprach Erika Steinbach. Wenn beide Völker eine friedvolle Zukunft gewinnen wollten, dann »müssen wir uns unserer Vergangenheit gemeinsam stellen«: die Deutschen ihrer Verantwortung für die Opfer der NS-Diktatur und die Tschechen dem an den Sudetendeutschen begangenen Unrecht.

Ein älterer Zuhörer widersprach heftig. »Ich lehne die These von unserer Schuld ab«, sagte er sichtlich erregt. Niemals würden seine Landsleute vergessen, »wer das Leid von Millionen Menschen in Europa verursacht hat. Auch in 100 Jahren nicht.« Es gehe bei der Aufarbeitung der Vergangenheit nicht um Schuld, Sühne oder Buße, antwortete Erika Steinbach. Und die rückkehrwilligen Vertriebenen wollten auch nicht, »dass irgendjemand das Dach über dem Kopf verliert«. Worauf es ankomme, sei die Heilung von erlittenem Unrecht durch symbolische Gesten. Zum Beispiel, indem man die vertriebenen früheren Landsleute zu tschechischen Ehrenbürgern erkläre.

Ich spürte, wie sehr es ihr darauf ankam, tschechische Besorgnisse zu zerstreuen und das Auditorium von ihrem guten Willen zu überzeugen. Gleichwohl riet ihr Petr Moravek, der Vizepräsident der »Union für gute Nachbarschaft«, das »zarte Pflänzchen tschechischer Selbstkritik« nicht mit Forderungen nach Schuldanerkennung und Entschädigung zu erdrücken. In mindestens einem Punkt zeigte sich Erika Steinbach als lernfähig. Der frühere tschechische Botschafter in Deutschland, Frantisek Cerny, hatte mir von einem Gespräch mit der BdV-Präsidentin erzählt. Dabei habe er kritisiert, dass sie von Tschechien als »Vertreiberstaat« rede. In Prag versprach sie, das Wort nicht mehr zu benutzen. »Ich akzeptiere, wenn mir vorgehalten wird, dass dies die Tschechen verletzt.« Das jetzige Staatswesen sei eine Demokratie und habe keine Deutschen verjagt.

In Prag gab es mancherlei Gelegenheit, sich über die unterschiedlichen Lebensläufe auszutauschen. Erika Steinbach ist vier Jahre jünger als ich, sie kann sich an die Flucht nicht persönlich erinnern. Was sie weiß, stammt aus Erzählungen ihrer Mutter. Ihr Vater Wilhelm Karl Hermann war als Unteroffizier der Wehrmacht in Rahmel, ihrem Geburtsort, stationiert. Der lag seit Ende des Ersten Weltkriegs im polnischen Korridor und kam erst durch den Überfall auf Polen durch Annexion unter deutsche Verwaltung. Die Mutter war 1943 aus Bremen zugezogen. Im Januar 1945 flüchtete sie mit Tochter Erika und deren drei Monate alter Schwester vor der Roten Armee über die Ostsee nach Schleswig-Holstein. Aus polnischer Sicht ist Erika Steinbach mit ihrer Vita keine echte Vertriebene. Dieser Vorwurf, sagt sie, treffe sie nicht. Sie hätte nichts dagegen, wenn der nächste BdV-Präsident überhaupt keine familiäre Verbindung zu Ostdeutschland habe. Denn das Thema Heimat und Vertreibung gehe alle Deutschen etwas an.

Erika Steinbach, immer sorgfältig geschminkt, immer elegant gekleidet, ist ein Mensch mit vielen Facetten. Mal wirkt sie kühl, besserwisserisch und ohne eine Spur von Empathie. Bei anderer Gelegenheit verständnisvoll, nachsichtig und empfindsam. Ihr Weg an die Spitze der Vertriebenenlobby war nicht vorgezeichnet. »Ich bin eher musisch veranlagt«, sagte sie. Ursprünglich wollte sie Berufsmusikerin werden. Mit der Geige könne sie ihre Gefühle ausdrücken. Schon als junge Frau saß sie im Philharmonischen Orchester Frankfurt. Den Dirigenten hat sie später geheiratet. Ihre Musikerkarriere endete vorzeitig. Ihr kleiner linker Finger war steif geworden, Folge einer Muskelschwäche. Sie sattelte um, studierte Verwaltungswirtschaft und Informatik, machte ihr Diplom und arbeitete beim Kommunalen Gebietsrechenzentrum in Frankfurt. Ihre politische Heimat fand sie in der CDU. Die Revoluzzer der 68er-Generation standen dabei unbeabsichtigt Pate. Die gewalttätigen Demonstrationen, die sie in Frankfurt erlebte, waren ihr zuwider. So funktioniere Demokratie nicht, dachte sie. Fasziniert von Alfred Dregger, dem nationalkonservativen hessischen CDU-Landesvorsitzenden, wurde sie mit 30 Jahren Mitglied der Union. 1977 ließ sie sich in die Stadtverordnetenversammlung wählen, 1990 gelang ihr als direkt gewählte Abgeordnete der Sprung in den Bundestag. Erst dort entdeckte sie die Vertreibung als politisches Thema. Dem Grenzvertrag mit Polen verweigerte sie die Zustimmung. Die deutsch-tschechische Versöhnungserklärung nannte sie eine Zumutung. Ihre Lebensaufgabe war fortan klar umrissen: Vertreibung wieder stärker ins öffentliche Bewusstsein zu rücken und als Verletzung der Menschenrechte zu ächten.

Am 20. Oktober 1999 hielt Erika Steinbach einen Vortrag in Warschau. Die Katholisch-Theologische Akademie der Wyszynski-Universität hatte sie dazu eingeladen. Es war ihr erster Besuch in der polnischen Hauptstadt, und sie wusste, dass sie sich »auf einem extrem schwierigen Feld« bewegte. Für die postkommunistischen und nationalkonservativen Zeitungen war sie, die »blonde Walküre«, das personifizierte Feindbild. Sie galt als Scharfmacherin, die den vom östlichen Nachbarland angestrebten EU-Beitritt als politischen Hebel benutzen wollte, um Warschau zu »Heilungs«-Gesten zugunsten der vertriebenen Deutschen zu bewegen. Kein Regierungsmitglied war bereit, sie zu empfangen. Von den Sejm-Abgeordneten wollte, abgesehen von den beiden Repräsentanten der deutschen Minderheit und einer Vertreterin der Liberalen Freiheitsunion, niemand mit ihr reden. In Prag war Steinbach mit Vorbehalten und Empfindlichkeiten von Menschen konfrontiert worden, bei denen die Erinnerungen an deutsche Verbrechen während der Naziherrschaft lebendig geblieben waren. »Der Besuch in Polen verlangt ihr noch mehr ab an politischer Sensibilität«, notierte ich als journalistischer Begleiter.

Der Ort ihres Auftritts war ein heller, fast schmuckloser Seminarraum der Akademie. Etwa zwei Dutzend Menschen hörten ihr zu, Studenten, Dozenten, Professoren. Das polnische Fernsehen wurde im letzten Moment ausgeladen. Die Gastgeber hatten wohl befürchtet, die Veranstaltung könne zu einem Eklat führen. Aber Erika Steinbach war nicht an Konfrontation gelegen. Sie war gekommen, um eine Bresche in die Mauer verfestigter Klischees über die Vertriebenenpräsidentin zu schlagen. Was sie sagte, klang versöhnlich. Es gebe bereits viele Kontakte, sogar Freundschaften zwischen Vertriebenen und den Menschen unserer Nachbarländer, aus denen vertrieben wurde. »Wir sind bereit, den Dialog darüber hinaus zu führen.« Er finde auf kommunaler Ebene auch vielfältig statt und trage Früchte. Aber: »Woran es bis heute fehlt, ist die Aufnahme dieser Impulse auf staatlicher Ebene.«

Die Zuhörer erwiesen sich als aufgeschlossene, aber hartnäckige Fragesteller, die Unklarheiten nicht durchgehen ließen. Was damit gemeint sei, wollte ein Professor wissen, wenn die BdV-Chefin verlange, das Vertreibungsschicksal der Deutschen müsse geheilt werden. »Beinhaltet das auch die Forderung nach Rückkehr?« »Ich sage bewusst Heilung und nicht Wiedergutmachung oder Entschädigung«, entgegnete Erika Steinbach. Ihr gehe es weniger ums Materielle, sondern darum, von Polen die Anerkennung zu erhalten, dass den nach dem Krieg vertriebenen Deutschen Unrecht geschehen sei. Steinbach lavierte bei dieser heiklen Frage. Einerseits wusste sie, dass ihre Position das Recht auf Rückkehr und die Rückgabe von Eigentum beinhaltete. Andererseits war ihr klar, dass ein Beharren auf vollständiger Umsetzung unrealistisch war. Sie wolle nichts vorgeben, sagte sie. »Polen sollte den für sich selbst möglichen Weg suchen.« In einem anderen Punkt sorgte Steinbach für Klarheit. »Die Vertriebenen lieben ihre Heimat. Aber sie respektieren auch die Würde der Menschen, die jetzt dort leben. Und wir wollen auf gar keinen Fall, dass andere Menschen aus ihrer Heimat vertrieben werden.« Manche der Zuhörer waren von ihren Aussagen nicht nur überrascht, sondern auch irritiert. Was sie bei dieser Veranstaltung gehört habe, meldete sich eine polnische Dozentin, passe nicht zum Image des deutschen Gastes. »Wir haben zwei Bilder von ihnen.« Das von heute und jenes, das über längere Zeit über sie entstanden sei. »Haben Sie jetzt andere Thesen vertreten oder sind Sie ein Produkt der Medien?« Die Angesprochene lächelte. Die Frage kam ihr gelegen. Sie wisse sehr wohl, welchen Ruf sie in Polen habe, sagte sie. Da sei in der Presse viel zugespitzt, auch verzerrt worden. Vermutlich aus Angst, »sich mit der eigenen Vergangenheit auseinanderzusetzen«.

Herbert Hupka

Im Sommer 2000 schied Herbert Hupka aus dem Amt als Bundesvorsitzender der Landsmannschaft Schlesien. 32 Jahre lang war er ihr oberster Repräsentant gewesen. Die Redaktion beauftragte mich, ein Porträt des 84-Jährigen zu schreiben. Ich fuhr zu ihm nach Bonn. Bis dahin hatte ich ihn nur aus der Distanz erlebt, als Redner bei Heimattreffen und Kundgebungen. Ich kannte viele seiner Aufsätze und Zeitungsartikel. Der gelernte Journalist war ungewöhnlich produktiv als Kolumnenschreiber und Buchautor. Ich hatte mich in seine Biografie vertieft. Aber zu einer persönlichen Begegnung war es nie gekommen. Ich hatte ein scharf umrissenes Bild von ihm, das des Ewiggestrigen, des Kalten Kriegers und Scharfmachers. Nun war es an der Zeit, dieses Bild zu überprüfen. Hupka, ein Mann von großer, hagerer Gestalt mit kantigem Gesicht, schlohweißen Haaren und einem markanten Schnauzbart, empfing mich mit ausgesuchter Höflichkeit.

Ich wollte wissen, ob sich mit der Demokratisierung der Staaten im östlichen Mitteleuropa seine Meinung über den Verlust ehemaliger deutscher Ostgebiete geändert habe. Nein, sagte er. Als Demokrat achte er selbstverständlich die geschlossenen Verträge. Dennoch bleibe die Vertreibung Unrecht. Und die Oder-Neiße-Grenze sei nun mal das letzte Erbstück Stalins und seines Imperialismus. Geändert habe sich allerdings die Wahrnehmung seiner Person. Besonders in Polen, wo er zu kommunistischer Zeit als Verkörperung des Bösen schlechthin galt. »Die Berichterstattung in den polnischen Medien ist fairer als bei uns«, sagte er. Ich schaute ihn etwas ungläubig an. Doch, bekräftigte er. Natürlich teilten die Medienleute im Nachbarland nicht alle seine Ansichten. »Das müssen sie auch nicht.« Dem promovierten Germanisten war anzusehen, dass er sich über den veränderten Blick der Polen auf ihn freute. Zwar war er Schmähungen über viele Jahre gewöhnt und hatte gelernt, damit umzugehen. Er hatte sich, wie er sagte, eine Elefantenhaut zugelegt. Aber dass man ihn in kommunistisch gelenkten Medien als »faschistischen Revanchisten« brandmarkte, hat ihn tief verletzt. Seine Mutter war Jüdin und von 1944 bis Kriegsende im Konzentrationslager Theresienstadt inhaftiert. Er selbst war 1943 zu einem Jahr Wehrmachtsgefängnis verurteilt worden, weil er nicht angegeben hatte, nach den Nürnberger Rassegesetzen »ein jüdischer Mischling ersten Grades« zu sein. Als »Halbjude« war er »wehrunwürdig«. Ihn, den republiktreuen Anhänger der katholischen Zentrumspartei, in eine Reihe mit Nazis zu stellen, war nicht nur sachlich falsch, sondern auch perfide.

»Ich habe keine Ressentiments gegenüber Polen«, betonte Hupka. War das glaubhaft? Ich war mir nicht sicher. Er berichtete von den Reisen, die ihn nach Aufhebung des Einreiseverbots 1989 ins Nachbarland geführt hatten. Nicht nur nach Nieder- und Oberschlesien, sondern auch nach Warschau. Dort traf er mehrfach gemeinsam mit anderen Funktionären der Landsmannschaft polnische Politiker aus Regierung und Sejm zum Meinungsaustausch, unter anderen Premierminister Tadeusz Mazowiecki. Hupka hatte das Gefühl, in der polnischen Hauptstadt ernst genommen und respektvoll behandelt zu werden. Von Vertretern der Regierung ebenso wie von denen der Opposition. »Wir konnten über alle Probleme offen reden. Man hörte aufmerksam zu und fragte nicht gleich nach deutscher Schuld.« Natürlich habe man auch gestritten, aber das gehöre bei einer ehrlichen Aussprache dazu. Hupka wurde zu Vorträgen eingeladen und vom polnischen Fernsehen als Zeitzeuge befragt. Es erfüllte ihn mit Genugtuung, dass Kinder und Enkel der einst von Stalin aus Ostpolen vertriebenen und in Schlesien, Pommern und Ostpreußen angesiedelten Menschen sich voller Wissbegier für die Geschichte ihrer Heimat interessierten, die lange vor ihrer Zeit ein Teil der deutschen Geschichte gewesen war.

Immer wieder zog es Hupka auch nach Ratibor, der oberschlesischen Stadt seiner Jugend und Heimat seiner Eltern. Sie lag ihm, wie er leicht pathetisch bekannte, »am Herzen«. Dort sind seine Angehörigen begraben. Dort lebten einige Freunde. Nach der Flutkatastrophe hatte er bei der deutsch-polnischen Stiftung Geld lockergemacht und dafür gesorgt, dass eine neue, moderne Kläranlage gebaut werden konnte. Die polnische Stadt dankte es ihm, indem sie ihm die Ehrenmedaille als »verdienter Bürger« verlieh. Eine Geste, die zwei Jahrzehnte zuvor undenkbar gewesen wäre. Die Frage nach dem Grund seines Engagements pflegte er mit dem schlichten Satz zu beantworten: »Mir geht es darum, dass es den Menschen in der Heimat gut geht.«

Aus dem Falken Hupka war beim Ausscheiden aus dem Spitzenamt der Landsmannschaft keine Taube geworden. Selbstkritik kam in unserem Gespräch nicht vor. »Ich brauche nichts zurückzunehmen«, betonte er. Er stand zu seinen Überzeugungen. Man konnte das Prinzipientreue nennen, aber auch Starrsinn. Und doch glaubte ich, ein Umdenken zu erkennen, eine gewisse Altersmilde zu bemerken. Er hatte im Verhältnis zu Polen vom Monolog zum Dialog umgeschaltet. Ihm kamen Sätze über die Lippen, die Eiferern in den eigenen Reihen vermutlich zu weit gingen.

»Wir brauchen Versöhnung und Verständigung, Vertrauen und gute Nachbarschaft.« War es die Einsicht des Alters? Oder hatte er die Wortwahl nur aus taktischen Erwägungen geändert? Nach meiner Einschätzung hätte man ihm mit dieser Annahme Unrecht getan. Dem Vertriebenenpolitiker Hupka ging es seit jeher weniger um materiellen Ausgleich als um die Anerkennung des erlittenen Leides. Der späte, der abgeklärte Hupka, der überhaupt nicht greisenhaft, sondern hellwach wirkte, konzentrierte sich auf ein Ziel: dass Schlesien nicht untergeht und im öffentlichen Bewusstsein bleibt. Und dass die Geschichte dieser Region und ihr kulturelles Erbe von beiden Völkern, von Polen und Deutschen, gepflegt, bewahrt und weitergegeben werden. Herbert Hupka hatte eine Vision: dass Polen und Deutsche in Schlesien nebeneinander leben und gemeinsam das Land voranbringen. Damals, unmittelbar nach dem Zusammenbruch des Kommunismus, war das eher eine Utopie. Doch wenn jemand Zweifel äußerte, zitierte Hupka den ersten Ministerpräsidenten von Israel, David Ben-Gurion: »Die Utopie von heute ist die Realität von morgen.«

Auf der Heimfahrt nach Berlin dachte ich darüber nach, wie ich ihm mit meinem Porträt gerecht werden könnte. Mit seiner vehementen Ablehnung der deutschen Vertragspolitik hatte er mich nicht überzeugt. Da konnte und wollte ich dem »Oberhäuptling der Schlesier«, wie er sich selbstironisch nannte, nicht folgen. Seine ständig wiederholte Forderung, vor Abschluss eines Friedensvertrages dürfe es keinen Verzicht auf deutsches Land östlich von Oder und Neiße geben, wurde von der Mehrheit der Deutschen nicht geteilt.

Der Opferrolle und dem Selbstmitleid, die das Ritual zentraler Vertriebenentreffen bestimmten, konnte ich als Angehöriger der »Kindergeneration« nichts abgewinnen. Aber mit dem Wunsch, dass Schlesien als deutsch geprägte

Kulturlandschaft der nachwachsenden Generationen in Erinnerung bleiben möge, war ich mit ihm seit jeher einig. Heimatliebe ist mit Revisionismus nicht gleichzusetzen. Und die Sehnsucht nach bestimmten Orten kann dauerhaft sein, auch wenn dort Menschen leben, die nicht dieselbe Sprache sprechen.

Bei allem Grundsätzlichen seiner Überzeugungen stand Hupka einer Annäherung der Menschen, die einst der Eiserne Vorhang getrennt hatte, nicht im Wege. Schon früh hatte er sich für die Entschädigung polnischer Zwangsarbeiter eingesetzt. Er hatte deutlich gemacht, dass er nichts davon hielt, Polens Aufnahme in die Europäische Union von der Lösung noch offener Fragen abhängig zu machen, so wie das Erika Steinbach zeitweise vertreten hat. Und er hatte sich von radikalen Landsleuten distanziert, die Polen mit Forderungen nach der Rückgabe von Immobilien ängstigten. Als *Der Schlesier* politisch nach rechtsaußen abdriftete, die Zeitung, an der mein Vater dennoch festgehalten hatte, hat Hupka die Zeitung abbestellt. Danach bekämpfte sie ihn. Die Redaktion druckte zur Strafe die Postkarte mit seiner Kündigung in der nächsten Ausgabe ab. »Damit«, sagte er mit leicht spöttischer Stimme, »konnte ich leben.«

Herbert Hupka zeichnete als Herausgeber für ein Buch verantwortlich, das den Titel trägt *Große Deutsche aus Schlesien*. 40 Autoren hatten darin 40 berühmte Schlesier porträtiert, von der Heiligen Hedwig bis zu Helmuth James Graf von Moltke. In einem einleitenden Essay zitierte Hupka den Spruch: »Wer Deutschland sagt, muss immer auch Schlesien mitmeinen.« Er ergänzte ihn: »Wer Deutschland sagt und Schlesien mitmeint, muss immer auch die großen Deutschen aus Schlesien als Zeugen für Schlesien im Sinn haben.« Dann fuhr er fort: »Ohne Jakob Böhme und Andreas Gryphius, ohne Josef von Eichendorff und Gerhard Hauptmann, ohne Adolf von Menzel und Paul

Ehrlich – ohne sie alle wäre Schlesien nicht das, was es ist, wäre Deutschland ärmer und der Welt von Deutschland bedeutend weniger zum Geschenk gemacht.« Herbert Hupka ist am 24. August 2006 im Alter von 91 Jahren gestorben. Ich könnte mir vorstellen, dass in einer neuen Anthologie bedeutender Schlesier auch sein Name zu finden ist.

Die Universität feiert

Der Einzug der Würdenträger war ein Augenschmaus für Liebhaber akademischer Tradition. Zu den Klängen einer Polonaise von Frédéric Chopin schritten sie in die spätbarocke Aula Leopoldina. Voran ein Träger der Universitätsfahne, gefolgt von den Mitgliedern der Fakultäten, den Dekanen, Senatsmitgliedern und Repräsentanten anderer Hochschulen des Landes. Ihre mit Purpur und Hermelin geschmückten Talare verströmten einen Glanz, wie man ihn in bundesdeutschen Universitäten schon lange nicht mehr kannte. Am Ende der Prozession zog der Rektor in seinem prächtigen Ornat die Blicke der Festgesellschaft auf sich. Als alle Platz genommen hatten, sang ein Chor das traditionelle Studentenlied »Gaudeamus igitur«. Als ich zum lateinischen Text die Melodie hörte, fiel mir ein, dass die »Akademische Festouvertüre«, in der Johannes Brahms Variationen dieses Liedes verarbeitet hatte, am 4. Januar 1881 in dieser Aula zum ersten Mal zu hören gewesen war. Als Dank des Komponisten für die Verleihung der Ehrendoktorwürde.

Grund meiner Anwesenheit war ein Festakt. Am 15. November 2002 feierte die Universität Wroclaw/Breslau ihren 300-jährigen Gründungstag. Ich gehörte zur journalistischen Begleitung von Bundespräsident Johannes Rau, der auf Einladung seines polnischen Amtskollegen Aleksander

Kwaśniewski für einen Tag in die schlesische Metropole gekommen war. Ich saß auf der Empore, schaute auf die Ehrengäste, die auch aus Österreich, Tschechien und Ungarn gekommen waren, und bewunderte die verschwenderische Pracht des Festsaales mit seinen Skulpturen und Fresken, die von den schlesischen Bildhauern Johann Mangold und Johann Albrecht Siegwitz sowie dem mährischen Maler Johann Christoph Handke gestaltet worden waren. Die Innenausstattung hatte die Kriegszerstörungen weitgehend unbeschadet überstanden, sodass sie bis auf wenige Details originalgetreu restauriert werden konnte, einschließlich der Darstellung früherer kaiserlicher und königlicher Förderer. Ich konnte mich nicht sattsehen an der barocken Farbenpracht, dachte auch daran, dass in dieser Aula mein Vater gesessen hatte, und versuchte mir vorzustellen, wie er sich als Student in seiner Geburtsstadt gefühlt hatte.

Ich war zum ersten Mal in dieser Aula und ließ meine Blicke weiter wandern. Unter einem Baldachin thronte die Figur des römisch-deutschen Kaisers Leopold I., auf dessen Anweisung aus dem Jahr 1702 diese Bildungsstätte gegründet worden war. Rechts und links neben ihm die männliche Allegorie der Klugheit und die weibliche des Fleißes. Darunter, in die Tiefe stürzend, die Symbolfiguren für Torheit und Zwietracht. Als die Jesuiten im Zuge der katholischen Gegenreformation in Breslau ihr bereits bestehendes Kolleg mit Segen und Urkunde des Kaiserhauses zu einer eigenen Hochschule ausbauten, gehörte die Stadt noch zum Reich der Habsburger. Nach der Eroberung Schlesiens durch Friedrich den Großen kam die Hochschule unter preußisch-protestantische Herrschaft. In der durch die Niederlage gegen Napoleon ausgelösten preußischen Reformzeit zu Beginn des 19. Jahrhunderts verlegte König Friedrich-Wilhelm III. die protestantische Universität Viadrina von Frankfurt/Oder nach Breslau und vereinigte sie mit der katholischen Leopoldina zur Volluniversität, die – damals als einzige Hochschule in Mitteleuropa – eine Katholisch-Theologische und eine Evangelisch-Theologische Fakultät umfasste. Das war eine außergewöhnliche Neuerung, in der sich auch die in Religionsfragen gerühmte schlesische Toleranz ausdrückte.

»Heute feiern wir eine Bildungsinstitution von europäischem Rang, die auf eine bewegte und lange Geschichte zurückblickt und die eine große Zukunft vor sich hat«, sagte Johannes Rau in seiner Festansprache. »Hier begegnen sich junge Menschen aus Polen, aus Deutschland und aus vielen anderen Ländern, die in einem neuen europäischen Geist miteinander umgehen und voneinander lernen.« Das gemeinsame Erinnern an die Geschichte der Universität »ohne Vorbehalte und ohne Ressentiments« zeige, »wie weit wir auf dem Weg der Aussöhnung vorangekommen sind«. Der Bundespräsident sprach auch das Schicksal der Vertriebenen an, der deutschen wie der polnischen. »Gerade hier in Breslau, wohin nach dem Ende des Zweiten Weltkriegs so viele Menschen aus dem früheren Osten Polens gekommen sind, versteht man, was es bedeutet, die Heimat zu verlieren. Und die Menschen wissen, wie viel Leid damit verbunden ist.« Er könne sich auch gut vorstellen, dass es viele frühere Breslauer geschmerzt habe, wie die Geschichte ihrer Stadt bis 1989 dargestellt wurde. Aber seither sei viel geschehen. »Der politische Umbruch war ja auch ein geistiger Aufbruch. Neu und unvoreingenommen wird die Geschichte betrachtet und vor allem: gemeinsam.«

Rau und andere Redner verwiesen auf die alte Universität in Lemberg, eine der herausragenden Stätten des polnischen Geisteslebens. Die lag nach der Abtrennung Galiziens und anderer Teile Ostpolens im ukrainischen Teil der Sowjetunion. In Breslau fanden Lemberger Professoren und Gelehrte eine neue Heimstatt und bauten ihre Fakultäten wieder auf. Im Gegensatz zu ihren vertriebenen deutschen Kollegen in Breslau durften sie aus Lemberg auch Bücher und Archivalien mitnehmen. Dass im Vorfeld des Jubiläums von Breslau als »zweitälteste Hochschule« Polens gesprochen wurde – nur Krakau ist älter –, gefiel manchen deutschen Heimatvertriebenen gar nicht. Sie meinten, Polen könne nur auf 57 eigene Jahre zurückblicken. Die übrige Zeit gehöre nicht zu ihrer Geschichte, solle aber nun offenbar vereinnahmt werden. Man dürfe gespannt sein, schrieb ein Historiker im Verbandsorgan *Deutscher Ostdienst*, ob die Jubelfeier dem ethischen Anspruch gerecht werde, auch das deutsche Erbe der schlesischen Friedrich-Wilhelms-Universität zu hüten. Nach wie vor wurde jede Nuance in den öffentlichen Verlautbarungen argwöhnisch beobachtet. Die Skepsis erwies sich als unbegründet. Die polnischen Redner sprachen ausführlich von den unterschiedlichen Traditionslinien, von den multikulturellen Wurzeln, und priesen die Universität als Brücke zwischen Ost und West. Der Rektor nannte die preußisch-deutsche Epoche sogar »eine Glanzzeit der Universität«.

Die Namen, die dafür stehen, konnte ich im Hauptgebäude besichtigen. Zehn Nobelpreisträger, die aus Breslau stammen oder dort gewirkt haben, zählt die Universität zu ihrem Erbe. Es sind allesamt Deutsche, unter ihnen der Historiker Theodor Mommsen, der Mediziner Paul Ehrlich, der Chemiker Fritz Haber und der Physiker Max Born. Etliche von ihnen entstammten dem jüdischen Bürgertum. Auf einer Tafel werden die Porträts der Preisträger gezeigt. Ich war angenehm berührt und freute mich, dass die deutsche Vergangenheit der Universität nicht nur in Festtagsreden vorkam. Als ich im Tross von Johannes Rau nach einem Rundgang auf dem Ring ins alte gotische Rathaus kam, erlebte ich eine weitere Überraschung. Der Eingangsbereich war zu einer Ehrenhalle umgestaltet worden.

Dort waren die Marmorbüsten berühmter deutscher wie polnischer Breslauer aufgestellt, alle gestiftet von polnischen Bürgern. Sie stehen auf Säulen aus schlesischem Sandstein. Ich blickte auf die Köpfe der heiligen Hedwig und des Baumeisters Carl Gotthard Langhans, des Schriftstellers Karl Eduard von Holtei und des Industriellen August Borsig, des Malers Adolf von Menzel und des Schriftstellers Gerhart Hauptmann, des Arbeiterführers Ferdinand Lassalle und der Ordensfrau Edith Stein.

Welch krasser Unterschied zum Jahr 1980, dachte ich und erinnerte mich an meine Empfindungen bei meinem ersten Besuch. Damals war ich traurig und wütend, weil die regierenden Kommunisten die deutsche Vergangenheit aus dem Bewusstsein der Bürger tilgen wollten. Nun sah ich voller Freude, dass sich die Verantwortlichen der Stadt zur gesamten Vergangenheit Breslaus bekannten und ihren Bürgern auch prominente Bewohner aus der Zeit vor 1945 näherbrachten. Mehr noch: Ich erkannte, dass die Lokalpolitiker bestrebt waren, bei der polnischen Bürgerschaft Stolz auf die Geschichte Breslaus als europäischer Metropole an der Oder zu entwickeln. Was noch zwei Jahrzehnte zuvor undenkbar erschien, war im neuen, demokratischen Polen Wirklichkeit geworden.

Am Nachmittag, bei einem Symposium über die »intellektuelle Einheit Europas«, ergriff Johannes Rau noch einmal das Wort. Europa sei ein nicht leicht zu bestimmender Begriff, sagte er. Für die einen sei es ein Wirtschafts- und Rechtsraum, für andere eine Zivilisation, und mancher sehe darin nur eine geografische Bezeichnung. Aber Europa sei mehr und vor allem eines: unsere gemeinsame Zukunft. »Nur wenn die Staaten und Regionen, die Regierungen und die Bürger, die Unternehmen und Verbände in Europa immer enger zusammenarbeiten, können wir im globalen Wettbewerb bestehen und ihn nach unseren Vorstellungen gestalten.« Seine Sätze, vor der Ost-Erweiterung der Europäischen Union gesprochen, haben bis heute nichts an Aktualität eingebüßt.

Den Festvortrag zum Jubiläum hielt der Historiker Fritz Stern. Diese Veranstaltung sei kein nationaler Festakt, sondern »eine europäische Feier«, sagte er. Nachdem die Hochschule zwischen 1933 und 1989 zwei totalitären Herrschaftssystemen gedient habe, die sich bei aller Unterschiedlichkeit in der Missachtung der Freiheit und der Menschenwürde glichen, feiere man nun gemeinsam die Wiedergeburt einer freien Universität. Das sei nur in einer bürgerlichen Gesellschaft mit »offenen Grenzen und offenen Gemütern« möglich gewesen. Der kleine, schmächtige Mann verkörpert wie kaum ein anderer die wechselvolle, vielfach gebrochene Geschichte der niederschlesischen Hauptstadt, die seit Ende des Zweiten Weltkriegs polnisch ist und Wroclaw heißt. 1926 als deutscher Jude in Breslau geboren, emigrierte er 1938 mit der Familie in die USA, wurde amerikanischer Staatsbürger und einer der bedeutendsten Geschichtswissenschaftler des Landes. Sein Besuch war auch eine Begegnung mit der Vergangenheit. Eltern und Großeltern hatten die Breslauer Universität absolviert. Sein Vater war Medizinprofessor gewesen, sein Patenonkel Fritz Haber seit 1918 Nobelpreisträger.

Fritz Stern trug seine Ansprache in Englisch vor. Als Sohn der Stadt und als Amerikaner, der Europa von außen betrachtet. Dort, in seiner neuen Heimat, hätten Historiker das Gemeinsame der europäischen Geschichte schon erkannt, als die Europäer selbst noch mit nationaler Borniertheit in feindliche Lager zerfallen gewesen seien. Und Amerikaner – Stern sprach von »wir« – seien es auch gewesen, die zuerst westliche Zivilisation gelehrt hätten. Seine Geschichtslektion reichte vom Revolutionsjahr 1848, als einer seiner Vorfahren im preußischen Breslau wegen liberaler und polenfreundlicher Gesinnung eingesperrt worden war, über die Hitler-Barbarei und den Stalin-Terror bis zum Jahr 1989, dem »strahlendsten Augenblick in Europas finsterstem Jahrhundert«. Dabei, sagte er, sollten wir nicht vergessen, dass das wesentliche Element des Jahres 1989 die Gewaltlosigkeit gewesen sei. Stern verhehlte nicht, welche Emotionen ihn an diesem Ort bewegten. Nach einer lebhaften Diskussion begab sich die Festgesellschaft in die Universitätskirche. Dort wurde Beethovens Neunte Symphonie aufgeführt. Als, von polnischen Chören auf Deutsch gesungen, die »Ode an die Freude« erklang, da – so hat er später bekannt – »schnürte es mir die Kehle zu«.

Noch bewegender war für Fritz Stern der folgende Tag. Da wurde er zum Ehrendoktor ernannt. Während der Rektor die Begründung verlas, »dachte ich an meine Eltern, sah sie vor meinem geistigen Auge, spürte den Schmerz ihres Lebens stärker als ihre Freuden, und ich versank in der Flut der auf mich einstürzenden Gedanken, Bilder und tiefen Gefühle«. So hat er diesen Augenblick in seiner Autobiografie *Fünf Deutschland und ein Leben* beschrieben. Stern hatte sich auf einem Zettel ein paar Dankesworte notiert, mit denen er erklären wollte, warum diese Ehrung ihn zutiefst bewegte. Er überflog die Stichworte, aber dann sprach er vollkommen frei über seine komplizierten Gefühle an diesem Ort, »an dem ich aufwuchs und aus dem ich vertrieben wurde«. Er war an diesen beiden Tagen nicht zum ersten Mal in Breslau. Er hatte seine Geburtsstadt auch schon vorher besucht, zum ersten Mal im Jahr 1979. Was er damals erlebt und empfunden hatte, hat er in einem persönlichen Bericht festgehalten, der für seine Kinder bestimmt war. Aus diesen mit »Heimkehr« überschriebenen Aufzeichnungen las Stern dem zu seinen Ehren versammelten Auditorium in der Aula Leopoldina einige Passagen vor.

Darin schilderte er den Besuch in der am Scheidniger Park gelegenen Villa seiner Großmutter. Wie ihm der damalige Bewohner, ein ehemaliger Kavallerieoffizier, das einstige Wohnzimmer seiner Großmutter zeigte, an dessen Wänden Zeichnungen von KZ-Insassen hingen. Und wie er, noch bevor Stern fragen konnte, sein Hemd öffnete und seine Tätowierung zeigte. Fünf Jahre Auschwitz, Birkenau und Buchenwald, habe der Mann erklärt. Auf einem Tisch, etwa dort, wo seine Großmutter zu sitzen pflegte, habe eine hölzerne Statue von Pater Kolbe gestanden, der im Lager sein Leben geopfert hatte, damit ein anderer verschont würde. »Auf dem Balkon zum Garten, wo ich als Junge gespielt hatte, schüttelten wir uns die Hände«, heißt es in dem Bericht. »Ich sagte ihm, ich sei froh, dass er hier wohne. Es war ein kurzer beglückter Moment der Zustimmung, dass in dieser verrückten Welt doch etwas gut ausgegangen war.«

Am Beginn seiner Heimkehr-Schilderung hatte Stern geschrieben, er habe zu viel durchgemacht, »um den Übergang der Stadt an neue Herren bedauern oder mit den von dort vertriebenen Deutschen Mitleid empfinden zu können«. Seine erste Reaktion nach dem Krieg sei gewesen: Gut, jetzt also sind die Vertreiber selbst vertrieben worden. Und gegen Ende formulierte er das Bekenntnis: »Ich musste zugeben, dass die Rückkehr in eine polnisch gewordene Stadt in mancher Hinsicht einfacher war, als wenn dieselbe Stadt noch immer deutsch gewesen wäre. Es hätte Unmut in mir erregt, auf Deutsche zu treffen, die in Breslau lebten, als wenn nichts geschehen wäre.« So dachte der Emigrant 1978. 24 Jahre später durchzogen ihn ganz andere Gefühle und Gedanken. Fritz Stern, der gebürtige Breslauer, erlebte die Verleihung der Ehrendoktorwürde als einen »Akt der Versöhnung«. Beim Hinausgehen sagte ihm der Rektor, seine Dankesrede habe ihn bewegt. Sein Vater sei auch Häftling in Auschwitz und Neuengamme gewesen. Er hoffe, dass sich der Ehrendoktor Fritz Stern von nun an als Teil der Universität verstehe. Und wie reagierte Stern? Die Antwort findet sich im letzten Absatz seiner Lebensgeschichte. »Der Rektor hatte mir ein Stück meiner Vergangenheit wiedergegeben. Es war schon immer mein Wunsch gewesen, gegenüber jenem Teil meiner Vergangenheit, der mich mit meinen Eltern und ihrer Welt verband, bevor sie zerstört wurde, fair und loyal zu sein, das, was daran in Ordnung war, zu ehren und ihre Zerstörung zu verstehen. Ich war zurückgekehrt an den Ort meines Ursprungs. Ich war angekommen in einer Welt, die mich geformt hatte. Ich fühlte, das war gut so, fühle es immer noch.« Ich kann mich nicht erinnern, jemals etwas gelesen zu haben, was mich so anrührte wie diese Sätze.

Goldene Konfirmation

Die Einladung kam von der Kirchengemeinde Krombach. »Im Jahr 1954 wurden Sie konfirmiert«, schrieb mir das Pfarrbüro. »Wir wollen das 50-jährige Gedächtnis Ihrer Konfirmation mit Ihnen festlich begehen.« Der Termin des Festgottesdienstes war auf den 6. Juni 2004 festgelegt. »Da will ich hin«, sagte ich spontan meiner Frau. »Das ist eine prima Gelegenheit, meine Mitschüler aus der Volksschule wiederzusehen.« »Fahr doch allein«, meinte sie. »Ich kenne von denen ja doch kaum jemand.« Seit ihre Mutter in ein Seniorenheim am Tegernsee gezogen war und meine Eltern nicht mehr lebten, hatte sich ihre Bindung an das Siegerland sehr gelockert. Ich schaute in meinen Kalender, stellte fest, dass das Wochenende nach Pfingsten noch frei war, gab meine Antwortkarte mit meiner Zusage auf die Post und reservierte ein Hotelzimmer im Ort. Am 5. Juni, einem Samstag, setzte ich mich in bester Laune in Berlin ins Auto und fuhr nach Krombach. Als ich kurz vorm Ziel die kurvenreiche Straße hinabfuhr und die Häuser im Tal liegen sah, war ich freudig erregt. Mein Elternhaus gehörte inzwischen einem Nachbarn. Trotzdem hatte ich das Gefühl, als käme ich nach Hause. Ich bog in eine kleine Seitenstraße und machte zunächst beim Friedhof Station. Dort sind meine Eltern und mein Bruder Manfred begraben. Auf dem Weg zur Grabstelle begegnete ich einer Frau.

Sie musterte mich und sagte: »Du bist doch Pragals Pit.« Da erkannte ich sie auch. Es war die Tochter des früheren Fleischermeisters.

Ich wohnte im Hotel »Zum Anker«, einem traditionsreichen Gasthof in der Mitte des Dorfes, das Krombach mit seiner Kirche und den Fachwerkhäusern im Ortskern auch nach der Eingemeindung in die Stadt Kreuztal geblieben war. Die Mutter des Inhabers duzte mich sofort. Sie kannte mich aus der Zeit, als ich in den frühen 50er-Jahren im Haas'schen Haus gegenüber wohnte. Und auch Bernd, der Chef des Hauses, freute sich, mich zu sehen. War ich immer noch ein Krombacher? Ich fühlte mich plötzlich so. Die Gaststube war mir vertraut. Hier hatte ich häufig mit meinen Eltern gegessen. Hier hatte ich mit meinen Klassenkameraden vom Weidenauer Gymnasium gezecht, als wir einmal Krombach als Treffpunkt für unsere regelmäßigen Zusammenkünfte gewählt hatten. Ich sah aus dem Fenster auf das Haus meiner frühen Jugend. Ganz oben im Dachgeschoss hatte ich mein Zimmer gehabt. Im Erdgeschoss war die Praxis meines Vaters. Einmal war ich mit meinem Fahrrad gestürzt. Ich hatte mir das Knie aufgeschlagen. Die Wunde hätte eigentlich genäht werden müssen. Aber ich traute mich nicht, damit meinen Vater zu behelligen. Der machte gerade Hausbesuche. Ich bin in sein Behandlungszimmer geschlichen und habe mir selber einen Verband angelegt. Das Knie heilte auch ohne ärztliche Behandlung.

Am Abend vor dem Festgottesdienst hatte die Mitbesitzerin der Krombacher Brauerei die Jubiläumsgesellschaft in die Braustube eingeladen. Das zum Casino umgebaute Gebäude war früher die Volksschule. Vom »Anker« bis dorthin ging ich nur ein paar Minuten. Einige Häuser auf meinem früheren Schulweg schienen kaum verändert. Mir fiel eine Begebenheit aus den ersten Tagen meines Krombacher Lebens ein. Da stand ein dicker Mann hinter einem Zaun und holte mit einem Schöpfeimer, der an einer langen Stange befestigt war, Fäkalien aus einer Sickergrube. Ich hatte das noch nie gesehen, blieb stehen und schaute ihm interessiert zu. Der Mann fühlte sich offenbar belästigt. »Ihr scheißt wohl durch die Fingernägel!«, rief er mir ungehalten auf Siegerländer Platt zu. Ich war solch drastische Zurechtweisung nicht gewöhnt und ging mit rotem Kopf schnell weiter. Mehr als 50 Jahre war das her. Die Häuser waren längst an die Kanalisation angeschlossen. Aber das Bild war immer noch frisch in meinem Gedächtnis.

Auf dem ehemaligen Schulhof stand eine Gruppe von Frauen, die sich lebhaft unterhielten. Als ich näher kam, verstummte ihre Unterhaltung, und eine von ihnen rief: »Da ist Pragals Pit.« Ich ging auf sie zu, umarmte eine nach der anderen, aber ich konnte mich nicht an ihre Namen erinnern. »Ich bin die Gertrud, kennst du mich nicht mehr?«, sagte eine der Jubilarinnen. Die meisten hatten graue Haare und etliche eine füllige Figur. Nach und nach kramte ich ihre Vornamen aus meinem Gedächtnis. Gerda, Erika, Gisela. Christa, in die ich einmal verliebt war, war nicht dabei. Sie kam auch später nicht dazu. Dafür erzählte eine andere Seniorin den Umstehenden, von mir habe sie den ersten Kuss bekommen. Bei den männlichen Jubilaren fielen mir die meisten Vornamen sofort ein. Mit denen hatte ich als Junge Fußball gespielt, Streiche ausgeheckt und um die Gunst der Mädchen gekämpft. Beim Abendessen überboten wir uns darin, Anekdoten zu erzählen.

»Weißt du noch, wie eure Mutter in der Kneipe angerufen hat?«, fragte mich einer. Na klar, sagte ich. Mit meinem Bruder Manfred ging ich sonntags häufig zum Frühschoppen in den Gasthof Hambloch. Krombach hatte damals etliche Gaststätten. Gegen zwölf Uhr mittags kam Max, der Wirt, und überbrachte die Botschaft meiner Mutter, das Essen sei fertig. Zehn Minuten später erging die nächste fernmündliche Mahnung. Das Essen stehe bereits auf dem Tisch. Erst dann tranken wir unser Bier aus und machten uns auf den Heimweg. Während mein Vater mit grimmiger Miene etwas wie »rücksichtslos« murmelte, war meine Mutter mit uns nachsichtig. Sie war Kummer gewöhnt und an diesem Tage froh, dass der Sonntagsbraten vollständig auf dem Tisch stand. Hin und wieder kam es nämlich vor, dass meine Brüder und ich am späten Samstagabend nacheinander von irgendeiner Fete kamen, den schon fertigen Braten im Topf sahen und uns, hungrig wie wir waren, ein Stück abschnitten.

Wir redeten über die Schule und die damaligen Lehrerinnen und Lehrer. »Geturnt wurde auf dem Flur«, sagte jemand. Ich erinnerte mich. Auf dem Boden wurden Matten ausgelegt. Zwei, manchmal auch drei Schüler mussten sich mit krummem Rücken auf Knie und Hände kauern, während andere mit ausgestreckten Armen über die Körper hinweghechteten und auf der Matte abrollten. Als sich die Gesellschaft langsam auflöste und ich erklärte, in mein Hotelbett gehen zu wollen, bestanden einige darauf, mich zu einem »Absacker« zu begleiten. Das Gros der Mitkonfirmanden wohnte noch im Ort oder in der näheren Umgebung. Immer wieder fielen uns weitere Geschichten von damals ein. Einmal im Jahr war Kirmes. Die Karussells, Fahrgeschäfte, Unterhaltungsbuden und Verkaufsstände waren in unserer unmittelbaren Nähe aufgebaut. Unsere Garage samt Vorplatz hatte ein Wurstbrater gepachtet. Meine Brüder und ich hätten wie Max und Moritz vom Fenster aus die Würste mit der Angel hochziehen können. Aber das war nicht nötig. An jedem Abend der Kirmestage überreichte der freundliche Herr Bader meiner Mutter eine große Platte mit Würsten, die er kurz zuvor vom Grill und aus dem heißen Wasser genommen hatte. Irgendwann waren wir müde vom Erzählen. Als ich in meinem Zimmer das Licht löschte, war ich ein glücklicher Mensch.

Krombach hatte sich stark verändert. An den Hängen, zu meiner Jugendzeit noch Wiesen, standen Dutzende neuer Einfamilienhäuser. Wo ich einst im Haas'schen Garten auf den hohen Bäumen einen Hochsitz eingerichtet hatte, stand die Krombach-Halle, ein Mehrzweckbau, in dem Konzerte gegeben wurden und die örtlichen Vereine ihre Feste feierten. Die Industriellenfamilie mit den drei Mädchen und einem Jungen lebte schon lange nicht mehr in dem einst herrschaftlichen Nachbargebäude mit seinem parkähnlichen Garten. Im Tal des Baches Littfe, wo früher unser Bolzplatz war, reihte sich eine Fabrik- und Lagerhalle an die andere, wovon die meisten zur Brauerei gehörten. Als wir nach Krombach gezogen waren, war sie ein Unternehmen mit nur regionaler Bedeutung. Heute ist sie als eine der größten privaten Braustätten weit über die Grenzen Deutschlands hinaus bekannt. Natürlich hatte ich die Wandlung des Ortes auch schon bei früheren Besuchen bemerkt. Aber erst am Tage meiner goldenen Konfirmation, als ich einen morgendlichen Spaziergang machte, wurde mir deren ganzes Ausmaß bewusst. Ich dachte an meine frühere Ferienarbeit. Bei der Brauerei hatte ich etliche Male als Hilfsarbeiter mein Taschengeld aufgebessert. Mal hatte ich im Flaschenkeller Kästen gestapelt, mal auf die Mitte leerer Metallfässer mit einem Pinsel farbige Striche aufgetragen und wieder ein anderes Mal am Fließband Gummiteile auf die Porzellanköpfe der Bügelverschlüsse gedrückt. Kronenkorken gab es damals noch nicht. Besonders geschickt war ich nicht, denn ich hatte zwei Arbeitsunfälle. »Wenn ich deinen Sohn einstelle«, sagte der mit meinem Vater befreundete Braumeister, »dann muss ich gleich einen Ersatzmann mit dazunehmen.«

Der Gottesdienst begann um 9.45 Uhr. Wir versammelten uns schon eine halbe Stunde vorher. Jeder der goldenen Konfirmanden bekam einen kleinen, goldglänzenden Metallstrauß, den wir am Jackenrevers oder am Kleid befestigten. Dann stellten wir uns, flankiert von zwei Pastoren, zum Gruppenfoto. In der Kirche setzte ich mich in eine der hinteren Bänke, neben einen alten Kumpel, der wie ich aus der Kirche ausgetreten war. Beim Abendmahl blieben wir auf unseren Plätzen. Was der Geistliche in seiner Predigt sagte, habe ich vergessen. Ich habe auch nicht konzentriert zugehört. Stattdessen dachte ich an früher. An die langweiligen Gottesdienste zur Konfirmandenzeit, aber auch an manch schönes Orgelspiel und stimmungsvollen Chorgesang. Den autoritären Pastor von damals, der mich dem Glauben entfremdete, gab es nicht mehr. Mir ging das Bild meiner Eltern durch den Kopf, wie sie am Tag ihrer goldenen Hochzeit 1988 durch die Kirche schritten. Meine Mutter mit einem Blumenstrauß im rechten Arm, mein Vater – dunkler Anzug, silbergraue Krawatte – mit angestrengtem Gesicht. Wieder einmal durchzuckte mich der Schmerz des schlechten Gewissens, weil ich wegen einer dienstlichen Auslandsreise nicht dabei sein konnte. Aber ihre Enkelkinder waren gekommen. Mir blieb ein Foto zur Erinnerung.

Europa wächst zusammen

Die Politiker standen noch auf der Hauptbühne und priesen in euphorischer Stimmung die Wiedervereinigung Europas, da entschloss sich einer der Zuhörer zum Praxistest. »Und nun gehen wir auf die polnische Seite und essen was«, sagte er und animierte die Umstehenden, ihm zu folgen. Wenig später wurde es auf der von polnischen Soldaten errichteten Behelfsbrücke über die Neiße eng. Hunderte von Menschen drängten sich ans andere Ufer. Ein paar Meter flussabwärts hatte die Bundeswehr eine zweite Brücke aufgebaut. Sie war mit Fähnchen und Birkenstämmen geschmückt und führte nach Tschechien. Auch hier stauten sich die Besucher. Ihr Ziel war eine nahe Festwiese mit vielen Ständen und Zelten. Ein halber Liter Bier kostete dort in Kronen umgerechnet weniger als einen Euro. Auch das Essen war deutlich preisgünstiger als auf der deutschen Seite.

Ich war nach Zittau gefahren, um über das dreitägige Fest zur Erweiterung der Europäischen Union am 1. Mai 2004 zu berichten. Einen besser geeigneten Ort als die Wiesen am Dreiländereck hätte man nicht finden können. »Hier wächst Europa zusammen«, stand in drei Sprachen auf einem von Blumen umgebenen Stein. Früher standen hier Grenztürme, besetzt mit Wächtern, die argwöhnisch in die sozialistischen Bruderländer blickten. Jetzt wechselten Deutsche, Polen und Tschechen in Volksfeststimmung unkontrolliert von einem Land ins andere und genossen die neue Freizügigkeit. Keiner der Uniformierten wollte von ihnen einen Ausweis sehen. »Das ist eine Sternstunde Europas«, rief der deutsche Bundeskanzler Gerhard Schröder. »Die Spaltung des Kontinents und die Trennung seiner Bürger sind endgültig überwunden.« Neben ihm standen der tschechische Ministerpräsident und der polnische Premier. Den Politikern war bewusst, welch wirkungsvolle Kulisse das Festgebiet für ihre Botschaften abgab. Sie nutzten sie, indem sie eine Serie symbolischer Akte absolvierten: Erst gaben sie die Bauarbeiten für eine seit Langem geplante, die drei Länder verbindende Straße frei. Dann überschritten sie im Fünf-Minuten-Takt die Staatsgrenzen, trugen sich in Goldene Bücher ein und hissten schließlich gemeinsam die Europaflagge.

Einer, der nicht nur an die medienwirksamen Bilder des Tages dachte, sondern ein bisschen darüber hinaus, war Günter Verheugen. »Die Menschen wollen und müssen die europäische Idee im Alltag leben«, sagte der damalige EU-Erweiterungskommissar. Wie dieser Alltag aussehen würde, wenn die Festfreude verflogen war – darüber gingen die Meinungen auseinander. »Die Politiker sind weit weg von den Problemen«, klagte ein Zittauer, der den Rummel um die Prominenten von einer Bank aus beobachtete. »Die haben keine Ahnung von unseren Sorgen.« Dann erzählte er von Einbrüchen und Diebstählen und dass das alles noch schlimmer werde bei offenen Grenzen. Niemand wolle den Sozialismus wiederhaben, sagte er. »Aber wir wollen ein bisschen mehr Sicherheit.« Andere Oberlausitzer fürchteten die Billigkonkurrenz aus den neuen EU-Ländern. »Die Handwerker gehen pleite«, schimpfte ein arbeitsloser Zimmermann. Oft kamen solche Klagen von deutschen Einheimischen, die sich allerdings selbst die Haare für

25 Kronen im benachbarten tschechischen Hradek schneiden ließen. Oder die zum Tanken nach Polen fuhren.

Es waren überwiegend ältere Leute, die am Tag dieses historischen Ereignisses aus ihrer Skepsis und ihrer Besorgnis über das erweiterte Europa kein Hehl machten, auf beiden Seiten des Flusses. Die Jüngeren dachten anders. Wie etwa Ewelina aus Zgorzelec, die in Görlitz zur Schule ging. »Für uns steht Europa offen, darauf freuen wir uns«, sagte sie bei einer Veranstaltung der sächsischen Staatsregierung im Festzelt auf der Uferwiese. Martina aus dem tschechischen Most (deutsch Brüx) äußerte sich ähnlich: »Ich bin zuversichtlich, dass meine Generation von der EU-Erweiterung profitieren wird.« Während Politiker wie der damalige Altkanzler Helmut Kohl von einer Glücksstunde redeten, blieben Praktiker an der Basis eher nüchtern. Für ihn gebe es das erweiterte Europa schon länger, erklärte ein Mann. Er hatte in Ostritz, einer Zittauer Nachbargemeinde, einen deutsch-polnischen Kindergarten ins Leben gerufen. »Europa wächst von unten«, sagte er.

Da ich in Zittau keine Zimmer zum Übernachten bekommen hatte, fuhr ich am späten Abend nach Görlitz. Die Straße führte dicht an der Grenze entlang. Mitunter wechselte der Anbieter auf dem Display meines Mobiltelefons von Deutsch auf Polnisch. Im Parkhotel an der Uferstraße fand ich eine Bleibe. Ich war nach dem ereignisreichen Tag noch zu bewegt und zu munter, um schlafen zu gehen. Ich lief am Neiße-Ufer entlang zur Stadtbrücke. Sie war voller Menschen, die zwischen Polen und Deutschland hin- und herfluteten. Manche hatten eine Flasche Wein oder Sekt dabei und luden andere nächtliche Spaziergänger zum Mittrinken ein. Ich hörte polnische und deutsche Laute und sah, wie fremde Menschen fröhlich aufeinander einredeten. Fast sechs Jahrzehnte war es her, dass ich als kleiner Junge auf einer Behelfsbrücke über die Neiße gegangen war, im

Ungewissen, wohin es weiter gehen würde, gewiss nur dieses endlose Gehen. Ich sah auf den Fluss und die vielen Lichter, beobachtete die froh gestimmten Menschen aus den beiden Nachbarstädten und fand, dass die jüngste Geschichte es mit Deutschen und Polen gut gemeint hatte.

Wieder in Breslau

Ein halbes Jahr nach meinem Besuch im November 2004 war ich erneut in Breslau. Diesmal mit Wolfgang Thierse, dem damaligen Bundestagspräsidenten. Wir hatten schon seit längerer Zeit verabredet, in unsere gemeinsame Geburtsstadt zu fahren. Im Frühjahr 2005 fand sich endlich eine Gelegenheit. Die Bundestagsverwaltung hatte der Breslauer Universität zahlreiche Jahrgänge alter Zeitungen übereignet. Einige Exemplare wollte Thierse persönlich übergeben. Die kleine Feierstunde für den ranghohen Besucher aus Deutschland fand in der Aula Leopoldina statt, die ich schon kannte. Thierse stand am Rednerpult und war sichtlich bewegt. »Wes das Herz voll ist, dem geht der Mund über«, zitierte er einen Spruch aus der Bibel. Er sei glücklich, an diesem wunderschönen Ort sprechen zu dürfen, sagte der SPD-Politiker zu den versammelten Honoratioren. Mit Erzählungen über die Universität sei er groß geworden. Denn hier, in dieser Aula, habe sein Vater seine Examensurkunde erhalten und sein Großvater den Nachweis über seine Promotion. Für ihn, sagte Thierse, verbinde sich mit der Leopoldina auch ein Stück Familiengeschichte.

Am Tage darauf erwartete Thierse eine freudige Überraschung. Im Musiksaal, dem Oratorium Marianum, überreichte der Rektor seinem Gast einen Stapel Dokumente. Kopien von Studienunterlagen seines Großvaters. Paul

Thierse, immatrikuliert am 24. Oktober 1900, stand da in kunstvoller Handschrift. Der Enkel, sichtlich gerührt, las vor. »Das Zeitalter Napoleons I. und der Befreiungskrieg, Professor Dr. Schulte. Die altgermanischen Dialekte, gotisch, altnordisch, angelsächsisch.« Seite um Seite, eng beschrieben mit Aufzeichnungen über Vorlesungen und Dozenten. Während Thierse blätterte, hob ich den Kopf und schaute hinauf zu den großen Deckenfresken. Der Saal war im Krieg zu 80 Prozent zerstört und in jahrzehntelanger Arbeit restauriert worden. Thierse hörte auf zu lesen und nahm den Dokumentenstapel unter seinen Arm. »Er war fleißig, mein Großvater«, sagte er anerkennend. Der Vorfahr ist Oberschulrat geworden. Er war Mitglied der katholischen Zentrumspartei. 1933 haben ihn die Nazis aus dem Amt gejagt.

1943 ist Wolfgang Thierse zur Welt gekommen, vier Jahre später als ich selbst. Wir gingen durch die Stadt, der Politiker, der in der DDR aufwuchs, und der Journalist, der seine prägenden Jahre in Westdeutschland hatte. Zwei Breslauer auf Spurensuche. Die Sonne ließ die farbigen Fassaden der wieder aufgebauten Bürgerhäuser rund um das gotische Rathaus glänzen. Auf dem Ring, wie man den Marktplatz nennt, genossen Einheimische und Fremde die ersten Frühlingstage. Was wir sahen und spürten, war Aufbruch und Lebenslust. Eine Stimmung, die sich auf uns übertrug. »Ist das nicht schön«, sagte Wolfgang Thierse. Vor der Kirche zum Heiligen Kreuz auf der Dominsel, einem Viertel, das seit jeher das katholische Zentrum von Breslau war, blieb der Katholik Wolfgang Thierse stehen. In diesem aus dem 14. Jahrhundert stammenden Gotteshaus, nicht weit von seiner elterlichen Wohnung in der Hedwigstraße gelegen, ist er getauft worden. Bei der Tauffeier habe seine Tante, eine Opernsängerin, ein Lied gesungen, hatten ihm die Eltern erzählt. Ein poetisches Marienlied. Die ersten beiden Zeilen konnte er zitieren, so oft hatte man sie ihm vorgetragen: »Geleite durch die Welle, das Schifflein hold und mild, zur heiligen Kapelle mit deinem Gnadenbild.«

Unser gemeinsamer Aufenthalt in Breslau sollte mehr sein als ein gewöhnlicher Touristenbesuch. Wir wollten auch reden über kindliche Erinnerungen und die Lebensumstände unserer Familien, über Flucht und Vertreibung und die Auflösung verklärter Heimatbilder. Wir wollten uns darüber austauschen, wie wir mit unseren unterschiedlichen Werdegängen im geteilten Deutschland das polnische Breslau wahrgenommen hatten und wie wir es nun erlebten. Und wir wollten wissen, wie die heutigen Bewohner mit der mehr als 800-jährigen Stadtgeschichte umgingen. Bei unserem Gang durch die Stadt bogen wir vor dem Opernhaus in eine Straße, die zum früheren Schlossplatz führte. Als wir am Hotel Monopol vorbeikamen, verlangsamte Thierse seinen Schritt. Hierher sei man früher zum Tanztee gegangen, sagte er. »Meine Eltern waren bestimmt hier.« Das in der Kaiserzeit erbaute Etablissement, einst das erste Haus am Platze, hatte mit seiner altmodischen Gediegenheit noch etwas vom Flair früherer Zeiten. Das hatte auch Fritz Stern so empfunden, als er 1979 mit seiner Frau hier wohnte, reserviert von der US-amerikanischen Botschaft in Warschau. Wir gingen durch das Haus, versuchten uns vorzustellen, wie sich die Generation unserer Eltern bei Foxtrott und Walzer vergnügt hatte. Aber unsere Phantasie reichte nicht aus, ihr damaliges Lebensgefühl nachzuempfinden; als unsere Väter und Mütter, die nicht mehr lebten, jung waren und verliebt.

Wolfgang Thierses Vater, der wie der Großvater Paul mit Vornamen hieß, war Rechtsanwalt. Sein Büro hatte er in der Kanzlei seines Onkels, in einem schönen Haus mit Barockportal gegenüber dem Rathaus gehabt. 1940 wurde er als Soldat eingezogen. Zuerst nahm er am Frankreich-Feldzug teil, dann kämpfte er bis 1945 an der Ostfront. Genau wie mein Vater. Als die Rote Armee auf Breslau vorrückte, verließ Mutter Thierse mit ihren beiden Söhnen, der Schwester und ihren Eltern die Stadt und flüchtete ins Riesengebirge. Wie sich die Fluchtwege gleichen, dachte ich. Monatelang irrte die Familie herum. Nach Böhmen und wieder zurück. Dann noch einmal nach Breslau. »Aber da waren schon Polen in unserer Wohnung, und wir mussten endgültig weg.« Aber wohin? Immer weiter Richtung Westen. Eine Odyssee. Von Dorf zu Dorf, von Stadt zu Stadt. »Dann sind wir auf der Suche nach Verwandten nach Thüringen geraten.« In Weimar lebte eine Tante. Irgendwann hat auch sein Vater, dem die Gefangenschaft erspart geblieben ist, davon erfahren. So hatte er seine Familie wiedergefunden. Zum Glück habe er von der rastlosen Suche nach einer Bleibe nichts mitbekommen, meinte Thierse. »Ich habe die Zeit im Kinderwagen verbracht, Daumen lutschend durch die Wirren der Kriegs- und Nachkriegszeit.«

Als wir zum Neumarkt kamen, sagte ich: »Da muss der Gabeljürge gestanden haben.« So nannten die Breslauer eine Brunnenfigur, die noch populärer war als der Fechterbrunnen vor der Universität. Ich kannte die Statue von Bildern und Erzählungen. Thierse auch. Wir warfen uns schlesische Ausdrücke zu, die uns gerade in den Sinn kamen. Tippelmarkt, sagte der eine. Lerge, der andere. Streeselkucha, Kließla, Huxt (Hochzeit). Wir reihten Wort an Wort, so wie wir sie von unseren Eltern gehört hatten. Thierse konnte ein Gedicht in Mundart aufsagen. »Schade, dass so was verloren geht«, sagte er. Auch wenn es ein bisschen sentimental klinge, für ihn seien die ostdeutschen Dialekte die schönsten. Von dem Hotel, in dem wir wohnten, waren es nur ein paar Schritte zur Elisabeth-Kirche. Auf dem Vorplatz steht ein Denkmal für Dietrich Bonhoeffer. Es ist der Zweitguss einer Bronzeplastik, die an der Westseite der Zionskirche in Berlin ihren Platz hat. Der kurz vor Kriegsende im Konzentrationslager Flossenbürg von den Nazis ermordete evangelische Theologe ist in Breslau geboren und hat an der Elisabeth-Kirche als Geistlicher gewirkt. In diesem Gotteshaus wurde im Oktober 1943 die Erklärung der Breslauer Synode der Bekennenden Kirche gegen die Ermordung von Kranken und Angehörigen anderer Rassen verlesen. Wir blieben vor dem Bronzetorso stehen. Thierse war in Gedanken versunken. Auf der Feier zur Enthüllung des Denkmals 1999 hatte auch er gesprochen und an den Märtyrertod des geistlichen Widerstandskämpfers erinnert.

In dieser Kirche kam nach der Eroberung Breslaus die immer kleiner werdende Gemeinde der evangelischen Deutschen zusammen, um in ihrer bedrückten Lage vor der endgültigen Ausweisung Trost im christlichen Glauben zu finden. Täglich rollten in diesen Tagen und Wochen die Waggons vom Freiburger Bahnhof Richtung Westen, voll von Menschen, die verlassen mussten, woran ihr Herz hing. Beim Anblick der Elendszüge krampfte sich den noch verbleibenden Breslauern das Herz zusammen, wie ein Zeitzeuge berichtete. Am 30. Juni 1946 hielt Stadtdekan Joachim Konrad die letzte deutsche Predigt in St. Elisabeth, einer Kirche, die seit der Reformation für die Breslauer ein Inbegriff seelischer Beheimatung gewesen war. Es war ein ergreifender Versuch, die entmutigten Menschen mit Gottes Wort zu trösten.

Die Lektüre des Textes hat mich tief bewegt. Wie mag den Menschen zumute gewesen sein, die unmittelbar vor ihrer Ausweisung standen und sich noch einmal zum gemeinsamen Abendmahl versammelten? »Erst die Abschiedsstunde lässt uns ganz klar erkennen, was uns die Heimat bedeutet«, sagte damals der Dekan. Schlesien, »das Land unserer Väter und Kinder, das Land, dessen Charakter unser

Wesen geprägt hat, das uns leiblich und seelisch ernährt hat, das Land, dessen Häuser und Straßen, Felder, Berge und Wälder uns ansprechen und anheimeln wie sonst nie eine Landschaft, weil wir darin seit Generationen verwurzelt sind.« Wie habe man um St. Elisabeth gezittert in den Monaten der Belagerung, fuhr Joachim Konrad fort, »wie haben wir sie behütet und bewacht in den Brandzeiten seit der Eroberung. Und Gott hat sie uns stehen lassen mit ihrem mächtigen Turm als ein Zeichen seiner Treue und Barmherzigkeit.« Bei einem späteren Besuch habe ich erlebt, wie eine polnische Germanistin bei einer Führung durch St. Elisabeth deutschen Touristen Passagen aus dieser Predigt vorgelesen hat.

Vor dem Eingang zum Schweidnitzer Keller, dem Traditionslokal im Rathaus, in dem schon im Mittelalter das berühmte Breslauer Bier, genannt »heller Schöps«, ausgeschenkt wurde, blieben wir stehen. Auf der rechten Seite befand sich eine Tafel mit den Namen wichtiger Persönlichkeiten, die dort verkehrten. Als Gäste waren unter anderen aufgeführt: Gotthold Ephraim Lessing, Josef von Eichendorff, Johann Wolfgang von Goethe, Frédéric Chopin, Gustav Freytag, Hans Poelzig, Alfred Kerr, Paul Löbe und Hugo Hartung. Mit unseren ersten Besuchen in Breslau verbanden Wolfgang Thierse und ich eher schmerzhafte Empfindungen. »Alles, was zuvor deutsch war, wurde verdrängt, überschrieben, unsichtbar gemacht«, sagte er. »Das tat weh.« Nun waren wir uns darin einig, dass sich seit den 90er-Jahren im politischen Bewusstsein der Stadt ein Wandel vollzogen hatte. Die deutsche Vergangenheit wurde zunehmend als Teil und Bereicherung der eigenen Geschichte begriffen. Das zeigte sich etwa an dieser und anderen Gedenktafeln und an der Wiedereinführung des alten Stadtwappens. Die Suche nach der eigenen Identität hatte den Blick geweitet für das reiche Kulturerbe. Und den Weg freigemacht für eine Traditionspflege ohne ideologische und nationalistische Scheuklappen.

Am Abend hatte uns der Uni-Rektor in ein Altstadt-Hotel zum Essen eingeladen. Der Wojewode von Niederschlesien war da und der Breslauer Stadtpräsident Rafal Dutkiewicz. Der Mathematiker, Ingenieur und Doktor der philosophischen Wissenschaften, geboren 1959, war eng mit der Solidarność-Bewegung verbunden, verbrachte 1990 einen Studienaufenthalt in Freiburg im Breisgau und spricht fließend Deutsch. Die Runde redete über aktuelle Politik und über Erlebnisse aus der Nachtkriegszeit. Ein Professor, mein Tischnachbar, war im heute ukrainischen Lemberg geboren und seit langem in Wroclaw zu Hause. Er nannte die polnische Bezeichnung von Breslau, denn wir sprachen englisch miteinander. Thierse erzählte von seinem Vater und seinem Großvater. »Dass wir uns heute unsere Lebensgeschichten erzählen können«, sagte er, »finde ich wunderbar.«

Bevor wir nach Berlin zurückfuhren, besuchten wir den Jüdischen Friedhof an der ehemaligen Lohestraße. Dass Breslau eine deutsche Stadt war, sieht man nirgends so eindrucksvoll wie auf diesem von einer Mauer umgebenen Areal. Es ist die einzige erhaltene Grabstätte Breslaus aus deutscher Zeit. Die anderen weiträumigen Friedhöfe auf der gegenüberliegenden Straßenseite wurden eingeebnet und teilweise zu Grünanlagen umgestaltet. Die rund 15 000 Grabsteine, die vielfach unter alten Bäumen liegen, tragen hebräische, aber vor allem deutsche Inschriften. Rabbiner und Personen des öffentlichen Lebens sind hier begraben, aber auch Kaufleute und Ärzte, Wissenschaftler und Verleger, Künstler und Architekten. Die meisten fanden in der zweiten Hälfte des 19. Jahrhunderts hier ihre letzte Ruhe. Die zum Teil pompös gestalteten Grabmale mit Säulen, Bögen und Obelisken künden vom Reichtum der Breslauer Juden, die vor der Naziherrschaft die drittgrößte Gemeinde in Deutschland bildeten. Das letzte Begräbnis fand 1942 statt. 1988 erklärte die Stadtverwaltung den jüdischen Friedhof zum Museum für Grabmalkunst. Bei unserem Gang entlang der Grabreihen kam es mir so vor, als sei die Zeit stehen geblieben. Welche Ironie der Geschichte zeigt sich auf diesem Friedhof: Die Nazibarbaren wollten mit dem Holocaust alle Spuren jüdischen Lebens auslöschen, und jetzt sind es ausgerechnet jüdische Grabsteine, die daran erinnern, das Breslau einmal deutsch war.

Maciej Lagiewski, der Direktor der Breslauer Museen, führte uns zur Ruhestätte von Ferdinand Lassalle, gestaltet aus dunklem Marmor mit einem Dach, das von zwei Säulen gestützt wird. »Da ist er«, erklärte er, »der Vater der deutschen Sozialdemokratie. Leider mit 39 Jahren im Duell gefallen.« Er war der Sohn eines jüdischen Seidenhändlers, der aus dem oberschlesischen Loslau nach Breslau gekommen war. Wolfgang Thierse hörte schweigend zu. »Ich sage immer«, fuhr der Direktor fort, »London hat das Karl-Marx-Grabmal, wir haben das Lassalle-Grabmal.« »Und in Berlin«, sagte Thierse, »haben wir Ernst Reuter und Willy Brandt. Auf demselben Friedhof.«

Nachdem ich in der *Berliner Zeitung* ausführlich über unseren Besuch berichtet hatte, bekam ich einen Brief von Werner M. Der hatte es in der DDR zum stellvertretenden Chefredakteur des SED-Zentralorgans *Neues Deutschland* gebracht. Der neun Jahre ältere Berufskollege dankte mir für meinen Artikel. »Manches ähnelt eigenem Erleben«, schrieb er. Kurz nach Kriegsende seien er und seine Mutter von Sachsen, wohin sie geflüchtet waren, nach Breslau zurückgelaufen. »Das halbe Jahr dort bis zum endgültigen Abschied kurz vor Weihnachten 1945 hat mich fürs Leben geprägt.« Dank der paar Jahre, die er mir voraushabe, könne er sich auf eigene Erinnerungen stützen, wo ich Erzählungen Älterer habe heranziehen müssen. Vor allem, so schrieb er weiter, hätten ihn die Gedanken berührt, die Wolfgang Thierse und ich im Rückblick auf Breslau und unser gemeinsames Schicksal im Spiegel der Wandlungen äußerten, die seither erfolgt seien. Er schloss seinen Brief mit den Sätzen: »Es ist eigenartig: Je älter man wird, desto mehr beschäftigt einen diese so lange zurückliegende Zeit. Und desto eher fühlt man sich jedem verbunden, der auch aus Breslau stammt.«

Eine »Preußische Treuhand«

Der Weg zu einer guten Nachbarschaft verlief für Deutsche und Polen nicht dauerhaft glatt. Immer wieder gab es Rückschläge, Krisen und Irritationen. Mal waren es rechtspopulistische Politiker in Warschau, die – unterstützt von nationalistischen Medien – mit antideutschen Ressentiments auf Stimmenfang gingen und damit die Beziehungen belasteten. Mal zerschlugen Vertriebenenfunktionäre mit fragwürdigen Aktionen politisches Porzellan. Dazu zählten die Initiatoren der »Preußischen Treuhand«. Sie wurde im Jahr 2000 von Angehörigen der Ostpreußischen und der Schlesischen Landsmannschaft mit dem Ziel gegründet, Eigentumsansprüche von Deutschen durchzusetzen, die nach dem Zweiten Weltkrieg aus den früheren deutschen Ostgebieten vertrieben worden waren. Als Vorbild diente die Jewish Claims Conference, ein Zusammenschluss jüdischer Organisationen, die Entschädigungsansprüche jüdischer Opfer des Nationalsozialismus und Holocaust-Überlebender vertritt.

Der Bund der Vertriebenen geriet durch die von Leuten aus dem eigenen Lager gegründete »Selbsthilfeorganisation« in Erklärungsnot. Denn einerseits forderte der BdV beharrlich, das an den Vertriebenen begangene Unrecht müsse geheilt werden, wenn schon nicht durch materielle Entschädigung, so doch wenigstens durch symbolische Gesten.

Andererseits war den meisten Verbandsoberen klar, dass die rechtlichen Voraussetzungen fehlten, um Vermögensansprüche durchzusetzen oder ehemaligen Besitz zurückzugewinnen. Ich rief Erika Steinbach an und wollte wissen, wie sie zur »Preußischen Treuhand« stehe. Ihr Verband habe damit nichts zu tun, sagte die BdV-Chefin. Weder sei sie bei der Gründung des Unternehmens konsultiert worden noch mache sie sich dessen Ziele und Methoden zu eigen. »Das ist nicht unser Weg«, sagte sie. Es handle sich um eine rein private Initiative, »die wir weder untersagen können noch unterstützen wollen«. Auch wenn ich ihr persönlich die Distanzierung abnahm, diese nach außen überzeugend zu begründen war nicht so einfach. Denn die »Preußische Treuhand«, die zunächst als GmbH, später auch als Kommanditgesellschaft auf Aktien firmierte, war nur organisatorisch vom BdV getrennt. Tatsächlich gab es personelle Verflechtungen. Getragen wurde die Treuhand-Gesellschaft von der Landsmannschaft Ostpreußen und der Landsmannschaft Schlesien, die zusammen die Hälfte der ursprünglichen Gesellschafteranteile zeichneten. Die übrigen 50 Prozent übernahmen ostpreußische Funktionsträger. Als Vorstand und Aufsichtsratsvorsitzender fungierte in den ersten Jahren Rudi Pawelka, der zugleich Chef der organisierten Schlesier ist. Sein Stellvertreter Hans-Günther Parplies war als Vizevorsitzender des Bundesverbandes und als NRW-Landesvorsitzender in die Führungsspitze des BdV eingebunden.

Die »Treuhand«-Aktivisten wunderten sich, dass Erika Steinbach ihnen die kalte Schulter zeigte. »Wir stehen auf dem Boden des Rechts«, rechtfertigte sich Parplies. Es gehe um die Gleichbehandlung der Deutschen bei der Reprivatisierung enteigneten Vermögens. »Treuhand«-Firmenchef Pawelka, gebürtiger Breslauer, CDU-Mitglied und ehemals Leitender Polizeidirektor, erinnerte Steinbach an ein Votum der BdV-Bundesversammlung. Die habe erst ein Jahr zuvor beschlossen, mit Blick auf die Osterweiterung der EU alle rechtlichen Möglichkeiten, die das vereinte Europa zur Heilung des Unrechts biete, auszuschöpfen. Dazu gehöre der Klageweg. Den aber mochte das BdV-Präsidium nicht mehr gehen. Zweiflern an dieser Haltung begegnete das Führungsgremium mit der Feststellung: »Es gab und gibt keine Kontakte, Verbindungen oder Zusammenarbeit zwischen dem Bund der Vertriebenen und dieser Firma.« Als diese Aussage dennoch infrage gestellt wurde, entschloss sich das BdV-Präsidium zu einem ungewöhnlichen Schritt. Es ging vor Gericht und erwirkte gegen Pawelka eine einstweilige Verfügung. Danach durfte der »Treuhand«-Aufsichtsratsvorsitzende nicht mehr verbreiten oder verbreiten lassen, es habe seitens des BdV keine Distanzierung von der »Preußischen Treuhand« gegeben. Was auf Nichtbeteiligte wie ein Possenspiel wirkte, war in Wahrheit das Eingeständnis eines massiven Zerwürfnisses. Durch die Reihen der organisierten Vertriebenen ging ein tiefer Riss. Eifernde Hardliner kämpften gegen pragmatische Realisten.

Als die Preußischen Treuhänder öffentlich ankündigten, sie wollten im Auftrag ihrer Mandanten gegen das neue EU-Mitgliedsland Polen beim Europäischen Gerichtshof für Menschenrechte klagen, brach in Warschau ein Sturm der Empörung los. Alte Ängste, die Deutschen wollten sich juristisch wiederholen, was sie im Krieg verloren hatten, bekamen neue Nahrung. Das nationale Parlament, der Sejm, verabschiedete auf Initiative der tonangebenden rechtsgerichteten Opposition mit überwältigender Mehrheit eine Resolution, in der die eigene Regierung aufgefordert wurde, gegenüber Deutschland Reparationen für Schäden aus dem Zweiten Weltkrieg geltend zu machen. Damit sollten die »Treuhand«-Forderungen konterkariert werden. Auch Zahlen wurden genannt. Eine vom nationalkonservativen Stadtoberhaupt Warschaus eingesetzte Kommission hatte allein für die von Deutschen zerstörte Hauptstadt eine Schadenshöhe von mehr als 40 Milliarden Dollar errechnet. Andere Kommunen präsentierten ähnliche Rechnungen. Dem sozialdemokratischen Ministerpräsidenten Marek Belka, der sich um die guten Beziehungen zu Deutschland sorgte, passte die Retourkutsche der Abgeordneten auf den »Treuhand«-Vorstoß überhaupt nicht. Er lehnte es ebenso wie Staatspräsident Aleksander Kwasniewski ab, Reparationsansprüche gegenüber Deutschland zu erheben. Dafür gebe es keine Rechtsgrundlage.

Auf deutscher Seite erteilten Kanzler Gerhard Schröder, SPD, und Bundespräsident Horst Köhler der Treuhand-Gesellschaft eine harsche Abfuhr. »Ich versichere Ihnen, dass es in Deutschland keine ernst zu nehmende Kraft gibt, die die Vermögensforderungen der Vertriebenen unterstützen würde«, erklärte das deutsche Staatsoberhaupt bei einem Besuch im Sommer 2004 in Warschau. Doch das Misstrauen eines Teils der polnischen Bevölkerung konnte er nicht zerstreuen. Vertreter nationalistischer Parteien, vor allem die der Partei »Recht und Gerechtigkeit« (PiS) der Gebrüder Kaczynski, wollten offenbar nicht zur Kenntnis nehmen, dass hinter der privaten Beratungsfirma Preußische Treuhand weder eine staatliche Einrichtung noch eine im Bundestag vertretene Partei, ja nicht einmal das BdV-Präsidium stand. Im Schulterschluss mit chauvinistischen Medien machten sie weiterhin Stimmung gegen Deutschland. Ihnen und einer Handvoll Vertriebenenfunktionäre war es gelungen, das Klima zwischen den Nachbarvölkern vorübergehend zu vergiften – zum Leidwesen vieler aussöhnungsbereiter Menschen beiderseits von Oder und Neiße.

Im Dezember 2006 machten Rudi Pawelka und seine Mitstreiter Ernst. Sie reichten beim Europäischen Gerichtshof für Menschenrechte in Straßburg Beschwerden im Auftrag von 22 Einzelpersonen ein. Ihre Forderungen nach Rückgabe ihres Eigentums oder Entschädigungen begründeten sie so: Sie oder ihre Vorfahren seien von polnischen Behörden gezwungen worden, ihr Grundeigentum und ihre Wohnungen zu verlassen. Die Umstände entsprächen einer ethnischen Säuberung, wenn nicht sogar einem Völkermord sowie einer Kollektivstrafe. Sie kämen einem Verbrechen gegen die Menschlichkeit gleich. Die Beschwerdeführer kamen zu dem Schluss, dass eine Verletzung der in der Europäischen Menschenrechtskonvention festgeschriebenen Eigentumsgarantie vorliege. Wiederum gingen in Polen die Wellen der Erregung hoch. In der Hafenstadt Gdingen (Gdynia) gründete eine Senatorin der neuen Regierungspartei »Recht und Gerechtigkeit« eine Interessengemeinschaft polnischer Bürger, die während des Krieges von Deutschen zwangsausgesiedelt worden waren. Ihr Name: »Polnische Treuhand.« »Der Kampf gegen die Deutschen geht weiter«, sagte die Senatorin und kündigte an, Deutschland auf Entschädigung verklagen zu wollen.

Ihre Kampfansage verband die »Polnische Treuhand« mit einer bösartigen Attacke auf Erika Steinbach. Auf ihrer Internetseite veröffentlichten die Senatorin und ihre Mitstreiter ein Poster, das sie pünktlich zum »Tag der Heimat« 2007 in zahlreichen Exemplaren an deutsche Politiker und Verbände verschickten. Ich sah mir das Plakat genauer an. Es zeigte die BdV-Chefin neben einem SS-Mann und einem Deutschordensritter. Darunter stand der Satz: »Es steht vor uns das letzte Problem, das gelöst werden muss und gelöst werden wird. Es sind die letzten Vermögensrückgabeforderungen, die wir in Europa zu stellen haben, aber es sind die Forderungen, von denen wir nicht abgehen.« Das Zitat stammte von Adolf Hitler. Nur ein Wort wurde ausgewechselt. An die Stelle von »Territorialansprüchen« rückten die »Vermögensrückgabeforderungen«. Auf der Rückseite der Fotomontage griff eine gekrümmte Hand vom Westen aus nach Polen. Dagegen wehrte sich ein polnischer Soldat, indem er mit aufgepflanztem Bajonett in die Hand des Angreifers stach. Feindseliger und geschmackloser geht es nicht, dachte ich. Auch in Polen waren viele Menschen von dieser Art der Polemik entsetzt. Die Initiatorin gab sich unbeeindruckt. Das Plakat müsse stark sein, »denn die Deutschen ersparen uns auch nichts«. Mir zeigte die Aktion der »Polnischen Treuhand«, dass es Unbelehrbare nicht nur in Deutschland gibt, sondern auch in unserem östlichen Nachbarland.

Im Übrigen war der öffentliche Aufschrei über die angeblich drohende deutsche Landnahme zumindest voreilig. Der Straßburger Gerichtshof erklärte die Entschädigungsklagen deutscher Vertriebener im Oktober 2008 für unzulässig. Der heutige polnische Staat könne nicht zur Rückgabe von Eigentum verpflichtet werden, das ihm vor Inkrafttreten der Menschenrechtskonvention übertragen worden sei, hieß es zur Begründung. Warschau hatte das Abkommen erst 1993 ratifiziert, vier Jahrzehnte nachdem es in Kraft getreten war. Der damalige Bundesaußenminister Frank-Walter Steinmeier, SPD, war erleichtert: »Die Entscheidung bestätigt die Haltung der Bundesregierung, dass im deutsch-polnischen Verhältnis keine offenen Vermögensfragen im Zusammenhang mit dem Zweiten Weltkrieg bestehen.« Und Polens liberal-konservativer Ministerpräsident Donald Tusk nannte die Entscheidung »eine gute Lösung für Deutschland und Polen«. Die Unterstützer der »Preußischen Treuhand« erwiesen sich dagegen als schlechte Verlierer. Die an der Gesellschaft beteiligte Landesgruppe Nordrhein-Westfalen der Landsmannschaft Ostpreußen nahm den Gerichtsbeschluss »mit Unverständnis und Empörung« entgegen. »Diese Entscheidung stellt eine Verweigerung dar, Flucht und Vertreibung von Millionen

Menschen überhaupt nach menschenrechtlichen Maßstäben zu beurteilen.« Auch künftig bestehe die Aufgabe, »politische sowie rechtliche Wege und Mittel zur Anerkennung und Wiedergutmachung des Unrechts der Vertreibung einschließlich des existenzvernichtenden Eigentumsentzugs zu suchen«.

Zentrum gegen Vertreibungen

Seit ihrer Amtsübernahme als BdV-Präsidentin konzentrierte Steinbach ihre Arbeit auf das Ziel, »das Schicksalsthema Vertreibung« im Gedächtnis des ganzen Volkes zu verankern. »Mehr als 15 Millionen Deutsche und viele andere Völker waren im 20. Jahrhundert Opfer ethnisch begründeter Austreibungen«, erklärte sie. »Diese Menschenrechtsverletzungen an Schuldlosen sind im öffentlichen Bewusstsein kaum präsent.« Das wollte Steinbach ändern. Im September 2000 gründete sie in Wiesbaden die gemeinnützige Stiftung »Zentrum gegen Vertreibungen«. Den Vorsitz teilte sie sich mit dem Sozialdemokraten Peter Glotz. Kernidee des Projekts war die Errichtung einer zentralen Informations-, Dokumentations-, Archiv- und Begegnungsstätte mit der Aufgabe, »die Tragödie der deutschen Heimatvertriebenen als auch die Vertreibung anderer Völker, insbesondere in Europa, aufzuarbeiten«. Standort sollte Berlin sein. Für ihr Vorhaben gewannen die Initiatoren prominente Unterstützer. Zu ihnen zählten der Historiker Arnulf Baring, der ZDF-Zeitgeschichtler Guido Knopp, der ungarische Schriftsteller György Konrad, sein deutscher Kollege Ralph Giordano und der frühere Chef der Stasi-Unterlagen-Behörde und spätere Bundespräsident Joachim Gauck. Mehrere Bundesländer, unter ihnen Bayern, Hessen und Baden-Württemberg, sowie 500 Städte und Gemeinden stellten sich der Stiftung als Paten zur Verfügung.

»Es geht um Geschichtspädagogik, auch um Trauer – vor allem aber um die Verhinderung künftigen Leids«, sagte Peter Glotz, der im Kindesalter seine sudetendeutsche Heimat verlassen musste. »Man kann aus der Vertreibung etwas lernen.« Das klingt vernünftig, dachte ich. Aber wie würde man im Ausland, vor allem in Polen und Tschechien, reagieren? Die deutschen Vertriebenenverbände waren vielen Menschen dort nach wie vor suspekt. Die Versöhnungsgesten der Verbandsoberen erschienen ihnen als taktische Manöver. Ein Zentrum gegen Vertreibungen unter der Regie des BdV dürfte es schwer haben, meinte ich. Es würde die Beziehungen belasten und die gewünschte Kooperation mit ausländischen Wissenschaftlern erschweren. Eine Erinnerungsstätte als staatliche Einrichtung würde vermutlich eher akzeptiert.

Es dauerte nicht lange, bis sich meine Befürchtungen bestätigten. Erika Steinbachs Pläne, die von polnischen Medien nicht immer korrekt wiedergegeben wurden, lösten vor allem in Polen Angst und Entsetzen aus, quer durch alle Parteien und Bevölkerungsschichten. »Ich will keine Rache. Ich will nur nicht, dass sich die Deutschen nun als Opfer darstellen. Denn dann müsste ich mich als Täter verstehen«, empörte sich Marek Edelman, einst Kommandant des Warschauer Ghetto-Aufstands. Deutschland wolle die Geschichte zu Lasten Polens umdeuten und aus Tätern Opfer machen, schallte es durch das Nachbarland. Auch ein besonnener Politiker wie der frühere Außenminister und Solidarność-Aktivist Bronislaw Geremek befürchtete, das geplante Zentrum in Berlin »würde die Wiederkehr des Hasses fördern«. Sein ehemaliger Amtskollege Wladyslaw Bartoszewski, der sich mit Leidenschaft für ein besseres Verhältnis zu Deutschland eingesetzt hatte, wertete Steinbachs Stiftung als einen Versuch, »die Leiden der einen gegen die Leiden der anderen Menschen zu stellen und sie so zu bagatellisieren«. In manchen polnischen Medien steigerte sich die Erregung bis zum Hass. Die Wochenzeitung *Wprost* zeigte auf ihrer Titelseite ein Bild von Erika Steinbach in SS-Uniform und einer Hakenkreuz-Binde als Domina auf dem Rücken von Gerhard Schröder.

Wie konnte es sein, dass die deutsche Vertriebenenpräsidentin mit ihrer Idee einer Erinnerungsstätte polnische Politiker und Journalisten derart in Wallung brachte? Warum wurden Deutsche wieder als bedrohliche Nachbarn empfunden? Woher kamen die Animositäten? Wir waren auf dem Weg der Verständigung schon einmal weiter gewesen. Schon Mitte der 90er-Jahre hatte es in Polen eine breite, teilweise auch selbstkritische Debatte über die Vertreibung der Deutschen gegeben. Man diskutierte die Frage, ob man sich bei den betroffenen Deutschen entschuldigen solle. In mehreren Orten Polens wurden Denkmäler für die Vertriebenen errichtet. Jede Nation habe das selbstverständliche Recht, ihrer Opfer zu gedenken und um sie zu trauern. Das hatten die Präsidenten beider Staaten in einer gemeinsamen Erklärung im Oktober 2003 festgestellt. Sie riefen dazu auf, »alle Fälle von Umsiedlung, Flucht und Vertreibung, die sich im 20. Jahrhundert in Europa ereignet haben, gemeinsam neu zu bewerten und zu dokumentieren, um ihre Ursachen, ihre historischen Hintergründe und ihre vielfältigen Konsequenzen für die Öffentlichkeit verständlich zu machen«. Genau das sei ihre Absicht, behaupteten Glotz und Steinbach. Doch statt abzuwarten, ob die Stiftung diesem Anspruch gerecht würde, reagierten große Teile der polnischen Öffentlichkeit reflexartig mit dem Vorwurf, die Deutschen strebten eine Revision der Geschichte an und wollten sich damit vom Makel des Tätervolks befreien.

Es gab Versuche der Erklärung. Polen bewegte sich zu dieser Zeit politisch nach rechts. Die regierenden postkommunistischen Sozialdemokraten hatten abgewirtschaftet und ihren Kredit beim Volk verspielt. Konservative, Klerikalpopulisten und Nationalisten, die dazu neigten, die Rolle des eigenen Volkes als Opfer und Helden zu überhöhen, misstrauten beiden großen Nachbarn, den Russen und den Deutschen. Ihr Argwohn wurde dadurch verstärkt, dass sich Gerhard Schröder und Wladimir Putin offenkundig bestens verstanden. Mit Unbehagen verfolgten viele Polen, wie – angestoßen durch den Bestseller *Im Krebsgang* von Günter Grass – das Thema Flucht und Vertreibung in deutschen Medien einen breiten Raum einnahm und die deutschen Opfer der Geschichte mehr und mehr ins Zentrum der nationalen Erinnerung rückten. Und nicht zuletzt irritierte es Polen, dass nicht nur deutsche Konservative, sondern auch Sozialdemokraten, Grüne und eher linke Intellektuelle das Projekt von Steinbach und Glotz unterstützen. Sie schlossen daraus, dass das geplante Zentrum gegen Vertreibungen nicht nur ein Vorhaben der Vertriebenen sei, sondern dass sich seine Initiatoren auf einen nationalen Konsens stützen könnten.

Dieser Eindruck täuschte. Auch in Deutschland regte sich Widerstand gegen die Pläne der Vertriebenenstiftung. Während die Unionsparteien dem Projekt ihrer Parteifreundin und Bundestagsabgeordneten Steinbach Unterstützung zusagten, gingen die Sozialdemokraten mehrheitlich auf Distanz. Die Vertriebenen dürften kein Monopol auf die Darstellung der Vertreibung haben, verlangte der SPD-Bundestagsabgeordnete und Vorsitzende der Deutsch-Polnischen Parlamentariergruppe Markus Meckel. Wenn der BdV sein Projekt verwirkliche, gehe Deutschland im Verhältnis zu Polen schwierigen Zeiten entgegen. Auf Meckels Betreiben setzten sich Politiker und Intellektuelle aus Deutschland und östlichen Nachbarländern in einem Aufruf für ein Europäisches Zentrum gegen Vertreibungen ein, das von verschiedenen europäischen Partnern gemeinsam erarbeitet und getragen werden sollte. Aus der gemeinsamen Erinnerung erwachse auch ein gemeinsames Ziel: »Vertreibungen, Zwangsumsiedlungen und Deportationen sind Unrecht und für alle Zukunft als mögliches Mittel – nicht nur – europäischer Politik zu ächten.« Ein vorwiegend nationales Projekt, wie es die Vertriebenenstiftung plane, rufe hingegen Misstrauen bei den Nachbarn hervor »und kann nicht im gemeinsamen Interesse unserer Länder sein«. Zu den Unterzeichnern gehörte auch Literaturnobelpreisträger Günter Grass. Entrüstet wies Erika Steinbach diesen Vorwurf zurück. Man wolle das Thema damit der Stiftung entreißen. Ihr und ihren Mitstreitern sei es von Anfang an darum gegangen, auch das Vertreibungselend der Menschen anderer Nationalität deutlich zu machen. Meckel hielt sie vor, Menschen in den Nachbarländern gegen ihr Zentrumsprojekt aufzuwiegeln. »Die Diskussion wurde nicht in Polen entfacht«, sagte sie in einem Zeitungsinterview. »Sie ist durch Meckel auf perverse Weise von Deutschland nach Polen, von Deutschland nach Tschechien getragen worden. Er hat dort Stimmung gemacht. Das ist das Ärgerliche.«

Heftig umstritten war auch der Standort. Kritiker des Konzepts der Vertriebenenstiftung brachten statt Berlin das polnische Breslau ins Gespräch. Auch Görlitz, Brüssel, Lausanne, Stockholm und Straßburg wurden genannt. Mich überzeugten die Alternativvorschläge nicht. Ein Zentrum in Breslau – das würde das Thema Vertreibung auf die deutsch-polnischen Beziehungen verengen. Dasselbe träfe auf Görlitz und seine polnische Partnerstadt Zgorzelec auf der Ostseite der Neiße zu. Die sonst noch ins Gespräch gebrachten Städte hätten keinen direkten Bezug zu den Vertreibungen und Zwangsaussiedlungen im Europa des 20. Jahrhunderts.

Aus meiner Sicht sprach alles für Berlin. Die deutsche Hauptstadt war eben nicht nur – wie besorgte Stimmen aus Polen meinten – ein Symbol für die Staatsmacht Preußens und deren Unterdrückungspolitik gegenüber Slawen, nicht nur der Ort der berüchtigten Wannsee-Konferenz, auf der die »Endlösung« der Judenfrage beschlossen wurde. Berlin war auch die Stadt, in der das Attentat vom 20. Juli 1944 auf den Diktator Hitler geplant wurde, in der Menschen die Mauer zum Einsturz brachten, die das deutsche Volk über Jahrzehnte trennte, und nicht zuletzt die Stadt, in der Zehntausende zugewanderte Ausländer eine neue Heimat fanden. Ich stand einem vom Vertriebenenbund dominierten »Zentrum gegen Vertreibungen« skeptisch gegenüber, aber in einem Punkt musste ich Peter Glotz recht geben. »Berlin ist alles Mögliche: arm, deindustrialisiert, links, grün, überbürokratisiert, was immer«, hatte der 2005 verstorbene Sozialdemokrat in einer Antwort auf die Attacken polnischer Kritiker geschrieben. »Deutschnational oder nationalistisch ist es nicht.«

Als Erika Steinbach am 10. August 2006 im Berliner Kronprinzenpalais die Medien zu einem Informationsrundgang durch die Ausstellung »Erzwungene Wege« empfing, war sie sich der politischen Brisanz dieses Termins bewusst. Das signalisierte ihr schon das große öffentliche Interesse. Dutzende von Kamerateams, Fotografen, Hörfunkvertretern und schreibenden Journalisten umringten die bemüht lächelnde BdV-Chefin und die drei Kuratoren. Draußen, auf der gegenüberliegenden Seite der Straße Unter den Linden, schwenkten Demonstranten polnische Fahnen. Drinnen, im Foyer, protestierten junge Leute aus der antifaschistischen Szene »gegen jeden Geschichtsrevisionismus«. Sie hatten noch kein Exponat gesehen. Aber ihr Urteil stand schon fest. »Erzwungene Wege«, ausgerichtet von der Vertriebenenstiftung, war eine Art Generalprobe für das umstrittene Projekt Zentrum gegen Vertreibungen. Steinbach war klar: Von der Akzeptanz der Ausstellung würde es abhängen, ob sie ihre ehrgeizige Lebensaufgabe vollenden und ihre ganz persönlichen Vorstellungen von einer Erinnerungs- und Begegnungsstätte in der Hauptstadt würde durchsetzen können.

»In unserer Schau geben wir den Überblick über die Vertreibungen im Europa des 20. Jahrhunderts«, erläuterte Steinbach. Um dem zu erwartenden Vorwurf zu begegnen, sie betreibe Revanchismus, wurde dem Vertreibungsschicksal der Deutschen nicht mehr Platz eingeräumt als dem anderer Völker und Volksgruppen. In ausgewählten Beispielen von Vertreibungssituationen spannte die Ausstellung einen Bogen vom Völkermord an den Armeniern im Osmanischen Reich über die Verfolgung der Juden in Deutschland als Vorstufe des Holocaust, die Abschiebung von Italienern aus Jugoslawien bis hin zu den »ethnischen Säuberungen« in Bosnien in den 90er-Jahren. Eine Auswahl, die zum Vergleichen anregte und Fragen aufwarf. Etwa die, warum Vertreibung, Enteignung und Entrechtung von unliebsamen Minderheiten nicht nur von Diktaturen ausgingen, sondern auch von Staaten mit demokratischen Herrschaftsformen. Oder die Frage, weshalb Regierungen immer wieder die fatale Idee propagierten, nur homogene Nationalstaaten könnten ein friedliches Zusammenleben der Bürger garantieren, und damit auf massenhaften Widerhall stießen.

Den Besuchern wurde die gesamteuropäische Dimension des erzwungenen Heimatverlustes vor Augen geführt. Ausgelöst durch entfesselten Nationalismus, Rassismus, religiöse Konflikte und Antisemitismus. 30 Völker und 80 bis 100 Millionen Menschen sind im Europa des vergangenen Jahrhunderts davon betroffen gewesen. Die Ausstellung beschränkte sich aber nicht nur auf nüchterne Zahlen, Daten und textlastige Informationen. Sie zeigte auch zahlreiche Erinnerungsstücke, die geeignet waren, Verstand und Gefühle anzusprechen, geordnet nach Themen wie Heimat, Grenzen, Lager und Fluchtwege, ausgestellt in weißen Kisten, die zu Türmen gestapelt waren. Etwa ein rotes Spielzeugauto. Es gehörte einem griechischen Jungen, der in den 70er-Jahren aus dem türkisch besetzten Teil Zyperns vertrieben wurde. Der Schlüssel der Eingangstür zum Turmaufgang der Danziger Marienkirche; ein Verwandter des Küsters hatte ihn im Handgepäck mitgenommen. Die Geige eines deportierten Litauers, die er aus Holzbrettchen und Tierknochen in Sibirien gefertigt hatte. Eine Kaffeemühle, gerettet aus dem Hausstand einer finnischen Familie, die Karelien verlassen musste. Es waren die alltäglichen, vermeintlich unscheinbaren Dinge, an denen sich Schicksale veranschaulichen lassen. Stiefel, Schachfiguren, ein Koffer, ein Trachtenkleid, Essgeschirr. Erinnerungstücke, an denen sich Geschichte und Geschichten erzählen lassen, gerettet im Fluchtgepäck. »Die Besitztümer, von denen man sich trennen musste«, so hieß es im Begleittext, »versinnbildlichen für viele Vertriebene den Verlust der gesamten Lebenswelt. So erhalten einfache Dinge wie Schlüssel, Hausrat und Spielzeug eine hohe symbolische Bedeutung, die auch von der anfänglichen Hoffnung auf Rückkehr zeugt.«

Rund 280 Exponate waren auf der 600 Quadratmeter großen Ausstellungsfläche zu sehen. Darunter der tschechische Reisepass des Schriftstellers Franz Werfel, der einen Roman über das Schicksal der Armenier geschrieben hat und später als Jude vor den Nazis durch halb Europa flüchten musste, um sein Leben zu retten. Die Leihgaben stammten aus Deutschland und 13 anderen Ländern. Auch aus Polen. Dass es den Kuratoren bei ihrer Suche nach geeigneten Objekten gelungen war, einzelne Stücke aus polnischen Sammlungen nach Berlin zu holen, hat angesichts der politischen Spannungen zwischen den Nachbarländern allgemein überrascht. Zwei Ausstellungsstücke zogen im Besonderen die Blicke auf sich. Zum einen die 300 Kilogramm schwere Glocke des von einem sowjetischen U-Boot Anfang 1945 in der Ostsee versenkten Flüchtlingsschiffes »Wilhelm Gustloff«. Sie war 1979 von Tauchern der polnischen Seewacht geborgen worden und hatte zuletzt einen Platz in einem Fisch-Restaurant in Gdingen. Zum anderen die Fahne des Verbands der Sibiriaken, einer Opfervereinigung von Polen, die von der Sowjetunion nach Sibirien verschleppt worden waren. Die wenigen Überlebenden gründeten einen Verein und legten sich im Jahr 2002 eine Standarte zu, die in einer Kunststickerei in Posen angefertigt und von einem katholischen Geistlichen geweiht worden war. Der Vorsitzende aus dem Ort Trzebiatów stellte sie für die Berliner Ausstellung zur Verfügung und schrieb dazu: »Wir fühlen uns geehrt, am Gedenken an die tragischen Ereignisse im Europa des 20. Jahrhunderts mitwirken zu können.«

Die Freude der Ausstellungsleitung über die Kooperation währte allerdings nicht lange. Die rechtskonservative Regierung in Warschau setzte die Leihgeber massiv unter Druck und forderte sie auf, ihre Exponate zurückzuziehen. Betroffen waren unter anderem das Historische Museum in Warschau, das Institut des nationalen Gedächtnisses, ein Museum in Witnica (Vietz) und die Küstenwache. Selbst Leihgeber von Exponaten aus Privatbesitz sahen sich Pressionen ausgesetzt. Warschaus Bürgermeister sagte aus Protest gegen die Ausstellung eine geplante Reise nach Berlin ab. Solange die Ausstellung laufe, wolle er auf einen Besuch verzichten, erklärte er. Regierungschef Jaroslaw Kaczynski nannte die Berliner Ausstellung am Eröffnungstag per Ferndiagnose ein »sehr schlimmes, beunruhigendes und trauriges Ereignis«. Demonstrativ besuchte er das ehemalige Konzentrationslager Stutthof bei Danzig. Dort warf er in einer Rede den Deutschen vor, sie wollten verwischen, »wer Henker und wer Opfer war«.

Ganz anders als Politiker und Journalisten in Warschau reagierten polnische Deutschland-Korrespondenten, nachdem sie sich ein Bild von der Ausstellung gemacht hatten. »Ich sehe nichts«, so der Vertreter der polnischen Nachrichtenagentur PAP, »was man politisch und historisch infrage stellen kann.« Die Ausstellung sei, soweit man das nach einem einstündigen Rundgang sagen könne, sachlich und historisch korrekt und ziele nicht auf Emotionalisierung. »Die Proportionen sind eingehalten.« Auch ich hatte wenig auszusetzen. Ich fand es bedauerlich, dass jeglicher Hinweis auf den deutsch-polnischen Grenzvertrag fehlte, gegen den Erika Steinbach im Bundestag gestimmt hatte. Auch hätte es der Ausstellung gut angestanden, wenn sie an einer zentralen Stelle Ursache und Wirkung deutlicher benannt hätte. »Hauptursache für die Vertreibungen in den deutschen Ostgebieten«, so war zu lesen, »war die durch Stalin betriebene und von den Westalliierten und der polnischen Regierung akzeptierte Westverschiebung Polens bis an die Oder-Neiße-Grenze.« Dass es ohne den deutschen Überfall auf Polen keine Vertreibung und keine Westverschiebung gegeben hätte, hat Erika Steinbach zwar mehrfach öffentlich gesagt. Doch genau dieser Satz hätte als Ergänzung dem Ausstellungstext hinzugefügt werden müssen.

Bei Angela Merkel im Kanzleramt zum Essen eingeladen zu werden ist eine Auszeichnung. Die Präsidiumsmitglieder des BdV fühlten sich denn auch besonders geehrt, als sich die Kanzlerin am 17. Juli 2007, ihrem Geburtstag, die Zeit nahm, Erika Steinbach und ihre Mannschaft über Mittag zu bewirten. Man speiste und führte einen ausführlichen Meinungsaustausch. Dabei ging es auch um das von den Vertriebenen geforderte »Zentrum gegen Vertreibungen«. Merkel, die genau wusste, was ihre Gäste erwarteten, sparte nicht mit Lob. Durch seine Arbeit habe der Vertriebenenverband dazu beigetragen, dass die Aufarbeitung von Flucht und Vertreibung inzwischen zu einem breiten gesellschaftlichen Anliegen geworden sei, sagte sie. Auch gehe sie davon aus, dass die Vertriebenenstiftung in die Planung und die spätere Arbeit der Dokumentationsstätte einbezogen werde. Genau das wollten Steinbach und ihre Mitstreiter hören.

Bei der Propagierung ihres Wunschprojektes hatte Steinbach von Anfang an auf Merkels Unterstützung gesetzt. Die CDU-Vorsitzende enttäuschte ihre Parteifreundin nicht. Merkel sorgte dafür, dass Steinbachs Idee ins Parteiprogramm aufgenommen wurde. Als Festrednerin beim Tag der Heimat 2005 erklärte sie ohne Umschweife: »Ich unterstütze ein Zentrum gegen Vertreibungen in Berlin.« Dafür bekam sie von den rund 4000 Zuhörern im Internationalen Congress Centrum (ICC) in Berlin viel Beifall. Anders ihr Vorredner Otto Schily. Der sozialdemokratische Bundesinnenminister ließ es zwar nicht an Mitgefühl und Verständnis fehlen. Er sagte auch, dass Politiker in Nachbarländern, die Vertreibungen immer noch rechtfertigten, nicht im Europa des 21. Jahrhunderts angekommen seien. Aber nach dem Munde mochte er dem Auditorium auch nicht reden. Seine Warnung, das Zentrum gegen Vertreibungen im nationalen Alleingang zu errichten, wurde noch schweigend hingenommen. Ebenso sein Plädoyer für das von der rot-grünen Bundesregierung und Polen angeregte europäische »Netzwerk für Erinnerung und Solidarität«. Als er dann auch noch den polnischen Vorschlag lobte, ein Zentrum für Versöhnung in Breslau zu schaffen, war es mit der Geduld vieler Zuhörer vorbei. »Nein!«, schrien empörte Teilnehmer der Kundgebung. »Ablenkungsmanöver!«, rief ein älterer Mann aus dem Publikum. Es wurde gepfiffen und gebuht. Es dauerte eine Weile, bis sich die Erregung legte. Ich saß auf der Pressetribüne und schaute auf Erika Steinbach. Sie schätzte den »lieben Herrn Schily«, der – wie sie bei der Begrüßung gesagt hatte – von Beginn seiner Amtszeit an mit großer Beständigkeit und Verlässlichkeit an der Seite der deutschen Vertriebenen gestanden habe. Die Missfallensbekundungen ihrer Klientel waren ihr sichtlich peinlich.

Einen ähnlichen Eklat brauchte sie bei Angela Merkel nicht zu fürchten. »Die Bundeskanzlerin steht an unserer Seite«, frohlockte Steinbach beim BdV-Jahresempfang 2009 in Berlin, zu dem auch Merkel gekommen war. Die Vertriebenenpräsidentin, die selbst gern im Mittelpunkt steht, genoss es jedes Mal, wenn sie vor Kameraleuten und Fotografen zusammen mit der Kanzlerin posieren konnte. An die mild lächelnde Regierungschefin gewandt, fügte sie hinzu: »Ich weiß aus unseren Gesprächen und aus Ihrem Verhalten, dass Sie den Kontakt zum BdV nicht als Klientel-Betreuungsaktion suchen.« Das war eine freundliche Bemerkung, die freilich an der Realität vorbeiging. Denn Steinbach hatte auch schon mal mit drohendem Unterton erklärt, gegen die Vertriebenen »kann die Union keine Wahl gewinnen«. Auch wenn Merkel aus ihrer Unterstützung für Steinbachs Stiftungsvorhaben nie einen Hehl gemacht hatte – als Regierungschefin einer großen Koalition mit der SPD war sie in ihren Entscheidungen nicht frei. Christ- und Sozialdemokraten hatten sich grundsätzlich zur historischen Aufarbeitung von Zwangsmigration, Flucht und Vertreibung bekannt, doch über die Ausgestaltung dieser Aufgabe gingen die Meinungen auseinander. Es hatte mühsamer Verhandlungen bedurft, bis man in der Koalitionsvereinbarung vom November 2005 einen Kompromiss gefunden hatte. Darin hieß es: »Wir wollen im Geiste der Versöhnung auch in Berlin ein sichtbares Zeichen setzen, um – in Verbindung mit dem Europäischen Netzwerk Erinnerung und Solidarität über die bisher beteiligten Länder Polen, Ungarn und

Slowakei hinaus – an das Unrecht von Vertreibungen zu erinnern und Vertreibung für immer zu ächten.«

Wie dieses »sichtbare Zeichen« beschaffen sein sollte, blieb zunächst unklar. Bei der Jubiläumsfeier »50 Jahre Bund der Vertriebenen« im Oktober 2007 versuchte Merkel als Festrednerin die Ungeduld Steinbachs und ihres Anhangs zu dämpfen. »Ich denke, nach unzähligen intensiven Gesprächen sind wir auf einem guten Weg«, sagte die Kanzlerin. Zwar sei das sichtbare Zeichen noch nicht so sichtbar, wie sich das die BdV-Führung wünsche. Es seien jedoch schon umfangreiche Vorarbeiten geleistet worden. Merkel: »Ich bin davon überzeugt, in Kürze werden wir ein Konzept vorlegen. Ich habe die Idee immer unterstützt und werde das auch weiterhin tun. Ich bin mir ganz sicher, wir werden die letzten Schritte auch noch gemeinsam schaffen.« Ganz so gemeinsam ging es dann doch nicht weiter. Am 19. März 2008 beschloss das Bundeskabinett die Einrichtung einer »Stiftung Flucht, Vertreibung, Versöhnung« in der Trägerschaft des Deutschen Historischen Museums. Dieses zentrale Gedenkvorhaben entsprach zwar nicht mehr den ursprünglichen Plänen Steinbachs. Sie hätte bei der künftigen Ausstellungs-, Informations- und Dokumentationseinrichtung zu gerne Führung und Verantwortung übernommen. Gleichwohl versprach sie, die Bundesstiftung zu unterstützen: »Sie ist ja unser Kind. Wir werden sie wachsam und sorgsam begleiten.«

Die Auseinandersetzung ging weiter. Gestritten wurde nunmehr um die Besetzung des Stiftungsrates, der laut Satzung aus 13 Personen bestand, unter ihnen Vertreter der Bundesregierung, des Bundestages und der Kirchen. Drei Sitze standen dem BdV zu. Jede Benennung musste von der Bundesregierung bestätigt werden. Für Polen, das gegen die Bundesstiftung an sich keine Einwände erhob, war jedoch eine Mitgliedschaft Steinbachs in dem Gremium unannehmbar. Im Nachbarland galt sie unverändert als Reizfigur und Störenfried Nummer eins. Ministerpräsident Donald Tusk appellierte an die Kanzlerin, einer Entsendung Steinbachs in das Gremium nicht zuzustimmen. Warschau erwarte eine Personalentscheidung, die der »authentischen deutsch-polnischen Freundschaft« diene. Polens Deutschland-Beauftragter Bartoszewski, ein Freund drastisch-spöttischer Formulierungen, zog einen polemischen Vergleich. Eine Entsendung Steinbachs in den Stiftungsrat wäre so, »als ob der Vatikan den Holocaust-Leugner Bischof Williamson zum Israel-Beauftragten ernennt«. Jetzt entrüstete sich die andere Seite. »Wir finden die speziell in Polen verursachte Massenpsychose gegen Erika Steinbach unerträglich und durch nichts gerechtfertigt«, konterten Steinbachs Stellvertreter im BdV-Vorsitz. Sie selber nannte die Äußerungen ihrer polnischen Gegner »eine Erpressung«.

Aber nicht nur Polen, auch ihre Kritiker von der SPD, den Grünen sowie etliche Freidemokraten wollten Steinbach nicht im Stiftungsrat sehen. Selbstverständlich sollten Vertriebenenvertreter im Kuratorium der Stiftung sitzen, hieß es bei den Sozialdemokraten. Aber die sollten dialog- und konsensorientiert sein. Steinbach, die sich auch durch das Angebot eines Staatssekretärspostens im Bundeskabinett nicht von ihrem Vorhaben abbringen ließ, begann zu taktieren. Erst erklärte sie, ihr Verband lasse sich das Besetzungsrecht von niemandem vorschreiben. »Wir reden über die Schicksale von Menschen. Ich bin als BdV-Präsidentin nun einmal diejenige, die diesen Menschen eine Stimme gibt.« Dann, im Frühjahr 2009, verkündete sie ihren vorläufigen Verzicht. Der ihr eigentlich zustehende Stuhl solle zunächst frei bleiben. Ihre Hoffnung setzte sie auf einen Regierungswechsel zu Schwarz-Gelb und auf Angela Merkel. Der Wechsel kam, die Große Koalition wurde durch ein christlich-liberales Bündnis abgelöst. Doch Steinbachs

Hoffnung erfüllte sich nicht. Denn FDP-Chef Guido Westerwelle, Merkels neuer Partner und ihr Außenminister, legte sich quer. Mit Rücksicht auf Polen kündigte er an, die Bestätigung von Steinbach als Mitglied im Stiftungsrat zu blockieren.

In dieser verfahrenen Situation entschloss sich die BdV-Chefin, die auch eine gewiefte Politikerin ist, zu einem spektakulären Schritt. Um »die unwürdige Diskussion« zu beenden, bot sie ihren Verzicht an, knüpfte diesen aber an harte Bedingungen. So solle unter anderem die staatliche Stiftung aus der Trägerschaft des Deutschen Historischen Museums gelöst, das Vetorecht der Bundesregierung bei der Besetzung des Stiftungsrates aufgehoben und die Zahl der BdV-Mitglieder in dem Gremium kräftig aufgestockt werden. »Wenn die Bundesregierung sich für diesen Weg der Antidiskriminierung und Vernunft entscheiden kann«, so ließ Steinbach die Öffentlichkeit wissen, »entfällt die bisherige Notwendigkeit, dass der BdV durch seine Präsidentin im Stiftungsrat vertreten ist.« Doch anstatt – wie sie hoffte – »diesen gordischen Knoten aufzulösen« zog sie ihn noch fester zu. Denn was von ihren Unterstützern in den Unionsparteien als ein taktisch geschicktes und faires Angebot gewürdigt wurde, erschien ihren Kritikern als dreistes Erpressungsmanöver mit dem Ziel, die Stiftung nach ihrem ursprünglichen Konzept in eigener Regie zu übernehmen. In zahlreichen Kommentaren seriöser Zeitungen wurde Steinbach als trickreiche Funktionärin abgekanzelt, die für die Versöhnungsarbeit mit den osteuropäischen Nachbarn ungeeignet sei.

Auch für mich stand fest: Diesmal hatte sie mit ihrem Durchsetzungswillen überzogen. Würde die Bundesregierung auf ihre Forderungen eingehen, dann wäre Steinbach am Ziel gewesen. Sie könnte aus dem Hintergrund die Fäden ziehen und die Arbeit der Stiftung weitgehend selbst bestimmen. Ohne die Anbindung an das Deutsche Historische Museum wäre die Stiftung »Flucht, Vertreibung, Versöhnung« genau das, was der BdV immer vor Augen hatte: ein Zentrum gegen Vertreibungen als Einrichtung eines Interessenverbandes. Zum Glück erkannten ein paar Liberale die Pferdefüße des Angebots und ließen sich nicht in die Falle locken. Nach einem Treffen mit den Fraktionschefs der Koalitionsparteien musste Steinbach in einer zentralen Frage zurückstecken. Die Bundesstiftung verblieb unter dem Dach des Deutschen Historischen Museums. Zum Ausgleich wurde die Zahl der Personen, die den BdV im Stiftungsrat vertreten sollten, verdoppelt, also von drei auf sechs erhöht. Das Bestätigungsrecht der Bundesregierung ging praktisch auf den Bundestag über, der 19 der insgesamt 21 Stiftungsratsmitglieder zu wählen hat. Ferner konnte Steinbach erreichen, dass die Ausstellungsfläche des Dokumentationszentrums im sogenannten Deutschland-Haus in Berlin beträchtlich erweitert wurde und nutzbare Daten aus dem Lastenausgleicharchiv in die Dokumentation einbezogen werden dürfen. Den Kompromiss gab Steinbach als Erfolg aus. »Der Bevormundung unseres Verbandes durch Teile der Bundesregierung bei der Besetzung des Stiftungsrates haben wir uns erfolgreich widersetzt«, frohlockte sie. Und zwar nicht nach dem Motto, der Klügere gibt nach. »Das hieße letztlich, der Dummheit das Feld zu überlassen.«

Ich habe Erika Steinbach von Beginn ihrer Amtszeit an journalistisch begleitet, intensiver als andere Verbandsvertreter und Politiker, mit denen ich ebenfalls zu tun hatte. Ich habe Dutzende ihrer Auftritte erlebt, viele ihrer Vorträge gehört und immer wieder mit ihr geredet. Je länger ich mich mit ihr beschäftigte, desto schwerer fiel es mir, sie zu begreifen. Sie wurde mir mehr und mehr zum Rätsel. Nimmt man den Wortlaut ihrer großen Reden, so wird man selten eine politisch nicht korrekte Formulierung finden. Niemand kann ihr vorwerfen, sie habe verschwiegen, wer den Zweiten Weltkrieg begonnen hat. Immer wieder erklärte sie, was manche Angehörige der »Erlebnisgeneration« nicht gerne hörten: »Ich kenne die deutsche Schuld.« In meinen Ohren klang das wie ein Pflichtsatz, ohne den ein deutscher Volksvertreter nicht ernst genommen wird. Es war der geschäftsmäßige Ton, der mich störte. Und das, was dann folgte: Niemand werde sie mit dem Hinweis auf Ursache und Wirkung davon überzeugen, dass eine Barbarei die jeweils andere entschuldigen oder gar rechtfertigen könne. Doch ich kenne in meinem persönlichen Umfeld niemanden, der bestreitet, dass die Vertreibung der Deutschen Unrecht war. Was mir bei Steinbach zu kurz kommt, ist die Ursache, das, was der Vertreibung vorausging. Die Leiden der Menschen, die Steinbach »Schicksalsgefährten« nennt, nahmen und nehmen in ihren Reden immer einen breiten Platz ein.

Die Opfer der NS-Diktatur wurden dagegen pauschal mit nur wenigen Sätzen bedacht. Manchmal, wenn ich bei BdV-Veranstaltungen auf meinem Presseplatz saß, ging mir der Gedanke durch den Kopf: Eigentlich könnte ich auch mitten unter den Zuhörern sitzen. Ich zähle doch auch zu den Heimatvertriebenen. Aber da war eine schwer überbrückbare Distanz. Ich war nicht in einer der BdV-Gliederungen Mitglied und fühlte mich auch nicht durch sie und die Präsidentin vertreten.

Erika Steinbach ist eine Frau mit zwei Gesichtern. Sie ist die erste Angehörige der »Kindergeneration« an der Verbandsspitze und in vielen Punkten aufgeschlossener und moderner als ihre Vorgänger. Überwog früher bei offiziellen Veranstaltungen angestaubte Folklore, so ließ Steinbach die »Tage der Heimat« und ähnliche Feierstunden ausschließlich mit klassischer Musik umrahmen. Klarer, als es vor ihr üblich war, hat sie einen scharfen Trennungsstrich zu Rechtsradikalen gezogen. Sie scheute sich nicht, Funktionäre, die diese Abgrenzung ignorierten, aus dem Verband hinauszudrängen. Sie hat das seit der Ostpolitik vereiste Verhältnis zur SPD aufgetaut, den damaligen Bundeskanzler Gerhard Schröder als Redner zum »Tag der Heimat« gewonnen und dessen Innenminister Otto Schily als »verlässlichen« Partner kennengelernt. Das hinderte sie freilich nicht daran, andere Sozialdemokraten wie Markus Meckel und Wolfgang Thierse, die ihre Arbeit kritisierten, rüde zu attackieren. Wer sich ihr politisch in den Weg stellte, den betrachtete sie als feindselig. Dann höhnte sie über Personen, die – wenn es um Vertriebene in Afrika und anderen Kontinenten geht – »gar nicht genug Taschentücher haben, um ihre geheuchelten Tränenströme aufzufangen«.

Die Frau an der Spitze hat den Vertriebenenverband aus der gesellschaftlichen Isolation herausgeholt und ihm ein hohes Maß an öffentlicher Aufmerksamkeit verschafft. Sie hat erkannt, dass Rückkehrverlangen in die verlorene Heimat und Entschädigungsansprüche gegenüber Nachbarstaaten von der großen Mehrheit der Deutschen als Forderungen von gestern betrachtet werden und weder gesellschaftlich noch politisch durchzusetzen sind. Stattdessen konzentrierte sie ihre ganze Kraft darauf, das »Schicksalsthema Vertreibung« im Gedächtnis des ganzen deutschen Volkes zu verankern. Nicht mehr das Materielle, sondern das Moralische sollte im Vordergrund stehen. Doch die Vehemenz, mit der sie ihre Mission vertrat, provozierte massiven Widerspruch. Diplomatie und Fingerspitzengefühl sind nicht ihre Stärke. Selbst CDU-Mitglieder waren von ihr genervt. So rutschte ihr bei der Verteidigung von zwei BdV-Funktionären, die wegen fragwürdiger Äußerungen über die Ursachen des Zweiten Weltkriegs in die Kritik geraten waren, der Satz heraus: »Ich kann es leider auch nicht ändern, dass Polen bereits im März 1939 mobil gemacht hat.« Zu erwähnen, dass Warschau dies angeordnet hatte, weil sich

Glücklicher kleiner Peter im Urlaubsort Hartenberg – der Krieg und seine Schrecken sind noch weit weg.

Ruth und Heinz Pragal 1938 als Brautpaar. Mit den Eltern seiner Mutter (rechts) verband Peter eine enge Beziehung.

Trügerische Familienidylle – die gemeinsame Zeit mit Vater und Mutter war während des Krieges knapp bemessen.

Hartenberg war für Peter, hier mit Bruder Manfred, wie ein zweites Zuhause. Ausflüge mit Vati gab es nur selten.

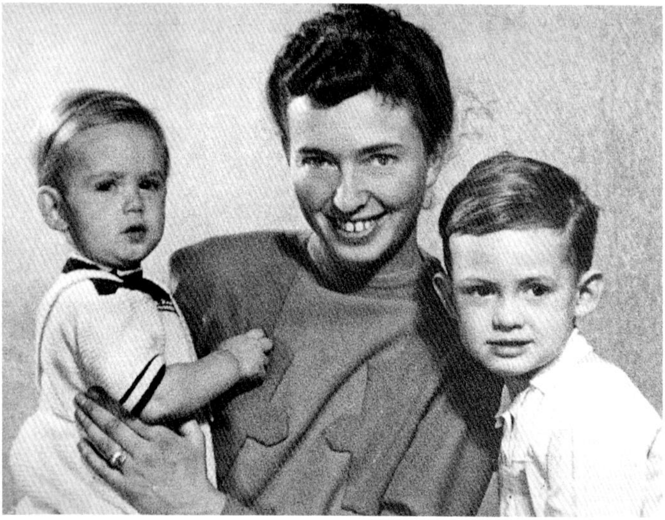

Ein Bild mit Symbolkraft – an der Schulter der Mutter fühlte sich der kleine Peter sicher und geborgen.

Zwei Breslauer in ihrer Geburtsstadt. Der SPD-Politiker Wolfgang Thierse (links) und Peter Pragal auf Spurensuche.

Der Übersetzer und Lyriker Henryk Bereska (rechts): herausragender kultureller Mittler zwischen Deutschen und Polen.

Gelobt, gescholten und umstritten: die Vertriebenenpräsidentin Erika Steinbach im Gespräch mit Peter Pragal.

Breslaus markantestes Bauwerk: Ein Bild vom mittelalterlichen Rathaus begleitete die Familie Pragal auf allen Stationen.

Polen von Nazideutschland bedroht fühlte, wäre korrekt gewesen. Doch ein solcher Nachsatz fehlte. Man konnte ihre Bemerkung so verstehen, als sei Polen selbst schuld gewesen, dass die Wehrmacht ein halbes Jahr später losschlug.

Selbstkritisches kommt der BdV-Präsidentin selten oder gar nicht über die Lippen. Stets vermittelt sie den Eindruck, recht zu haben und recht haben zu wollen. Die Bösen, die Unbelehrbaren sind immer die anderen. Das erklärt auch, warum sie in den östlichen Nachbarländern, speziell in Polen, extrem unbeliebt ist. Sie schütze sich mit der Einsicht, dass sie nicht als Person, sondern ihr Amt angegriffen werde, hat Steinbach gesagt. Ich glaube, da macht sie sich etwas vor. Das miserable Image, das sie östlich von Oder und Neiße hat, liegt auch an ihr persönlich. Gewiss, polnische Medien haben ein Zerrbild von ihr gezeichnet. Sie wurde zur »blonden Bestie« und – was ihr nicht gerecht wird – zum Inbegriff des Revanchismus stilisiert. Aber die ruppige Art, wie sie verbal zurückschlägt, ist alles andere als souverän. Mal erklärte sie, die nationalkonservative Regierung unter Jaroslaw Kaczynski sei »hochneurotisch« und gehöre abgewählt. Mal verglich sie Koalitionspartner des Ministerpräsidenten mit deutschen Rechtsradikalen. Und ihrem Kritiker Bartoszewski bescheinigte sie einen »schlechten Charakter«.

Die damalige Regierung geriet in die Opposition, die Nachfolger unter Donald Tusk gehen mit der Personalie Steinbach gelassener um. Als die BdV-Chefin in ihrer Eigenschaft als Vorsitzende der Menschenrechts-Arbeitsgruppe der CDU/CSU-Bundestagsfraktion im Mai 2011 Danzig besuchte und bei dieser Gelegenheit auch einen Abstecher in ihren Geburtsort Rahmel (Rumia) machte, schwieg das offizielle Warschau. Lokale Politiker ignorierten sie, aber es gab auch keine nennenswerten Protestaktionen. Steinbach unterließ alles, was als Provokation hätte verstanden werden können. Sie traf sich mit Vertretern der deutschen Minderheit, betete in der Seemannskirche des heiligen Petrus für die Menschen, die bei der Versenkung der Flüchtlingsschiffe »Wilhelm Gustloff«, »Steuben« und »Goya« ums Leben gekommen waren, und gedachte auch der mehr als 10 000 Opfer, die im Wald von Piasnitz von Angehörigen der SS und des »Volksdeutschen Selbstschutzes« ermordet worden waren. Im Umgang mit Polen stelle sich zunehmend Gelassenheit ein, meinte sie nach der Reise. Ob sie ihr Etikett als unwillkommene Person jemals loswird, ist gleichwohl zweifelhaft. Wenn es dem BdV, wie er behauptet, ernst ist mit der angestrebten guten Partnerschaft zu Ländern, die im Jargon vieler Vertriebener nach wie vor »Vertreiberstaaten« heißen, dann bedarf es irgendwann einer Persönlichkeit an der Spitze des BdV, die – unbelastet von den Kontroversen der Steinbach-Ära – nicht nur in Deutschland, sondern auch in Polen und Tschechien als glaubhaft dialogbereit gesehen und angenommen wird.

Deutsche begeistern sich für Polen

Nachdem ich mit Beginn des offiziellen Rentenalters Ende Juni 2004 aus der Redaktion der *Berliner Zeitung* ausgeschieden war, arbeitete ich als freier Journalist für mehrere Blätter. Die Palette war breit. Sie reichte von der *Märkischen Oderzeitung* über die *Neue Gesellschaft Frankfurter Hefte* bis zum *Rheinischen Merkur*. Eines Tages fragte mich der verantwortliche Redakteur des Nachrichtenmagazins *Deutscher Ostdienst* (DOD), ob ich Lust hätte, hin und wieder in der Hauszeitschrift der BdV zu schreiben. Warum nicht, dachte ich. Ich bekam das Monatsmagazin regelmäßig zugeschickt und hatte die Veränderungen an Stil und Inhalt bemerkt. Aus einem reinen Verbandssprachrohr war ein professionell gemachtes Periodikum geworden, das neben den üblichen Berichten aus den Orts- und Landesverbänden einen Schwerpunkt auf kulturelle und historische Beiträge setzte. Ich schlug dem Redakteur einige Themen vor, verschwieg auch nicht meine kritische Distanz zur offiziellen Linie des BdV und machte mich an die Arbeit. Ich rezensierte Neuerscheinungen von Büchern über Flucht, Vertreibung und Integration, berichtete über Veranstaltungen der Landesvertretungen, die DOD-Leser interessieren könnten, und stellte in einer Serie die in Berlin ansässigen Kulturinstitute osteuropäischer Länder vor, aus denen nach dem Krieg Deutsche vertrieben worden waren.

Als ich mich im Polnischen Institut mit leitenden Mitarbeitern traf, war dieses noch nicht lange an seinem neuen Standort. Bis 2005 war es in einem Plattenbau an der Karl-Liebknecht-Straße untergebracht gewesen, einst Vorzeigeobjekt sozialistischer Architektur, dann in den 90er-Jahren ziemlich heruntergekommen. Der Umzug in ein renoviertes Geschäftshaus aus der kaiserlichen Ära war ein Gewinn. »Ein einmaliger Ort«, schwärmte die Direktorin. Wenn sie aus dem Fenster ihres Arbeitszimmers schaute, blickte sie über eine Grünfläche und die Spree hinweg auf die Alte Nationalgalerie, eines der markanten Gebäude auf der weltberühmten Berliner Museumsinsel. Näher an einem Zentrum deutscher Kultur kann man nicht sein. Die Direktorin, die Kunstgeschichte unter anderem auch in Köln studiert hatte, erzählte mir, warum sie Deutsch, das sie vorzüglich beherrscht, gelernt habe. Ein wesentlicher Teil der Fachliteratur über Kunst und Architektur in den heutigen polnischen Westgebieten sei nur in deutscher Sprache vorhanden. Das gelte vor allem für Schlesien. Sie finde es gut, sagte sie, dass die polnischen Breslauer das kulturelle Erbe aus deutscher Zeit achteten und pflegten. »Es ist wichtig, im Kopf zu haben, dass dieser Ort einmal anderen gehört hat.« Die Vita ihres in Wroclaw/Breslau geborenen Referenten für Presse- und Öffentlichkeitsarbeit fand ich ebenfalls bemerkenswert. 1983, als er neun Jahre alt war, sind seine Eltern – der Vater war Architekt, die Mutter Germanistin – nach Deutschland gezogen. »Meine Eltern waren Abenteurer«, meinte er. Sie seien nicht politisch verfolgt gewesen und sie seien auch nicht deutschstämmig. In Westberlin hat der Sohn Abitur gemacht, danach Soziologie studiert. »Ich habe zwei Nationalitäten in mir«, sagte er. »Ich kann mich in beide Seiten hineinversetzen.«

Im April 2005 wurde im Gebäude des Bundesrates, dem ehemaligen Preußischen Herrenhaus, anlässlich des Deutsch-

Polnischen Jahres eine Ausstellung mit dem Titel »Frühling im Herbst« gezeigt. Die vom Museum Europäischer Kulturen – Staatliche Museen zu Berlin zusammengestellten Bilder und Dokumente riefen ein Ereignis ins Gedächtnis, das in Deutschland weitgehend in Vergessenheit geraten, in Polen dagegen zu einem Meilenstein in der nationalen Erinnerungskultur geworden ist: den gescheiterten Aufstand polnischer Patrioten gegen die russische Fremdherrschaft 1830/31, der in Deutschland eine Welle von Mitgefühl und Unterstützung ausgelöst hatte. Ich dachte an die Querelen zwischen BdV und seinen östlichen Nachbarn, an die wechselseitigen Klischees und Vorurteile, die von Politikern und Medien beiderseits von Oder und Neiße populistisch aufgegriffen und genährt wurden, und meinte, gerade in einer solchen Phase sei es gut, sich an eine Zeit zu erinnern, in der sich Deutsche und Polen in großer Zahl herzlich zugeneigt waren und dieselben politischen Interessen verfolgten.

Unter dem Eindruck revolutionärer Erhebungen in Frankreich und Belgien begannen im November 1830 junge Warschauer Offiziere einen bewaffneten Kampf gegen das zaristische Besatzungsregime. Ihr Ziel war die Wiedererlangung der Unabhängigkeit Polens, dessen Territorium sich Russland, Preußen und Österreich teilten. Die polnischen Rebellen stürmten die Residenz des russischen Großfürsten und bildeten im Dezember 1830 eine vorläufige nationale Regierung. Aus der Revolte entwickelte sich ein Krieg zwischen Polen und Russland, der nach mehreren blutigen Schlachten im Oktober 1831 mit der Niederschlagung des Aufstands durch die russische Armee endete. Rund 9000 unterlegene Soldaten und ein großer Teil der polnischen Elite emigrierten in westeuropäische Länder. Den Grenzübertritt der Geschlagenen von Polen nach Preußen hat der deutsche Historienmaler Dietrich Monten in einem

Ölbild mit dem Titel »Finis Poloniae« festgehalten. Es befindet sich im Besitz der Alten Nationalgalerie Berlin und stand im Mittelpunkt der Ausstellung. Dargestellt ist der Moment des Abschieds, als verzweifelten polnischen Soldaten vor der Grenzsäule bewusst wird, dass sie ihre Heimat verlassen müssen.

Die in der Darstellung ausgedrückte Anteilnahme am Schicksal der polnischen Flüchtlinge blieb nicht auf den Künstler beschränkt. Zwar hatte die preußische Regierung das Aufbegehren gegen den mit ihr im System der Heiligen Allianz verbündeten Zaren mit äußerstem Misstrauen verfolgt. Sie befürchtete, die von den polnischen Flüchtlingen verkörperten Ideen könnten in deutschen Landen auf fruchtbaren Boden fallen. Die Regierung in Berlin schrieb den Emigranten bei deren Marsch in Richtung Frankreich die Route vor und achtete darauf, dass die Aufständischen nicht in die Haupt- und Universitätsstädte kamen. Umso herzlicher wurden die Polen von den Bürgern in den deutschen Ländern aufgenommen, vor allem in Hessen, Baden und Württemberg. In vielen Städten bildeten sich Polenvereine, deren Initiatoren zumeist aus dem liberalen Bürgertum stammten. Man organisierte für die Soldaten Unterkünfte, Verpflegung, Transportmöglichkeiten, Kleidung und Medikamente. Es wurden Spenden gesammelt, Konzerte und Feste für die Flüchtlinge organisiert. »Nach dem Verlassen Preußens konnte ein Pole nach Frankreich gelangen, ohne seine Geldbörse ein einziges Mal zu ziehen«, schrieb ein polnischer Zeitgenosse.

»Aufenthalte und Übernachtungen wurden überall unentgeltlich gewährt.« Mancherorts wurden die Polen mit Musik und patriotischen Liedern empfangen. Triumphbögen wurden aufgestellt und Böllerschüsse abgegeben. Man schrieb und deklamierte Gedichte. »Wohlan, du kleines Polen, zu davidgleicher Tat, triff mit der kleinen Schleuder, den großen Goliath.« In einem anderen Gedicht, verfasst von Julius Mosen, lauten die letzten Verse: »Von Polen her im Nebelgrauen rücken zehn Grenadiere in das Preußenland. Mit düst'rem Schweigen, gramumwölkten Blicken; Ein ›Wer da?‹ schallt, sie stehen festgebannt, und Einer spricht: Vom Vaterland getrennt, Die letzten Zehn vom vierten Regiment.« Wenn die Soldaten weiterzogen, sangen Deutsche zum Abschied: »Noch ist Polen nicht verloren.«

Ihren Höhepunkt erreichte die deutsche Polenbegeisterung während des Hambacher Festes in der bayerischen Rheinpfalz nahe Neustadt an der Weinstraße im Mai 1832. »Hinauf, Patrioten! Zum Schloss, zum Schloss! Hoch flattern die deutschen Farben«, dichtete der Initiator der Demonstration, Philipp Jakob Siebenpfeiffer, speziell zu diesem Anlass. Den Text singend zogen die Menschen zur Schlossruine. »Wir sahen die Polen, sie zogen aus, als des Schicksals Würfel gefallen: Sie ließen die Heimath, das Vaterhaus, in der Barbaren Räuberkrallen. Vor des Czaren finsterem Angesicht beugt der Freiheit liebende Pole sich nicht.« Oben, am Versammlungsort, wurde neben der schwarz-rot-goldenen Flagge auch das weiß-rote Banner Polens gehisst. Im Wechsel sangen die Teilnehmer deutsche und polnische Lieder, die in Preußen und anderen deutschen Ländern verboten waren. Neben den Forderungen nach demokratischer Mitbestimmung beherrschte das Polen-Thema die offiziellen Reden. »Polen ist zu wiederholten Malen von deutschen Mächten verraten worden und hat den Verlust der Freiheit und des Vaterlandes auch in neuerer Zeit einem deutschen König zu verdanken«, sagte der Schriftsteller Johann Georg August Wirth in seiner Festansprache. Und der Dürkheimer Bürger Johann Fitz beendete seine Ansprache mit den Sätzen: »Ohne Polens Freiheit keine deutsche Freiheit. Ohne Polens Freiheit kein dauernder Friede, kein Heil für alle anderen europäischen Völker.«

Erklären lässt sich die deutsche Begeisterung für Polen vor allem aus unerfüllten Sehnsüchten und enttäuschten Erwartungen. Viele Bürger hatten sich nach den Befreiungskriegen gegen Napoleon demokratische Freiheiten erhofft und zudem die Bildung eines deutschen Nationalstaates. Doch was sie erlebten, war eine Zeit der Restauration und Repression. »Die Polen«, so hieß es in einem Begleitbuch zur Ausstellung, »wurden als Vorreiter des Freiheitskampfes und somit als Vorbilder angesehen.« Die Zeit einer engen deutsch-polnischen Verbundenheit reichte bis zur bürgerlichen Revolution von 1848/49. Auch dazu bot das Begleitbuch einen Beleg. 1846 hatten sich in der damaligen Provinz Posen Polen gegen die preußische Besatzungsmacht mit Waffen erhoben. Der Aufstand wurde niedergeschlagen und die Rebellen in Berlin inhaftiert. An einem Märztag 1848 forderten Tausende Menschen auf dem Schlossplatz in Berlin von der Obrigkeit die Freilassung der gefangen gehaltenen Polen. Der König lenkte ein und erließ eine Amnestie für alle politischen Gefangenen. Die Polen wurden von der Berliner Bevölkerung vom Staatsgefängnis in Moabit in einem Triumphzug durch die Stadt geführt.

Spätestens mit der Reichsgründung verebbte die Welle der Sympathie. Und beide Völker, verstrickt in ihre Nationalismen, machten sich gegenseitig das Leben schwer. Der damalige polnische Botschafter Jerzy Kranz nannte die Ausstellung, die auch in anderen Städten gezeigt wurde, einen Beweis dafür, »dass die deutsch-polnischen Beziehungen nicht immer in einer pessimistischen Perspektive zu betrachten sind«. Es hat in der Tat auch glückliche Zeitabschnitte gegeben, Epochen, die durch vertrauensvolle Zusammenarbeit und sogar Freundschaft gekennzeichnet waren. Darauf hinzuweisen, so schrieb ich in meinen Beitrag für den *Deutschen Ostdienst,* sei dann besonders wichtig, »wenn der Prozess der Verständigung und Annäherung sowie das Bemühen um eine Gestaltung der Zukunft im gemeinsamen Europa mal wieder durch politische und mediale Störungen beeinträchtigt wird«.

Die Karikaturen, die ich an einem Novembertag 2005 im Foyer des Gemeinschaftsgebäudes der Landesvertretungen von Brandenburg und Mecklenburg-Vorpommern betrachtete, waren mit ihrer Botschaft nicht schwer zu deuten. Eine Frauenhand zog am Reißverschluss einer Jacke. Die rechte Hälfte des Kleidungsstückes war weiß-rot gefärbt, die linke schwarz-rot-gold. Der Verschluss klemmte. Oben fügten sich die Zähne zusammen, weiter unten rissen sie wieder auf. Neben dieser Zeichnung war ein anderes Bild von ähnlich eindringlicher Symbolik zu sehen: zwei Brückenteile, unvollendet. Das verbindende Mittelstück fehlte. An den Seitenteilen des Bauwerks, das einmal den Bundesadler und auf der anderen Seite das Nationalemblem unseres Nachbarstaates, den polnischen Adler, zeigte, waren viele kleine Menschen zu sehen. Jedem Betrachter war klar, was der Zeichner, der in Deutschland lebende Künstler, aussagen wollte: Polen und Deutsche finden nicht zueinander. Seine beiden Zeichnungen gehörten zu einer Ausstellung, die sich unter dem Titel »Hallo Nachbarn« mit dem deutsch-polnischen Verhältnis befasste. Die rund 40 Arbeiten von Karikaturisten aus beiden Ländern vermittelten den Besuchern ein ebenso kritisches wie selbstkritisches Bild wechselseitiger Wahrnehmung. Mit Zeichnungen, die provozierten, aber auch solchen, die mit ihrer Mischung aus Humor und Selbstironie die Besucher schmunzeln ließen.

»Die Karikatur ist immer eine verzerrte Verkürzung, ein Rückgriff auf Stereotype«, erläuterte der polnische Publizist Adam Krzeminski bei der Eröffnung. Er verwies auf die zahlreichen Klischees und Ressentiments, die im Verhältnis der beiden Völker eine lange Geschichte haben. In polnischen Karikaturen, so Krzeminski, sei der Deutsche traditionell ein hochmütiger Aggressor und Ausbeuter. Der Pole dagegen entweder Opfer oder ein gerissener Landsmann, der dem Teutonen wieder abjagt, was dieser dem slawischen Nachbarn entrissen habe. Obwohl die Wirklichkeit derartige Vorurteile vielfach widerlegt hat, hielten sich die vertrauten Stereotype. Auch in den Karikaturen der Zeitungen. Ob es um polnische Ängste vor einem Ausverkauf von Grund und Boden an Deutsche ging oder um deutsche Müllexporte in polnische Wälder, zeichnende Publizisten griffen, wie die Exponate zeigten, auf tief sitzende Vorbehalte zurück. Auch auf deutscher Seite fanden sich vielfältige Beispiele für die Zählebigkeit von Vorurteilen und Klischees. Dazu gehört »die polnische Wirtschaft«, ein seit Preußens Zeiten existierender Begriff, der die Bewohner des Nachbarlandes als leichtsinnig, verschwenderisch und chaotisch stigmatisiert. Die abschätzige Bezeichnung hatte sich so tief ins Bewusstsein der Deutschen eingeprägt, dass positive Eigenschaften, die sich mit der polnischen Lebensfreude und Gastfreundschaft verbinden, dagegen verblassten. »Dass Deutsche und Polen einander nicht sonderlich mögen, erfahren wir immer wieder«, meinte Krzeminski. Etwa durch die von Zeit zu Zeit aufkommenden Wellen bissiger Witze über die Nachbarn. So verdankte Harald Schmidt seinen hohen Bekanntheitsgrad östlich von Oder und Neiße seinen Polenwitzen, die er Mitte der 90er-Jahre in seiner vormitternächtlichen TV-Show kolportierte. Beispiel: »Warum verschwand der Große Wagen vom Himmel? Weil ihn die Polen gestohlen haben.«

Überspitzungen in der wechselseitigen Wahrnehmung und Darstellung haben freilich auch eine positive Seite. Sie können dazu beitragen, den Blick für Gemeinsamkeit zu schärfen und Verständnis in beide Richtungen zu fördern. Auch das zeigte die Karikaturenausstellung. »Die Zeichner machen sich die Vorurteile nicht zu eigen. Sie stellen sie bloß«, erläuterte die deutsche Kunsthistorikerin Gisela Burkamp. Adam Krzeminski äußerte sich ähnlich. »Nicht verzerrende Stereotype sind gefährlich, sondern ihre reale Basis.« Zwar würden Menschen auch künftig versuchen, ihre eigenen Frustrationen auf die Nachbarn abzuwälzen. Und auch die Wunden an der polnischen und deutschen Eigenliebe seien nicht so bald zu beseitigen. »Aber wir können sie vernarben lassen und sie nicht immer wieder aufkratzen.«

Unter den ausgestellten Karikaturen waren etliche, die bemerkenswerte Veränderungen im öffentlichen Bewusstsein beider Völker und den Willen zu einer guten Nachbarschaft widerspiegelten. Die Zugehörigkeit Polens zur Europäischen Gemeinschaft hat diesen Prozess gefördert. Beispiel eins: Der schwarze deutsche Adler und die weiße polnische Adlerin geben stolz die Geburt eines gemeinsamen Kükens bekannt. Beispiel zwei: Ein Deutscher und ein Pole blicken gemeinsam auf zu den europäischen Sternen. Beispiel drei: Zwei Hände, die ineinander greifen. An den Gelenken sind zwei Bänder befestigt, an denen Gewichte hängen. Beschriftet mit Namen wie Komplex, Vorurteil, Aussiedler. Die Schnüre reißen. Künftig, so wollte uns der Karikaturist sagen, sind die Hände beim Zusammenwirken unbelastet. Karikaturen seien Störfaktoren im Getriebe von Gleichgültigkeit, Denkfaulheit und Intoleranz, hat die deutsche Kunsthistorikerin den Ausstellungsbesuchern erläutert. Die Anforderungen, die sie an die Betrachter stellten, seien hoch: Sehen, Denken und Umdenken, mit und ohne Lachen, »aber bitte gemeinsam«. Ausreichend sei das nicht. Da müsse noch mehr sein. Was zu tun sei, hatte ein polnischer Künstler in seiner Arbeit bildlich dargestellt: Vorurteile zusammenfegen und gründlich entsorgen.

Angela H. durchlitt noch einmal die Schrecken des Krieges. »Von der Stadtgrenze konnte man eine Woche lang die brennende rote Stadt sehen«, berichtete sie. »Wir sahen auch die Fliegergeschwader, die über unsere Köpfe hinwegzogen. Das war ein Anblick und ein Geräusch, das man nicht mehr vergisst.« Angela war ein Kind, als die »Festung Breslau« im Frühjahr 1945 den Angriffen der Roten Armee ausgesetzt war. 62 Jahre später stand sie auf der Bühne des Berliner Theaters Hebbel am Ufer, sprach und spielte nach, was sie damals erlebt hatte. Auf einem Hocker sitzend, krümmte sie den Rücken und verschränkte ihre Arme über dem Kopf. So hatte sie im Bunker gesessen, als die Bomben fielen. Voller Angst. Um sie herum verwundete deutsche Soldaten, die vor Schmerz stöhnten. Sprache und Gesten der zierlichen alten Frau waren eindringlich. Sie war eine Zeitzeugin, eine von zehn Personen, die in dem Bühnenstück »Transfer« über die Vergangenheit sprachen. Je fünf aus Deutschland und aus Polen. Keiner von ihnen hatte je zuvor auf einer Bühne gestanden. Alle Protagonisten, die bis auf einen jüngeren Deutschen der Erlebnisgeneration angehörten, redeten in ihrer Sprache. Das Publikum empfing die Übersetzung über Kopfhörer.

»Transfer«, das erste deutsch-polnische Theaterprojekt dieser Art, war am 18. November 2006 im renommierten Theatr Wspolczesny in Breslau uraufgeführt worden. Ich hatte gelesen, welche politische Aufregung die Inszenierung des jungen polnischen Regisseurs Jan Klata verursacht hatte, und freute mich, dass die Collage von zehn Einzelschicksalen zum heiklen Thema Krieg, Flucht und Vertreibung bereits zwei Monate später in Berlin zu sehen war. »Es war unser Anliegen, den Opfern eine Stimme zu geben«, sagte der 1973 in Warschau geborene Regisseur in einem Interview mit der *Süddeutschen Zeitung.* Er zählt zu den »jungen Wilden« des zeitgenössischen polnischen Theaters. Ein Provokateur. Aber auch einer, der dem Theater der Erinnerung verbunden ist. »Bald leben diese Menschen nicht mehr, denen wir heute noch zuhören können«, sagte Klata. »Zuhören müssen«, ergänzte er.

Das Bühnenparkett im Hebbel-Theater war mit Erde bedeckt. Heimaterde, ging mir durch den Kopf. Auf einer neonbeleuchteten Hebebühne thronten drei Gestalten. Zwei in Uniform, einer in Zivil. Churchill, Roosevelt und Stalin, »die Großen Drei« der Konferenz von Jalta. Gespielt von polnischen Berufsschauspielern. In absurden Szenen, ergänzt durch historisches Film- und Tonmaterial, führten sie dem Publikum vor, mit welchem Zynismus bei der Zusammenkunft auf der Krim über das Schicksal von Millionen von Menschen entschieden worden ist. »Habt ihr eine Landkarte?«, fragte Stalin seine Gäste, als die Führer der Siegermächte über die Aufteilung Europas redeten. Hatten sie nicht. Der US-Präsident kannte sich nicht aus mit der Geografie Europas. Stalin wollte seine Beute in Form von Landgewinn. Churchill erläuterte mit drei Streichhölzern, wie er sich die Verschiebung vorstellte: an der östlichen Seite ein Hölzchen wegnehmen und an der westlichen Seite anlegen. »Die Polen braucht man nicht zu fragen«, sagte er. »Denen kann man es ohnehin nicht recht machen.« Die Dialoge, ins Absurde verfremdet, hatte der Regisseur geschrieben.

Zu Beginn redeten alle Zeitzeugen durcheinander. »Ruhe, raus«, schrie Stalin von seinem Hochsitz. Die zehn verließen die Bühne. Doch dann kamen sie zurück, einer nach dem anderen, und erzählten ihre Erlebnisse und Eindrücke. Nicht nach Texten, die andere geschrieben haben, sondern mit ihren eigenen Worten. »Für mich gehörte Niederschlesien immer zu Polen«, sagte Andrzej auf der Bühne. »Das wurde mir so beigebracht, dass wir nach Niederschlesien zurückkommen.« Der alte Mann ging an Krücken. »Aber ich habe nicht geglaubt«, fuhr er fort, »dass wir für diese Gebiete unsere besten Gebiete im Osten an die Russen abtreten müssten. Das war ein großer Preis.« Als in Polen Kommunisten regierten, waren die Gebietsabtretung im Osten und die Zwangsumsiedlung der Bewohner in ehemals deutsche Gebiete mit einem Tabu belegt. In »Transfer« redeten die polnischen Zeitzeugen, vier Männer und eine Frau, offen über ihren Heimatverlust. Und darüber, wie sie durch den Krieg gekommen waren. Sie erinnerten sich an das Leben bei den Partisanen, an Szenen, in denen auf deutschen Befehl Juden erschossen wurden und Sowjetsoldaten im Dorf einen Ukrainer aufhängten. »Ich habe den Pommernwall eingenommen und erfahren, dass die Konferenz in Jalta war«, sagte Jan. Zygmunt fiel auf, dass alle deutschen Häuser mit Dachziegeln gedeckt waren. »Es gab kein einziges Strohdach. Das war ein großer Unterschied.« Er hatte einen Wegweiser gesehen: Berlin 360 Kilometer. »Wir waren nur 360 Kilometer von Berlin entfernt. Damals verstand ich, wie weit wir gekommen waren.«

Anders als die Berichte der polnischen Erzähler, die bereits 1939 beginnen, setzten die deutschen Zeitzeugenberichte erst 1945 ein. Die Frauen und Männer lasen aus Feldpostbriefen, erzählten Führerwitze, schilderten die Gewalttaten, die Russen ihren Müttern angetan hatten. »Es geht alles vorüber, es geht alles vorbei«, sang Angela. Ein Schlager, mit dem sich die Menschen während des Krieges Mut machten. Über die Vergangenheit dachten die Deutschen unterschiedlich. Eine der Frauen meinte, ihre Familie sei zu Recht bestraft, weil sie Hitler zugejubelt habe. Eine zweite Frau betonte, dass ihre Familie, die sich nicht mit den Nazis eingelassen hatte, unschuldig sei. Ein Mann berichtete, dass Verwandte nach dem Krieg in einem polnischen Arbeitslager totgeschlagen worden seien. Er erwarte, dass man sich im heutigen Polen zu diesen Verbrechen bekenne. Die Auswahl der Zeitzeugen hatte der Regisseur im Frühling 2006 begonnen. Sie wurden nicht nur auf ihre Bühnentauglichkeit getestet. »Wir wollten auch die Stimmungen in der deutschen Gesellschaft, vor allem aber unter den Vertriebenen wiedergeben«, sagte Jan Klata in dem Zeitungsinterview. Diese hätten sehr unterschiedlich reagiert. »So wie auch die Polen, die in dem Stück zu Wort kommen, unterschiedliche Schicksale haben.« Von 70 Bewerbern blieben zehn übrig. Klata hatte die Laienschauspieler im Hintergrund der Bühne platziert. Dort saßen sie auf Stühlen. Einzeln traten sie ins Rampenlicht und erzählten von ihren Lebenswegen. Alt gewordene Menschen, deren Erinnerungen exemplarisch waren. Der Regisseur wollte vermeiden, dass sich ein deutscher und ein polnischer Block gegenüberstanden und sich gegenseitig anklagten.

Am meisten haben mich die Monologe beeindruckt, die von der Umsiedlung, der Inbesitznahme deutscher Wohnungen und Häuser und von der Zeit handelten, als Polen und Deutsche für eine begrenzte Dauer gemeinsam unter einem Dach wohnten. Manchmal bekamen die Berichte eine versöhnliche Note. Etwa wenn einer der Polen davon erzählte, wie er mit einer deutschen Familie in deren Haus 1945 Weihnachten gefeiert hatte. Nachdem Deutsche und Polen zunächst je einen kärglichen Christbaum geschmückt hätten, habe sein Vater die Alteigentümer zu sich eingeladen. Die Familie, katholisch wie seine eigene, brachte Streuselkuchen mit. »Dann die Wünsche – ein bisschen auf Polnisch, ein bisschen auf Deutsch und mit den Händen. Und danach das Essen und das Selbstgebrannte. So langsam freundeten wir uns mit ihnen an.« »Die Deutschen sind arme Leute«, sagte einer der Polen in »Transfer«. »Die sind genau wie wir vertrieben worden. Die haben das Gleiche erlebt. Die hatten alles zurückgelassen.« Zurücklassen müssen, dachte ich auf meinen Zuschauerplatz. Ein anderer Pole erzählte, wie er von der Miliz eine Wohnung zugewiesen bekommen habe, in der noch Deutsche wohnten. »Eines

Tages kam ich nach Hause. Die deutschen Frauen waren weg. Ich zog zu den Möbeln, dem Sofa, den Stühlen, dem Harmonium, der Geige, den Noten. Ich weiß nicht, unter welchen Bedingungen die Deutschen abgeholt wurden. Ich weiß nicht einmal wann.« Die Umstände der Deportation blieben unerwähnt. Auch in den Schilderungen der Deutschen wurde ihre Vertreibung weitgehend ausgespart. Dieses Kapitel der Nachkriegsgeschichte auf die Bühne zu bringen war dem Regisseur wohl doch zu heikel.

In Polen hatte das auch mit deutschem Geld geförderte Bühnenstück schon vor der ersten Probe für politischen Wirbel gesorgt. Im Theater gingen Briefe von Nationalisten ein, die dagegen protestierten, die Leiden der deutschen Heimatvertriebenen ins Licht der Öffentlichkeit zu rücken. Für Leute, die wie die Vertreter der rechtsgerichteten Regierungsparteien ihre Nation ausschließlich in der Opferrolle sahen und die Deutschen unter generellen Revisionismusverdacht stellten, war die öffentliche Dramatisierung deutscher und polnischer Flüchtlingsschicksale eine Provokation. Eine Senatorin der Partei »Recht und Gerechtigkeit«, die in der Bühnencollage eine Verletzung der »historischen Wahrheit« vermutete, verlangte vorab, Einblick in das Textbuch zu nehmen. Die Zensur sei abgeschafft, erwiderte die Theaterleiterin und ließ die Politikerin abblitzen. »Wir haben das alles ignoriert«, sagte Jan Klata über die zahlreichen Pressionen. »Wir wussten, dass wir die Leitung des Theaters und die Stadt hinter uns haben.« Breslau, diese im Krieg zerstörte Stadt, deren Bevölkerung zu fast 100 Prozent ausgetauscht worden ist, zählt zu den weltoffensten Städten des Landes. Mit einer überwiegend jungen Bevölkerung, die sich durch Toleranz und Unvoreingenommenheit auszeichnet.

Bei der Premiere gab es lang anhaltenden Beifall. Alle Vorstellungen waren ausverkauft. »Sie erzählen mir das, was meine Großeltern nie zu erzählen vermochten«, bedankte sich eine Studentin bei den Zeitzeugen. Eine alte Zuschauerin blieb auf ihrem Stuhl sitzen und sagte unter Tränen: »Endlich redet mal einer darüber.« »Jetzt kommen viele Deutsche nach Niederschlesien«, sagte die Polin Karolina gegen Ende des Dokumentarstücks auf der Bühne. »Am meisten geht ihnen nahe, dass die Friedhöfe zerstört worden sind. Die hat der Staat abreißen lassen. Danach haben Steinmetze die Granitsteine eingesammelt und in andere Denkmäler umgewandelt. Nur die Sandsteine sind geblieben. Und die vielen Knochen in der Erde.«

Der 15. Oktober 2005 war ein ungewöhnlich milder Herbsttag. Der Himmel war zart blau, die Sonne schien und wärmte die vielen Menschen, die auf dem kleinen Friedhof von Kolberg, einem Dorf südöstlich von Berlin, an einer offenen Grabstelle standen: Familienangehörige, Freunde, Kollegen, Nachbarn, Diplomaten. Auch meine Frau und ich waren gekommen, um von Henryk Bereska Abschied zu nehmen. »Von uns gegangen ist ein außergewöhnlicher Mensch«, sagte der damalige polnische Botschafter Andrzej Byrt in seiner Traueransprache. »Ein Mensch, der sich selbst, sehr bescheiden, einen stillen Vermittler im Dialog zwischen Ost- und Westeuropa nannte und der diesem Dialog, insbesondere der deutsch-polnischen Annäherung und Verständigung, sein ganzes arbeitsreiches Leben aufopferte.« Der Dichter und Übersetzer Henryk Bereska, den wir an diesem Tag zu Grabe trugen, war einer der wichtigsten kulturellen Mittler zwischen Deutschen und Polen. Ein geborener Dolmetscher, ein »Mann im Grenzland« zwischen den Nachbarstaaten, wie ihn Byrt nannte.

Ich hatte Henryk und seine Frau Gilda Mitte der 80er-Jahre durch Ostberliner Freunde kennengelernt. Wir verstanden und wir mochten uns. Henryk, von kräftiger Statur und außergewöhnlicher Schaffenskraft, war ein faszinierender Mensch. Gebildet, geistreich und lebensfroh. Mit einem ausgeprägten Hang zur Ironie. Ein leidenschaftlicher Debattierer, mit dem man stundenlang reden und herrlich streiten konnte. Mal aufbrausend und zornig, mal nachdenklich und zart. Ein Kumpeltyp, der gern in Kneipen ging und in Gesprächen mit vertrauten und fremden Gästen Anregungen für seine geistige Arbeit fand. Er liebte lange Spaziergänge, konnte abends und nächtens durch die Berliner Straßen laufen und Eindrücke aufsaugen. Wenn ihm die Großstadt zu anstrengend wurde, zog er sich, genügsam wie er war, ins ruhige märkische Kolberg, in seine einfache Holzhütte zurück. Auch zur kalten Jahreszeit, obwohl es dort lange Zeit weder Strom noch Heizung gab. Dort übersetzte und schrieb er, Tagebuchnotizen, Aphorismen, Gedichte.

»Ich wurde Fährmann, übertrug kostbare Fracht – polnische Dichtung – ins Deutsche, in die Buchstabenwelt«, heißt es in einem seiner Gedichte. Seine Herkunft und sein Lebensweg prädestinierten ihn für diese Aufgabe. Geboren wurde er 1926 im Kattowitzer Vorort Szopienice, einst preußisch, dann polnisch. Josef Bereska, sein Vater, war Lokführer einer Grubeneisenbahn. Der junge Henryk wuchs zweisprachig auf und besuchte zunächst sechs Klassen der polnischen Volksschule, später das Gymnasium in Myslowitz. Das deutsch-polnische Milieu dieser oberschlesischen Industrieregion hat ihn nachhaltig geprägt. Seine Eltern, so hat er erzählt, wechselten, ohne aus ihrem Wohnort wegzuziehen, mehrfach die Staatsangehörigkeit: deutsch – polnisch – deutsch – polnisch. Bereska hat seine von Bergbau und Hüttenindustrie geprägte Heimat auch als poetische Provinz empfunden. »In meiner Kindheit galt nach wie vor: schwere Arbeit untertage, aber oben in den Schrebergärten frohsinniges Musizieren – Ziehharmonika, Mandoline, Spiele und phantastische Reden voller Übertreibungen und Spinnereien.« Zu Hause habe es bis auf eine

Bibel keine Bücher gegeben. »Aber jeder Oberschlesier war ein Übersetzer, konnte jeden Moment von einer Sprache in die andere wechseln.«

Als 1939 der Krieg ausbrach, Bereska war 13 Jahre alt, begann für ihn eine Odyssee. Sein Geburtsort wurde dem Deutschen Reich zugeschlagen. Landdienst in Niederschlesien, Lehre bei der Preußischen Verwaltung in Kattowitz, Hitlerjunge, Soldat mit abgebrochener Fliegerausbildung im bayerischen Fürstenfeldbruck, kurze Kriegsgefangenschaft bei den Amerikanern. Auf der Suche nach seinen Eltern irrte er durch das verwüstete Deutschland und fand sie schließlich in Polen wieder. Der junge Mann wollte dort das Abitur nachholen und studieren. Der polnische Geheimdienst wurde auf ihn aufmerksam und verlangte eine Gegenleistung. Er sollte Mitschüler und Kommilitonen bespitzeln. Bereska wollte das nicht und setzte sich nach Deutschland ab. Nach erneuter Wanderschaft, die ihn unter anderem als Landarbeiter in die Lausitz verschlug, kam er nach Berlin. 1948 erwarb er an der Vorstudienanstalt die Hochschulreife, studierte an der Humboldt-Universität Germanistik, Polonistik und Slawistik und schloss sein Studium mit dem Staatsexamen ab.

Der ehemalige Mitläufer des Naziregimes sah es als moralische Verpflichtung an, die Feindschaft zwischen Deutschen und Polen, die im und nach dem Krieg ihren Höhepunkt erreicht hatte, überwinden zu helfen. Die Literatur erschien ihm dafür als ein wirksames Mittel. Die Unkenntnis über die Kultur des jeweils anderen Volkes war groß. Besonders die junge Generation, die in Nazideutschland aufgewachsen war, hatte von polnischer Literatur keine Ahnung. Im März 1953 wurde Bereska Lektor für Polnisch im Ostberliner Aufbau Verlag. »Dort lagen Berge von schlecht übersetzter polnischer Literatur«, erinnerte er sich. Er redigierte, verbesserte, übersetzte auch selbst. Durch die staatliche Kulturpolitik, die immer engstirniger und repressiver wurde, fühlte er sich eingeengt. Im Sommer 1955 kündigte er die Stellung. Die geistige Unabhängigkeit war ihm wichtiger als die soziale Sicherheit als Angestellter. Wie richtig sein Entschluss zum Ausscheiden war, zeigte sich im Jahr darauf. Walter Janka, seit 1952 Leiter des Aufbau Verlages, wurde unter der Anklage der konterrevolutionären Verschwörung verhaftet und im Juli 1957 zu fünf Jahren Zuchthaus verurteilt.

Was Bereska fortan als Freischaffender übersetzte, reicht von polnischer Dichtung der Renaissance bis zur Gegenwart und umfasst alle Gattungen der Literatur – Lyrik, Dramen, Prosa. Die von ihm übersetzten Werke füllen eine kleine Bibliothek. Was in Polen literarisch Rang und Namen besitzt, etwa Adam Zagajewski, Stanislaw Lem und Slawomir Mrozek, hat Bereska ins Deutsche übertragen, manches nachgedichtet. Bei seinen DDR-Lesern weckte er Neugier auf das Nachbarland, in dem ein offenerer Lebensstil herrschte als in der spießigen DDR. Doch auch in seiner Nische als nicht angestellter Übersetzer war Bereska der Bevormundung durch die DDR-Oberen ausgesetzt. Seit dem kulturpolitischen »Tauwetter« Mitte der 50er-Jahre in Polen wuchs bei den Ostberliner Machthabern das Misstrauen gegen Bücher aus dem Nachbarland. So konnte der von Bereska übersetzte Roman *Asche und Diamant* von Jerzy Andrzejewski 1958 in der DDR nicht erscheinen, weil der Autor kurz zuvor aus der polnischen kommunistischen Partei ausgetreten war. Der Aufbau Verlag verkaufte das Werk 1961 an Langen-Müller in München. Aber schon ein Jahr später erwarb er es zurück, nachdem sich ein prominenter polnischer Politiker bei den SED-Genossen für eine Veröffentlichung stark gemacht hatte. 1964 erschien *Asche und Diamant* auch in der DDR. Tadeusz Rozewicz, der in seinen Dramen die Gleichgültigkeit und die Selbstsucht der Gesellschaft anprangert, stand einige Zeit ebenfalls auf der Verbotsliste. SED-Funktionäre warfen ihm »Pessimismus« und »Nihilismus« vor. Erst in den 70er-Jahren durfte Bereska den polnischen Dramatiker den DDR-Lesern näherbringen.

»Im Gegensatz zu den Arbeitsbedingungen und der Sicherheit literarischer Übersetzer im Westen war Bereska vielerlei Pressionen ausgesetzt, denen er mit Zivilcourage, Opferbereitschaft und kluger List begegnete«, hat Georg Oswald Cott 1996 in seiner Laudatio anlässlich der Verleihung einer Sonderauszeichnung des Kulturpreises Schlesien des Landes Niedersachsen gesagt. Und er fuhr fort: »Was er wählte aus der polnischen Dichtung, war oft brisante Fracht, die er einschmuggelte unter den Argusaugen der ideologischen Wächter.« Kein Wunder, dass die Stasi ihn unter spezielle Beobachtung nahm und eine dicke Akte über ihn anlegte. Sie verhängte Reisesperren und sorgte dafür, dass seine eigenen Texte in der DDR nicht veröffentlicht werden durften. »Übe mit Feinden Nachsicht«, lautet einer seiner Aphorismen, »aber hoffe nicht, sie übten Nachsicht mit dir.« 1976 gehörte er zu den Unterzeichnern der Biermann-Petition, mit der Künstler und Intellektuelle gegen die Ausbürgerung des Liedermachers protestierten. Bereska sei ein Beispiel dafür, »wie man in der Diktatur kreativ sein kann, ohne sich nach der Fahne zu krümmen«, erklärte der Laudator Joachim Walther bei einer anderen Auszeichnung, der Verleihung des Hans-Sahl-Preises. Das Schreiben für die Schublade entmutigte Bereska nicht. Er konnte und durfte ja noch übersetzen. Er habe das Glück gehabt, in einem »mir unfreundlichen System einen Beruf ausgeübt zu haben, der mir Spaß machte und nützlich war«.

Dann fiel die Mauer, und Bereska konnte nachholen, was er so lange vermisst hatte: reisen, Vorträge halten, öffentlich diskutieren und publizieren. »Ich brauche keine listigen Manöver mehr, um Verbote zu umgehen«, freute er sich. »Die Zensur ist weg. Der Reiz der verbotenen Früchte fehlt zwar ein wenig, aber ich habe genug damit zu tun, Verlage zu überzeugen, gute polnische Autoren herauszugeben, die nicht gerade bestsellerverdächtig sind.« Vor allem konnte er seine eigenen Texte publizieren. *Berliner Spätlese*, *Lautloser Tag*, *Auf einem Berg aus Sand*, so heißen die Titel der Lyrikbände, die in den 90er-Jahren erschienen. Seine Aphorismensammlung veröffentlichte der Verlag Corvinus Presse unter dem nachdenklichen Satz: »Und wenn die mageren Jahre die fetten waren?« Im Vorwort schrieb Günter Kunert: »Der Aphoristiker ist stets in gereizter Stimmung, ständig verärgert, oft wütend, manchmal verzweifelt, doch niemals resignierend, denn er gibt nicht auf, gegen die unsäglichen Weltläufe seinen knapp gefassten Protest einzulegen.«

In den 90er-Jahren trafen sich polnische und deutsche Autoren auf dem »Poetendampfer«. Von der Oder, auf der das Schiff fuhr, handelt eines von Bereskas Gedichten. Nach den ersten Versen, die sich auf Berlin beziehen, heißt es: »Östlich davon der blutende Grenzfluss die Oder – Völker trennend. In der Mitte die scharf bewachte Trennlinie. Dichter, polnische, deutsche zogen am Fluss entlang, davon träumend, Fährmann zu sein – Lange Zeit ein vergeblicher Traum. Sperrig blieb für die Menschen der Fluss lange Zeit. Lange neidete ich Vögeln und Fischen das lockere Hin und Her. Nun aber fahre ich selber locker hinüber, herüber – Fährmann grenzenlos.« Henryk Bereska wurde mit Auszeichnungen überhäuft. Sie reichen vom Literaturpreis der polnischen Kulturstiftung und dem Brandenburger Kulturpreis über den Transatlantyk-Preis und das Bundesverdienstkreuz am Bande bis zum Kommandeurskreuz des Verdienstordens der Republik Polen. Am 14. April 2002 wurde ihm die Ehrendoktorwürde der Universität Breslau verliehen. In seiner Dankesrede sagte er: »Bei der Nennung der edlen Autorennamen musste ich mich selbst wundern: Diese habe ich übersetzt? Diese herausragenden Werke der polnischen Literatur? Ich muss ein glücklicher Mensch gewesen sein. Ein halbes Jahrhundert – mitten im Kalten Krieg und an einer drohenden Mauer wohnend, die die beiden Systeme trennte – habe ich etwas Sinnvolles, Grenzüberwindendes tun können. Welch Wunder!« Dann erzählte er, wie er als Zwanzigjähriger durch Breslaus Trümmerwüste in Richtung Westen gewandert war. Damals habe er lediglich die Zweisprachigkeit im Handgepäck gehabt, das Wissen um sein Nichtwissen und die Entschlossenheit, die Bildung nachzuholen und die Welt begreifen zu lernen. »Ich hätte mir nicht träumen lassen, dass diese Ruinenstadt jemals wieder eine blühende Metropole werden könnte. Welche schöpferische Energie müssen die Ansiedler, zumeist Vertriebene aus Ostpolen, aufgebracht haben, die Stadt nicht nur wohnlich, sondern zu einer bedeutenden Stätte polnischen und europäischen Geistes gemacht zu haben. Sie müssen von allen guten Geistern begleitet gewesen sein.«

Die Charta der Heimatvertriebenen

»Wir verzichten auf Rache und Vergeltung.« Kein Satz ist von Politikern und Sprechern der Heimatvertriebenen öfter zitiert worden als dieser. Kein Tag der Heimat, kein Treffen einer Landsmannschaft, auf denen in den offiziellen Ansprachen nicht auf diese Sätze verwiesen wurde. Seit mehr als 60 Jahren. Ob im Bundestag oder in Landesparlamenten, bei Wahlveranstaltungen oder wissenschaftlichen Tagungen – stets finden sich Redner, die an diese Worte erinnern. Die Passage ist eine Kernaussage der »Charta der deutschen Heimatvertriebenen«, die am 5. August 1950 bei einem Festakt im Kursaal von Stuttgart-Bad Cannstatt proklamiert und am Tag darauf bei einer Großkundgebung mit rund 150000 Teilnehmern am Platz vor der Ruine des Neuen Schlosses in der Landeshauptstadt der Öffentlichkeit vorgestellt wurde. Das Datum war mit Bedacht gewählt. Es sollte auch ein Tag des Protestes sein. Fünf Jahre zuvor hatten die Siegermächte des Zweiten Weltkriegs auf der Potsdamer Konferenz ein Protokoll ausgehandelt und veröffentlicht, das die »Westverschiebung« Polens bestätigte und die Vertreibung der Deutschen aus ihren heimatlichen Gebieten sanktionierte. Bei der Verkündigung der Charta stand Potsdam, wie es in einer BdV-Broschüre heißt, »ungenannt gewissermaßen am Pranger«.

Die Charta, die von den organisierten Heimatvertriebenen als ihr »Grundgesetz« betrachtet wird, hat viel Lob und Zustimmung, aber auch Kritik und Ablehnung erfahren. Sie wurde als »wegweisendes Dokument der deutschen Nachkriegsgeschichte« und als »beeindruckendes Zeugnis menschlicher Größe und Lernfähigkeit« gewürdigt. Bei runden Jubiläen überboten sich führende Repräsentanten des Staates mit Lob und Anerkennung. 1980 nannte der damalige Bundespräsident Karl Carstens die Charta ein Zeichen der Weisheit und des moralischen Engagements für eine bessere Zukunft. 1990 pries der christdemokratische Bundeskanzler Helmut Kohl den Friedenswillen der Verfasser: »Mir ist kein anderer Fall bekannt, in dem Menschen, denen ein so großes Unrecht zugefügt wurde, so früh und so klar jeden Gedanken an Rache und Vergeltung von sich gewiesen hätten.« Im Jahr 2000 bezeichnete Kohls sozialdemokratischer Amtsnachfolger Gerhard Schröder die Charta als ein Dokument der Versöhnung, mit dem die Vertriebenen radikalen Verirrungen eine Absage erteilt hätten. Und am 5. August 2010, 60 Jahre nach ihrer Verkündung, erhob Bundestagspräsident Norbert Lammert, CDU, die Charta bei einem Festakt in Stuttgart in den Rang eines »Gründungsdokuments der Bundesrepublik«.

»Der Wert unserer Charta lässt sich nur ermessen, wenn man sich in ihre Zeit hineinbegibt«, hat Erika Steinbach gesagt. Da möchte ich ihr nicht widersprechen. Der Krieg, das große Völkermorden, lag erst wenige Jahre zurück. Etwa zwölf Millionen Deutsche verloren ihre Heimat in den früheren Ostprovinzen und mussten westlich von Oder und Neiße neu anfangen. Für viele der Einheimischen waren sie unerwünschte Zuwanderer. Es herrschte dramatische Wohnungsnot. Viele der Vertriebenen lebten noch in Lagern und Behelfsunterkünften. Die Not im zerstückelten Restdeutschland war überall groß, aber am meisten litten die Entwurzelten aus dem Osten. »Wir werden durch harte, unermüdliche Arbeit teilnehmen am Wiederaufbau Deutschlands und Europas«, heißt es in der Charta. Was ist an dieser Selbstverpflichtung so außergewöhnlich? Es blieb den Vertriebenen – wollten sie nicht auf Dauer apathisch in Flüchtlingslagern campieren – doch gar nichts anderes übrig, als anzupacken und sich eine neue materielle Existenz zu schaffen. Sie waren hoch motiviert, Boden unter die Füße zu bekommen und die erlittenen Verluste auszugleichen. Mein Vater hat sich doch nicht abgerackert, weil er einer Verpflichtung von Funktionären gerecht werden wollte. Ich bin gar nicht sicher, ob er die Charta überhaupt gelesen hat. Er hat geschuftet, weil er die durch Krieg, Enteignung und Gefangenschaft verlorenen Jahre aufholen wollte. Die zunächst stigmatisierten Außenseiter brachten als geistiges Fluchtgepäck ihr Wissen und Können in die Nachkriegsgesellschaft ein. Ohne sie wäre das »Wirtschaftswunder« der 50er-Jahre kaum möglich gewesen. Die Integration von Millionen Flüchtlingen und Vertriebenen ist in der Tat eine Erfolgsgeschichte der alten Bundesrepublik.

Eine weitere Selbstverpflichtung war die mit allen Kräften zugesagte Unterstützung für die Schaffung eines geeinten Europas, »in dem die Völker ohne Furcht und Zwang leben können«. Es spricht für die Autoren, dass sie dieses inzwischen erreichte Ziel zu einer Zeit fixierten, als die Vision von einem Europa ohne Schlagbäume, aber mit eigenem Parlament, in den Programmen der deutschen Parteien noch nicht vorkam. Die wichtigste, zugleich umstrittenste Verpflichtungserklärung ist der Verzicht auf Rache und Vergeltung. Gewiss, der Gewaltanwendung abzuschwören hatte in der damals noch immer aufgeheizten Stimmung unter den Vertriebenen ein moralisches Gewicht. Es war Signal und Appell an das Millionenheer der Schicksalsgefährten, das Gefühl der Rache gar nicht erst zuzulassen und für das Recht auf Heimat nur mit friedlichen Mitteln zu kämpfen. Zugleich stellt sich aber die Frage, ob man auf etwas verzichten kann, was einem gar nicht zusteht. Einen Anspruch, das erlittene Unrecht an anderen Menschen zu vergelten, hatten die deutschen Heimatvertriebenen jedenfalls nicht. Als Kriegsverlierer wären sie dazu auch gar nicht in der Lage gewesen. Wie hätte denn die Vergeltung in einem Rechtsstaat ausgeübt werden sollen? In der Form von Selbstjustiz? An wem? Und wer wollte sie überhaupt? In meiner Familie und im Umkreis uns bekannter Heimatvertriebener war niemand, der von Rache und Vergeltung sprach. Je häufiger ich darüber nachdachte, desto mehr kam ich zur der Überzeugung, dass hier auf etwas verzichtet wurde, was weder gewollt noch zu verwirklichen war.

Die Autoren der Deklaration, die sich nicht als gewählte, sondern als »erwählte« Vertreter von Millionen Heimatvertriebenen verstanden, gaben nicht nur Versprechungen ab, sondern stellten auch Forderungen. Unter anderem: gleiches Recht als Staatsbürger nicht nur vor dem Gesetz, sondern auch in der Wirklichkeit des Alltags. Gerechte und sinnvolle Verteilung der Lasten des letzten Krieges auf das ganze deutsche Volk. Beide Verlangen wurden verwirklicht, durch eine vorbildliche Sozialgesetzgebung, durch den sogenannten Lastenausgleich und das Bundesvertriebenengesetz. Manche Sätze aus der Charta verursachen beim Lesen eher Beklemmung als Verständnis. »Gott hat die Menschen in ihre Heimat hineingestellt. Den Menschen mit Zwang von seiner Heimat trennen bedeutet, ihn im Geiste zu töten.« Es ist nicht allein die mit religiösen Begriffen überfrachtete Sprache, die mich irritiert. Ich kann auch nicht nachvollziehen, dass Zwangsaussiedlung in dieser absoluten Form mit mentalem Mord gleichgesetzt wird. Noch problematischer erscheint mir folgender Satz: »Die Völker der Welt sollen ihre Mitverantwortung am Schicksal der Heimatvertriebenen als der vom Leid dieser Zeit am schwersten Betroffenen empfinden.« Die deutschen Vertriebenen – am schwersten betroffen? Das konnten nur Leute schreiben, die ausschließlich auf sich selbst bezogen waren und die Naziopfer aus ihrem Bewusstsein ausblendeten. Kein Wort über den Holocaust, über die Ausrottung der polnischen Intelligenz, über die von Deutschen Vertriebenen, über Sinti und Roma, über die Kriegstoten. Diese Art isolierter Betrachtung stieß auch in den eigenen Reihen auf Widerspruch. »Wie so häufig verdrängt das eigene Leid die Wahrnehmung des Leidens Anderer«, monierte der Bundesvorsitzende der deutsch-baltischen Gesellschaft, Frank von Auer, im August 2010 in einem Beitrag für die *Süddeutsche Zeitung*.

Zum schärfsten Kritiker der Charta wurde ein Mann, den Erika Steinbach als Mitstreiter für ihr Projekt Zentrum gegen Vertreibungen gewonnen hatte. Ralph Giordano, der Überlebende des NS-Terrors, nannte die Deklaration der Vertriebenen »ein klassisches Zeugnis deutscher Verdrängungskünste«. Die apokalyptische Vorgeschichte der Vertreibung werde ausgeblendet. »Die Charta kappt jede Kausalität zwischen Ursache und Wirkung, ignoriert die Chronologie des Schreckens und exkulpiert damit die Primärverantwortlichen für Vertreibung und Heimatverlust – Hitler und das nationale Kollektiv seiner Anhänger.« Giordano berief sich auf den früheren Bundespräsidenten Richard von Weizsäcker. Der hatte in seiner Aufsehen erregenden Rede vom 8. Mai 1985 vor dem Bundestag davor gewarnt, die Ursache für Flucht, Vertreibung und Unfreiheit im Ende des Krieges zu sehen. »Sie liegt vielmehr in seinem Anfang und im Beginn jener Gewaltherrschaft, die zum Krieg führte. Wir dürfen den 8. Mai 1945 nicht vom 30. Januar 1933 trennen.«

Die Charta trägt 30 Unterschriften. Geleistet wurden sie nach der Feierstunde in der Villa Reitzenstein, dem Sitz des

Ministerpräsidenten. Außer den zehn Verfassern des Textes unterzeichneten auch Vertreter der Landsmannschaften und des Zentralverbands der vertriebenen Deutschen (ZvD), der Vorgängerorganisation des BdV. Dass unter ihnen auch etliche überzeugte Nazis, Antisemiten, ranghohe SS-Angehörige, Volksgruppenführer und »Umsiedlungskommissare« waren, hat der Charta einen Teil ihrer Glaubwürdigkeit genommen. Erika Steinbach hat das mit der Bemerkung abgetan, es habe in allen gesellschaftlichen Bereichen der jungen Bundesrepublik Personen gegeben, die vom NS-Regime geprägt oder gar Teil des Machtapparates gewesen seien. Die Organisationen der Vertriebenen machten da keine Ausnahme. Die Feststellung ist korrekt, aber sie verträgt sich schlecht mit dem Anspruch, ein Dokument der Versöhnung zu sein. Die Aufforderung von Ralph Giordano, die Charta neu zu fassen, hat die BdV-Präsidentin abgelehnt. »Ein solches Zeitdokument schreibt man nicht einfach um und übergibt es einem neuen Geist der Zeit.« Heute, so erklärte sie auf dem »Tag der Heimat« 2010, »würde auch ich manches anders formulieren – aber damals war das eine grandiose Leistung«. War sie das wirklich? Der Baltendeutsche Frank von Auer wertete das anders. »Die Charta wurde nicht erst in den Zeiten der Ostpolitik von Willy Brandt unzeitgemäß, sie war es bereits im Jahr ihrer Unterzeichnung.« Und: »Sie ist ein wichtiges historisches Dokument. Eine Wertegrundlage ist sie nicht.«

Klassentreffen

Im Mai 2008 erhielt ich einen Brief vom Bürgermeister der Stadt Siegen. Steffen Mues schrieb mir, er habe auf Anregung seines mit der Öffentlichkeitsarbeit betrauten Mitarbeiters einen Bericht in der *Berliner Zeitung* mit meinen Erinnerungen an die Zeit als DDR-Korrespondent gelesen. »Dass Sie lange Zeit im Siegerland gelebt haben und dort zur Schule gegangen sind, macht Sie für uns natürlich umso interessanter.« Dann kam er zur Sache. Seit Jahren versuche die Stadt Siegen die Feierstunde zum Tag der Deutschen Einheit immer wieder neu zu gestalten, um dem Auditorium verschiedene Sichtweisen auf dieses bedeutende geschichtliche Ereignis zu bieten. »Nun würde es hervorragend passen, einmal die Innenansicht eines Experten zu hören, gerne auch in einer anderen Form als einem klassischen Festvortrag.« Er könne sich mit Blick auf mein demnächst erscheinendes Buch *Der geduldete Klassenfeind* sowohl eine Lesung als auch eine Podiumsdiskussion vorstellen.

Ich war überrascht und fühlte mich zugleich geehrt. Journalisten bei Printmedien sind – von einigen prominenten Autoren abgesehen – im Vergleich zu ihren Kollegen von Hörfunk und Fernsehen in der breiten Öffentlichkeit wenig bekannt. In der Regel kennt man weder ihr Gesicht noch ihre Stimme. Ich hatte mich in der Rolle des Chronisten und Beobachters immer recht wohlgefühlt. Gelegentlich saß ich bei Diskussionsveranstaltungen mit anderen Teilnehmern auf dem Podium. Aber einen richtigen öffentlichen Auftritt hatte ich bis dahin noch nicht. Ich sagte zu und schlug vor, meine Lesung mit einem Gespräch zu verbinden, bei dem ich auf den Prozess der Wiedervereinigung und den aktuellen Stand der deutschen Einheit eingehen könnte.

Als ich am Morgen des 3. Oktober den Ratssaal betrat und zunächst in der ersten Reihe Platz nahm, war mir im Magen ein wenig flau. Alle Stühle waren besetzt. Helfer mussten sogar noch zusätzliche Sitzgelegenheiten bereitstellen. Neben den üblichen Honoratioren waren auch Verwandte, einige ehemalige Klassenkameraden und Nachbarn aus Krombach gekommen. Während das Philharmonische Quartett Mozart spielte, dachte ich daran, wie ich als Ferienvolontär der *Siegener Zeitung* bei Ratssitzungen neben dem Lokalchef gesessen hatte. Nicht als Berichterstatter, sondern als lernender Beobachter, der in die Feinheiten der Kommunalpolitik eingeführt werden sollte, eine Schulung, die mir später zugute kam. Fast fünf Jahrzehnte lag das zurück. Nie wäre mir damals in den Sinn gekommen, ich könnte einmal an diesem Ort im Mittelpunkt einer öffentlichen Veranstaltung stehen. Ich wurde als Journalist begrüßt, der in Breslau geboren wurde und nach Flucht und Vertreibung mit seiner Familie im südlichen Westfalen »ein neues Zuhause« gefunden hatte. Nur ein neues Zuhause, oder war es mehr? »Das ist für mich ein bewegender Moment«, sagte ich, bevor ich aus meinem Buch las. Das war keine Floskel, sondern Ausdruck meiner Empfindungen. Eine Mischung aus Sentimentalität, Freude und Dankbarkeit. Krombach und das Siegerland – das ist nicht nur Erinnerung an die Jugendzeit im Elternhaus. Mit beiden Namen verbinde ich auch Vertrautheit und Verwurzelung.

Gut zweieinhalb Jahre später erlebte ich erneut, welch tiefe Spuren das Siegerland in mir hinterlassen hat. An einem

Samstag zwei Wochen vor Ostern fuhr ich mit meiner Frau nach Siegen, um mit meinen Klassenkameraden das 50-jährige Jubiläum unseres Abiturs zu feiern. Auftakt der Zeitreise war ein Besuch in unserer alten »Penne«. Das noch vor dem Ersten Weltkrieg erbaute Hauptgebäude mit den großen Fenstern und der Aula im Obergeschoss war bereits 1975 abgebrochen worden. Das neue Oberstufengebäude und der naturwissenschaftliche Trakt samt Lichthof weckten bei mir keinerlei Emotionen. Die wurden erst dann virulent, als wir in die alte, 1929 errichtete Turnhalle kamen, das einzige Gebäude des Schulkomplexes, das wir noch aus unserer Zeit kannten. Da tauchten aus der Erinnerung Bilder auf, die sich mit Ängsten und Versagen verbinden. Ich war ein guter Leichtathlet, aber ein schlechter Turner. Ein Horrorgerät war für mich der Kasten. Über einen Bock zu grätschen schaffte ich noch. Aber wenn ich über den aus Einzelteilen zusammengesetzten Aufbau springen sollte, blieb ich entweder oben sitzen oder rutschte mit dem Po über die hintere, mit Leder bezogene Kante, dass es schmerzte. Sport in der Halle mochte ich nicht, es sei denn, wir spielten Basketball. Ein Blick auf den mit rotem Kunststoff beschichteten Spiel- und Sportplatz und die benachbarte Außensportanlage ließ mich daran denken, unter welch primitiven Bedingungen wir damals unsere Körper stählten. Unsere 100-Meter-Sprints absolvierten wir auf einer öffentlichen Straße. Für Mittel- und Langstreckenläufe wurde das »Viereck« benutzt, ein etwa 500 Meter langer Straßenkurs, der um die Schulgebäude herumführte.

Das eigentliche Klassentreffen fand in einem Hotel statt. Im »Backes«, einem rustikalem Gastraum, ließen wir die unvergesslichen Bilder aus unserer Schulzeit Revue passieren. Zwei unserer Mitschüler waren gestorben, vier konnten oder wollten nicht kommen. Das Gros der Klasse aber war nebst Ehepartner zur Erinnerungsfeier erschienen. An einer der Wände hing ein Siegerländer Spruch: »he rücke mir zosame«. Der Ermunterung, zusammenzurücken, hätte es nicht bedurft. Wir hockten eng beieinander, aßen, tranken, schwatzten und lachten viel. Vor allem beim Betrachten alter Aufnahmen. »Da hatte ich noch Haare.« »Da, der Lumpi.« »Guck mal, der schöne Willi.« Gemeint waren Lehrer. Kommentare und Wortfetzen schwirrten durch den Raum. Es waren köstliche Augenblicke der Erinnerung. Ehrengast war unser alter Deutschlehrer, der uns nicht nur die deutschen Klassiker, sondern auch zeitgenössische Autoren wie Heinrich Böll nahegebracht hatte. Hans Adolf, unser Klassensprecher, den wir wie zu Schulzeiten wegen seiner Größe nur den »Langen« nannten, hatte sich bei der Leitung des Gymnasiums darum bemüht, unsere Abiturarbeiten zu bekommen. Doch die hielt die Schule aus Gründen des Datenschutzes unter Verschluss. Dennoch kam er nicht mit leeren Händen. Jedem Mitschüler übergab er ein verschlossenes, mit dem jeweiligen Namen beschriftetes Couvert.

Ich öffnete es und zog acht eng beschriebene Blätter heraus. Ein Text mit meiner Handschrift, datiert vom 1. November 1960. Adressat war der Prüfungsausschuss des Gymnasiums. »Hiermit melde ich mich zur Reifeprüfung Ostern 1961«, las ich. Vor mir lag die Kopie meines Antrags auf Zulassung zur Abiturprüfung in Form meines Lebenslaufes. Dass ich Monate vor der mündlichen und schriftlichen Prüfung ein derartiges Gesuch geschrieben hatte, war mir total aus dem Gedächtnis entglitten. Ich staunte nicht nur über meine schöne Handschrift, sondern auch über manche Passage. Über die Zeit in Sümmern schrieb ich: »Obwohl ich als Ältester meiner Mutter sehr zur Hand gehen musste und eine Reihe von Pflichten hatte, blieb mir dennoch genügend Freizeit, zumal mir die Schule sehr leichtfiel.« Und weiter: »Durch Kampfspiele mit gleichaltrigen Kameraden in den nahen Wäldern und durch sportliche Betätigung überwand ich meine durch die Fluchterlebnisse bedingte Ängstlichkeit, Schüchternheit und andere Hemmungen.« Auch diese Einsicht war mir nicht mehr präsent. Immerhin hatte ich schon früh gewusst, womit ich später mein Geld verdienen wollte: »Meine Berufswünsche sind zwar noch nicht ganz klar, laufen aber alle in eine Richtung. Die Entscheidung kann nur zwischen Journalist, Publizist oder Theaterwissenschaftler, Dramaturg liegen. Auf dieses Ziel arbeite ich schon längere Zeit hin.« Es war ein großer Spaß, als wir uns an diesem Jubiläumstag gegenseitig Auszüge aus unseren jungen Lebensläufen vorlasen.

Bei unserem Besuch in der Schule lag eine Festschrift zur 75-Jahr-Feier des Gymnasiums im Jahr 1989 aus. Die war zwar nicht mehr aktuell, aber sie vermittelte doch einen gut dokumentierten Überblick zur Schulgeschichte. Ein Exemplar nahm ich mit nach Hause. Ich fand darin unter anderem Fotos und Personalangaben zum Lehrerkollegium, die Namenslisten von Abiturienten aller Jahrgänge und Berichte zur Baugeschichte. Einige Absolventen hatten Artikel über ihre Vita beigesteuert. Auch ich war mit einem Beitrag vertreten. Beim Durchblättern blieb ich bei einem Text mit der Überschrift hängen: »Nicht in der Heimat, aber doch zu Hause.« Geschrieben hatte ihn Erdem O., ein Sohn türkischer Eltern. Der junge Mann ist 1968 in Deutschland geboren und hatte 1987 am Fürst-Johann-Moritz-Gymnasium Abitur gemacht. »Soziologen würden mich wohl als Ausländer der zweiten Generation einordnen«, schrieb er. »Eine Klassifizierung, die verbirgt, dass mein Ausländersein stärker in den Köpfen einiger Deutscher festgefahren ist als in meiner Herkunft und persönlichen Kultur. Ausländer ist man nicht allein durch seine Andersartigkeit, man wird dazu gemacht.«

Erdem schilderte aus seinen neun Jahren am »Fürst« Vorfälle, bei denen er an seine »Andersartigkeit« erinnert wurde. Da sei in der fünften Klasse ein Lehrer gewesen, »der mein – in seinen Augen – unangemessenes, weil ungestümes Verhalten auf meine Herkunft zurückführte«. Nach dem ersten Elternsprechtag und dem Erstaunen über seine Mutter habe sich das Verhältnis gebessert. »Ob er wohl als einziger Lehrer überrascht war, anstelle einer verschleierten, deutsch radebrechenden und zagen Frau eine modisch gekleidete und nicht eingeschüchtert auftretende Dame als türkische Mutter zu erleben?« In einem anderen Fall habe die Mutter eines Freundes sich besorgt nach der Person erkundigt, als der Sohn erstmals von seinem türkischen Freund erzählte. Es habe sie anscheinend beruhigt, als sie erfuhr, er sei Arztsohn. Am schlimmsten sei gewesen, dass seine damalige Freundin von Mitschülern beschimpft worden sei, weil sie einen Türken als Freund habe. »Ich habe mich ohnmächtig gefühlt«, schrieb Erdem, »als sie einige Zeit später weinend bei mir ihr Herz ausschüttete.«

Diese Erlebnisse hätten ihn nicht davon abgehalten, sich in Siegen zu Hause zu fühlen. Allerdings hätten die wenigen unerfreulichen Vorfälle gereicht, um ihm klarzumachen, »dass ich hier in Deutschland leichter ausgegrenzt werden kann als andere«. Und er wisse nicht, ob ein anderer mehr zu berichten hätte, der aus einer anderen sozialen Schicht käme, der am Anfang nicht der einzige Ausländer in der Klasse war, der in einer Stadt mit höherer Arbeitslosenquote als Siegen zur Schule ginge und dessen Eltern nicht schon so früh seine Schullaufbahn unterstützen. »Ich fühle mich hier zu Hause, aber meine Heimat ist dies nicht«, schloss Erdem seinen Namensartikel. »Ich weiß noch nicht, wo ich später leben werde, ob ich mich überhaupt nur für eine Kultur entscheiden kann. Denn beide bedeuten mir viel. In zwei Kulturen aufzuwachsen lässt mich nicht zwangsläufig zwischen den Stühlen sitzen. Es kann auch eine Chance sein.« Sein Bekenntnis führte mir vor Augen, mit welchen Konflikten die Nachkommen von Einwanderern konfrontiert werden. Konflikte, die wir in unserer Jugend nicht kannten. Um sich heimisch zu fühlen, genügt es offenbar nicht, irgendwo in Deutschland zu Hause zu sein, ein Stück Land oder eine Immobilie zu besitzen. Man muss auch, um einen Ort als Heimat zu empfinden, von den Menschen seiner Umgebung angenommen werden.

Spurensuche im »Haus Schlesien«

An einem Apriltag 2011, kurz vor Palmsonntag, fuhr ich mit meinem Auto über Görlitz nach Polen. Mein Ziel war Lubomierz, das einstige Liebenthal. Früher war hinter der Stadtbrücke über die Neiße die Grenzkontrolle. Nun, im vereinten Europa, passierten deutsche und polnische Wagen den Übergang in der »Schlesischen Europastadt Görlitz/Zgorzelec« ohne Halt. Als ich die zahlreichen Einkaufszentren und Baumärkte am östlichen Stadtrand hinter mir hatte, genoss ich den Anblick der hügeligen, von Feldern, Wäldern, Wiesen und Dörfern durchzogenen Landschaft. Rechts von mir schaute ich auf die noch mit Schnee bedeckten Berge des Isergebirges. Hier, über diese Straße, so ging mir durch den Kopf, bin ich vor 66 Jahren gelaufen. Damals war sie schmaler, noch nicht so gut ausgebaut wie die heutige polnische Fernstraße 30 in Richtung Jelenia Gora, auf Deutsch Hirschberg. Hinter Greiffenberg achtete ich auf die Hinweisschilder. Nach ein paar Kilometern bog ich nach links ab und sah kurz darauf Lubomierz vor mir liegen. Über die Dächer des Städtchens zwischen den Flüssen Bober und Queis ragte der Turm der Klosterkirche.

Ich parkte meinen Wagen auf dem Marktplatz, suchte mir unterhalb des Rathauses eine freie Bank, schaute auf den Maternus-Brunnen und die pastellfarben gestrichenen Häuserfassaden mit den darunterliegenden Laubengängen und versuchte mich zu erinnern. Es fiel mir schwer. Als Sechsjähriger hatte ich in dem Jahr unseres Aufenthalts nur wenige Bilder in meinem Gedächtnis gespeichert. Bei anderen war ich nicht sicher, ob ich sie selbst wahrgenommen hatte oder ob sie lediglich auf Erzählungen beruhten. Wenn man einen Vorgang oft genug hört, glaubt man letztlich, ihn erlebt zu haben. Am Markt sah ich nur wenige Geschäfte, darunter zwei Blumenläden und einen Lebensmittelladen. Als wir hier gelebt hatten, waren es mehr gewesen. In einer Bäckerei, die damals noch der deutsche Besitzer führte, hatte ich eine Doppelsemmel geschenkt bekommen zu meinem sechsten Geburtstag. Ich weiß noch, dass ich mich darüber sehr gefreut habe. Aus einer Kneipe ertönte Beatmusik. Auf einer anderen Bank saßen drei jugendliche Biertrinker. Ein paar alte Männer standen unter den Laubengängen und langweilten sich. Als mich eine ältere Frau auf Polnisch ansprach und ich auf Deutsch antworte, wandte sie sich ab.

Ich stand auf und begab mich auf Spurensuche. In einem Schaukasten hingen alte Fotos aus deutscher Zeit. Liebenthals Vergangenheit wird den polnischen Bewohnern nicht vorenthalten. Die Ortschronik informiert darüber, dass das Städtchen 1885 einen Eisenbahnanschluss bekommen hat, dass der Ort schon vor dem Ersten Weltkrieg elektrischen Strom hatte und dass es mehrere Schulen und eine katholische Lehrerbildungsanstalt gab.

Über steile Gassen und Treppen stieg ich hinauf zur barocken Klosterkirche. Die Tür war offen. Aus dem Inneren schallte Gesang. Dann wanderte ich zum ehemaligen evangelischen Gotteshaus. Ich suchte die Villa des Sägewerkbesitzers und das Gartenhaus, in dem wir gewohnt hatten, aber ich fand es nicht. Ich ging am Dorfbach entlang zum Sportplatz. An den Wasserlauf konnte ich mich erinnern, auch daran, dass meine Mutter dort Wäsche gewaschen hatte. Die einzelnen Gedächtnisfetzen fügten sich zu keinem vollständigen Bild. Ich lief die Bahnhofstraße entlang bis zur ehemaligen Eisenbahnstation. Die Gleise waren zugewachsen. Hier fuhr schon lange kein Zug mehr. Liebenthal hatte sich seit unserer Vertreibung äußerlich wenig verändert. Ein paar alte Häuser waren abgerissen worden, etliche neue dazugekommen. Was suchte ich eigentlich hier, in dieser polnischen Kleinstadt? Die Welt des sechsjährigen Jungen? Ich setzte mich ins Auto und fuhr aus Liebenthal hinaus, über schmale, gewundene Feldwege. Hin und wieder hielt ich an, stieg aus, schaute auf die sanfte Hügellandschaft, die Felder, Wiesen und die verstreut liegenden Bauernhöfe. Ich hatte gefunden, was ich gesucht hatte, etwas, was sich in mir als vertraut festgesetzt hatte. Welch eine schöne, liebliche Landschaft, dachte ich.

Mitten im rheinischen Siebengebirge, in dem zur Stadt Königswinter gehörenden Ortsteil Heisterbacherrott, liegt ein Stück Schlesien. Vor dem Haupthaus des als Viereck angelegten Gebäudeensembles steht, flankiert von Fahnen in den weiß-gelben schlesischen Landesfarben, auf einem Granitsockel eine Büste von Gerhart Hauptmann. Durch zwei Torbögen gelangen Besucher in den von Kastanien und Linden überschatteten Innenhof. Die ihn begrenzenden Häuser tragen die Namen schlesischer Städte, Flüsse und Landschaften – Breslau, Glatz, Oder, Riesengebirge, Schlesische Lausitz. Als der Verein »Haus Schlesien« im Jahr 1978 den einstigen Fronhof der Zisterzienserabtei Heisterbach mit 12 000 Quadratmetern Grund von der Stadt erwarb, waren die denkmalgeschützten Gebäude – Herrenhaus, Nebengebäude, Stallungen, Scheune – in einem schlechten Zustand. Inzwischen sind alle Bauten längst instand gesetzt und dienen Schlesiern und ihren in- und ausländischen Gästen als Begegnungsstätte. Auch die Bundesgeschäftsstelle der Schlesischen Landsmannschaft hat in einem Seitenflügel ihren Sitz.

In einem Landeskundemuseum sind schlesische Exponate ausgestellt, von Möbeln und Textilien über Zinn- und Silberschmiedearbeiten bis zu Porzellan und Fayencen. Es gibt einen Eichendorff-Saal, einen Saal Menzel, Seminarräume und Gästezimmer. Im Naumslauer Stübl werden Bücher, Postkarten und Souvenirartikel zum Kauf angeboten. Und im Restaurant »Rübezahl Stube«, dessen holzgetäfelte Wände mit schlesischen Städtewappen geschmückt sind, stehen schlesische Spezialitäten auf der Speisekarte, Schlesisches Himmelreich, selbst gemachte Wellwürste und Weißwürste in Pfefferkuchensauce. Schlesien ist auf diesem ehemaligen Landwirtschaftsgelände allgegenwärtig. Mit einer Glocke, die im Hof aufgestellt wurde. Mit Pflanzen im Garten, die Schlesier von ihren Besuchen in der alten Heimat mitgebracht haben. Selbst das Material einer Natursteinmauer vor dem linken Eingang stammt aus Schlesien. Granit aus einem Steinbruch in Häslicht, gestiftet von einem polnischen Unternehmer, der mit dem Vereinspräsidenten befreundet ist.

Die Bibliothek im ersten Stock des Hauptgebäudes umfasst rund 25 000 Bände zu schlesischen Themen aller Art, dazu eine riesige Menge Archivmaterial. Ich hatte mich angemeldet, um zu recherchieren, über die Deutschlandtreffen der Schlesier und über Liebenthal. Nach meinem wenig ergiebigen Besuch dort hoffte ich hier fündig zu werden. Eine Mitarbeiterin stellte mir einen Karton mit den bestellten Unterlagen auf den Tisch. Darunter die Festschrift »700 Jahre Liebenthal 1278–1978«, herausgegeben vom Heimatbund Kreis Löwenberg e.V. Ich vertiefte mich in Erlebnisberichte von Zeitzeugen aus den Jahren 1945/46. Über die organisierte Vertreibung hatte ein Chronist geschrieben: »Am 9. Juli 1946 war es so weit. Der erste Transport ging in den Landkreis Iserlohn.« Genau dorthin, wo meine Mutter mit uns Kindern eine erste Bleibe gefunden hatte. Vermutlich waren wir sogar in demselben Zug. »In wenigen Tagen waren die vertriebenen Liebenthaler im ganzen Landkreis verstreut«, schrieb der Zeitzeuge weiter. »Man hatte das Bedürfnis, hier in der Fremde von Zeit zu Zeit zusammenzukommen, um Erfahrungen und Nöte auszutauschen.« Bald traf man sich jeden ersten Samstag im Monat, später im Mai und Oktober jedes Jahres in den Orten Letmathe und Schwerte, seit den 70er-Jahren abwechselnd in Dortmund und in Bernau im Schwarzwald. Hat meine Mutter davon nichts gewusst? Oder hat sie Einladungen ignoriert? Ich habe nie bemerkt, dass sie während unserer Zeit in Sümmern an einem dieser Treffen teilgenommen hat. Sie hat davon auch nichts erzählt.

Ein Lehrer, mit dem sie im Briefwechsel stand, hatte ein Anschriftenverzeichnis der früheren Einwohner von Liebenthal erstellt. Ich ließ mir vom Heimatbund Kreis Löwenberg einige Namen und Telefonnummern geben. Ich wollte von Zeitzeugen mehr erfahren. Zum Beispiel ob es stimme, dass sich polnische Neubürger und russische Soldaten im einzigen Kino des Städtchens um die besten Plätze gestritten hätten, ob es zutreffe, dass Deutsche bei der sowjetischen Kommandantur – oft sogar mit Erfolg – um Hilfe gegenüber polnischen Plünderern gebeten hätten. Auch hätte ich gerne gewusst, ob man ausschließlich mit polnischen Zloty zahlen musste oder ob noch deutsche Währung akzeptiert wurde. »Das weiß ich nicht, das ist schon so lange her«, bekam ich zur Antwort. Dann nannten die alten Liebenthaler Namen von Leuten, die sich vielleicht hätten erinnern können. Aber die seien leider tot.

Beim Schlesiertreffen im Juni 2011 suchte ich weiter. Ich fand den Tisch in der Hannoveraner Messehalle, der den Bewohnern des früheren Kreises Löwenberg als Treffpunkt diente. Da saßen etliche Leute, aber keine Liebenthaler. Die seien auch beim letzten Mal nicht da gewesen, sagte der

Vorsitzende. Und warum nicht? Die Antwort konnte ich dem Mitteilungsblatt *Löwenberger Heimatgrüße* entnehmen: »Die Mitgliederentwicklung ist weiter rückläufig. Nach heutigem Stand gehören noch 584 Personen dem Heimatbund an. Diese Zahl wird sich leider fortlaufend verringern. Neben den zehn verstorbenen Mitgliedern beendeten im Berichtszeitraum 22 Mitglieder ihre Mitgliedschaft mittels Austrittserklärung bzw. wegen vielfältiger anderer Gründe, oftmals schwere Krankheiten, Altersdemenz, Pflegefall, die im Einvernehmen mit Angehörigen und Vormündern gestrichen wurde.« Die Meldung bezog sich zwar auf den gesamten Kreis Löwenberg, aber die dargelegten Gründe ließen sich auch auf die nicht anwesenden Liebenthaler übertragen. Vor zehn oder 15 Jahren hätte ich vielleicht noch präzise Auskünfte bekommen. Das war nun vorbei. Wieder einmal wurde mir bewusst, dass ich mit meinen Recherchen zu spät begonnen hatte.

Am nächsten Tag konzentrierte ich mich in der Bibliothek auf die Treffen der Landsmannschaft. Die Begleithefte, die mir die Bibliothek zur Ansicht anvertraute, bedurften behutsamster Behandlung. Sie waren nicht nur vergilbt, sondern an manchen Stellen eingerissen und leicht zerfleddert. Vorsichtig wendete ich Seite um Seite. »Schlesien, deutsch und ungeteilt« lautete das Motto der Zusammenkunft im Juli 1954 in Frankfurt am Main. Das Mammuttreffen mit mehr als 200 000 Teilnehmern war ein politisch-gesellschaftliches Ereignis ersten Ranges. Für vier Tage dominierten die Vertriebenen das Stadtbild. Flaggen Schlesiens und der schlesischen Grafschaften säumten mit den Fahnen der Bundesrepublik die großen Straßen. Der »Frankfurter Wecker«, die beliebte, frühmorgendliche Hörfunksendung des Hessischen Rundfunks, gestaltete das Programm unter Mitwirkung des Humoristen Ludwig Manfred Lommel »im schlesischen Stil«. Die Olympia-Lichtspiele, früher Ottmachau-Schweidnitz, zeigten in einem Sonderprogramm den Spielfilm »Waldwinter« nach dem Roman des schlesischen Schriftstellers Paul Keller. Und bei einer abendlichen Kundgebung auf dem »Römer« trugen schlesische Jungen und Mädchen unter den Klängen eines Spielmannszuges schlesische Fahnen und Wappen schlesischer Städte auf den von Fackeln erleuchteten Platz. »Schlesier! Wir empfehlen euch die Geschäfte und Lokale in Frankfurt, die an ihren Schaufenstern ›Rübezahl-Plaketten‹ aufweisen«, las ich in einer Annonce im Programmheft.

Nimmt man die diversen Grußworte für bare Münze, dann waren die Schlesier in der Main-Metropole respektiert und willkommen. Schirmherr war der hessische Ministerpräsident Georg August Zinn, ein Sozialdemokrat. Sein Parteifreund, Oberbürgermeister Walter Kolb, versprach den Schlesiern: »Wir wollen mit euch immer wieder das Recht auf die Heimat fordern. Eines Tages wird dieser Ruf doch seine Erfüllung finden.« Jakob Kaiser, der christdemokratische Bundesminister für gesamtdeutsche Fragen, hatte ebenfalls aufmunternde Sätze parat: »Alle jene, die darauf hofften, dass die Heimatliebe auf die Dauer doch an Kraft verlieren würde, müssen erleben, dass selbst ein Jahrzehnt erzwungener Trennung die Heimatverbundenheit der Schlesier nicht mindern konnte. Für uns, die wir wissen, dass die Schlesier stets zu den treuesten Söhnen des deutschen Volkes gehörten, ist das nicht überraschend.« Da mochte auch Vertriebenenminister Theodor Oberländer, dessen parteipolitischer Weg von der NSDAP über den Bund Heimatloser und Entrechteter (BHE) bis zur CDU führte, mit seinem Grußwort nicht nachstehen. »Das harte Schicksal der Vertreibung hat den zähen Erhaltungswillen der Schlesier nicht gebrochen. Sie haben sich auch in Westdeutschland mit ihrem Fleiß und ihrer Tatkraft wieder durchgesetzt.« Dem »Ehrenausschuss« des Treffens gehörten außer den Funktionären Minister aus Bund und Ländern, Professoren, Bürgermeister, Bischöfe und Diplomaten an.

Frankfurt, Hannover, Köln, München – die Städte der Schlesiertreffen wechselten, aber die Reden ihrer Sprecher blieben über Jahrzehnte in Argumentation und Tonfall gleich. »Wir appellieren unmittelbar an das Weltgewissen, um es aufzurütteln und auf die Wiedergutmachung des uns zugefügten schweren Unrechts ernst und eindringlich hinzuweisen.« »Die deutschen Ostgebiete müssen unbedingt der polnischen Verwaltung entzogen und wieder unter deutsche Verwaltung gestellt werden.« »Schlesien gehört den Schlesiern. Und da wir Schlesier Deutsche sind, gehört es auch Deutschland, sonst keinem anderen auf dieser Welt.« »Wir Deutschen haben uns mit dem Raub deutschen Landes nicht abgefunden.« Sätze wie diese durchzogen die Reden der Vorsitzenden, ob sie nun Rinke, Schellhaus oder Hupka hießen. Bei der Lektüre mancher Passagen habe ich den Kopf geschüttelt. Im Programmheft zum Schlesiertreffen 1961 in Hannover fand ich ein Interview mit einem Vertreter der Schlesischen Jugend. Auf die Frage, was mit den jetzt in Schlesien lebenden Polen passiere, wenn die deutschen Schlesier zurückkehrten, antwortete er: »Wir wissen, dass es viele Polen gibt, die sicher viel zu gern und vielleicht sogar sehr rasch auch in ihre Heimat zurückmöchten. Ein großer Teil der Bevölkerung wird also Schlesien wieder verlassen wollen. Man sollte es nur einmal probieren. Es wird Möglichkeiten geben, sich mit dem Rest zu einigen. Auch vor 700 Jahren gab es kleine Siedlungen, die bestehen blieben, und die Menschen dort lernten von den deutschen Einwanderern und hatten dadurch nur Vorteile.«

War der junge Mann wirklich so naiv? Glaubte er ernsthaft, die Sowjetunion würde sich aus den einst ostpolnischen Gebieten wieder zurückziehen? Oder sprach aus ihm die Anmaßung älterer Funktionäre, die nach einer Wiedereingliederung Schlesiens unter deutscher Hoheit auf eine erneute Vertreibung gnädig verzichten wollten? Ich fürchte, dass Letzteres zutrifft. Ganz ähnlich wurde zu dieser Zeit auch in offiziellen Verlautbarungen des BdV formuliert. In einer Broschüre aus dem Jahr 1965, die den Mitgliedern Argumentationshilfe geben sollte, gaben die Autoren auf die skeptische Frage, ob Polen die deutschen Ostgebiete wieder herausgeben würde, folgende Antwort: »Ob die Mehrheit der polnischen Bevölkerung bereit ist oder nicht, unsere Ostgebiete freiwillig zurückzugeben, ist für die Rechtslage ohne Bedeutung. Diese Gebiete sind Teile Deutschlands, daran ist nicht zu rütteln. Wenn die Mehrheit der polnischen Bevölkerung nach 20-jähriger gezielter Propaganda der Meinung sein sollte, sie sei rechtmäßiger Besitzer, muss sie sachlich über ihren Irrtum aufgeklärt werden.« Wer so dachte und schrieb, brauchte sich nicht zu wundern, dass die kommunistische Agitation gegen westdeutsche »Revanchisten« in Polen auf fruchtbaren Boden fiel.

Nach etlichen Stunden Lektüre in der Bibliothek war mir klar: Die Auslassungen der Vertriebenensprecher und anderer Vertreter der Landsmannschaft wiederholten sich. Immer dieselben Tatbestände wurden beklagt, dieselben Forderungen erhoben, dieselben Bekenntnisse abgegeben. Das Lesen wurde langweilig. Trotzdem machte ich weiter. Es hätte ja sein können, dass ich etwas Interessantes übersah. Da fiel mein Blick auf einen Artikel im Vorfeld des Schlesiertreffens 1969 in Hannover mit der Überschrift: »Unsere Meinung über die öffentliche Meinung.« Es war eine Abrechnung mit einem Teil der bundesdeutschen Medien, von denen sich die organisierten Heimatvertriebenen verkannt und verleumdet fühlten. Der Autor rief seine schlesischen Landsleute auf, »sich gegen die wachsende innerdeutsche Aufweichung zur Wehr zu setzen« und häufiger den Mut aufzubringen, »offen zu sagen, dass die Freiheit der Meinungsäußerung in der Demokratie nicht politische Narrenfreiheit bedeutet und auch nicht Freiheit der nationalen Würdelosigkeit. Angesichts östlicher Herausforderungen und westlicher Verwirrung kann unser Volk sich solchen intellektuellen Luxus auf die Dauer wohl nicht leisten.«

Wer damit konkret gemeint war, blieb offen. Namen wurden nicht genannt. Dennoch wurde deutlich, dass sich der Ärger vornehmlich gegen Journalisten und Publizisten in öffentlich-rechtlichen Rundfunkanstalten richtete. Das Bild, das sie von den Vertriebenen zeichneten, sei von Unkenntnis und Vorurteilen geprägt. Der Autor führte das angebliche Zerrbild der Vertriebenen nicht nur auf »eine fast krankhaft übersteigerte publizistische Eitelkeit« einzelner Journalisten zurück, sondern vermutete in den Etagen von Hörfunk und Fernsehen »eine gewisse Art von Sprachregelung, hinter der offensichtlich mehr steckt als nur das gedankenarme Klischee«. Schließlich ließ der Mann die Katze aus dem verbalen Sack: »Wir meinen, dass jegliche politische Diskussion, besonders, wenn sie die ungelösten Fragen der Nation betrifft, frei bleiben muss von den Verwirrungen moderner Opportunisten.« Im Klartext: Zensur muss her. Das also verstand der Vertriebenenlobbyist unter Pressefreiheit.

Einer, den vertriebene Schlesier am liebsten vom Bildschirm verbannt hätten, war der Fernsehjournalist Jürgen Neven-du Mont. Der 1921 in München geborene Autor und Regisseur hatte in einer TV-Reportage für den NDR mit dem Titel »Polen in Breslau« Menschen porträtiert, die die Stadt an der Oder als ihre Heimat betrachteten, unter ihnen eine junge Arbeiterfamilie, eine Säuglingsschwester, der Oberbürgermeister und der Rektor der Universität. In den Mittelpunkt seiner Dokumentation stellte er die Aufbauleistung der polnischen Bürger. In der am 7. Mai 1963 in der ARD ausgestrahlten Sendung hieß es: »Die alte deutsche Stadt Breslau ist seit 18 Jahren von Polen bewohnt. Die Steine dieser Stadt scheinen noch immer deutsch zu sprechen, aber die Häuser sind von polnischen Händen wiederaufgebaut worden.«

Gegen den Fernsehbeitrag und seinen Autor erhob sich ein Sturm der Entrüstung. Sprecher der Landsmannschaften und des Dachverbandes warfen Neven-du Mont Einseitigkeit zugunsten Polens vor. Seine Darstellung sei nicht dazu angetan, »dem Zuschauer ein Bild von der Wirklichkeit unter dem kommunistischen Regime zu geben«. BdV-Präsident Hans Krüger, CDU, rügte, dass eine deutsche Fernsehanstalt »mit deutschem Geld, das von deutschen Fernseh- und Rundfunkteilnehmern aufgebracht wurde«, einen propagandistischen Filmbericht zeige, »um sich dafür hohes Lob von dem kommunistischen Regime in Warschau einzuhandeln«. Diese Sendung habe der deutschen Politik nicht genützt. Verlautbarungen aus dem Kreis der Empörten gipfelten in der Drohung, man sei nicht gewillt, sich »dem Meinungsdiktat des Fernsehens zu unterwerfen«. Jürgen Neven-du Mont hatte seine Dokumentation mit den Sätzen beendet: »In alten deutschen Kirchen wird polnisch gesungen und gepredigt. Jeden Tag werden polnische Kinder in Breslau getauft. Und wir können nicht verhindern, dass sie die Stadt lieben werden, in der sie geboren sind, in der sie aufwachsen. Die Kinder haben keine Schuld an dem Unrecht, das in der Vergangenheit geschah. Ohne Hitler und die Seinen, ohne jene, die ihm folgten, die nur schwiegen, würde man hier deutsche Lieder singen, und Breslaus Bürger wären deutsch.« Besser kann man die Situation kaum beschreiben.

Einen Monat nach der Ausstrahlung dieses Films fand in Köln das Deutschlandtreffen der Schlesier statt. Zur

Berichterstattung über die Hauptkundgebung war auch Neven-du Mont mit einem TV-Team des NDR erschienen. Die Veranstalter hatten angekündigt, ihm eine gebührende Antwort auf seine Breslau-Sendung zu erteilen. Vor der Ehrentribüne war ein Transparent in polnischer Sprache gespannt, dessen Text auf Deutsch lautete: »Guten Tag, Herr Neven-du Mont, stets Ihr Gomulka.« Auf anderen Spruchbändern war zu lesen: »Keinen Pfennig mehr für polnisches Fernsehen in Hamburg.« Und: »Wir lassen Schlesien nicht verkaufen.« In Anwesenheit von Bundeskanzler Konrad Adenauer und des Berliner Regierenden Bürgermeisters Willy Brandt machte Landsmannschaftssprecher Erich Schellhaus gegen den Fernsehjournalisten Stimmung. Sein Film sei eine Aneinanderreihung tendenziös verbrämter Halbwahrheiten, der gefährliche Lügen verbreite, ein schändlicher Missbrauch des Fernsehens, das als öffentlich-rechtliche Anstalt mit einer Monopolstellung zu Objektivität und lauterer Wahrheit sittlich verpflichtet sei.

Was dann geschah, haben Reporter westdeutscher Tageszeitungen wie *Frankfurter Rundschau*, *Neue Rhein-Ruhr-Zeitung* und *Kölner Stadt-Anzeiger* detailliert beschrieben. Kaum hatte Schellhaus seine die Stimmung aufheizende Rede beendet, da brach ein Tumult los. Aufgebrachte Teilnehmer der Kundgebung schrien »Nieder mit Neven-du Mont«. Mit erhobenen Fäusten schmähten sie den Fernsehmann, der mit seinem Team auf einem Podest stand. »Runter mit dem Schwein«, »schickt den Kerl nach Polen«, »Kommunistenschwein«. Einer brüllte gar: »Totschlagen.« Eine Gruppe von Mitgliedern der Schlesischen Jugend rückte zusammen mit einigen Erwachsenen auf das Podest los und versuchte offenbar, es zu stürmen. Polizisten schirmten den Journalisten und sein Team vor dem aufgebrachten Mob ab und brachten die Verfemten in Sicherheit. »Hängt sie auf«, schrie ihnen ein Hitzkopf nach. »Minuten später, und wir wären der Menge nicht mehr Herr geworden«, zitierte einer der Berichterstatter einen Kriminalbeamten.

Die Randalierer waren eine kleine Minderheit. Der Großteil der Zuhörer verfolgte die Vorgänge irritiert bis peinlich berührt. Viele hatten bereits vor der Rede von Schellhaus die Halle verlassen und waren zum Mittagessen gegangen. Die öffentliche Wirkung aber war für die Veranstalter fatal. »Was dort offenbar wurde, war ein Wiederaufleben des SA-Stiles. So erledigte man im Dritten Reich politische Gegner«, schrieb ein leitender Redakteur im *Kölner Stadt-Anzeiger*. Niemand werde dem Ausland klarmachen können, dass nur einige dumme Burschen außer Kontrolle geraten seien. »Dieser neudeutsche Stil ist die Folge einer Politik der Halbwahrheiten, die wir seit 1949 betreiben. Er ist die Folge mangelhafter Information über das, was im Osten vorgeht.« Sie sei auch der Grund dafür, »dass die Massen ehemaliger Schlesier nicht mehr in Ruhe mit anhören können, was heute in Polen geschieht«. Und wie reagierten die Hausherren? »Es ist klar, dass wir nicht alles, was sich ereignet hat, billigen«, meinte BdV-Chef Krüger. Gleichwohl sei die Erregung der Schlesier »verständlich«. Herbert Hupka, damals Vizechef der Landsmannschaft, gab Neven-du Mont eine Mitschuld. »Dass er hierher kam, war doch eine glatte Provokation. Wenn ich Antisemit bin, gehe ich eben nicht in die Synagoge.«

Klagen über tendenziöse Berichte und mangelndes Verständnis gegenüber Heimatvertriebenen zogen sich wie ein roter Faden durch die Reden ihrer Repräsentanten. Mit politischen Magazinsendungen des Fernsehens lagen sie häufig über Kreuz. Mal drohten sie mit Gegendarstellungen, mal versuchten sie, über Parteifreunde Einfluss auf Redaktionen zu nehmen. Mitglieder und Anhänger wurden ermuntert, sich von Medienattacken nicht einschüchtern zu lassen. »Aber es sei auch gesagt, dass uns Sendungen mit durchsichtiger Tendenz nicht umwerfen, sondern nur stärker machen«, hieß es in einem Vorstandsbericht der Landsmannschaft aus dem Jahr 1977. »Wir freuen uns, dass wir anderen Ärgernis sind, und dies nur deswegen, weil wir nicht aufgeben wollen und von Schlesien nicht lassen können.« Erst in der Ära Steinbach schien sich das gespannte Verhältnis zu einem Teil der bundesdeutschen Medien zu entkrampfen. Vor der BdV-Bundesversammlung 2007 in Berlin zeigte sich die Präsidentin hocherfreut, dass das Thema Vertreibung eine Intensität im öffentlichen Bewusstsein erlangt habe wie seit Jahrzehnten zuvor nicht. »Verschwunden aus der Berichterstattung sind inzwischen auch Mitleidlosigkeit oder – was noch schlimmer war – Häme und solche Thesen wie ›gerechte Strafe‹.« Das zeige, »dass Schranken von Vorurteilen gefallen sind«.

Als der Krieg immer näher kam und viele Schlesier vor der Roten Armee flüchteten, schlossen sie ihre Haus- und Wohnungstüren ab und steckten die Schlüssel in die Tasche – in der Hoffnung, wieder zurückkehren zu können. Polen, die neuen Herren, wollten das unterbinden. Die Deutschen, denen die Vertreibung bevorstand, sollten beim Verlassen ihrer Häuser die Schlüssel von außen stecken und ihr Zuhause unverschlossen zurücklassen. Die Mitnahme wurde per Dekret untersagt. Aber nicht alle hielten sich an die Order. Sie wollten sich von ihren Erinnerungsstücken nicht trennen. Sie nahmen sie mit, bewahrten sie auf oder gaben sie an öffentliche Einrichtungen in der Bundesrepublik weiter. Beim Besuch des Schlesischen Museums in Görlitz blickte ich auf eine Sammlung solcher Schlüssel. Sie hingen an einem schwarzen Brett – große und kleine, lange und kurze, verrostete und blank geputzte. Manche wurden durch einen Ring zusammengehalten, bei anderen war noch das Lederetui dabei. In einem Text wurde erläutert, zu welchen Häusern sie gehörten und wer diese besessen hatte.

Eines Tages kam eine junge Polin zu Markus Bauer, dem Direktor des Museums. Sie war wütend. Nicht auf Deutsche, sondern auf ihre früheren polnischen Lehrer. Von denen fühle sie sich getäuscht. Nichts habe sie von ihnen über die Vertreibung der Deutschen erfahren. Die Wahrheit sei verschwiegen worden. Dann habe sie noch erzählt, dass ihre Großmutter aus Galizien vertrieben worden sei. Auch sie habe einen solchen Schlüssel gehabt. Die Begegnung mit der jungen Polin hatte Bauer in seiner Auffassung bestärkt, dass die von ihm geleitete Einrichtung mit ihrer Aufgabe, die Erinnerung an Schlesien wachzuhalten, sich nicht nur an Deutsche richten solle, sondern auch an die Menschen im östlichen Nachbarland. »Ein Schlesisches Museum zu Beginn des 21. Jahrhunderts kann nicht mehr ausschließlich oder auch nur hauptsächlich ein Museum für die vertriebenen Schlesier sein«, sagte Bauer. Es müsse weitere Zielgruppen für sich erschließen, darunter auch polnische Besucher. Alle Exponate sind deshalb in Deutsch und Polnisch beschriftet. Ein Audioführer erläutert ihnen die Ausstellung in ihrer Muttersprache.

Noch sei die Zahl der Polen, die sich über die Vergangenheit Schlesiens informieren wollten, gering, berichtete Bauer, als ich ihm in seinem Direktorenzimmer am Görlitzer Untermarkt gegenübersaß. 2008 seien es nur 4,3 Prozent, im Jahr darauf 5,4 Prozent aller Besucher gewesen. Seither werden Polen und andere Ausländer nicht mehr gesondert in der Statistik erfasst. Aber ihre Zahl nehme, wie Mitarbeiter registrierten, von Jahr zu Jahr zu. Das Museum bietet spezielle Führungen für polnische Kinder und Schüler aus der Nachbarstadt Zgorzelec an. Es veranstaltet Geschichtsexkursionen mit deutschen und polnischen Kindern. Nach anfänglicher Skepsis auf polnischer Seite hat sich auch die Zusammenarbeit mit schlesischen Kultureinrichtungen östlich der Neiße, zum Beispiel dem

Keramik-Museum in Bunzlau, gut entwickelt. Eine Ausstellung »Lebenswege ins Ungewisse«, in der Migrationsschicksale in der deutsch-polnischen Grenz- und Doppelstadt dokumentiert werden, wurde gemeinsam mit dem am östlichen Ufer gelegenen Muzeum Luzyckie vorbereitet. Anfangs, erzählte Bauer, habe jede Museumsleitung für sich gearbeitet. »Inzwischen sind wir dabei, etwas gemeinsam auf die Beine zu stellen.«

Der Weg bis zur Eröffnung des Schlesischen Museums am 13. Mai 2006 im Schönhof, einem der schönsten Gebäude der Stadt, war lang und steinig. Die Idee, eine zentrale Einrichtung zu schaffen, in der die Geschichte und die Kultur Schlesiens dargestellt und weiter erforscht werden sollte, entstand bereits in den 70er-Jahren. Niedersachsen, das damals von der CDU regierte Patenland der Schlesier, zeigte sich interessiert. Hildesheim war als Standort vorgesehen. Weil es keine feste Zusage der Bundesregierung gab, sich an den Kosten zu beteiligen, kam das Projekt nicht voran. Der Regierungswechsel im Mai 1990 brachte das vorläufige Aus. Das neue rot-grüne Kabinett unter SPD-Ministerpräsident Gerhard Schröder stoppte die Landeszuschüsse. Damit war dem Museumsvorhaben zunächst einmal der Boden entzogen. Ein Jahr später gab es einen neuen Anlauf. Am Rande des Deutschlandtreffens der Schlesier, an dem auch der Görlitzer Oberbürgermeister teilnahm, kam es zu einem Gespräch über ein neues, auf Schlesien bezogenes Museum in der Neißestadt. Bald darauf reisten Vertreter der von der Landsmannschaft gegründeten »Stiftung Schlesien« und Beamte des Bundesinnenministeriums nach Görlitz. Die dortige Stadtverwaltung war nicht nur von der Museumsidee sehr angetan. Sie bot auch mit dem Schönhof, einem im Zentrum gelegenen Bürgerhaus aus der Renaissancezeit, ein geeignetes Gebäude an. Das allerdings war stark sanierungsbedürftig.

Die weiteren Stationen hat Markus Bauer in einem längeren Aufsatz nachgezeichnet. Der ursprünglich in Hannover ansässige Verein Landesmuseum Schlesien wurde in Görlitz neu gegründet. Unter dem Vorsitz des örtlichen CDU-Bundestagsabgeordneten Georg Janovsky waren die westdeutschen Vertreter der Landsmannschaft bald nicht mehr allein. Es kamen neue, ortsansässige Mitglieder hinzu. Für den Aufbau des Museums gründeten der Bund, der Freistaat Sachsen, die Stadt Görlitz und die Landsmannschaft Schlesien eine Stiftung. Im Januar 1999 nahm das neue Museumsteam unter Leitung des aus Hessen zugezogenen Bauer die Arbeit auf. Den Grundstock für die Sammlung des Museums bildete das schlesische Kulturgut, das die Bundesrepublik Deutschland seit 1950 entsprechend ihrem gesetzlichen Auftrag erworben und dem Kulturwerk Schlesien und anderen Museen zur Aufbewahrung und wissenschaftlichen Bearbeitung überlassen hatte. 2001 entschied die Bundesregierung, einen großen Teil dieses Museumsgutes als Leihgaben nach Görlitz zu verlagern. Es sind Gemälde und Skulpturen, Zeichnungen und Grafiken, Gold- und Silberschmiedearbeiten, Gläser und Fayencen sowie Sammlungen von schlesischem Porzellan, von Keramik und von Münzen. Hinzu kamen Schenkungen aus Privatbesitz, überwiegend Gegenstände der Alltagskultur, sowie neue Ankäufe, darunter eine Kunstsammlung mit Werken der Breslauer Moderne. Während der Schönhof noch restauriert wurde, zeigte die Museumsleitung in einem benachbarten, einige Jahre zuvor erworbenen Gebäudekomplex eine Sammlung von Exponaten unter dem Titel »Auf der Suche nach Schlesien«. Sie gab einen Ausblick auf die künftige ständige Ausstellung, die nach der feierlichen Eröffnung im Mai 2006 für das Publikum freigegeben wurde. Seither bietet sie vom Mittelalter bis zur Neuzeit den Besuchern ein Panorama der Geschichte Schlesiens, das einst zum piastischen Polen, später zum habsburgischen Böhmen, dann zum Preußen der Hohenzollern, zum Deutschen Reich gehörte und jetzt bis auf einige Randgebiete wieder ein Teil Polens ist.

Den Festvortrag bei der Eröffnung hielt der polnische Kunsthistoriker und Denkmalspfleger Andrzej Tomaszewski. Die deutschen Schlesier hätten ein Bild der Kulturlandschaft im kollektiven Gedächtnis bewahrt, sagte er. Sie fühlten sich deshalb als Erben der Kulturträger. »Vor allem aber einen Wert haben sie mitgenommen, der der wichtigste ist und den ihnen niemand einreißen kann, nämlich die wahre und aufrechte Liebe zur verlorenen Heimat.« Er würdigte das Engagement westdeutscher Schlesier, die schon in den 70er-Jahren bei Besuchen ihrer Heimatorte häufig den Pfarrern Geld für die Renovierung oder den Wiederaufbau ihrer Kirchen in die Hand gedrückt hätten. Die nach dem Fall des Kommunismus einsetzende Welle der finanziellen Unterstützung beim Wiederaufbau schlesischer Denkmäler sei kaum gebührend abzuschätzen, weil viele der deutschen Spender anonym bleiben wollten. Kritisch fügte er hinzu: »In der Regel distanzierten sie sich auch von den offiziellen Verlautbarungen des Bundes der Vertriebenen.«

In einem Rückblick auf die Nachkriegszeit ging Tomaszewski mit der von der polnischen Regierung angeordneten »Entprussifizierung« hart ins Gericht. Sie sei phasenweise in einen organisierten Vandalismus ausgeartet, der sich als staatliche Aktion zur Beschaffung von Baumaterialien für den Wiederaufbau Warschaus und anderer Städte ausgegeben habe. »Großflächig und in beträchtlichen Mengen fiel dieser Aktion historische städtische Bausubstanz zum Opfer. Es war ein schwerer Kulturverlust, für den Polen gegenüber Europa und gegenüber den Deutschen die Verantwortung trägt.« Auch nachdem sich der Propagandamythos vom Urpolentum Schlesiens als Manipulation des kommunistischen Regimes entpuppt habe, sei es Polen schwergefallen, zu der zunehmend als deutsch erkannten Geschichte der Region einen emotionalen Zugang zu gewinnen. »Das Nationalgefühl verhinderte, sie als die eigene anzuerkennen. Drei Generationen von Polen mussten in Schlesien aufgewachsen sein und sich immer stärker mit dessen Kulturlandschaft und Geschichte identifiziert haben, zugleich aber immer die verlorene Heimat ihrer Väter im Herzen bewahrend, bis auch die Mentalität sich wirklich ändern konnte.« Es war vor allem der letzte Satz, der mich froh stimmte und mir – etwas pathetisch ausgedrückt – das Herz wärmte.

Gefördert wurde dieser Prozess durch die Losung vom »gemeinsamen europäischen Erbe«. Dieses Prinzip bildet nach den Worten Tomaszewskis eine stabile Grundlage für die Entfaltung der Zusammenarbeit zwischen deutschen Vertriebenen und polnischen Bewohnern Schlesiens. »Sie währt schon lange und vertieft sich durch direkte Kontakte, durch die Opferbereitschaft deutscher Schlesier, die ihren früheren Heimatgemeinden zugute kommt, durch gemeinsame kulturelle Initiativen, die Gründung lokaler polnisch-deutscher Gesellschaften und die Bildung von Städtepartnerschaften.« Der Festredner erzählte von einem persönlichen Erlebnis. Er war dabei, als der Bürgermeister von Glogau/Glogow den Delegationsleiter der Partnerstadt Langenhagen begrüßte. Bei der Vorstellung habe der deutsche Gast zögernd gesagt: »Ich bin geborener Glogauer.« »Ich auch«, habe der Pole geantwortet. »Für einen Moment herrschte betretenes Schweigen. Dann umarmten sich beide wortlos. Ich schloss sie in meine Arme und fügte hinzu: Beide seid ihr Schlesier und beide Europäer. Und das ist wahr.«

Bei der Eröffnung sprach auch Herbert Hupka ein Grußwort. Er war bei der Vorbereitung der Museumsgründung von Anfang an aktiv. In diesem Haus, sagte er, werde nicht etwa die Vergangenheit Schlesiens eingesargt. Hier sei ganz Schlesien in seiner Geschichte Gegenwart. Zu Vergegenwärtigung Schlesiens gestern und heute gehörten 700 Jahre deutsche Geschichte und sechs Jahrzehnte polnische Gegenwart. »Hier soll Vergangenheit dargestellt, nacherzählt, dokumentiert werden, Geschichte in all ihren Facetten, Erfolgen, Niederlagen, Schlesien in der Mitte Europas, Schlesien in seiner Größe und Schönheit.« Hupka war gegen den Rat seiner Ärzte nach Görlitz gefahren, gezeichnet von den Folgen eines Unfalls. Es war sein letzter öffentlicher Auftritt.

Sein Nachfolger als Bundesvorsitzender der Landsmannschaft schlug andere Töne an. Als ich las, wie Rudi Pawelka in seinem Hausblatt *Schlesische Nachrichten* die Eröffnung des Museums kommentiert hatte, spürte ich den Unmut in mir hochsteigen. Er beanstandete Falschdarstellungen, Verzerrungen und Auslassungen. Die Darstellung der Vertreibung wirke verharmlosend. Die Verantwortlichen für die Verbrechen an der Menschlichkeit würden nicht benannt. Es fehlten Opferzahlen und eine Thematisierung der Vertreibungsmethoden. Polen, dessen Sicht in der Ausstellung dominiere, werde geschont, und die Zeit unter kommunistischer Herrschaft komme zu kurz. Der korrekte Hinweis auf einer Museumstafel, dass neben der vorherrschenden Landessprache Deutsch in Schlesien auch Polnisch, Tschechisch und Jiddisch gesprochen worden sei, ärgerte Pawelka besonders. Schlesien als multikulturell darzustellen sei verfehlt. »Warum ein ganzer Raum dem Nationalsozialismus in Schlesien gewidmet werden musste, erschließt sich dem Besucher eines Museums nicht«, schrieb Pawelka. »In dem Raum ständig quäkende Stimmen von Nazigrößen zu hören entspricht sicher nicht dem Anspruch vieler Besucher.« Da hatte einer offenbar noch immer nicht verstanden, dass es vor allem Hitler und seine Helfer gewesen sind, die für den Verlust der Heimat verantwortlich waren.

Wenn ich den Schönhof betrat, zog es mich meist zuerst in die Erdgeschossräume des Mittelbaus, wo die Themen »Schlesien im Nationalsozialismus«, »Vertreibung« und »Schlesien und die Schlesier nach 1945« behandelt werden. Lange stand ich vor den Tischvitrinen, betrachtete Exponate, Fotos und Texte. Dass die Nazis 1938 das Breslauer Stadtwappen geändert hatten, erfuhr ich erst hier. Die christliche Symbolik, der böhmische Löwe und das »W«, das auf den slawischen Stadtgründer Wratislaw verwies, wurde getilgt. Stattdessen wurde unter den schlesischen Adler das Eiserne Kreuz eingefügt, das die polnischen Kommunisten natürlich entfernten, allerdings ersetzten sie auch den schlesischen durch den polnischen Adler. Wie schön, dachte ich, dass im heutigen polnischen Breslau wieder das alte Wappen gilt. »Verzeichnis der bekanntesten jüdischen Firmen in Breslau« las ich im Kopf eines vergilbten Dokuments. Es folgten 33 Namen, darunter das Warenhaus Wertheim, das Kaufhaus am Dom, das Café König in der Gartenstraße und die Weinhandlung Philippi. »Wer beim Juden kauft, hilft dem Weltbolschewismus« stand darunter. Unwillkürlich ging mir die Frage durch den Kopf, ob meine Eltern dieses Verzeichnis gekannt und sich danach gerichtet hatten. Um das zu klären, war es wieder einmal: viel zu spät.

Als ich zu den Exponaten über die Vertreibung kam, ging mir ein Kinderbrief besonders nahe. Ein 14-jähriges Mädchen aus Sagan, dessen Mutter Fluchtvorbereitungen traf, hatte mit Bleistift auf einem »Wäschezettel« Kleidungsstücke notiert, die es mitnehmen wollte: drei Nachthemden, vier Hemdchen, fünf Schlüpfer, eine Schürze, ein Pullover und anderes mehr. Auf dem Zettel durfte ein einziges Spielzeug stehen. Das Kind wählte eine Rübezahlfigur – ein Souvenir, das es von einer Wanderung im Jahr 1942 zur

Schneekoppe mitgebracht hatte. Die in einer Vitrine ausgestellte Belegungsliste eines Waggons aus Waldenburg, mit dem überwiegend Frauen und Kinder im April 1946 per Güterzug in Richtung Westen fortgeschafft wurden, erinnerte mich an unseren eigenen Transport aus Liebenthal. Auf dem Zettel war in Gramm auch die Menge der Lebensmittel – von Brot über Fett bis Zucker – aufgeführt, die jede ausgewiesene Person als Wegzehrung bekommen sollte. Einer vierköpfigen Familie standen 8640 Gramm Brot zu. Ob diese Menge auch tatsächlich ausgehändigt wurde, geht aus dem Dokument nicht hervor. Das eine oder andere Foto weckte bei mir ebenfalls Emotionen: Ein Mann mit gekrümmten Rücken zieht einen zweirädrigen Holzkarren, der voll bepackt ist mit Säcken, dahinter ein Ehepaar mit einem ähnlichen Vehikel. »Ankunft polnischer Siedler in Breslau 1945/46« heißt es zur Erläuterung. Im Hintergrund sieht man Schilder, die den Weg und die Entfernung zu den polnischen Herkunftsstädten dieser Menschen zeigen: Poznan 212 km, Lodz 235 km. Wie mag ihnen wohl zumute gewesen sein, als sie in die zerstörte, fremde Stadt kamen, um ein neues Leben zu beginnen? Wahrscheinlich nicht viel anders als meiner Mutter beim Anblick der zerbombten Stadt Siegen.

Ich wollte wissen, ob andere Besucher über die Ausstellung ähnlich dachten wie der oberste Verbandsfunktionär, und blätterte im Gästebuch. »Geschichte ist schwer – Verantwortung zu übernehmen auch«, lautete ein Eintrag. »Wir sind auf Spurensuche in die Vergangenheit. Wir werden immer wiederkommen«, schrieb ein anderer Besucher. Winfried S. aus Mörfelden notierte: »Zum zweiten Mal wieder in Schlesien nach der Flucht aus Breslau im Januar 1945.« Ich sah keinen einzigen Eintrag, in dem Pawelkas Vorwurf der Geschichtsverzerrung aufgegriffen wurde. Von einem Schlesier stammten die Sätze: »In dieser Ausstellung werden viele Erinnerungen wach. Warum finden so wenig Touristen und Reisegruppen den Weg in dieses Haus?« So wenige sind es gar nicht. Die meisten Besucher, so hat die Auswertung ergeben, kommen aus den neuen Ländern, besonders aus Sachsen und Thüringen. Unter den Altersgruppen sind die 51- bis 70-Jährigen am stärksten vertreten. Viele von ihnen haben einen schlesischen Familienhintergrund. Das Museum wolle »neugierig auf Schlesien machen«, hatte Herbert Hupka bei der Eröffnung gesagt. Tatsächlich kommen immer häufiger Menschen, die keine Wurzeln im Osten haben, »Leute, die Schlesien als Kulturlandschaft entdecken«, wie Bauer sagte. Und Touristen, »die schon überall waren«.

Der Standort könnte nicht besser sein. In der Görlitzer Brüderstraße, in unmittelbarer Nähe zum Museum, steht die »Schlesische Schatztruhe«. Das ist kein Möbelstück, sondern ein Laden. Er ist gefüllt mit Waren aus und über Schlesien: Bunzlauer Keramik, historische Heimatkarten, zweisprachige aktuelle Straßenkarten, CDs mit schlesischer Volksmusik, Heimatliteratur, Fahnen, Souvenirs, Kalender, Kräuterschnäpse und niederschlesische Wurstwaren. Touristen drängen sich in dem Geschäft. Kaum ein Museumsbesucher, der auf dem Hin- oder Rückweg nicht wenigstens in der »Schatztruhe« vorbeischaut. Auf einem Tisch liegt die neueste Ausgabe des Magazins *Schlesien heute*. »Meine Aufgabe ist es, diese Zeitschrift als unabhängiges Forum zu lenken«, sagt Alfred Theisen, der Herausgeber und zugleich verantwortlicher Redakteur ist. Als die Publikation 2008 ihr zehnjähriges Bestehern feierte, gratulierte der Görlitzer Oberbürgermeister mit den Worten, *Schlesien heute* stelle mit seiner völkerverbindenden Ausrichtung »ein Labor deutsch-polnischer Verständigung« dar. Daran hat sich bis heute nichts geändert.

Das Monatsmagazin stellt schlesische Persönlichkeiten

vor, berichtet über den Wiederaufbau und über Restaurationsprojekte in schlesischen Städten, rezensiert Kulturveranstaltungen und neue Bücher über Schlesien, informiert über Heimattreffen und deutsch-polnische Veranstaltungen und lässt Politiker aus beiden Ländern zu Wort kommen. Unter den Kulturterminen findet man sogar den Spielplan der Breslauer Oper. Anfangs sei *Schlesien heute* hauptsächlich von alten Schlesiern, den Angehörigen der Erlebnisgeneration, gelesen worden, erzählte mir Alfred Theisen. Nach und nach seien Nachkommen von Vertriebenen, Görlitzer und neue Freunde der Region hinzugekommen. Auch polnische Kultureinrichtungen und Kommunen gehören zu den Abonnenten. Autoren sind feste und freie Mitarbeiter, von denen einige in Breslau, Oppeln und Gleiwitz leben. Sie verfolgen das Geschehen vor Ort und werten auch die polnische Presse aus. Behinderungen durch lokale polnische Behörden habe er nicht erlebt. Nicht einmal zu der Zeit, als sich zwischen den Regierenden in Berlin und Warschau die Streitigkeiten und Ressentiments hochschaukelten. »Wir sind einfach darunter weggetaucht.« Sein Engagement ist auf Verständigung zwischen den Deutschen und ihren östlichen Nachbarn ausgerichtet; das veranlasst Theisen jedoch immer wieder, in seinen Kolumnen harsche Kritik an Politikern zu üben, die aus nationalistischer Engstirnigkeit die Entwicklung zu guter Nachbarschaft störten. So nannte er den früheren national-konservativen Premier Jaroslaw Kaczynski einen Mann, der in »ewiggestrigen nationalistischen Denkkategorien« verharre und der mit den von ihm gehassten Kommunisten eines gemeinsam habe: die Abneigung gegen die deutschen Nachbarn.

Theisen, geboren 1959, stammt aus der Eifel, hat in Bonn studiert und war dort Mitglied einer katholischen Studentenvereinigung. Schon damals interessierte ihn das östliche Mitteleuropa mehr als etwa Spanien und Italien. Er suchte

Kontakt zu Angehörigen der DDR-Opposition und der polnischen Bürgerrechtsbewegung Solidarność. Deutsche Vertriebenenorganisationen betrachtete er mit Skepsis und Misstrauen. Manche ihrer Sprecher hielt er für »braune Socken«. Das änderte sich, als er Herbert Hupka kennenlernte. Die Heimatliebe dieses »feinsinnigen Intellektuellen« sei so ansteckend gewesen, sagte Theisen, dass er Schlesien bald besser gekannt habe als das Rheinland. Als in Berlin die Mauer fiel, war er im oberschlesischen Gleiwitz. Auf der Rückfahrt machte er in Görlitz Station. Er lernte dort Menschen kennen, die in ihm Begeisterung für schlesische Geschichte und Kultur weckten. Nach weiteren Besuchen reifte in ihm die Idee, sich in dieser Stadt niederzulassen und sich mit Blick auf Schlesien publizistisch zu betätigen.

1998 wurde aus der Vision Realität. Theisen gründete einen Verlag, den er in Anlehnung an ein biblisches Gleichnis Senfkorn Verlag nannte. Neben *Schlesien heute* gibt Theisen das Magazin *Oberschlesien* heraus und verlegt Bücher, die sich vornehmlich mit Schlesien und seiner Kultur beschäftigen. Theisen, ein Machertyp, der unternehmerisches Gespür mit einer politisch-publizistischen Mission als Brückenbauer zwischen den Nationen verbindet, hat zusätzlich zu seinen Zeitschriften und zur »Schlesischen Schatztruhe« neue Geschäftsfelder erschlossen. Er organisiert Leserreisen, die vorwiegend nach Polen, Tschechien und in die Ukraine führen. Galizien mit den Städten Lemberg und Czernowitz, ihren multiethnischen Traditionen, ihrem reichen literarischen Erbe, gilt seine besondere Aufmerksamkeit. Nicht nur Länder, sondern auch Regionen wie Galizien und Schlesien seien Nachbarn, meint Theisen. Nachbarn, »die viel zu wenig voneinander wissen und doch aufeinander angewiesen sind«. Ihm gehe es darum, »diese Schicksalsgemeinschaft bewusst zu machen«.

Hat er den Umzug nach Görlitz irgendwann mal bereut? Theisen schüttelt den Kopf. Nicht nur er selbst, auch seine Familie fühle sich in ihrer Wahlheimat wohl. Er habe viele Freunde, »auch auf der andern Seite der Neiße«. Bei ihnen, so stellte er fest, stehe das Denken in nationalen Kategorien nicht mehr im Vordergrund. Er entdecke bei ihnen die gleiche Liebe zur schlesischen Heimat, wie er sie von alten deutschen Schlesiern kenne. Ob ein Verleger, der sich auch an ein polnisches Publikum wendet, nicht dessen Sprache kennen müsse, wollte ich wissen. Ein wenig Polnisch habe er bereits gelernt, sagte er. Aber das reiche nicht. »Ich muss noch besser werden. Ich arbeite daran.«

Gedenktag im Parteienstreit

Am 10. Februar 2011 fasste der Deutsche Bundestag einen folgenschweren Beschluss. Mit den Stimmen der Unionsfraktion und der Freien Demokraten sprach sich das Parlament dafür aus, den 5. August zu einem bundesweiten Gedenktag für die Opfer der Vertreibung zu erheben. Die Bundesregierung möge prüfen, wie diesem Anliegen Rechnung getragen werden könne. Die gegen die Oppositionsparteien durchgesetzte Forderung, eingebettet in einen Antragstext zur Würdigung der Charta der Vertriebenen, provozierte im In- und Ausland heftigen Widerspruch. Dieser richtete sich weniger gegen den gewünschten Gedenktag selbst als gegen den im Beschluss fixierten Termin. Der 5. August, an dem im Jahr 1950 die bis heute umstrittene Charta verkündet worden war, ist nach Auffassung der Kritiker für einen nationalen Erinnerungstag gänzlich ungeeignet. 68 namhafte Historiker und Wissenschaftler aus Deutschland und anderen europäischen Ländern wandten sich in einem gemeinsamen Aufruf gegen das Vorhaben. Krzysztof Ruchniewicz, der Direktor des Willy-Brandt-Zentrums in Breslau und Mitglied im wissenschaftlichen Beraterkreis der Stiftung »Flucht, Vertreibung, Versöhnung«, brachte die Bedenken der Mitunterzeichner auf den Punkt. Der 5. August als Gedenktag wäre »geschichtspolitisch das völlig falsche Signal«.

Ein nationaler Gedenktag ist unter den erfolgreichen und den fehlgeschlagenen Vorhaben schon seit Jahren das letzte große politische Ziel des BdV. Die Eingliederung der vertriebenen Deutschen und ihrer Nachkommen in die Gesellschaft der Bundesrepublik ist längst abgeschlossen, die Integration der Spätaussiedler weitgehend gelungen. Die Nachkriegsgrenzen sind völkerrechtlich fixiert. Die Pflege des kulturellen Erbes wird vom Staat finanziell und ideell unterstützt. Die Forderung nach materieller Entschädigung für den Heimatverlust wird von den Repräsentanten der organisierten Vertriebenen nicht mehr erhoben. Und aus dem BdV-Projekt Zentrum gegen Vertreibungen ist eine Bundesstiftung geworden. Was bleibt, ist das Bemühen, neben dem Tag der Heimat einen weiteren festen Termin des Gedenkens für die Vertriebenen zu bekommen. Keine Rede, kein Vortrag, kein Interview, ohne dass Erika Steinbach nicht für einen solchen Gedenktag warb. Anfangs ließ sich das Vorhaben gut an. Am 12. Juli 2003 signalisierte der schwarz-gelb dominierte Bundesrat seine Zustimmung. In einer Entschließung forderte er den Bundestag auf, den Weg für einen Gedenktag freizumachen. Bei den Regierungsfraktionen von SPD und Grünen sowie bei der Linken fanden Länderkammer und Vertriebenenbund aber kein Gehör. »Da deutsche Opfer der Kriegs- und Nachkriegszeit nicht in das verzerrte Geschichtsbild von Rot-Rot-Grün passen«, beklagte sich der BdV in seinem Verbandsorgan, »wurde dieser Antrag abgeschmettert.« Auch in der Zeit der Großen Koalition änderte sich an der Lage nichts.

Bei der Beratung des Antrags von Union und FDP prallten im Bundestag die Meinungen schroff aufeinander. »Die nationale Katastrophe am Ende des Zweiten Weltkriegs muss endlich von der gesamten Gesellschaft als Teil der deutschen Geschichte begriffen werden«, forderte der sächsische CDU-Abgeordnete Klaus Brähmig. Ein nationaler

Gedenktag sei notwendig, um die Versöhnung zu vollenden. Über einen Gedenktag könne man mit seiner Partei reden, erwiderte der Grünen-Abgeordnete Volker Beck. »Aber der 5. August kommt nicht infrage.« Das würde nach seiner Ansicht eine Akklamation der Aussagen der Charta der Vertriebenen bedeuten. Es würde anerkannt, dass die Vertriebenen diejenigen waren, die in dieser Zeit am meisten gelitten haben, dass man großzügig auf das Recht verzichte, Vergeltung zu üben. Beck: »Das sind Aussagen, die sich der Deutsche Bundestag nicht zu eigen machen darf.« So ging es weiter, Wortmeldung um Wortmeldung. Kontrovers und emotional. Bis zur Schlussabstimmung, die CDU/CSU und FDP für sich entschieden. Ich finde, dass es bereits genügend Gedenktage gibt. Der Volkstrauertag schließt die Erinnerung an die Opfer von Flucht und Vertreibung ein. Am Tag der Heimat werden Reden gehalten, die für einen Gedenktag der Vertriebenen nicht anders formuliert würden. Und was ist mit dem von der UNO proklamierten Weltflüchtlingstag? Auch der wäre ein geeignetes Datum, um an das mit Flucht und Vertreibung weltweit verbundene Unrecht zu erinnern. Mir jedenfalls geht die Fixierung auf einen national verengten Opferdiskurs und die permanente Selbstbespiegelung der organisierten Vertriebenen zunehmend auf die Nerven.

Jeden zweiten Mittwoch im Monat setze ich mich am S-Bahnhof Grunewald in die Bahn und fahre – wobei ich einmal die Linie wechseln muss – quer durch Berlin nach Köpenick. Am dortigen Bahnhof nehme ich die Straßenbahn Richtung Mahlsdorf. Nach drei Stationen bin ich am Ziel. Im »Eicheneck«, einem Wirtshaus mit gutbürgerlicher deutscher Küche, treffen sich in einem separaten Raum gebürtige Breslauer zum monatlichen Stammtisch. Wenn ich kurz nach 15 Uhr die Tür öffne, sitzen einige der Teilnehmer bereits an den als offenes Viereck angeordneten

Tischen, trinken Kaffee, essen Kuchen und plaudern. Es ist üblich, dass jeder neu Ankommende die bereits Anwesenden mit Handschlag begrüßt. Die meisten kennen sich schon seit Jahren. Im Dezember 2010 bin ich zum ersten Mal in diesen Kreis schlesischer Landsleute gekommen, angelockt durch eine Informationsseite im Internet. Ich stellte mich als Breslauer vor und wurde freundlich aufgenommen.

Der Nachmittag war dem bevorstehenden Christfest gewidmet. Weihnachten gestern und heute. Rund zwei Dutzend Männer und Frauen füllten den Gastraum. In der Runde zählte ich offenbar zu den Jüngeren. Eine Kellnerin servierte Gänsekeule mit Mohnklößen. Ein älteres Ehepaar spielte auf der Mundharmonika Weihnachtslieder. Früher hätte ich die sentimentale Stimmung als eher peinlich empfunden. Diesmal empfand ich keine Spur von Unbehagen. Eine Frau trug Gedichte vor, mal in Hochdeutsch, mal in schlesischer Mundart. Die Sprachmelodie war mir vertraut. So klang meine Mutter, wenn sie Dialekt sprach. Egon Höcker, der Mitbegründer, Ideengeber und organisatorische Kopf des Stammtisches, animierte die Runde mit einer Foto- und Bilderserie zu einem virtuellen Winter- und Weihnachtsspaziergang. Obwohl ich die Menschen um mich herum kaum kannte, fühlte ich mich bei ihnen wohl. Ich hörte schlesische Ausdrücke, die ich schon lange nicht mehr vernommen hatte. Jemand sagte statt reden labern, pläken statt schreien. Ein anderer hatte etwas ausbaldowert, also ausgekundschaftet. Und ein Dritter war auf dem glatten Boden gekaschelt, was so viel wie schlittern bedeutet. Wer das versteht, gehört dazu, dachte ich und beschloss, beim nächsten Mal wiederzukommen.

Auch in Düsseldorf und in Halle gibt es einen Stammtisch ehemaliger Breslauer. Aber der in Berlin unterscheidet sich in einem Punkt. Im »Eicheneck« sitzen Menschen zusammen, die bis Ende 1989 die Mauer trennte. Die meisten Teilnehmer haben in Ostberlin und in der DDR gelebt. Von ihnen ging die Initiative aus, sich regelmäßig zu treffen. Die Westler sind etwas später dazugekommen. Der Stammtisch ist kein Verein. Es gibt keinen Vorstand und nur wenige feste Regeln. Man muss sich weder anmelden noch vorher kundtun, dass man verhindert ist. Wer etwas vortragen möchte, kann das ohne große Ankündigung tun. Tagespolitik bleibt ausgespart. Die Teilnehmer tauschen Informationen aus, berichten über ihre Reisen in die alte Heimat und erinnern sich anhand von Fotos und Dokumenten daran, wie der Alltag in Breslau gewesen war, in der Schule und in Sportvereinen, in Kirchen und Theatern. Welche Zeitungen wurden in Breslau gelesen und wie waren sie politisch ausgerichtet? Wie funktionierten die Wasserwirtschaft und die Gasversorgung? Welche Bedeutung hatte Breslau als Messestadt? Wie wurden die Feste gefeiert? Jedes Treffen stand und steht im Zeichen eines speziellen Themas, über das einer der Teilnehmer referiert. Mal sind es Denkmäler, ein andermal Bildungseinrichtungen. Als die Stammtischbesucher im Mai 2011 zum 50. Mal zusammenkamen, waren wir uns einig, dass Breslau auch für die nächsten Jahre noch genügend Themen bieten würde, die wir noch nicht behandelt hatten. Wie lange es den Stammtisch jedoch noch geben wird, hängt von der Teilnahme der Erlebnisgeneration ab.

Am Beginn der Stammtischidee stand ein Bild. Es zeigte das Breslauer Rathaus und hing im Wohnzimmer der Familie Höcker im thüringischen Eisenach. Als Sohn Egon sechs Jahre alt war, nahm er das Bild erstmals bewusst wahr. »Mein Vater muss es geliebt haben«, hat er später geschrieben. Der Senior war gebürtiger Breslauer. Aber seinem Jungen, der 1955 zur Welt kam, hat er offenkundig wenig über die Stadt an der Oder erzählt. 40 Jahre später stand Egon Höcker im polnischen Wroclaw vor dem Originalgebäude. »Es sah genauso aus wie auf dem Bild in unserer Stube.« Die Begegnung mit einem Symbol, das – wie Höcker formulierte – »jeder Breslauer in seinem Herzen trägt«, weckte bei ihm ein ausgeprägtes Interesse für die Stadt und ihre Geschichte. Sein lange Zeit ungestillter Wissensdrang steigerte sich zur Leidenschaft. Höcker reiste wiederholt nach Breslau, fotografierte, stöberte in Antiquariaten, besuchte Ausstellungen, lernte polnische Breslauer kennen. Bei seinem ersten Besuch war ihm die Geburtsstadt seines Vaters noch fremd. »Deutsches erkannte ich nicht.« Doch je häufiger er auf seiner Spurensuche durch Breslau streifte, desto mehr wurde ihm bewusst, »dass diese Steine deutsch sprechen«.

Zu Hause in Berlin fing Höcker an, Erinnerungsstücke zu sammeln, alte Postkarten, Reiseführer, historische Fotografien, amtliche Dokumente. Breslau wurde für den Angestellten eines Verlages zur zeitaufwendigen Freizeitbeschäftigung. Er legte eine Internetseite an und stellte Ende 2006 seine Privatsammlung, die den Breslauer Alltag spiegelt, für Interessenten zur kostenlosen Nutzung ins Netz. »Gern nehme ich weitere Zeitdokumente entgegen, um diese auf der Homepage zu veröffentlichen«, teilte er den »Breslau-Liebhabern« mit. Es fehlten ihm zum Beispiel noch Briefe, Münzen und Straßenbahnkarten. Beim Kontakt mit Gleichgesinnten entwickelte sich die Idee, einen Stammtisch zu gründen, um die Erlebnisgeneration zusammenzubringen und ihre Erfahrungen für die Nachfahren zu sammeln. Im Jahr 2007 setzten sich die ersten Interessierten gemeinsam an einen Tisch. Sie trafen sich zunächst in einem Café in Köpenick, dann in einem Sportklub und schließlich im »Eicheneck«. Heute zählt die Liste der Teilnehmer mehr als 40 Namen.

Bei jedem Treffen vertiefte sich das Interesse für meine Geburtsstadt. Die Berichte und Erzählungen der zumeist älteren Landsleute verstärkten bei mir den Wunsch, mehr zu erfahren, mein Wissen über Breslau zu erweitern. Ich lernte Menschen kennen, die den Untergang der »Festung« erlebt hatten. Armin L. ist einer von ihnen. Im Januar 1945 wurde der damals 17-Jährige von der Schule weg zum Kriegsdienst verpflichtet. Seine Erlebnisse im »Stalingrad an der Oder« hat er aufgeschrieben. Er war Augenzeuge, als der stellvertretende Bürgermeister Wolfgang Spielhagen, ein Kritiker des Gauleiters, auf dessen Befehl wegen angeblichen Defätismus öffentlich am Ring hingerichtet wurde. Der junge Soldat musste mit anderen Kameraden bei der Erschießung zuschauen. »Die Teilnahme an der Liquidierung eines Menschen löste bei mir einen Schock aus«, berichtete er. Ihm war auch klar, warum er mit anderen Uniformträgern zur Exekutionsstätte beordert worden war. Die Absicht sei gewesen, »uns vor Fahnenflucht zu warnen. Denn uns würde das gleiche Schicksal ereilen.«

An einem der Stammtischtage ging es um Brauereien. Ich war erstaunt, dass es in Breslau 18 Braustätten gegeben hatte. Neben den bekannten Namen wie Schultheiss, Haase, Engelhardt und Bürgerbräu stellten kleinere Unternehmen mit Namen wie »Zum goldenen Hecht« und »Zum schwarzen Adler« Gerstensaftgetränke her. Von meinen Eltern kannte ich nur den Brauereinamen Kipke. Wenn ihnen jemand durch ungewöhnliche Korpulenz auffiel, pflegten sie zu sagen: »Der hat ein Hinterteil wie ein Kipke-Gaul.« Schwere Kaltblutpferde, die Wagen mit Fässern zogen, habe ich nur in München zur Oktoberfestzeit erlebt. Die Kutscher in ihrer bayerischen Tracht und die geschmückten Gespanne hatten mich sehr beeindruckt. Diese Art Folklore war und ist mir sympathisch. Warum nur beschleicht mich dann ein merkwürdiges Gefühl, wenn ich bei Treffen von Heimatvertriebenen ältere Menschen in schlesischen Trachten sehe? An dem Aufzug allein kann es nicht liegen.

Die Gewänder sind hübsch und erinnern daran, was früher die ländliche Bevölkerung getragen hat. In Breslau selbst ist wohl kaum jemand während des Alltags in Tracht herumgelaufen. Wahrscheinlich stört mich, dass mit der Zurschaustellung meistens eine politische Botschaft verbunden ist.

Ein anderes Mal beschäftigten wir uns mit der Sütterlin-Schrift. Egon Höcker zeigte eine alte Schulfibel aus dem Breslauer Schulbuchverlag Ferdinand Hirt. Dazu eine Serie von Postkarten, deren Absender ihre Botschaften und Nachrichten in der altdeutschen Schreibweise verfasst hatten. Die Älteren hatten keine Mühe, den Text zu verstehen. Sie hatten die vom Grafiker Ludwig Sütterlin im Auftrag des Preußischen Kultur- und Schulministeriums entwickelte Schrift noch in der Schule gelernt. Diese modernisierte Fassung früherer deutscher Schriften war in Preußen 1915 eingeführt und 1935 von den Nationalsozialisten in den offiziellen Lehrplan der Schulen verbindlich aufgenommen worden. Einige der Stammtischteilnehmer versuchten sich gegenseitig zu übertreffen, indem sie laut und möglichst als Erste die auf eine Leinwand projizierten Texte vorlasen. »Herr Lehrer, ich weiß was«, spöttelte ein Nachbar über ihren Eifer. Ich beneidete sie trotzdem. Denn ich tat mich schwer, die steilen Buchstaben mit ihren Schleifen und Unterlängen zu entziffern. Zu Hause lagen viele Briefe aus der Korrespondenz meiner Mutter, die ebenfalls in Sütterlin verfasst waren. Nach einigen mühseligen Versuchen hatte ich es aufgegeben, mich mit deren Inhalt vertraut zu machen.

Mitten im Krieg, ab September 1941, sei die Schrift plötzlich verboten worden, meinte einer der Breslauer. Warum?, wollte einer wissen. Ein anderer Stammtischbesucher wusste die Antwort. Zu dieser Zeit waren die deutschen Truppen noch überall auf dem Vormarsch. Hitler und seine Kumpane fühlten sich als Herrscher über Europa. In Frankreich und anderen besetzten Ländern war die lateinische Schrift verbreitet. Die besiegten Völker hätten möglicherweise Schwierigkeiten gehabt, Erlasse in deutscher Schrift zu verstehen. Dies allein, so die Auskunft, sei der Grund für die Umstellung gewesen. Ob das stimmt, weiß ich nicht. Es klang aber plausibel.

Nicht immer richtet sich der Blick der Stammtischteilnehmer in die Vergangenheit. Mit Neugier und Sympathie verfolgen sie, was sich im heutigen polnischen Breslau ereignet. Sie freuen sich darüber, dass die Erinnerung an den deutschen Teil der Stadtgeschichte gepflegt wird. Ich konnte an ihren Beobachtungen und Entdeckungen teilhaben. Egon Höcker hat bei seinen Spaziergängen in der Stadt seiner Vorfahren einen besonderen Blick für Ornamente und Inschriften an Gebäuden entwickelt. Zwar waren in früheren Jahren viele deutsche Schriften auf den Fassaden beseitigt worden. Aber nicht alle. Bei genauem Hinschauen lassen sich noch zahlreiche Schriftzüge aus deutscher Zeit entdecken. Höcker hat sie fotografiert.

Seine zahlreichen Streifzüge durch Breslau hätten etwas in ihm verändert, hat er uns erzählt. »Ich sehe Polen mit anderen Augen und ich fühle mich auch selbst verstanden. Meines Vaters Stadt bekommt für mich ihre deutsche Identität zurück.« Das entsprach auch meinem Empfinden. Er war mir – obwohl deutlich jünger als ich – mit seinen Schlussfolgerungen zeitlich voraus. Als ich ihm sagte, dass ich für eine Woche nach Breslau fahren wolle, hat er mir nicht nur Tipps für die Nutzung polnischer Archive mit auf den Weg gegeben, sondern auch Namen und Adressen von polnischen Breslauern, die er mir als Gesprächspartner empfahl.

Begegnungen im polnischen Breslau

»Herzlich willkommen«, begrüßte mich die Angestellte an der Rezeption des Hotels »Wroclaw«. Auf Deutsch erkundigte sie sich nach meiner Anreise und erklärte mir, ab wann ich frühstücken könne. Ich nahm meine Hotelkarte, fuhr mit dem Lift in den vierten Stock, öffnete das Zimmer und zog die Vorhänge auf. Über die Bahntrasse hinweg schaute ich auf die Breslauer Altstadt. Ich erkannte die Türme vom Rathaus, von der Elisabethkirche und der Kirche St. Maria Magdalena, genoss den Panoramablick und freute mich darüber, dass mir diese Stadt nicht fremd war. Es war Montag, der 16. Mai 2011. Ein sonniger, warmer Frühlingstag. Vor mir lag eine Woche Breslau. Sieben Tage ganz privat in meiner Geburtsstadt. Da war kein Politiker, den ich zu begleiten hatte, kein Besuchsprogramm, das mich zeitlich einschnürte, kein Druck, noch schnell einen Artikel für die Redaktion schreiben zu müssen. Endlich konnte ich nachholen, was ich über Jahrzehnte versäumt hatte: mich vor Ort auf die Spuren meiner Kindheit zu begeben. Ich schaute auf die Straße hinunter, hörte das Kreischen der Straßenbahnen, schloss das Fenster und überließ mich meiner Vorfreude.

Am nächsten Tag machte ich mich auf den Weg zur Wohnadresse meiner Eltern. Ich überquerte die Universitätsbrücke, bog in die Matthiasstraße ein, die heute Jednosci

Narodowej heißt, passierte die Elftausend-Jungfrauen-Kirche, ein im klassizistischen Stil errichteter Rundbau, und stand nach etwa einem Kilometer vor dem Haus Nr. 94 am früheren Waterlooplatz. Ich schaute auf das fünfstöckige Gebäude aus der Zeit um 1900. Mein Blick glitt über den portalartigen Hauseingang, über die stuckverzierte Klinkerfassade und blieb beim Erker im ersten Geschoss haften. Ein merkwürdiges Gefühl stieg in mir hoch, eine Mischung aus Neugier, Nostalgie und Wehmut. Hier also hatten wir gewohnt, hier hatte mein Vater seine Praxis. »Pragal Heinz Dr. med., praktischer Arzt, T. 43292« – so steht es im amtlichen Adressbuch aus den 40er-Jahren. Im August 1938 hatten meine Eltern geheiratet. Im selben Jahr eröffnete mein Vater die Praxis. Die Privatwohnung war in derselben Etage. Im Juni 1939 kam ich zur Welt. Ende August, wenige Tage vor Kriegsausbruch, wurde mein Vater zur Wehrmacht eingezogen. Seine Einheit war zunächst beim Überfall gegen Polen eingesetzt, später in Frankreich und ab 1942 an der Ostfront gegen die Sowjetunion. Als Oberarzt, zuletzt als Stabsarzt, gehörte er einer Transportabteilung an, die mit dem Zug Verwundete in die Lazarette im Reich brachte. Seine Urlaube wurden immer seltener. Die Praxis stand leer. Der Behandlungsraum wurde mein Kinderzimmer.

Ich ging ein paar Schritte weiter, kehrte um und schaute immer wieder auf die Fassade. Auf den Vorsprüngen saßen Tauben. Vor einigen Fenstern waren Satellitenschüsseln installiert. Im Erdgeschoss befanden sich ein paar Läden, darunter ein Foto- und Papiergeschäft. Der Putz war an manchen Stellen abgefallen. Gern hätte ich mich im Hausflur und im Treppenhaus umgesehen, in der Hoffnung, irgendetwas zu erkennen, an das ich mich erinnern konnte. Die Eingangstür ließ sich jedoch nur mit einem Code öffnen. Ich wusste nicht, wer in dem Haus wohnt, und kannte nur ein paar Worte Polnisch. Wer hätte mir auch Auskunft geben können über frühere deutsche Mieter und ihren erzwungenen Weggang? Nach mehr als 60 Jahren? Vermutlich niemand. Zu unserer Zeit wohnten in dem Mietshaus 28 Familien, Ehepaare und Einzelpersonen, unter ihnen eine ältere Dame mit dem Namen Schwarzer. Sie legte Wert darauf, mit »Fräulein« angeredet zu werden. »Schwarz« konnte ich als kleiner Junge nicht aussprechen, hat mir meine Mutter erzählt. Es klang immer wie »wratz«. Als ich meinen ersten Milchzahn verlor, stellte sie mich vor den Spiegel, damit ich das Loch betrachten konnte. Bald darauf begegnete ich der Nachbarin. Aufgeregt soll ich gerufen haben: »Fräulein Wratzer, Fräulein Wratzer, jetzt sehe ich aus wie du.«

Am ehemaligen Waterlooplatz stoßen mehrere Straßen zusammen. Durch die Poniatowkiego, die zu deutscher Zeit Blücherstraße hieß, rollten in dichter Folge Autos, ratterten Straßenbahnen mehrerer Linien. Wahrscheinlich war es früher hier schon laut. Auf der als Grünanlage gestalteten Verkehrsinsel stand ein altes Toilettenhäuschen. Meine Mutter hätte sich bestimmt erinnert, aber sie lag schon seit zwölf Jahren auf dem Friedhof in Krombach. Ich schlenderte durch die Ölsner- und die Pestalozzistraße, quer durch ein gut erhaltenes Altbauviertel, und erblickte das neugotische Gebäude der St. Michaeliskirche. Das war der Weg, den meine Mutter mit mir zum Waschteich gegangen ist. Ich lief weiter, überquerte die Adalbertstraße, setzte mich im Park auf eine Bank, beobachtete spielende Kinder, sah auf eine Wasserfontäne, folgte mit meinen Blicken den frei laufenden Hunden und versuchte mir vorzustellen, wie es vor 70 Jahren gewesen sein mag, als ich hier im Kinderwagen saß. Es gelang mir nicht. Aus eigener Erinnerung ließ sich nichts hervorlocken. Lebendig waren nur die Bilder, die durch die Erzählungen meiner Mutter geformt worden waren.

In einem Zimmer unserer Wohnung, das ursprünglich zur Praxis gehört hatte, stand ein Telefon. Beim Spielen habe ich es heruntergerissen. Aus Angst vor Strafe habe ich einen kleinen Tisch vor die Verbindungstür zum Esszimmer gestellt. Und darauf einen Kinderstuhl, auf den ich mich setzte. Dann habe ich gewartet, was passiert. Ich übersah freilich, dass es noch eine zweite Tür gab, durch die meine Mutter hereinkam. Sie habe lachen müssen, als sie mich da oben thronen sah, hat sie mir berichtet. Angeblich soll ich noch Teile eines Schlagers gesungen haben, der damals populär war. »Es geht alles vorüber, es geht alles vorbei …« Aber das halte ich für erfunden. Wir hatten einen Hund, einen Boxer mit Namen Rainer. Er war sehr kinderlieb und hat sich von mir manches gefallen lassen. Irgendwann hat meine Mutter beobachtet, wie ich ihm ein Fieberthermometer in den Po stecken wollte. Es war wohl dasselbe, mit dem meine Mutter im Krankheitsfall meine Temperatur zu messen pflegte. Ich hatte schon Rainers Stummelschwänzchen nach oben gezogen. Im letzten Moment konnte sie mich an der Ausführung meiner Messung hindern.

Mein nächstes Ziel war die Tiergartenstraße 44. Dort hatten die Eltern meines Vaters gewohnt, Reichsbahnoberinspektor Richard Pragal und seine Ehefrau Klara, geborene Skibe. Das Haus stand noch. Es war sogar restauriert. Ein viergeschossiges, schmales Gebäude mit frisch verputzter Fassade, großen Fenstern, Balkons und einer Loggia. Ich wunderte mich, dass ein mittlerer Beamter so komfortabel gewohnt hatte. Seine Mitbewohner waren unter anderen ein Oberlandesgerichtsrat, ein Studienrat und ein Architekt. Ich kann mich nicht erinnern, jemals in der Wohnung dieser Großeltern gewesen zu sein. Die Universitätskliniken lagen in der Nähe. Zwei von drei Söhnen meines Großvaters hatten dort Medizin studiert. Wenn ich heute sein Bild betrachte, fallen mir nur Begebenheiten ein, als auch er in Krombach lebte. Von ihm, dem passionierten Eisenbahner, habe ich gelernt, wie man ein Kursbuch liest. Immer wieder hat er mit mir fiktive Reisen durchgespielt. Mit Personen-, Eil- und D-Zügen. Da musste ich ihm sagen, wo ich umzusteigen gedachte und wann ich Anschluss hätte. Wenn ich etwas länger überlegte, klopfte er ungeduldig mit dem Zeigefinger auf den Tisch. Er hat mich gelehrt, die verschiedenen Typen von Dampflokomotiven zu unterscheiden. Und eines Tages fing ich sogar an, mir die Nummern der Loks zu notieren, die ohne Halt die kleine Bahnstation Krombach passierten. Zum Glück währte dieser Spleen nur einige Monate.

An einem anderen Tag bin ich bis in den Vorort Wilhelmsruh gewandert, zum Wohnsitz meiner anderen Großeltern, dem Gerhard Opa und seiner Frau Elisabeth Kriegerstein, meiner geliebten Ami. Ich hätte auch mit dem Taxi, der Straßenbahn oder dem Bus fahren können, wie ich es sonst bei meinem Breslau-Aufenthalt zu tun pflegte. Aber ich hatte Zeit, das Wetter war schön, und als Fußgänger nimmt man mehr Eindrücke auf als beim Benutzen eines Verkehrsmittels. Auch in diesem Fall wusste ich nicht, ob das Haus zerstört wurde oder erhalten geblieben ist. Nach dem Grunwaldzki-Platz, dem ehemaligen Scheidniger Stern, wurde das Stadtbild eintönig. Rechts und links der breiten Gehsteige stehen Bürobauten und moderne, turmartige Mietshäuser. Es gibt kaum Geschäfte mit Auslagen oder Lokale, die etwas Abwechslung in die Monotonie der wie mit dem Lineal gezogenen Ausfallstraße bringen könnten.

Bis kurz vor Kriegsende waren die Gründerzeitbauten an der damaligen Kaiserstraße weitgehend unzerstört. Bis Hitlers Statthalter, der Gauleiter Karl Hanke, Mitte März den Befehl gab, die Bebauung in einem der schönsten Stadtviertel abzureißen, um eine Behelfsrollbahn anzulegen. Als Ersatz für den Flughafen Gandau, den die sowjetischen

Truppen bereits erobert hatten. Deutsche Soldaten und Zehntausende Zivilisten, unter ihnen viele Jugendliche, wurden gezwungen, Haus für Haus zu zerstören. Ältere Breslauer, die während der Belagerung in der »Festung Breslau« auszuhalten versuchten, haben mir erzählt, wie sich diese Barbarei abspielte. Zuerst wurde das Mobiliar auf die Straße geworfen. Dann wurden die Gebäude in Flammen gesetzt, gesprengt und unter ständigem Granatfeuer und Fliegerangriffen schließlich eingeebnet.

Als ich die Fürstenbrücke überquert hatte und den Scheidniger Park sah, kamen mir wieder angenehmere Gedanken in den Sinn. Bevor der Krieg nach Breslau gekommen war, gab es dort die Schweizerei, ein Restaurant, in das mich Ami gelegentlich mitgenommen hatte. Ein paar Hundert Meter weiter nördlich lag der Leerbeutel See, an seinem östlichen Ufer das Strandbad, das Ziel zahlreicher Spaziergänge in meiner Kinderzeit. Nur konkrete Erinnerungen, die hatte ich nicht. Bis zur Walhallstraße war es nicht mehr so weit. Die Hausnummer 45 gehört zu einem großen, stattlichen Klinkerbau, der sich von den Einfamilienhäusern aus den 30er-Jahren und aus der Nachkriegszeit abhebt. Hier lebte laut Adressbuch auch der damalige Regierungsvizepräsident. Sollte dies das Haus gewesen sein, in dem die Eltern meiner Mutter wohnten? Ich war mir nicht sicher. Aber dann erkannte ich den Balkon, von dem ich Fotografien besaß. Dort hatte Ami auf mich gewartet. Sobald ich sie sah, rief ich laut von der Straße: »Ami, ich komm Hühnchen essen.«

Auf dem Balkon hatten sich meine Eltern nach ihrer Trauung samt Familien zu einem Erinnerungsfoto aufgestellt. Bräutigam, Vater und Schwiegervater trugen Frack. Die strahlende Braut im weißen Kleid lachte fröhlich in die Kamera. Eltern und Schwiegereltern hätten nicht gegensätzlicher sein können. Hier der Eisenbahnbeamte Richard

Pragal, ein korrekter, strenger und spröder Mann, seine Frau Klara, Tochter eines Fleischermeisters, eine einfache, sehr warmherzige Frau, die es mit ihrem pedantischen Mann nicht leicht hatte. Dort der Textilkaufmann Gerhard Kriegerstein und seine Frau, eine selbstbewusste, elegante Erscheinung, deren Familie aus Münsterberg stammte. Beide weltläufig, offen und tolerant. Sie führten ein gastfreundliches Haus mit Personal. »Bei mir laufen keine fremden Füße herum«, sagte Richard Pragal, als sich die Elternpaare erstmals in Wilhelmsruh trafen. Ami war katholisch, wenn auch nicht sehr strenggläubig. Gerhard Opa war evangelisch, aber eigentlich ein Freigeist und klerikaler Spötter. Wenn er seine Frau ärgern wollte, las er ihr aus dem *Pfaffenspiegel* vor. Sie einigten sich darauf, dass ihre Tochter Ruth evangelisch unterwiesen und konfirmiert werden sollte.

Wie habt ihr euch eigentlich kennengelernt?, wollte ich irgendwann von meiner Mutter wissen. Sie hat gern über ihre Zeit vor der Ehe gesprochen. Mein Vater, der in Breslau, Freiburg und Königsberg studiert hat, galt bei den Freundinnen meiner Mutter als »Windhund«, einer, der hinter den Röcken her war. Um mit ihr in Kontakt zu kommen, schrieb er ihr einen Brief mit der Anrede »Liebe Ruth …«. Meine Mutter war empört! Ein derartiger Annäherungsversuch erschien ihr ebenso dreist wie plump in der Form: Die korrekte Anrede, so hat sie ihm über Freundinnen mitteilen lassen, wäre »Verehrtes, gnädiges Fräulein« gewesen und nicht dieses distanzlose »Liebe Ruth«. Jedenfalls hat sie ihn zappeln lassen. Irgendwann muss es aber doch »gefunkt« haben. Sie gab ihrem damaligen Verehrer einen Korb und entschied sich für meinen Vater. Der gehörte einer schlagenden Verbindung an. Wegen einer Kränkung, die jemand meiner Mutter zugefügt hatte, hat er sich mit einem Rivalen duelliert. Der Vorgang wurde auch in der von Gerhard Opa gereimten Hochzeitszeitung erwähnt. Für die Ehre seiner Verlobten, so pflegte meine Mutter aus dem Text zu zitieren, musste »er zum Säbel fassen und ein Büschel Haare lassen«.

An der ul. Pomorska 2 steht am Oderufer ein lang gestreckter, klotziger Bau. Er beherbergt das Staatsarchiv Wroclaw. »Dzień dobry«, grüßte ich. Guten Tag. Ich reichte dem Pförtner meinen Personalausweis, er gab mir wortlos einen Zettel. Ich trug meine Personalien ein. Er drückte auf einen Knopf, es summte, und eine Tür öffnete sich. Im Lesesaal im ersten Stock war man an deutsche Besucher gewöhnt. Einer freundlichen älteren Archivarin, die Deutsch sprach, trug ich meine Bitte vor. Ich war auf der Suche nach einem Nachweis meiner Taufe. Die evangelische Elftausend-Jungfrauen-Kirche lag zu unserer Wohnung am nächsten. Ich vermutete, dass meine Eltern dieses Gotteshaus für den Taufakt gewählt hatten. Die Archivarin reichte mir einen Bestellschein, den ich auszufüllen hatte. Dann schaute sie in die Registratur, nickte mir aufmunternd zu und sagte, die alten Kirchenbücher seien vorhanden. Sie erkundigte sich nach dem gewünschten Jahrgang und erklärte, am nächsten Morgen könne ich das Original einsehen. Tags darauf lag das Taufbuch, ein dicker Foliant, auf dem Tisch. Ich blätterte Seite um Seite. Die Namen der Getauften und ihrer Eltern waren in feiner Sütterlinhandschrift mit Tinte eingetragen. Ich ging alle Monate bis Dezember durch. Aber meinen Namen fand ich nicht. Vielleicht war es doch eine andere Kirche, dachte ich. Ich gab nicht auf und schaute mir auch die Einträge des folgenden Jahres an. Meine Ausdauer wurde belohnt. In der Spalte 11. Februar 1940 standen meine Vornamen Klaus Peter, Klaus unterstrichen. Daneben die Vor- und Zunamen meiner Eltern. Einer der beiden Taufpaten war mein Onkel Erich. Ich war rundum zufrieden. Dass ich erst acht Monate nach meiner Geburt getauft wurde, lässt sich erklären. Es war Krieg, und mein

Vater war im Februar wohl gerade auf Heimaturlaub. Die Archivarin versprach, mir eine Kopie nach Berlin zu schicken. Sie hat tatsächlich Wort gehalten.

In einem Regal standen Breslauer Adressbücher aus deutscher Zeit. Ich durfte sie einzeln herausnehmen. Die Jahrgänge reichten bis in die Mitte des 19. Jahrhunderts zurück. Der letzte Band der Reihe stammte aus dem Kriegsjahr 1943. Er war bereits ein wenig zerfleddert. Das Vorwort begann lyrisch: »Wo im breiten Oderstrom spiegeln Städte sich und Dom.« Ein Vers aus dem Heimatlied der Schlesier, verfasst von Eduard Becher. Dann folgte der Satz: »Noch immer ringen die Heere der Staaten um den Sieg.« Ich las weiter: »Die Bevölkerungszahl der Stadt Breslau betrug am 1.10.1942 nach Angaben des Statistischen Amtes der Stadt Breslau: 635 430.« Im Raum standen mehrere Lesegeräte. Ein Teil der Dokumente sei verfilmt, sagte eine Mitarbeiterin. Adressbüchern aus den frühen 30er-Jahren entnahm ich, dass die Eltern meines Vaters früher in der Gellhornstraße und die meiner Mutter in der Schleiermacherstraße gewohnt hatten. Die lag nur wenige Straßenzüge von unserer späteren Wohnung am Waterlooplatz entfernt. Den ältesten Eintrag meines Familiennames fand ich im Adressbuch von 1843: Es handelte sich um die Witwe eines Wundarztes, wohnhaft in der Breite Straße. 1868 war ein Pragal, Josef, Steueraufseher a. D. gemeldet. Wann meine Vorfahren nach Schlesien gekommen waren und woher der Name stammte, habe ich bisher nicht herausbekommen.

Die nächste Behörde, die ich aufsuchte, war das Standesamt 1 in der ul. Wlodkowica 20/22, der früheren Wallstraße. Dort hoffte ich, meine Geburtsurkunde zu finden. Eine Bedienstete, die ich um Auskunft bat, schrieb die Nummer eines Zimmers auf einen Zettel. Dort traf ich auf eine jüngere Beamtin, die Deutsch sprach. Ich gab ihr meine Daten. In ein paar Stunden solle ich wiederkommen, meinte sie.

Dann könne sie mir sagen, ob das gewünschte Dokument vorliege. »Sie haben vielleicht Glück!«, empfing sie mich, als ich wieder ins Zimmer trat. »Ich habe nicht nur Ihre Geburtsurkunde, sondern auch die von Ihrem jüngeren Bruder. Und dazu noch die Heiratsurkunde Ihrer Eltern.« Sie reichte mir die mit Stempel und Unterschrift versehenen Kopien. »Sie sehen einen glücklichen Menschen vor sich«, sagte ich. Sie antwortete mit einem strahlenden Lächeln. In ihrem Gesicht spiegelte sich die Freude darüber, dass sie mir hatte helfen können.

Auf meine Breslau-Reise hatte ich etliche Bücher mitgenommen. Alte und neue Stadtführer, einen literarischen Reiseführer, einen Band über schlesische Geschichte und einen Erlebnisbericht von Heinrich Albertz mit dem Titel *Die Reise. Vier Tage und siebzig Jahre*. Darin beschreibt der gebürtige Breslauer Theologe und spätere Regierende Bürgermeister von Berlin seine Beobachtungen und Empfindungen bei einem mehrtätigen Aufenthalt im Jahr 1984. Auch sein erster Eindruck war der Blick aus einem Hotelfenster: »Ich stehe und sehe also über die Gegenwart hinweg in die Vergangenheit, meine Vergangenheit, das abgelebte Leben, damals als der Ring noch Ring hieß und nicht Rynek.« Nach einem Spaziergang in den Anlagen um den Stadtgraben notierte er: »Ich höre um mich herum die fremde Sprache, die wohllautend ist auch in ihrer Fremdheit. Da sind sie: die Kinder und Enkel der Auch-Vertriebenen, vertrieben wie wir, aus Galizien, dem Lemberger Raum, damals in eine zerstörte, ihnen völlig fremde Stadt, noch rauchend in den Trümmern, und im Rücken die verlorene Heimat und vor ihnen die ersten Stimmen der deutschen Revanchisten, unsicher, ob sie bleiben würden, bleiben könnten. Auf den Koffern die Schlesier in Westdeutschland, auf den Koffern die Galizier in Schlesien. Eine absurde Szene.« Dann schrieb er weiter: »Nun, das hat sich geändert. Für die zweite und dritte Generation ist das alte Breslau ihr Wroclaw. Ich bin ein geduldeter Fremder mit einem Visum für vier Tage.«

Zwischen seinem und meinem Aufenthalt liegen 27 Jahre. Was für ein Unterschied in der Wahrnehmung. Ich fühlte mich nicht als geduldeter Fremder, sondern als willkommener Gast, der seine Vaterstadt besuchte. Und ich brauchte auch kein Visum, ich konnte an der Grenze unkontrolliert durchfahren. Albertz, der vor dem Krieg Kurierdienste für die Bekennende Kirche leistete und nach dessen Ende Flüchtlingsminister in Niedersachsen war, las bei einem Erkundungsgang auf einem Schild »Deutsche Demokratische Republik – Generalkonsulat«. Es war an einer von restaurierten Jugendstilhäusern eingerahmten Villa am Graben angebracht. »Konsul der Bundesrepublik in Wroclaw zu sein, denke ich einen Augenblick. Aber den gibt es nicht«, stand in seinem Reisetagebuch. Noch nicht, hätte ich ergänzen können. Der Amtssitz ist geblieben. Und Hausherr ist heute der Generalkonsul des vereinten Deutschlands.

Am Abend, nachdem ich meine täglichen Recherchen beendet hatte, zog es mich zum Ring, dem Hauptanziehungspunkt für Touristen und beliebten Treffpunkt der Breslauer polnischen Jugend. Rund ums Rathaus reiht sich Restaurant an Restaurant, Café an Café, Bierlokal an Bierlokal. Eine der am meist frequentierten Freiluftgaststätten hat sogar einen halb deutschen Namen, »Bierhalle Zwiazki«. Es wimmelte von Menschen. Sie unterhielten sich in unterschiedlichen Sprachen, aber am häufigsten hörte ich Deutsch. Die Landsleute, überwiegend in etwa meinem Alter, waren meistens in kleineren und größeren Gruppen unterwegs. Im Restaurant bestellten sie das Essen in ihrer Muttersprache, und in der Regel konnten sie sicher sein, von den Kellnern und Kellnerinnen verstanden zu werden. Ich holte mir ein Bier, setzte mich an einen Tisch vor dem Rathaus, schaute in die Abendsonne, erfreute mich am Anblick hübscher junger Frauen und ließ das pulsierende Leben auf mich wirken. In wenigen Tagen war mir Breslau so vertraut geworden, als hätte ich hier schon Wochen und Monate gelebt.

Ich bewegte mich zu Fuß zielsicher durch die Altstadt und das katholische Dom-Viertel. Ich wusste, wo Antiquariate waren, die eine Fülle deutscher Literatur anboten. Ich kannte mich bald mit dem Straßenbahnnetz aus. Nur einmal habe ich mich verfahren. Ich saß in einem Wagen der Linie 7 und dachte, die »Elektrische«, wie meine Mutter zu sagen pflegte, würde am Trebnitzer Platz drehen, und ich könnte dort umsteigen. Das tat sie aber nicht, sondern fuhr weiter stadtauswärts Richtung Rosenthal. Wir überquerten den Schiffskanal und die Alte Oder. So weit war ich noch nie gekommen. Bei der nächsten Station stieg ich aus und nahm die Gegenbahn. Wenn ich nach meinem Abendschoppen am Ring ins Hotel an der früheren Kaiser-Wilhelm-Straße kam, reihten sich auf dem Vorplatz Busse deutscher Reiseunternehmen. In der Halle wimmelte es von Touristen aus Deutschland. Bei vielen hörte ich an ihrem Dialekt und an der Klangfarbe ihrer Sprache, dass sie schlesische Wurzeln hatten. Eines Abends ertönte aus dem zur Lobby offenen Speisesaal ein vielstimmiger Chor. Deutsche sangen Volkslieder. »Ade, nun zur guten Nacht …« Ich setzte mich an die Bar neben zwei Polen. Sie hörten dem Gesang zu. Er störte sie nicht. Es schien eher so, als würde er ihnen gefallen.

An die Zeit nach dem Krieg kann sich Jerzy Podlak gut erinnern. Zusammen mit anderen polnischen Schülern musste er in Breslau deutsche Inschriften unkenntlich machen. »Wir bekamen Farbtopf und Pinsel in die Hand und wurden losgeschickt«, erzählte er. »Wenn wir zum Beispiel am Kellereingang einer Ruine das Wort ›Luftschutzraum‹ sahen, haben wir es überpinselt.« Podlak war auch dabei, als das Kaiser-Wilhelm-Denkmal an Zwinger-Platz geschleift wurde. Auf dem 1897 errichteten Monument saß der Hohenzollern-Monarch hoch zu Ross. »Um die Beine des Pferdes wurden Leinen gelegt«, erinnerte sich Podlak. Und dann habe man gezogen, bis Reiter und Pferd vom Sockel stürzten. So sei das gewesen, sagte er. Man habe die Erinnerung an die deutsche Vergangenheit auslöschen wollen.

Wir saßen in der Halle des Hotels, als er mir seine Lebensgeschichte berichtete. Jerzy, Jahrgang 1931, ist ein Breslauer der ersten Stunde. Seine Familie lebte in der Provinz Posen. Sein Vater war Schulleiter. Nach dem deutschen Überfall auf Polen mussten die Podlaks Anfang 1940 in nur wenigen Minuten ihre Wohnung für Angestellte des Dritten Reiches räumen. Die fünfköpfige Familie quartierte man in ein Zimmer im Dachgeschoss eines Industriegebäudes ein. Der Vater wurde als Angehöriger der polnischen Intelligenz als Geisel verhaftet und ins Gefängnis gebracht. Jerzy konnte keine Schule besuchen. Sie wurde von den Nazis geschlossen. Mit zwölf Jahren fiel er unter das im »Warthegau« geltende Gesetz über die Arbeitspflicht von Knaben. Jerzy wurde als Laufbursche in der örtlichen Sparkasse eingesetzt. Sein Vater musste nach der Entlassung aus dem Gefängnis in einer Fabrik arbeiten. Viele polnische Jugendliche verschleppten die Deutschen zur Zwangsarbeit ins Reich. Auch seine Schwester. Die musste als Haushilfe in einer Breslauer Familie arbeiten. »Dort wurde sie gut behandelt«, sagte Podlak. »Beim Essen durfte sie mit am Tisch sitzen.« Im Juni 1942 kam die Gestapo und nahm die 19-Jährige fest. In der Haft wurde sie brutal behandelt, danach aber wieder freigelassen. Zu der deutschen Familie durfte sie nicht mehr zurückkehren.

Jerzy Podlak sprach langsam. Ich merkte, wie ihn die Erinnerung an die Leiden unter der Gewaltherrschaft seelisch belastete. Sein schlimmstes Erlebnis hatte er am 15. Juni 1944. »Nachts um drei Uhr klopfte es an unsere Tür. Da standen zwei Polizisten und ein Angestellter mit einer Liste in der Hand.« »Familie Podlak?«, fragte einer der Männer. »Sie haben 15 Minuten Zeit, um ein paar Sachen zu packen.« Die Familie wurde unter Polizeiaufsicht zum Sammelpunkt am Bahnhof gebracht und in einen Güterwagen gepfercht. »Dann begann eine Fahrt ins Ungewisse.« Erste Station war das Durchgangslager Lodz (Litzmannstadt). Von da aus ging es in Lager in Augsburg und Dachau. Endpunkt war Breslau. Jerzy arbeitete als Hilfskraft beim Kartoffelschälen in einem Krankenhaus. Gegen Ende des Krieges erkrankte er an Scharlach. Zur Genesung schickte man ihn für kurze Zeit nach Krummhübel ins Riesengebirge. Während der »Festungszeit« lebte die Familie in Lagern, die in der Clausewitzschule und im Stadtteil Burgwalde eingerichtet waren. »Ich wurde in der umkämpften Stadt zu verschiedenen Arbeiten eingesetzt«, berichtete er. Am 5. Mai 1945, einen Tag bevor Breslau kapitulierte, war für die Podlaks der Krieg zu Ende. »An diesem Tag wurden wir befreit.« Die Familie fand sich in der zertrümmerten Stadt wieder. Die »Arbeitskarte der Festung Breslau« habe er aufgehoben, sagte er. Als Andenken an eine schreckliche Zeit.

Obwohl ihm die Grundschuljahre fehlten, dufte der 14-Jährige im ersten Nachkriegsjahr ein neu eingerichtetes polnisches Gymnasium besuchen. In seiner Klasse waren Schüler, die aus Warschau und aus Lemberg gekommen waren. Die hatten eine bessere Vorbildung als er. »In meinem ersten Zeugnis stand sechsmal ungenügend. Ich musste immer nachholen.« Podlak schaffte es, wurde Ingenieur. In seiner Jugendzeit wurde das nunmehr polnische Breslau zum bevölkerungspolitischen Schmelztiegel. Die neuen Bewohner kamen nicht nur aus den abgetrennten ostpolnischen Gebieten, sondern auch aus Zentralpolen. »Die hatten unterschiedliche Kulturen. Aber in Breslau wurden sie integriert.« Als Kitt dienten die Version vom urpolnischen wiedergewonnenen Land und die von der Regierung geschürte Angst vor einer Rückkehr der Deutschen. Das Gefühl vieler Neubürger, nur vorübergehend in der fremden Umgebung zu wohnen, habe dazu geführt, dass die noch erhaltene Bausubstanz verfiel. »Die Leute haben nichts renoviert. Niemand hat sich gekümmert. Hinzu kam, dass es deutsche Häuser waren.« Podlak lebte zunächst mit einem gespaltenen Deutschland-Bild. »In der DDR waren die guten Deutschen, in der Bundesrepublik die Revanchisten.« So hatte es die kommunistische Propaganda den Menschen eingeredet. Das änderte sich erst, als er Menschen aus Westdeutschland persönlich kennenlernte.

Der Rentner Podlak liebt Breslau mit seiner ganzen Geschichte. Die Historie der Stadt wurde ihm zum Hobby. Er findet es gut, dass an immer mehr Stellen Erinnerungstafeln an deutsche Breslauer angebracht werden. Er hat Freunde in Deutschland, die er besucht. Ich kann mich mit ihm sehr gut auf Deutsch unterhalten. Die Stadtverwaltung gebe inzwischen viel Geld für die Restaurierung aus, sagte er. »Früher bin ich beim Spazierengehen meistens mit dem Kopf nach unten gegangen und habe auf den Boden geschaut. Jetzt gehe ich mit dem Blick nach oben und staune, wie viele schöne Häuser es hier gibt.« Als er jung war, sei es üblich gewesen, antideutsch zu sein. Das habe sich gründlich geändert. Die heutigen jungen Leute in Breslau hätten keine Ressentiments. Sie seien aufgeschlossen und dächten europäisch. »Eigentlich«, sagte er, »hätte ich nach meinen Erfahrungen allen Grund, die Deutschen zu hassen. Sie haben unser Land überfallen und mir die Schuljahre weggenommen. Aber ich habe solche Gefühle nie gehabt.«

Am folgenden Tag lernte ich einen anderen polnischen Breslauer kennen, auch einen mit Vertriebenenschicksal.

Stanislaw Zolkiewskis Familie stammt aus Galizien. Er selbst ist im August 1946 in der pommerschen Kleinstadt Schönlanke bei Schneidemühl geboren, der ersten Station nach der Umsiedlung. Seine Großmutter habe viel von der verlorenen Heimat erzählt, sagte er. Leider gebe es keine privaten Dokumente oder Aufzeichnungen. Eltern und Großeltern hätten kein Stück Papier aus Lemberg mitgenommen. Seit 1949 lebt er in der niederschlesischen Metropole. Sein Zuhause liegt im Ortsteil Zimpel, der heute Sepolno heißt. Auch er, von Beruf Ingenieur, ist ein leidenschaftlicher Amateurhistoriker. Die zwischen 1919 und 1935 errichtete musterhafte Gartenbausiedlung, die den Krieg fast unbeschadet überstand, hat es ihm besonders angetan. Er sammelt alles, was über Zimpel geschrieben wurde. Stanislaw zeigt mir eine Luftaufnahme. Auf einer Fläche von 100 Hektar stehen, gruppiert in Wohnhöfen und unterbrochen von Grünanlagen, zweigeschossige Reihenhäuser und Eigenheime. In der Mitte der hufeisenförmigen Anlage die Gustav-Adolf-Gedächtniskirche. Davor erstreckt sich ein großer Spielplatz. »Da steht mein Haus«, sagt er und zeigt mit dem Finger auf eine Stelle zwischen Möwen- und Meisenweg. Er berichtet von zwei deutschstämmigen Bekannten aus dem heutigen Breslau. Gisela N., Jahrgang 1941, war mit ihrer aus Oberschlesien stammenden Familie zunächst in die Bundesrepublik übergesiedelt, aber dann nach Polen zurückgekehrt. Eine andere Bekannte, Edeltraut C., hatte 1946 einen Polen geheiratet und wohnt nun schon seit mehr als 70 Jahren in Zimpel.

Sein Vater sei nicht in der kommunistischen Partei gewesen, berichtet er. Zu Hause habe man regelmäßig das in München produzierte Programm von Radio Freies Europa gehört. Die kritische Einstellung zum System färbte auch auf den Sohn ab. Deshalb fiel es ihm leicht, sich vorurteilsfrei in die Breslauer Stadtgeschichte zu vertiefen. Als in den polnischen Zeitungen darüber diskutiert wurde, ob ein Hügel im Südpark nach dem langjährigen Breslauer Oberbürgermeister Georg Bender benannt werden solle, war er sofort dafür. In der Amtszeit des in Königsberg geborenen Stadtoberhaupts zwischen 1891 und 1912 hatte Breslau einen rasanten Modernisierungsschub erlebt. In dieser Zeit entstanden unter anderem der Schlacht- und Viehhof, die Markthalle, die Gasanstalt, der Hafen und die Technische Hochschule. Bender sorgte auch dafür, dass Breslau eine neue Grundwasserleitung bekam, die elektrische Straßenbahn eingeführt wurde und die Stadt zahlreiche neue Grünanlagen bekam. Zu deutscher Zeit trug ein Platz seinen Namen. Das polnische Stadtparlament stimmte dem Gedenkvorhaben zu. Vereinzelt gab es aus dem nationalkonservativen Lager kritische Stimmen. »Aber der ist doch ein Deutscher«, wandte man ein. Stanilaw Zolkiewski hat für solche Bedenken kein Verständnis. »Das ist noch der alte Blick«, sagte er.

Er bot mir an, mit mir eine Tour durch die Stadt zu unternehmen. Er holte mich mit seinem Auto im Hotel ab. Zunächst beharrte er darauf, in die Matthiasstraße zu fahren und mich vor dem Hauseingang der Nummer 94 zu fotografieren. Da stand ich nun vor der gut erhaltenen hölzernen Flügeltür mit ihrem schönen dunkelbraunen Schnitzwerk, 67 Jahre, nachdem ich das Haus zum letzten Mal verlassen hatte. Wie ein klassischer Heimwehtourist. Ich empfand die Situation als ein bisschen peinlich, wegen der Passanten. Aber die gingen vorbei und beachteten mich gar nicht. Gleichzeitig war ich froh, eine bildliche Erinnerung zu bekommen. Dieselbe Szene wiederholte sich in der Tiergartenstraße, wo die Eltern meines Vaters gewohnt hatten. Nachdem wir etliche Orte besucht hatten, die ich noch nicht kannte, schlug er mir vor, ins Umland zu fahren. Er kenne da einen Ort, der von deutschen Breslau-Touristen selten aufgesucht werde. Ich hatte nichts dagegen. Wir fuhren über die einstige Friedrich-Ebert-Straße Richtung Osten. »Die hieß in der Nazizeit Adolf-Hitler-Straße«, erklärte Stanislaw. »Aber die meisten Breslauer haben weiter Ebert-Straße gesagt.«

Beim Überqueren des Flut- und des Breitenbach-Kanals begann er zu erzählen, wie er die Oderfluten in den Jahren 1997 und 2010 erlebt hatte. Besonders die letzte hatte sich bei ihm tief eingeprägt. Da war nach einem Deichbruch der Stadtteil Kosel vollständig überschwemmt. Auf rund 80 Hektar standen Straßen und Häuser bis zu 1,50 Meter unter Wasser. Die Fotos, die er damals machte, zeigen die Gewalt der Wassermassen. Das Thema hatte ihn seither nicht mehr losgelassen. Er sammelte Berichte, beschäftigte sich mit Hochwasserschutz, fertigte Skizzen vom Flutkanal an, um das Ausmaß der Flutwelle zu veranschaulichen. Er kannte alle Pegelstände früherer Jahre und machte Vorschläge, wie einer künftigen Gefahr besser vorgebeugt werden könne. Weiter ging es Richtung Oels. Hinter der Stadtgrenze erblickte ich zahlreiche Neubausiedlungen. Die Bungalows und Reihenhäuser unterschieden sich kaum von denen, die in den vergangenen 20 Jahren rund um Berlin entstanden waren. Auch Breslau hat seinen Speckgürtel, dachte ich. Auf halber Strecke nach Oels bogen wir links auf eine kleine Landstraße ab. Nach ein paar Kilometern ein Ortsschild: Nadolice Wielkie, früher Groß Nädlitz. Was wir hier wollten, fragte ich. Das werde ich gleich sehen, meinte er und lenkte sein Auto über einen schmalen, neu angelegten Weg, der aus dem Ort herausführte. Er parkte vor der Eingangshalle eines Friedhofs.

»Kriegsgräber mahnen zum Frieden«, las ich auf einer Tafel. Darunter derselbe Satz in Polnisch und Englisch. Und weiter: »Diesen Soldatenfriedhof errichtete der Volksbund Deutscher Kriegsgräberfürsorge. Die Gräber der hier

Bestatteten erinnern an die Schrecken des Zweiten Weltkrieges. Ihr Tod mahnt zu Aussöhnung und Toleranz.« Wir betraten das etwa drei Hektar große Gelände. Auf schlanken Granitsteinen, die in Dreier- und Achterreihen aufgestellt waren, standen die Namen der Gefallenen. Manchmal waren die Todesdaten angegeben. Seit 1998 wurden hier mehr als 10 000 deutsche Soldaten beigesetzt, deren Gebeine Mitarbeiter des Volksbundes in Niederschlesien und in der Gegend um Oppeln bergen konnten. Das Areal bietet Platz für weitere Umbettungen. Wir ließen uns Zeit und gingen langsam über das weitläufige Grabfeld. Die Sonne brannte, die noch jungen Laubbäume spendeten wenig Schatten. Der Volksbund hat das Gelände als Friedenspark angelegt und ausgewiesen. Im Oktober 1998 wurde er feierlich eröffnet. Damals wurden die ersten 48 Bäume gepflanzt. Inzwischen sind es mehr als 600 – Ahorn, Ebereschen, Eichen. An den Stämmen hängen die Namen der Paten, die Geld gestiftet haben. »Im Mai 2000 haben polnische und deutsche Soldaten gemeinsam auf diesem Friedhof gearbeitet«, erzählte Stanislaw. Auf einem deutschen Friedhof in Polen. Ich spürte, wie wichtig es ihm war, mir diesen friedlichen Ort der Versöhnung gezeigt zu haben.

Jeden Sonntag um zehn Uhr versammeln sich in der Breslauer St. Christopheri-Kirche evangelische Christen zum Gottesdienst. Die Schar der Gläubigen ist klein. Oft sitzen kaum mehr als 20 Besucher auf den Holzbänken. Zweimal im Monat ist Kindergottesdienst für Familien. »Dann sind wir fast 40 Personen«, erzählte mir Pfarrer Dawid Mendrok. Gepredigt, gebetet und gesungen wird auf Deutsch. Denn St. Christopheri gehört der deutschsprachigen Evangelisch-Augsburgischen Gemeinde. Hier bekommen die protestantischen Angehörigen der deutschen Minderheit Zuspruch, Beistand und Hoffnung. Hier finden Taufen, Einsegnungen und zuweilen auch Kirchenkonzerte statt. Hier können die Christen das »Vaterunser« schon seit Jahrzehnten in ihrer Muttersprache beten. Pfarrer und Gemeindemitglieder haben sich daran gewöhnt, dass der gotische Backsteinbau in der früheren Ohlauer Straße nur zu außergewöhnlichen Anlässen von Menschen gefüllt ist. »Wenn man in der Bank sitzt«, meinte Mendrok, »schaut man nicht nach hinten oder um sich herum, sondern auf den Altar, auf Gott, man ist ja in seinem Haus und fühlt sich bei ihm geborgen.«

Wie kaum eine andere Kirche Breslaus symbolisiert St. Christopheri die wechselvolle Geschichte der schlesischen Metropole. Seit der Reformation versammelten sich in dem am Rande der Altstadt gelegenen Gebäude mit seinem steilen Ziegeldach polnische Protestanten zum polnischsprachigen Gottesdienst. Viele von ihnen waren Landarbeiter, die während der Erntezeit nach Niederschlesien kamen. Die Kirche wurde zum religiösen Treffpunkt der Protestanten unter der polnischen Minderheit Breslaus, die vor dem Ersten Weltkrieg rund dreieinhalb Prozent der Bevölkerung stellte. Während der »Festungszeit« erlitt das Gebäude schwere Schäden. Die neue polnische Stadtverwaltung befürwortete einen Wiederaufbau, der bis 1958 mit ökumenischer Hilfe vollendet wurde. Damals »passierte etwas, was niemand für möglich gehalten hätte«, schrieb der heutige Propst und Gemeindepfarrer Andrzej Fober in einem Rückblick. »Die fast vollständig renovierte Kirche wurde den Deutschen zur Verfügung gestellt. Die Seelsorge für die deutschen evangelischen Christen der Stadt und der Region bekam ihren geistlichen Mittelpunkt.«

Der Staat übergab St. Christopheri nicht direkt der deutschen Gemeinde, sondern der evangelischen Kirche Polens. Die war auch für die evangelischen Christen der deutschen Minderheit zuständig. Der politische Machtwechsel 1989 brachte für die Kirchen erfreuliche Veränderungen. Am

17. Mai verabschiedete der Sejm in Warschau das Gesetz »Über die Garantie der Freiheit und Glaubensbekenntnisse«. Es betraf auch die Regulierung von Kirchengütern. Vier Jahre später wurde der Seelsorgeauftrag für die Deutschen in Niederschlesien vom Konsistorium in Warschau und vom Wojewoden in Breslau offiziell anerkannt. Die Kirchengemeinde erhielt einen rechtsfähigen Status, der es ihr erlaubte, sich um die Zuerkennung von Immobilien »zu Zwecken der Seelsorge« zu bewerben. 1996 bekam sie das 1933 im Stadtteil Zimpel errichtete Pfarrhaus nebst der dazugehörenden Gustav-Adolf-Gedächtniskirche übereignet, die der Gemeinde schon vor dem Krieg gehörten. St. Christopheri aber blieb nach wie vor in der Verfügungsgewalt des Konsistoriums in Warschau. Erst 2008 fand sich die zentrale Kirchenleitung bereit, das traditionsreiche Gotteshaus dem früheren Eigentümer, der Breslauer deutschen Gemeinde, als Hauptkirche zu übergeben. Als Geschenk. Dass die Kirchenleitung seit 1958 nur Treuhänder und nicht Eigentümer war, wurde damit verschleiert. Am 11. März 2010 wurde der Dotationsvertrag notariell beglaubigt. »Die kleine St. Christopheri-Kirche und der Gemeindekomplex in Zimpel gehören einer deutschen Gemeinde«, freute sich Propst Fober. Sie sei damit eines der wenigen Gebäude in der ganzen Republik Polen, die dem ursprünglichen Zweck dienen, für den sie gebaut worden seien, »der Verkündigung des Wortes Gottes in der Sprache Martin Luthers«.

Neben Propst Fober, der auch für die evangelische Militärseelsorge in Breslau zuständig ist, wirkt Dawid Mendrok seit 1994 als zweiter Pfarrer der Gemeinde. Ich besuchte ihn im Zimpeler Pfarrhaus, in dem auch Fober und die Gemeindeschwester wohnen. »Ich wollte etwas mit Deutschen zu tun haben«, sagte er. Deshalb hat er sich nach Breslau versetzen lassen. Seine deutschstämmigen Großeltern lebten in Oberschlesien und hatten die polnische Staatsbürgerschaft angenommen. Seine Eltern zogen in die Region Großpolen. Dort wurde Sohn Dawid 1978 geboren. Nach dem Abitur studierte er in Warschau evangelische Theologie. Seine erste Pfarrstelle war die in Nikolaiken in Ostpreußen.

Manchmal kommen pensionierte Pastoren aus Deutschland ins Gemeindehaus, um die beiden Pfarrer bei ihrem Dienst zu entlasten. Der eine von ihnen erzählte gern folgenden Witz: Ein Busfahrer und ein Pfarrer kommen in den Himmel. Petrus lässt den Busfahrer eintreten. Der Pfarrer muss warten. »Wieso wird der Busfahrer bevorzugt?«, will der Geistliche wissen. Petrus erklärt: »Bei deinen Predigten haben die Leute geschlafen, aber bei seinen Fahrten haben alle im Bus gebetet.« Sein Freund und Kollege in Breslau sei beides, hat der Pensionär erläutert, Busfahrer und Pfarrer. Seine Gemeinde singe und bete im VW-Bus und im Gottesdienst. Damit hatte er Mendroks Tätigkeit anschaulich beschrieben. Denn der betreut gemeinsam mit seinem Kollegen Andrzej Fober nicht nur die rund 60 Gemeindemitglieder in Breslau, sondern auch noch weitere deutsche evangelische Christen in fünf niederschlesischen Filialgemeinden. Zu ihnen gehören Bad Warmbrunn, Lauban, Liegnitz, Schweidnitz und Waldenburg. Sie zählen zusammen noch reichlich 100 Mitglieder. Da kommen für die Seelsorger an einem Wochenende locker ein paar Hundert Kilometer Fahrt mit dem gemeindeeigenen VW-Bus zusammen.

»Wir sind in den Orten weniger geworden«, berichtete Dawid Mendrok. Außer in Waldenburg, wo es noch eine sehr aktive, lebendige Gemeinde gebe, werde der Gottesdienst in den übrigen Städten nur noch von drei, vier oder fünf Gemeindegliedern besucht, »andere sind krank oder zu schwach«. In Lauban und Schweidnitz findet deshalb nur noch einmal pro Monat ein Gottesdienst statt. Der Pfarrer tröstet die wenigen Besucher mit den Jesu-Worten: »Wo zwei oder drei in meinem Namen versammelt sind, da bin ich mitten unter ihnen.« Für die Gläubigen habe ein Gottesdienst mit drei Personen den gleichen Wert wie mit Hunderten. Denn es gehe um die Möglichkeit, auf Deutsch Lieder zu singen und Worte aus der Bibel in der Muttersprache zu hören. Für die Alten, die nach dem Krieg in Schlesien geblieben sind und in vielen Fällen polnische Staatsbürger geheiratet haben, ist die Kirche ein unverzichtbarer Teil ihres Lebens. In der Zeit des Kommunismus hätten sie über viele Jahre ihre Identität als Deutsche und evangelische Christen verbergen müssen. »Nur beim Gottesdienst war die deutsche Sprache zu hören«, sagte Pfarrer Mendrok. »Nur bei Gottesdiensten brauchte man keine Angst haben, seinen Glauben zu pflegen und zu leben.« Dies sei eine der wenigen Möglichkeiten gewesen, unter sich zu sein, unter Deutschen und Evangelischen. Um den alten Menschen das Gefühl der Geborgenheit zu erhalten, holt der junge Pfarrer sie mit dem Auto von zu Hause ab und bringt sie nach dem Gottesdienst wieder zurück, aber er hält auch Andachten und Bibelstunden bei den Gläubigen zu Hause.

Wie mühselig und zeitraubend es war, am kirchlichen Leben teilzunehmen, hat Charlotte L. im *Christopherusboten*, dem vierteljährlich erscheinenden Mitteilungsblatt der Gemeinde, geschildert. »Wir waren in Krausendorf die einzige deutsche Familie geblieben«, schrieb sie. Die Gnadenkirche in Landeshut, zu der sie gehörte, sei ausgeplündert und dem Verfall preisgegeben worden. »Dann hörten wir, dass im Nachbarkreis Waldenburg evangelische Gottesdienste in deutscher Sprache stattfanden und mehrere Deutsche geblieben sind. So haben wir uns die Mühe gemacht, dorthin zu fahren.« Als ihre Eltern in den 50er-Jahren in die Bundesrepublik aussiedelten, blieb sie zurück, »denn ich hatte zwei kleine Kinder und einen Mann, der die polnische Staatsbürgerschaft hatte«. Sie fühlte sich sehr allein und suchte in Waldenburg Bekanntschaft. Sie fand sie in der evangelischen Kirchengemeinde. »Damals war es schwer, nach Waldenburg zu kommen«, schrieb sie. Zuerst mit dem Bus nach Landeshut, dann mit einem anderen nach Waldenburg. »Es war sehr umständlich. Ich hatte aber Sehnsucht, die Landsleute zu sehen, und die konnte man in der Evangelischen Gemeinde finden. So vergingen die Jahre, und es wechselten die Pastoren. Wir sind sehr dankbar, dass wir an den Gottesdiensten teilnehmen können. Wir haben liebevolle Seelsorger, die kümmern sich sehr um uns. Und wenn wir Hilfe brauchen, sind sie da. Das Leben in der Gemeinde half uns über die vielen Jahre und hält uns fest zusammen.«

Ob das in den winzigen niederschlesischen Diasporagemeinden auch in Zukunft so sein wird, ist zweifelhaft. »Die ältere Generation stirbt aus«, erklärte mir Sonja Stankowski. Aber für Breslau gebe es Hoffnung. Immer mehr Deutsche zögen in die schlesische Metropole, Mitarbeiter deutscher Firmen, Techniker, Geschäftsleute. Sie schätzte, dass mittlerweile ein paar Tausend Deutsche in Breslau leben, unter ihnen auch Ehepaare mit Kindern. Etliche suchten den Kontakt zur deutschen Kirchengemeinde. Die aus Niedersachsen stammende Frau, die in Breslau als Übersetzerin und Dolmetscherin arbeitet, gehört zu den Stützen der Gemeinde. Sie hat in Leipzig Geschichte und Slawistik studiert und ein Austauschjahr in Posen verbracht. »Da bin ich total eingetaucht in die polnische Sprache«, sagte sie. Bevor sie nach Breslau zog, hat sie für die Stiftung der Begegnungsstätte Kreisau gearbeitet.

Auch die beiden Pfarrer setzen auf die Jugend. Die Gemeinde unterhält einen Kindergarten, den Schulkindern erteilen die Geistlichen Religionsunterricht. Die Kinder wachsen zweisprachig auf. Bei fast allen Festen, die in der Gemeinde gefeiert werden – vom Fasching bis zum Erntedank – sind die Kinder einbezogen. Die Betreuung reicht bis in die Freizeit und in den Urlaub. »Im vergangenen Schuljahr ist unsere Kindergruppe erneut gewachsen«, stand vor einiger Zeit im *Christopherusboten*. Julius und Felix seien mit ihren Eltern nach Breslau gekommen und nähmen seitdem am Religionsunterricht und am Kindergottesdienst teil. Es sei eine Freude zu sehen, wie die Kinder zu einer Gemeinschaft zusammenwachsen.

An einem meiner Breslauer Abende ging ich ins Kino. Es war der letzte Tag der Deutschen Kinowoche. In elf polnischen Städten, unter anderem in Danzig, Gleiwitz und Oppeln, waren unter dem Motto »Nachbarwelten« neue Filme aus Deutschland gezeigt worden. Schirmherren der zum zehnten Mal veranstalteten Kinowoche waren die Regisseure Andrzej Wajda und Volker Schlöndorff. Das Kino Warszawa in der Pilsudskiego, der früheren Gartenstraße, war gut besetzt. Ich war überrascht, denn der milde Maitag bot sich eigentlich an, den Feierabend im Freien zu verbringen. Auf den Plätzen, aufsteigend wie in einem Hörsaal, saßen überwiegend junge polnische Breslauer. Ein Vertreter der Deutschen Sozial-Kulturellen Gesellschaft in Breslau, die gemeinsam mit dem Institut für Auslandsbeziehungen (ifa) die Veranstaltung vorbereitet hatte, begrüßte das Publikum auf Deutsch. »Das Beste kommt zum Schluss«, sagte er. Denn »Wintertochter« sei ein herausragender, mehrfach ausgezeichneter Film, der sich vor allem an die junge Generation wende.

Regisseur Johannes Schmid erzählt gemeinsam mit der Koautorin Michaela Hinnenthal in der deutsch-polnischen Produktion eine ebenso spannende wie versöhnliche Geschichte, die – versehen mit polnischen Untertiteln – bei den Zuschauern gut ankam. Die zwölfjährige Katharina, genannt Kattaka, erfährt an Heiligabend durch den Anruf eines Fremden, dass der Mann, den sie bisher Papa genannt hat, nicht ihr leiblicher Vater ist. Enttäuscht darüber, dass die Mutter und ihr Lebensgefährte ihr die Wahrheit verschwiegen haben, macht sie sich mit ihrem besten Freund und der 75-jährigen Nachbarin Lene Graumann auf den Weg, um ihren biologischen Vater, einen russischen Matrosen, dessen Schiff gerade im Hafen von Stettin liegt, zu finden. Mit einem alten Barkas, einem DDR-Kleintransporter, fahren sie bei Schnee und Kälte von Berlin nach Stettin. Da das Schiff schon weitergefahren ist, verlängert sich die Tour bis Danzig.

Bald zeigt sich, dass die Ersatzoma Lene, gespielt von der Berlinerin Ursula Werner, auch selbst auf der Suche nach ihrer bisher verdrängten Vergangenheit ist. Während des Krieges musste sie aus Ostpreußen fliehen und verlor dabei ihre Eltern. Zunächst ängstlich und widerstrebend, dann zielstrebig setzt sie sich mit den dramatischen Erlebnissen ihrer Kindheit auseinander. Auf der Rückfahrt macht Lene einen Umweg, hält in einem Dorf neben einem Haus, klettert auf einen Baum und holt einen in einer Astgabel verborgenen Holzkasten herunter. Er enthält Fotos ihrer Familie. Bei einer Kontrolle stellen Lene und ein Polizist fest, dass sie im gleichen Ort geboren sind. Die Deutsche vor dem Krieg, der Pole danach. Es ist eine heiter-melancholische Geschichte über Freundschaft quer durch die Generationen, einfühlsam und unpathetisch erzählt. Ein Film über Menschen auf der Suche nach ihrer Identität, Menschen aus verschiedenen Nationen, die sich gegenseitig beistehen und Verständnis füreinander entwickeln.

Als ich das Kino verließ, war es noch hell. Zu früh, um schlafen zu gehen. Ich schlenderte Richtung Altstadt. In einer kleinen Straße in der Nähe des Tauentzien Platzes sah ich an der Rückwand eines Gebäudes einen mit Steinen ausgelegten Graben. Ich war schon ein paar Mal achtlos daran vorbeigegangen. Jetzt sah ich mir die Anlage genauer an. An beiden Seiten des Steinbettes war je ein großer Schlüssel an einem Ring angebracht. PANTA RHEI las ich, alles fließt. Es war ein Denkmal, das an die verlorene Heimat erinnert, an die der Deutschen und die der Polen. Nirgendwo sonst ist mir die Bedeutung dieser beiden Worte eines griechischen Philosophen so bewusst geworden wie an meinem Geburtsort. Breslau – eine Stadt im dauernden Werden und Wandel.

Ich wollte mehr über die deutsche Minderheit erfahren und fuhr in die Saperow-Straße, vormals Günther-Straße. Nummer 12, ein renoviertes, villenartiges und von einem Garten umgebenes Gebäude aus der Vorkriegszeit, ist seit August 2000 Begegnungsstätte der Deutschen Sozial-Kulturellen Gesellschaft in Breslau (DSKG). Der vom Stuttgarter ifa-Institut zur Unterstützung des Vereins entsandte Kulturmanager, dessen zweijährige Breslauer Dienstzeit bald darauf zu Ende ging, führte mich durch das Haus. Im Erdgeschoss die Bibliothek mit einer stattlichen Sammlung deutschsprachiger Literatur: Romane schlesischer Autoren, Bücher zur schlesischen Geschichte und Kultur, Fotobände und Lexika. Gleich daneben die Sozialräume. Für die Mitglieder ist das Haus mit dem großen Saal und der Vorhalle zur Heimstatt geworden. Hier trifft man sich zu geselliger Runde, lauscht bei Vorträgen, Lesungen, Konzerten und beteiligt sich an Seminaren. Hier proben die Frauen der Chorgruppe »Heimatsänger«, üben Kinder Theaterstücke ein. Pädagogen erteilen deutschen Sprachunterricht, Mitarbeiter organisieren Ausstellungen. Es gibt einen Internet-Raum, der vor allem von Jugendlichen genutzt wird, und eine Kleiderkammer, in der sich ältere bedürftige Mitglieder gegen eine symbolische Gebühr von einem Zloty aus einem großen Vorrat an aus Deutschland gespendeten Textilien bedienen dürfen. Zu den schönsten Veranstaltungen gehören die zahlreichen Feste, angefangen vom Karnevalsball über das Mai-Picknick im Garten bis zur traditionellen Weihnachtsfeier.

Dass die deutsche Minderheit sich öffentlich ihrer Muttersprache bedienen, sich frei organisieren und die aus der deutschen Vergangenheit Schlesiens stammende Kultur ungehindert pflegen kann, wurde erst Anfang der 90er-Jahre möglich. Im deutsch-polnischen Vertrag über gute Nachbarschaft und freundschaftliche Zusammenarbeit, unterzeichnet im Juni 1991, wurden diese Rechte ausdrücklich anerkannt. Vorher hatten die in Schlesien und in den anderen ehemaligen deutschen Ostprovinzen verbliebenen Deutschen ein schweres Los. Als die Sozial-Kulturelle Gesellschaft in Niederschlesien, die es bereits in der kommunistischen Ära gab, 2007 ihr 50-jähriges Jubiläum beging, haben einige der Veteranen an diese Zeit erinnert. »Die Umgebung war natürlich keine neue oder andere«, gab eine in Schlesien verbliebene Deutsche zu Protokoll, »aber all die fremden Menschen um einen herum, die sich einer völlig anderen, unbekannten Sprache bedienten, und das Gefühl der Unsicherheit, was passieren würde«, machten ihr schwer zu schaffen.

Mit welchen Problemen die deutsche Minderheit in den Nachkriegsjahren kämpfen musste, hat die Gesellschaft in einer Publikation am Beispiel von Waldenburg dargestellt. Die Industrie dieser Region, zu der neben dem Bergbau auch Textil-, Porzellan- und Kristallglasherstellung zählten, war vom Krieg weitgehend verschont geblieben. Um die Produktion nahtlos fortsetzen zu können, hielt die polnische Verwaltung viele deutsche Fachleute und ihre Familien zwangsweise zurück. Auch nach Ende der Vertreibungsaktion 1948 lebten in Waldenburg immer noch 30 000 Deutsche. Das war etwa die Hälfte der früheren Einwohnerzahl. Obwohl sie gebraucht wurden, wurden sie diskriminiert. Sie fühlten sich – wie die meisten der in Niederschlesien verbliebenen Deutschen – als Menschen zweiter Klasse. In Liegnitz waren die Verhältnisse nicht anders. In den Betrieben bekamen die Deutschen mitunter weniger Lohn als ihre polnischen Arbeitskollegen. Von den Behörden wurden sie zumeist unfreundlich behandelt, nicht zuletzt deshalb, weil sie die neue Amtssprache gar nicht oder nur mangelhaft beherrschten. Jungen Frauen, die Polen heirateten, wurde automatisch ihre Staatsbürgerschaft entzogen und die polnische zugeteilt. Die nach 1945 geborenen Kinder bekamen polnische Personalausweise und nicht die Ausweise für Staatenlose deutscher Nationalität. Es gab auch Fälle, in denen Eltern untersagt wurde, deutschen Kindern typisch deutsche Vornamen zu geben.

Als sich in der Zeit nach Stalins Tod im Jahr 1953 das politische Klima in Polen allmählich lockerte, Gefangene entlassen wurden und im Juni 1956 in Posen Arbeiter gegen das Regime demonstrierten und einen antikommunistischen Aufstand wagten, fassten auch in Waldenburg Gewerkschaftler aus der Reihen der verbliebenen Deutschen Mut und schrieben sich in einem »Memorandum« ihren Ärger von der Seele. »Leider zeigen die örtlichen Behörden gegenüber den dringendsten Beschwerden nicht immer das notwendige Interesse, sodass die dadurch auftretende Unzufriedenheit und Verärgerung innerhalb der deutschen Bevölkerung gegenwärtig den Höhepunkt erreicht hat«, heißt es zu Beginn des Schreibens. Fast zwölf Jahre nach Abschluss der Kriegshandlungen sei es sowohl für die polnische Regierung als auch für die Regierungen beider deutscher Staaten an der Zeit, anzuerkennen, »dass in Volkspolen eine Minderheit deutscher Nationalität besteht«.

Im Einzelnen verlangten die deutschen Arbeiter, vom Recht auf Aussiedlung im Rahmen von Familienzusammenführung Gebrauch machen zu dürfen. Anträge auf Besuchsreisen ins Ausland müssten zügig bearbeitet werden. Auch solle jedem Bürger deutscher Nationalität ein Personalausweis ausgestellt werden, aus dem seine nationale Zugehörigkeit deutlich ersichtlich ist. Schließlich sei es notwendig, zur Verbesserung der sozialen und kulturellen Arbeit eine entsprechende Gesellschaft zu gründen und mit den notwendigen Vollmachten auszustatten. Dass die DDR als befreundeter Staat nichts unternommen habe, um das Verlangen nach Anerkennung als nationale Minderheit gegenüber Warschau zu unterstützen, nannten die Verfasser des Memorandums »beschämend«. Es sei daher verständlich, »dass sich die Sympathie eines Teils der deutschen Minderheit in Volkspolen dem kapitalistischen Lager, das heißt Westdeutschland, zugewandt hat«. Das Papier diente als Grundlage für Gespräche mit dem polnischen Staat. Im Herbst 1956 und im darauffolgenden Frühjahr reiste eine Delegation deutscher Arbeiterfunktionäre nach Warschau und trug der Regierung ihre Wünsche und Forderungen vor. Die reagierte ungewohnt zügig. Am 4. Mai 1957 wurde die »Deutsche Gemeinschaftlich-Kulturelle Gesellschaft« mit Sitz in Waldenburg im Gericht in Schweidnitz registriert. Es war die erste Organisation der deutschen Minderheit, die offiziell in Polen zugelassen wurde. Später folgten Regionalgruppen, unter anderen in Bunzlau, Liegnitz, Warmbrunn und Breslau.

Die Zustimmung der kommunistischen Machthaber zur Gründung der Gesellschaft war allerdings mit Einschränkungen verbunden. »Alles fand unter strengster Kontrolle der entsprechenden Ämter statt«, berichtete ein führendes Mitglied. Jede Versammlung bedurfte der Zustimmung der Partei oder eines Amtes. Und wie im Kommunismus üblich, mussten die Texte der zu haltenden Referate vorgelegt werden. Immerhin bekamen die Gruppen für die Mietkosten und die Buchhaltung einen Zuschuss. Die Forderung, aussiedeln zu dürfen, erwies sich als zweischneidig.

Denn als die polnische Regierung während des politischen »Tauwetters« die Möglichkeit dafür eröffnete, machte ein großer Teil der Minderheit davon Gebrauch. »Nun reisten die Deutschen in Massen aus«, schrieb ein Mitglied der Gesellschaft in Liegnitz. »Von den zirka 3000 Deutschen, die 1949 in der niederschlesischen Stadt lebten, blieben nur noch an die 100 Personen übrig.«

Ähnlich sah es in der gesamten Wojewodschaft Breslau aus. Nach den Massenausreisen schrumpfte die Zahl der Bürger deutscher Abstammung auf rund 4500 im Jahr 1958. 1967 waren es nur noch etwa 2000 überwiegend ältere Leute. 710 Personen gehörten der Sozial-Kulturellen Gesellschaft an, 236 von ihnen lebten in Breslau. »Gegen Ende der siebziger Jahre war die Kulturtätigkeit der DSKG in Breslau fast völlig eingeschlafen«, steht im Rechenschaftsbericht. »Und 1981 mit der Verhängung des Kriegsrechts in Polen war überhaupt alles zu Ende.« Die Gesellschaft, die nur noch 36 Mitglieder hatte, musste ihre Tätigkeit einstellen. Der gesamte Besitz sowie alle Dokumente wurden konfisziert. Nach Aufhebung des Kriegsrechts konnte die Gesellschaft ihre Tätigkeit zwar wieder aufnehmen. Aber in den 80er-Jahren führte sie eher ein Schattendasein. Die einstmals Aktiven waren alt geworden, und die jüngere Generation zeigte weniger Interesse an der Pflege des Deutschtums.

Der Aufschwung kam erst nach dem Fall der Mauer, nach der Versöhnungsmesse in Kreisau, an der Premierminister Tadeusz Mazowiecki und Bundeskanzler Helmut Kohl teilnahmen, sowie nach der deutschen Einheit. Die Deutsche Sozial-Kulturelle Gesellschaft in Breslau wurde am 5. März 1991 neu gegründet und gerichtlich bestätigt. Jeder in Polen wohnhafte polnische Staatsbürger, Staatsbürger eines anderen Staates oder Staatenloser deutscher Nationalität konnte Mitglied werden. Auch jeder andere nichtpolnische Bürger deutscher Nationalität, der nicht in Polen wohnte. Personen ohne deutsche Abstammung ist es erlaubt, als fördernde Mitglieder der Gesellschaft beizutreten. Diese Satzungsbestimmungen und ein attraktives Kulturangebot haben entscheidend dazu beigetragen, dass die Gesellschaft wieder Zulauf bekam. 2011 gehörten der Breslauer Vereinigung etwa 1200 ordentliche und fördernde Mitglieder an.

Die Gesellschaft bekam von vielen Seiten Unterstützung, materielle wie ideelle. Von der Bundesregierung, vom Generalkonsulat, von der Landsmannschaft, vom Bund der Vertriebenen, von Privatpersonen in Deutschland mit schlesischen Wurzeln. Auch der polnische Staat gibt der deutschen Minderheit finanzielle Zuschüsse. Die Breslauer Organisation als Vertreterin der in der Stadt und im Umland lebenden Deutschen gehört wie die anderen regionalen Gruppen dem Gesamtverband der Deutschen Sozial-Kulturellen Gesellschaften in Polen an. Dessen Sitz ist Oppeln. Dort ist zugleich die mitgliederstärkste Einzelgesellschaft zu Hause. Die Oppelner Wojewodschaft ist eine Hochburg der deutschen Minderheit. Sie stellt Bürgermeister, hat Vertreter in Kommunalparlamenten und entsendet nach den jüngsten Wahlen erneut einen Abgeordneten in den Warschauer Sejm.

»Unser Hauptziel ist die Pflege und Bewahrung des kulturellen Erbes in unserer Region«, sagen Mitarbeiter in der Breslauer Begegnungsstätte. Dabei stehe die Förderung und Popularisierung der deutschen Sprache obenan. Den Kindern gilt ihr besonderes Augenmerk, denn die Nachkommen der aussterbenden Generation verbliebener Deutscher sind oft nur unzureichend mit der Muttersprache vertraut. In sogenannten Samstagskursen können Kinder im Alter von sechs bis elf Jahren in der Begegnungsstätte die deutsche Sprache auf spielerische Weise lernen. Dem Ziel, einen durchgehend deutschsprachigen Bildungsweg zu schaffen, ist die Gesellschaft schon ein gutes Stück näher gekommen. So wird im Breslauer Kindergarten 109 Deutsch gesprochen. Die erste Grundschulklasse mit Deutschunterricht wurde in der früheren Pestalozzi-Schule eingerichtet, die in der Nähe des Kindergartens liegt. An mehreren Breslauer Lyzeen mit zweisprachigen Klassen können Schüler Sprachdiplome erwerben, die ihnen den direkten Zugang zu deutschen Hochschulen öffnen.

Manchmal lädt die Gesellschaft eine polnische Schulklasse ein, um sie mit der Tatsache vertraut zu machen, dass es in ihrer Stadt und in anderen Orten Schlesiens eine nationale Minderheit gibt. Im Gespräch mit Zeitzeugen und Repräsentanten der deutschen Minderheit erfahren Mädchen und Jungen im Alter von 13 und 14 Jahren unter anderem, welche verfassungsmäßigen Rechte polnische Staatsbürger mit deutscher oder anderer Nationalität haben, welche Bräuche und Sitten sie pflegen, wie sie ihre Identität wahren wollen und wie sie sich im Alltag einer multikulturellen Stadt wie Breslau integrieren. Die Gefühlslage von Menschen, die als deutsche und polnische Staatsbürger in Schlesien und anderen ehemals deutschen Regionen leben, hat die Schriftstellerin und Übersetzerin Eva Maria Jakubek, die 1928 in Oberglogau geboren wurde, in einem Gedicht beschrieben:

»Ich lebe in zwei Dimensionen der Sprache. Die eine vertraut, in die Wiege gelegt, die andere erkämpft im Zwange des Alltags. Die eine geliebt, die andere verhasst solange ich sie nicht kannte. Dann stieß sie mir auf die Tür zu der anderen Welt. Wie anders die Sitten, die Kunst, die Kultur, die Geschichte – wer bin ich, sie zu verachten? Ihre Helden und Mythen, die Traditionen – nun schon vertraut im Fliehen der Jahre. Ich lebe in zwei Dimensionen – nicht nur der Sprache. Hin und her schwebe ich auf unsichtbarem Steg. Zuhause jetzt – hier und dort.« Eva Maria Jakubek, geborene Hellmuth, war nach dem Krieg zunächst nach

Hessen gekommen, wo sie am Realgymnasium der Ursulinen in Königstein/Taunus Abitur machte und danach in Darmstadt Pädagogik studierte. Im Mai 1947 kehrte sie mit einem Transport polnischer Zwangsarbeiter nach Schlesien zurück, um die noch dort verbliebenen Angehörigen in den Westen zu holen. Weil sie sich im Datum irrte, verpasste sie den Zug, der die deutschen »Aussiedler« in den Westen brachte. Es war der letzte Transport aus Oberglogau.

»So war mein Schicksal besiegelt: Ich musste dableiben«, schrieb sie. Sie suchte sich eine Beschäftigung, lernte Polnisch, zog 1955 nach Breslau und heiratete ein Jahr später einen polnischen Bauingenieur. Arbeit fand sie als Dolmetscherin und Übersetzerin. Sie bekam drei Söhne. Zu ihrer Familie gehören fünf Enkelkinder. In den 90er-Jahren engagierte sie sich in der Deutschen Sozial-Kulturellen Gesellschaft und entdeckte ihre lyrische Ader. Sie verfasste Gedichte, zunächst nur »für die Schublade«. Bald trug sie ihre lyrischen Empfindungen und Beobachtungen öffentlich vor und ließ sie drucken. Darunter das Gedicht »Wiedergefunden«, in dem sie ihre Freude darüber schildert, dass sie sich im demokratischen Polen wieder öffentlich zu ihrem Deutschsein bekennen konnte. »Und die Muttersprache – In Gedanken nur gesprochen über viele Jahre: zu mir selbst, zu Gott und im Traum. Laut darf sie wieder klingen beim Reden und beim Singen unter meinesgleichen.« »Sie ist ein Vorbild der Empathie«, hat Renate Zajaczkowska, die Breslauer Vorsitzende der Sozial-Kulturellen Gesellschaft, über Eva Maria Jakubek gesagt. »Für mich persönlich gehört sie zu den Vorläufern des Vereinten Europas.«

Zu den vielen Tipps, die ich vor der Reise bekommen hatte, gehörte die Ausstellung »1000 Jahre Breslau« im ehemaligen Königsschloss. Die müsse ich unbedingt anschauen, sagten Bekannte, die sie bereits gesehen hatten. Sie sei für jeden deutschen Touristen, zumal dann, wenn er gebürtiger

Schlesier sei, ein Muss. Ich würde staunen. Das tat ich sogar schon, bevor ich das Museumsgebäude betrat. Kaum war ich durch das Säulentor in den Hof des ursprünglichen Adelspalais gekommen, blickte ich auf »Meilensteine« der Stadtgeschichte, die entlang der Seitenflügel aufgestellt waren. Sie trugen bloße Jahreszahlen ohne jegliche Erläuterung. Ich notierte unter anderen: 1335, 1526, 1871, 1945. Zunächst wusste ich nicht, was die Aufzählung zu bedeuten hatte. 1871 war klar. Da wurde das Deutsche Kaiserreich proklamiert, zu dem das preußische Breslau gehörte. 1945 übernahmen Polen die Stadtverwaltung. Aber wofür standen die anderen Zahlen? Ein Blick in die schmale Museumsbroschüre klärte mich auf. 1335 war die Herrschaft der polnischen Piasten in Breslau auf das böhmische Königsgeschlecht der Luxemburger übergegangen. Und 1526 wurde der Habsburger Ferdinand I. oberster Landesherr der Breslauer. Ich fand es bemerkenswert, dass in einem polnischen Museum historische Ereignisse und Zäsuren demonstrativ datiert waren, die auf den multinationalen Charakter der schlesischen Metropole hinweisen.

Es blieb nicht die einzige Überraschung. Die nächste erlebte ich beim Rundgang in den überwiegend klassizistisch ausgestatteten Räumen im ersten Stockwerk, die der preußischen Ära gewidmet sind. Die Wände der einst königlichen Gemächer waren aufwendig rekonstruiert, wie damals mit bunten Stoffbespannungen und Malereien. In Augenhöhe Bilder von Generälen in Uniform. In einem der Salons, dem »Gelben Wohnzimmer«, hatte König Friedrich Wilhelm III. am 17. März 1813 den »Aufruf an mein Volk« unterzeichnet. Darin bat er »Preußen und Deutsche«, Freiheitskorps zu bilden und ihn im Kampf gegen Napoleon Bonaparte und seine Fremdherrschaft zu unterstützen. »Große Opfer werden von allen Ständen gefordert werden; denn unser Beginnen ist groß, und nicht gering die Zahl und die Mittel unserer Feinde.« Die *Schlesische privilegierte Zeitung* hatte den Appell, der zu den Exponaten gehört, drei Tage später veröffentlicht. Auch die Urkunde zur Stiftung des Eisernen Kreuzes hatte der Monarch hier unterzeichnet. Selbst Friedrich der Große wird gebührend gewürdigt. Und dies, obwohl er in drei Kriegen den Habsburgern Schlesien entrissen und Preußen einverleibt und sich an der Teilung Polens und der Auflösung seiner staatlichen Existenz beteiligt hatte. In der kommunistischen Zeit war Friedrich II. zum Bösewicht und Feind Polens erklärt worden. Nun betrachtete ich unter den Exponaten königliche Erlasse, Gedenkmedaillen und Pläne der Schlachten um Breslau in den Jahren 1757 und 1760, die ein anderes Bild des Preußen-Königs vermittelten.

»Wir zeigen die Fakten und die ganze Wahrheit«, sagte Maciej Lagiewski, der Direktor des Breslauer Stadtmuseums, als er mich in seinem Arbeitszimmer empfing. Früher hätten viele Polen Friedrich II., Bismarck und Hitler pauschal in eine Reihe gestellt. Sie hätten nicht wahrhaben wollen, dass Preußen fortschrittlich war, meinte er. Besonders im 19. Jahrhundert, als Breslau sich zu einer modernen Kommune wandelte. Bei der Präsentation der Stadtgeschichte hätten sich Museumsleitung und Kuratoren von dem Gedanken leiten lassen, eine Ausstellung zu schaffen, »frei von politischen Emotionen und parteiischen Kommentaren«. Eine Ausstellung, die ausschließlich auf authentischen Objekten und glaubhaften geschichtlichen Quellen basiere und von zehn Jahrhunderten Rechenschaft ablege. Lagiewski, ein energischer Mann, in seiner Jugend ein erstklassiger Sportler, sprach schnell und temperamentvoll. Ob es keinen Widerspruch von polnischen Landsleuten gegeben hatte, wollte ich wissen. Doch, sagte er. Manchen sei die Ausstellung »zu deutsch«. Einmal habe ihn jemand angerufen und gefragt, warum er auf die aus Breslau stammenden deutschen Nobelpreisträger stolz sei. »Weil sie zu unserem Erbe gehören«, habe er geantwortet.

Lagiewski, 1955 in Breslau zur Welt gekommen, hat wesentlichen Anteil daran, dass die deutsche Vergangenheit mit ihrem kulturellen Reichtum ins öffentliche Bewusstsein der Bürger von Wroclaw gelangt ist. Sein Vater war nach dem Krieg aus der Nähe von Posen in die zerstörte Stadt an der Oder zugewandert. Er beherrschte die deutsche Sprache, weil er vor 1918 auf deutschem Reichsgebiet geboren worden war. Unter der Naziherrschaft musste er Zwangsarbeit leisten und auf seiner Kleidung einen Aufnäher mit großem P tragen, der ihn als Pole auswies. Das diskriminierende Zeichen ist in einer Vitrine der Ausstellung zu sehen. Ein aus der NS-Zeit stammender Satz zeigt, wie deutsche »Herrenmenschen« damals dachten: »Deutscher! Sei volksbewusst! Der Pole ist niemals Dein Kamerad.«

Der Sohn Maciej absolvierte ein Jura-Studium, promovierte in Geschichte, lernte Deutsch, hielt Vorlesungen über Rechtsthemen sowie über Kultur- und Kunstgeschichte und engagierte sich in der Solidarność-Bewegung, die in Breslau besonders aktiv war. Als Kustos des Architektur-Museums leitete Lagiewski in den 80er-Jahren die Restaurationsarbeiten auf dem Alten Jüdischen Friedhof an der Lohestraße. Als exzellenter Kenner der Breslauer Jüdischen Gemeinde hat er sich weit über Polen hinaus auch publizistisch einen Namen gemacht. Seiner selbst gewählten Mission, die tausendjährige Geschichte Breslaus vom Ballast einseitiger Betrachtungen und »neurotischer Aufrechnungen« zu befreien, konnte er freilich erst seit dem demokratischen Neubeginn Polens in vollem Umfang gerecht werden. 1991 wurde er an die Spitze des Historischen Museums berufen. Seit dem Jahr 2000 ist der Autor zahlreicher Bücher, Schöpfer der »Galerie der berühmten Breslauer« und Träger des deutschen Bundesverdienstkreuzes Direktor der Städtischen Museen mit ihren sechs Abteilungen. Gemeinsam mit Stadtpräsident Rafal Dutkiewicz, seinem geistesverwandten Mitstreiter, hat er entscheidend dazu beigetragen, dass Breslau über die Landesgrenzen hinaus den Ruf einer weltoffenen, toleranten und multikulturellen Stadt gewonnen hat. Mit einer komplexen Geschichte, die von ihren Bürgern akzeptiert wird.

Das Gebäude, das die Dauerausstellung über die Stadthistorie seit April 2009 beherbergt, hat eine wechselvolle Geschichte. Gebaut wurde es 1719 als Palais des Barons Gottfried von Spaetgen, Kanzler des Breslauer Bischofs. Zwischen 1751 und 1753 hat es Friedrich II. zu seiner Residenz umgestaltet. Nach einem Brand während des Siebenjährigen Krieges wurde es restauriert. Zwei Flügel, die den Paradehof begrenzen, kamen im 19. Jahrhundert hinzu. Im Januar 1813 zog König Friedrich Wilhelm III. in der Breslauer Residenz ein. Nach dem Ersten Weltkrieg fungierte der Palast als Schlossmuseum. Ab 1926 waren dort die städtischen Sammlungen untergebracht. In der »Festungszeit« erlitt das Gebäude schwere Beschädigungen. Ab Mitte der 50er-Jahre begann der Wiederaufbau, mit dem das Königsschloss seine äußere barocke Form wiedergewann. Die umfangreiche Sanierung des Inneren, vom Treppenhaus bis zum Dachgeschoss, dauerte acht Jahre und wurde erst 2008 abgeschlossen.

Ich brauchte mehrere Stunden, bis ich meinen Rundgang durch 25 über drei Etagen verteilte Räume beendet hatte. Rund 3500 Exponate waren zu besichtigen, ein Drittel davon Leihgaben. Sie erzählen von Menschen, Ideen und Ereignissen, beginnend von der Gründung einer Burg namens Wrotizlav im 10. Jahrhundert bis in die jüngste Gegenwart. Eine Ausstellung, die keinen Bogen macht um problematische Zeiten und Sachverhalte. Die erläuternden Texte sind durchgängig dreisprachig: Polnisch, Deutsch,

Englisch, ebenso der Ausstellungskatalog. Der in deutscher Sprache war schon nach kurzer Zeit vergriffen. Er musste nachgedruckt werden. »Es ist eine außergewöhnliche Reise, die dazu dient, die Grundlagen unserer eigenen kulturellen Identität kennenzulernen«, hat der Direktor im Vorwort zum Ausstellungsführer geschrieben. Und weiter: »Das historische Antlitz der Breslauer umfasst Menschen unterschiedlicher nationaler und religiöser Zugehörigkeit, die sich aber stets als Bürger einer einzigen Stadt fühlten, als Angehörige einer außergewöhnlichen lokalen Gesellschaft.«

»Breslau hat eine komplizierte Geschichte«, sagte er und setzte unser Gespräch fort. Die Stadt, seit Kriegsende polnisch, sei piastisch, böhmisch, ungarisch, österreichisch und deutsch gewesen. »Die Einflüsse kreuzten sich.« Was von den einen Herrschern zerstört worden sei, hätten andere wieder aufgebaut. Breslau – das sei einfach schlesisch. Lagiewski meint, das Interesse der polnischen Breslauer an der ungeschmälerten Stadtgeschichte habe deutlich zugenommen. »Viele Leute identifizieren sich mit dem Erbe.« Besonders die junge Generation stehe den früher erbrachten Kulturleistungen aufgeschlossen gegenüber. Das gelte natürlich auch für den eigenen Nachwuchs. Irgendwann in den 90er-Jahren habe ihn ein Freund aus Deutschland in seinem Breslauer Büro besucht. Sein kleiner Sohn war ebenfalls im Raum, saß unter dem Tisch und spielte mit Autos. Der Freund blickte auf ein Bild von Friedrich dem Großen mit Uniform, Dreispitz und Hund. »Aha, Captain Hook«, sagte der Deutsche. Zu dieser Zeit lief gerade der US-amerikanische Fantasy-Film von Steven Spielberg in den Kinos. Da kam Lagiewski junior unter dem Tisch hervor und sagte: »Nein, das ist doch ein preußischer König!«

Vor meiner Abreise überlegte ich, welche Breslauer Orte, an denen ich als Kind gewesen war, ich noch nicht besucht hatte. Orte, die sich mittels Fotos und Erzählungen im Kopf festgesetzt hatten. Ich war am Waschteich und im Scheitniger Park. Ich habe vor der Jahrhunderthalle gestanden und die Monumentalität dieses 1913 vollendeten Eisenbetonbaus mit seiner riesigen Kuppel bestaunt. Ich bin durch die halbkreisförmige Pergola gelaufen und habe junge Mütter mit ihren kleinen Kinder beobachtet. Polnische Bürger in ihrer Heimatstadt. Was fehlte noch? Wo bin ich noch oft und gern hingeführt worden? In den Zoo natürlich. Wie alle Breslauer Kinder hat es mich besonders zu den Affen gezogen. So wurde es mir jedenfalls berichtet. Der Schimpanse Moritz war der Star des Geheges. Er war 1931 in den Zoo gekommen, um der vereinsamten Schimpansendame Resi Gesellschaft zu leisten. Moritz machte Klimmzüge und Bauchwellen und andere Kunststücke, durch Rufe und Applaus angefeuert von den kleinen und großen Zuschauern.

Ich fuhr mit der Straßenbahn Richtung Grüneiche, stieg am Zoo aus, löste eine Eintrittskarte und betrat das weitläufige Gelände an der Alten Oder. Im Juli 1865 war der Zoologische Garten feierlich eröffnet worden. Generationen von Menschen, Deutsche wie Polen, haben hier ihre Freizeit verbracht, Tiere beobachtet, Studien betrieben und ihre Kenntnisse erweitert. Ich wählte zunächst den Weg zum Elefantenhaus. Es sah noch genauso aus wie auf den Fotos der Vorkriegszeit. Im Freigehege standen drei Dickhäuter. Zwei bewarfen sich mit Sand. Der dritte spielte mit Birkenästen. Er hielt sie am Boden mit dem Rüssel fest, stellte einen Fuß darauf und brach das Holz auseinander. Vor der Brüstung standen Kinder und sahen fasziniert zu. In einem Becken auf der anderen Seite des Gebäudes lagen träge zwei Flusspferde. Bis zu den Affen waren es nur ein paar Schritte. Die tägliche Fütterung um elf Uhr war schon vorbei. Ich sah mir die Geburtsdaten der heutigen

Schimpansen an. Perla war 1969 zur Welt gekommen, Boy im Jahr 1975.

Ich musste an Horst Reichelt denken, den ich vom Breslau-Stammtisch in Berlin kannte. Der gebürtige Breslauer, Jahrgang 1929, war von 1943 bis Ende 1945 in dieser Einrichtung Tierpfleger gewesen. Bei einer unserer Zusammenkünfte in der Gaststätte Eicheneck hat er von seiner Arbeit berichtet. Er zeigte uns Aufnahmen, die er im Herbst 1944 mit einer Box-Kamera gemacht hatte. Fotos vom Elefantenhaus, das bereits 1887/88 entstanden war und immer noch genutzt wird, von der Pavianfreianlage aus dem Jahr 1937, dem vorbildlichen Robbenbecken aus demselben Jahr und von noch etlichen anderen Tiergehegen. Als ein Schimpanse vor seinem Futternapf sitzend ins Bild kam, erkannten ältere Stammtischteilnehmer ihn sofort. »Der Moritz«, riefen sie. Reichelt gab Geschichten vom Liebling der Zoobesucher und seinem Pfleger und Trainer Heinrich Skrobke zum Besten, wie etwa diese: Wenn der Schimpanse – was zuweilen vorkam – richtig wütend war, »hat er auch schon mal mit Kacke geschmissen«. Wen er nicht mochte, »der kriegte eine Ladung ab«.

Als Horst Reichelt 1943 mit 14 Jahren seine Ausbildung begann, lief der Zoo-Betrieb noch einigermaßen reibungslos. Das änderte sich im Herbst des darauffolgenden Jahres. Am 7. Oktober fielen die ersten Fliegerbomben auf den Zoo. »Damit begann der Untergang des Breslauer Tiergartens«, sagte er. Weil keine Heringe mehr beschafft werden konnten, verendeten zunächst die Robben. In den letzten Kriegsmonaten waren in westdeutschen Zoos Löwen, Tiger und Bären erschossen worden. Nicht so in Breslau. Bis Ende Januar war dort keines der wilden Tiere getötet worden. Aber auch um einen Abtransport hatte sich niemand von der NS-Verwaltung gekümmert. Erst als die Stadt von sowjetischen Truppen eingeschlossen war, das Futter knapp wurde und die Gefahr bestand, dass die Tiere aus ihren zerschossenen Gehegen entweichen könnten, befahl der »Festungskommandant«, die Großraubtiere zu erschießen.

Der Breslauer Arzt Herbert Kraeker, der an dieser Aktion am 2. Februar 1945 teilgenommen hatte, hat die grausigen Szenen beschrieben. Zuerst wurden die Wölfe durch Karabiner niedergestreckt. Dann folgten die Braunbären und die Eisbären. »Es ging zu den Löwen, Leoparden, Tigern und Hyänen. Dasselbe traurige Schauspiel. Aus nächster Nähe wurden sie erlegt, mit ihren großen Tatzen schlugen sie abwehrend nach den Karabinern.« Der Zoo-Direktor Dr. Martin Schlott, ein geborener Breslauer, stand leichenblass da, mit dem Gesicht abgewendet von den Tieren. Als nach einem Bombenangriff Volieren große Löcher hatten, flogen Zoo-Vögel in den nahen Scheitniger Park. »Papageien und andere bunt gefiederte Vögel konnte man auf den Bäumen des Parks sehen«, beobachtete Herbert Kraeker, »ungewohnt in der neuen Umgebung, dem Hungertode preisgegeben.«

Als in der zweiten Januarhälfte der NS-Gauleiter die Evakuierung von Frauen und Kindern anordnete, stand Reichelt, wie er sagte, »zwischen Baum und Borke«. Für den damals 15-Jährigen stand fest: »Ich bleibe.« Er brachte seine Mutter zum Freiburger Bahnhof. Von dort fuhr sie in die Nähe von Dresden. Reichelt machte weiter seine Arbeit. Unter erschwerten Bedingungen. Der Elefantenpfleger Wilhelm Skropke, der den Jungen unter seine Fittiche genommen hatte, wurde durch einen Bombensplitter getötet. Die Unterkünfte konnten nicht mehr geheizt werden. Viele Tiere erfroren in der eisigen Kälte. Der Schimpanse Moritz wurde mit Decken warm gehalten. Als nach Kriegsende Polen die Leitung übernahmen, durfte das deutsche Personal zunächst bleiben. Auch der Direktor. Moritz, der als einziger Affe die »Festungszeit« überstanden hatte, wurde im Sommer 1945 nach Zentralpolen gebracht. Martin Schlott und seine Mitarbeiter mussten zusehen, wie der Zoo und die wenigen Tiere, die überlebten, leer geräumt wurde. Reichelt hatte keine Wohnung mehr und kampierte ausschließlich im Zoo. Am Ende des Jahres mussten auch die deutschen Angestellten ihre Heimatstadt verlassen. Bis zur Wiedereröffnung im Jahr 1948 blieb der verwaiste Zoo geschlossen.

Horst Reichelt kam nach Berlin und fand im neu gegründeten Tierpark in Friedrichfelde eine neue Aufgabe. Aber seine Gedanken gingen immer wieder nach Breslau. Sobald es möglich war, fuhr er wieder hin und besichtigte seine frühere Wirkungsstätte. Er fotografierte alte und neue Anlagen und freute sich, dass das Gelände erweitert wurde und der Zoo Zug und Zug seine frühere Attraktivität zurückgewann. Mit rund 5300 Tieren gehört er heute zu den größten in Polen. Reichelt hat später ein Studium der Volkswirtschaft und Finanzen aufgenommen und an der Humboldt-Universität als Referatsleiter Planung, Werterhaltung und Investitionen gearbeitet. Als Hobbyzoologe ist er seinem gelernten Metier treu geblieben. Seine schönste Zeit habe er in seinem Heimatzoo Breslau und im Berliner Tierpark verbringen dürfen, hat er in einem Rückblick geschrieben.

Schlesischer Adel

Der Mann beeindruckt mich. Markanter Kopf, weißer Bart, straffe Haltung, die den früheren Offizier verrät, eine kräftige, wohltönende Stimme. Ich höre ihm gerne zu. Sigismund Freiherr von Zedlitz erweist sich als routinierter und kenntnisreicher Plauderer. An diesem Abend in der Berliner Landesvertretung des Freistaates Sachsen geht es um das Thema »Adel in Schlesien«. Um die Geschichte von Familien und um ihre Landsitze und Schlösser einst und heute. Neben ihm auf dem Podium sitzen drei weitere Vertreter seines Standes. Guidotto Graf Henckel Fürst von Donnersmarck, Ernst Johann Prinz Biron von Curland und Elisabeth von Küster, eine durch zahlreiche Medienberichte bekannte Frau, die zusammen mit ihrem Mann Ulrich 1991 das im Hirschberger Tal gelegene, halb verfallene Schloss Lomnitz, den ehemaligen Familienbesitz, vom polnischen Staat erworben, in jahrelanger Arbeit restauriert und das Gutshofensemble mit Park und mehreren Gebäuden zu einem Hotel und zu einer deutsch-polnischen Begegnungsstätte ausgebaut hat.

Sigismund von Zedlitz, 1931 in Liegnitz geboren, ist der Älteste in der Runde. Ein Mann mit ausgeprägtem historischem Bewusstsein. Seine Familie gehört zum Uradel der Region. Seit dem 12. Jahrhundert lebte sie in Niederschlesien. Er erzählt vom ehemaligen Rittergut Neukirch im Katzbachtal. »Seit 1319 war es ununterbrochen im Besitz der Zedlitz.« 500 Hektar Land. Er hätte es einmal erben sollen. So war es testamentarisch verfügt. Doch dann kam die Zeit, als ein solches Papier nichts mehr galt. Die Familie floh getrennt in den Westen. Es sei göttliche Fügung gewesen, berichtet Zedlitz, dass er, der sich mit Geschwistern und Neffen auf den Weg gemacht hatte, seine Eltern wiedergefunden habe. Nach dem Krieg wurde der Familienbesitz polnisches Staatsgut. Das ehemalige Schloss steht nicht mehr. Es verfiel und wurde dann abgerissen. Der Freiherr hätte einen Schlussstrich ziehen können. Doch das wollte er nicht. »Die Verantwortung für Land und Leute endet nicht 1945«, sagt er. »Schlesien liegt mir nach wie vor am Herzen. Auch wenn da jetzt andere Menschen leben.« In den 90er-Jahren hätte Sigismund von Zedlitz gern sein Land in Niederschlesien gepachtet. Er wollte es wie seine Vorfahren bewirtschaften. Doch die polnischen Behörden legten sich quer. Das hat ihn geschmerzt.

Der Abend in der Landesvertretung hatte mich neugierig gemacht. Ich will mehr von ihm erfahren. Ein paar Wochen später besuche ich ihn in seiner Berliner Wohnung. Das Arbeitszimmer ist voll von Büchern. Die Stapel in den Regalen reichen bis an die Decke. Überall liegen Arbeitspapiere und Manuskripte. Sigismund von Zedlitz, der sich selbstironisch »ein lebendes Fossil« nennt, ist ein ausgewiesener Kenner Schlesiens; er hat sich als Reiseleiter einen Namen gemacht, ist rund 150 Mal mit deutschen Landsleuten in die alte Heimat gefahren. Einige Reisen, für die er einen Teil seines Jahresurlaubs verwendete, fanden schon in den 70er- und 80er-Jahren statt, das Gros erst nach 1989. Da war er bereits Pensionär. Etwa 2500 Menschen, die meisten von ihnen mit schlesischen Wurzeln, hat er bei seinen Fahrten betreut. Er hat ihnen Städte und Landschaften erklärt und historische Zusammenhänge erläutert. Er hat ihnen restaurierte Schlösser und Herrensitze gezeigt und sie mit polnischen Kommunalpolitikern und Kunsthistorikern ins Gespräch gebracht. Er hat sie auf Veränderungen seit dem demokratischen Neuanfang Polens aufmerksam gemacht und das alles mit vielen Anekdoten gewürzt. Seine Geburtsstadt Liegnitz gehörte fast immer mit zum Programm. Sigismund von Zedlitz und seine Reisegruppen waren gern gesehene Gäste. Etliche Male nahm der polnische Stadtpräsident am gemeinsamen Abendessen im Hotel teil.

Begonnen hatte die Beziehung bereits 1971. »Es war ein regnerischer, kalter Oktobertag, als ich, damals 40 Jahre, gemeinsam mit meinem Bruder zum ersten Mal seit 1945 meine Heimatstadt betrat«, hat Freiherr von Zedlitz in seinen Erinnerungen geschrieben. Dass er, getrieben von Heimweh, ein Visum bekam, verdankt er seiner familiären Vorgeschichte. »Die Familie meiner Mutter kam ursprünglich aus dem polnischen Kleinadel.« Sie war zwar seit einigen Generationen eingedeutscht, aber der Großvater Alfred von Olszewski, obschon preußischer Offizier, hatte ein Faible für Polen. Der Besitzer des niederschlesischen Gutes Eichholz interessierte sich für polnische Literatur und wandte sich energisch gegen jede Unterdrückung und Benachteiligung der polnischen Minderheit in Preußen. Seinen beiden Kindern Draga und Bogdan gab er polnische Namen. In seinem Testament verfügte er, dass Ehefrau, Sohn und Tochter das Erbe nur unter zwei Bedingungen antreten durften: Sie sollten die polnische Sprache erlernen und ihre historischen Kenntnisse über Polen in einer Prüfung nachweisen. Tochter Draga heiratete 1913 Heinrich von Zedlitz. Ihr Vater war schon vier Jahre vorher überraschend gestorben. Sein – wie sich die Familie ausdrückte – polophiler »Spleen« hatte seinerzeit Aufsehen erregt. Jahrzehnte später wurde der Großvater mit seiner Polenliebe für den Enkel Sigismund in Liegnitz zum Türöffner.

Freiherr von Zedlitz wurde bei seinem ersten Besuch 1971 vom Direktor des Städtischen Museums empfangen. »Er sprach gut Deutsch, und es entwickelte sich ein Gespräch, wie wir es in seiner Objektivität und Offenheit bei Gesprächen in der DDR nicht kannten.« Der Museumschef war zugleich Vorsitzender der »Gesellschaft der Freunde der Wissenschaften«. Der Bundesbürger Zedlitz saß im Vorstand der »Historischen Gesellschaft Liegnitz«. Später übernahm er den Vorsitz. Man vereinbarte, miteinander zu korrespondieren und sich gelegentlich zu besuchen. 1975 trafen sich die Vorstände beider Gesellschaften im Rahmen einer vom Freiherrn organisierten Studienreise in einem Liegnitzer Café zu einer gemeinsamen Sitzung. Das missfiel der kommunistischen Obrigkeit. Die polnischen Partner wurden zurückgepfiffen, bereits vereinbarte gemeinsame Vorhaben gestoppt. Die persönlichen Kontakte gingen im Geheimen weiter. »1991 kam der Durchbruch«, erzählte Freiherr von Zedlitz. Der 750. Jahrestag der Schlacht, bei der im Jahr 1241 auf der Wahlstatt bei Liegnitz ein deutsch-polnisches Heer, unter ihnen auch Ritter des Johanniter- und des Deutschen Ordens, sich gemeinsam dem Reiterheer der Mongolen und ihrem Eroberungszug nach Europa entgegenstellte und vernichtend geschlagen wurde, sollte mit einem Festprogramm gewürdigt werden. Durch Fürsprache unter anderem vom Breslauer Kardinal Henryk Gulbinowicz wurde eine Gruppe Deutscher offiziell zu den Feierlichkeiten nach Liegnitz eingeladen. Dazu gehörten auch die »Vettern von Wahlstatt«, ein loser Zusammenschluss von sechs Familien schlesischen Adels, die – wie der Freiherr betonte – »ihre Tradition auf die Waffenbrüderschaft anno 1241 zurückführen«.

»Ich bin ein Verfechter der historischen Wahrheit und des klaren Wortes«, pflegt Sigismund von Zedlitz zu sagen. Er mag keine Einseitigkeiten, »auf welcher Seite auch immer«.

Das richtet sich manchmal auch gegen Polen. So findet er es zum Beispiel schlimm, »was polnische Reiseleiter ahnungslosen Touristen gegenüber immer noch für einen horrenden Blödsinn über Schlesien und seine Geschichte verzapfen«. Grund seines Unmuts sind Äußerungen, wonach die Geschichte Schlesiens polnisch, tschechisch, österreichisch, preußisch und dann auch mal deutsch, also schon immer multikulturell gewesen sei. Als ob österreichisch und preußisch nicht deutsch sei, empörte sich der Freiherr. Und tschechisch sei Schlesien auch nicht gewesen, sondern böhmisch. »In Prag, der Hauptstadt Böhmens, residierten die Deutschen Kaiser.« Versuche, die Annexion Schlesiens durch Polen 1945 gleichsam historisch zu rechtfertigen, hält er für Geschichtsklitterung. »Die Wahrheit ist: Die polnische Geschichte Schlesiens endete für 600 Jahre, als König Kasimir der Große 1335 im Vertrag von Trentschin auf ewige Zeiten für Polen auf Schlesien verzichtete.«

Auch wenn der streitbare Freiherr zuweilen einen schroffen Ton anschlägt, auf sein Engagement für Freundschaft und Verständigung mit dem polnischen Nachbarn hat das keinen Einfluss. Das Wort Versöhnung meidet er zwar, es klingt ihm zu religiös. Doch sein Denken und Handeln wird dem Sinn dieses Begriffs gerecht. Seit 1992 schmückt der barocke Neptunbrunnen die Liegnitzer Altstadt in alter Schönheit. Das Geld für die Restaurierung haben zur Hälfte die Mitglieder der Historischen Gesellschaft mit kleinen und großen Spenden aufgebracht. Als sichtbares Zeichen dafür, »dass wir deutschen Liegnitzer unserer Heimatstadt nach wie vor in Treue und Liebe verbunden sind und an ihrem Wohlergehen und ihrem Äußeren interessiert sind«. Die andere Hälfte der Kosten finanzierte die deutsche Bundesregierung. Das polnische Stadtparlament revanchierte sich für die Geste und ließ auf einem Friedhof ein Denkmal errichten. Es soll an alle Liegnitzer erinnern, die dort einmal beigesetzt worden waren und deren Gräber nicht mehr bestehen. Die Beziehungen zwischen den deutschen und den polnischen Liegnitzern haben sich weiter vertieft. Alle zwei Jahre feiern sie in der Stadt gemeinsam ein Erntedankfest. Längst ist es selbstverständlich, dass die Gäste aus Deutschland vom Liegnitzer Stadtpräsidenten empfangen werden.

Zedlitz zählt zu den Pionieren, die schon zu Zeiten des Kalten Krieges Kontakt zu den polnischen Nachbarn suchten und heute zufrieden feststellen, dass ihre Bemühungen Früchte getragen haben und Vorurteile abgebaut werden konnten. Er hat einen »Kleinen Stadtführer Liegnitz« verfasst und die Pilgerreise eines seiner Vorfahren nach Jerusalem im Jahr 1493 in einem Buch nachgezeichnet. Er hält Vorträge und publiziert in Zeitungen und Zeitschriften sowie in der Hauspublikation »Beiträge zur Liegnitzer Geschichte«. Freiherr von Zedlitz ist, wie er sagt, »stolz und glücklich, dass wir auf menschlicher und kommunaler Ebene ein klein wenig zur Verständigung unserer beiden großen mitteleuropäischen Nachbarvölker beitragen konnten«.

Angehörige von Adelsfamilien haben in der Regel ein starkes Traditionsbewusstsein. Mehr als das städtische Bürgertum sind sie mit dem Land ihrer Vorfahren verwurzelt, selbst dann, wenn sie – wie der Adel in den früheren deutschen Ostprovinzen – Besitz und Verfügungsgewalt verloren haben. Das wurde mir bewusst, als ich einige Wochen später eine andere Vertreterin des Adelsstandes kennenlernte. Auch ihre Familie war in Schlesien sesshaft. Auch sie verschlug es nach der Flucht 1945 in die Bundesrepublik Deutschland. Und wie Freiherr von Zedlitz engagierte sie sich in ihrer alten Heimat. Ich traf Ingeborg Gräfin von Pfeil bei deutschen Bekannten in Kopaniec, dem früheren Seifershau. Ein zierliche, lebhafte alte Dame, die als Angehörige des diplomatischen Dienstes in drei Kontinenten tätig gewesen war und als Pensionärin in Hirschberg/

Jelenia Gora eine neue Aufgabe gefunden hatte: Als Mitbegründerin des in Lomnitz ansässigen deutsch-polnischen »Vereins zur Pflege schlesischer Kunst und Kultur« half sie über viele Jahre mit, die Schönheiten und kulturellen Reichtümer der Region ins öffentliche Bewusstsein zu rücken. Erst hier, im Hirschberger Tal, sagte sie, habe sie wirklich verstanden, »wie wichtig die Zusammenarbeit mit unseren östlichen Nachbarn ist«.

Bis sie zu dieser Einsicht kam, hat Gräfin von Pfeil einen langen Weg zurückgelegt. Das elterliche Gut, 400 Hektar groß, lag in Kreisewitz bei Brieg. »Unsere Familie kann bis zum Jahr 1108 zurückschauen«, erzählte sie. »Zu unseren Vorfahren im Mittelalter gehörten Kastellane, Wojewoden und Bischöfe. Wir waren von Anfang an insbesondere Landwirte.« Als Anfang 1945 die Front näher kam, organisierte Ingeborgs Mutter die Flucht. Mit einem Treck, zu dem 80 Zugpferde und acht Ochsen gehörten, führte sie Dorfbewohner und Dominiumsleute bis in die Nähe von Reichenberg, dem heutigen Liberec, in Böhmen. Dort kamen die Flüchtlinge notdürftig unter. Die Mutter wollte die Flucht nach Bayern fortsetzen. Ihr Plan scheiterte, weil die Kreisewitzer Jungen, die den Treck begleiteten, mit den Pferden, Geschirren und Wagen zur Frühjahrsbestellung der Felder nach Schlesien zurückgeschickt wurden. Die Mutter, die vorübergehend in einem Lazarett arbeitete, begleitete am Tage des Kriegsendes als Krankenschwester einen Transport von Schwerstverwundeten und versteckte ihre Tochter auf dem für die verletzten Soldaten bereitgestellten Lastwagen. »Nach einer lebensgefährlichen Fahrt durch das noch Krieg führende Tschechien kamen wir am 10. Mai in das sichere Hof.« Auch die Geschwister schafften den Weg in den Westen. Der Vater, ein Gegner der Nazis, zuvor im Konsularischen Dienst tätig, war bereits während des Krieges im Alter von 64 Jahren gestorben.

»Mit der Währungsreform 1948 war meine Schulzeit zu Ende«, berichtet Ingeborg von Pfeil. Da war sie 17 Jahre. »Wie sollte meine Mutter, eine Witwe mit fünf noch unmündigen Kindern, das Schulgeld für mich aufbringen?« Ihre Ausbildung hat sie selbst verdient. Es hat sie viel Mühe gekostet. Aber sie hat ihr Ziel erreicht und wurde in den Auswärtigen Dienst der Bundesrepublik Deutschland aufgenommen. Dort durchlief sie viele Stationen. »1978 war ich das erste Mal wieder zu Hause«, erzählte sie – und meinte natürlich Schlesien. »Vorher wurde es mir aus Sicherheitsgründen vom Auswärtigen Amt nicht erlaubt.«

»1982 habe ich mich freiwillig nach Warschau gemeldet«, berichtete sie weiter. Niemand habe dorthin gehen wollen. »Es war die Zeit des sogenannten Kriegsrechts.« Die Entscheidung wurde zum Wendepunkt in ihrem Leben. Bis dahin hatte sie Vorbehalte gegen den polnischen Staat, der ihr und Millionen anderen Deutschen die Heimat genommen hatte. »Ich sagte mir: Du musst deinen Unwillen gegen Polen überwinden. Und das schaffe ich am besten, indem ich an die Botschaft in Warschau gehe.« Die polnische Hauptstadt wurde zum wichtigsten Posten in ihrem Leben als Diplomatin. Sie arbeitete in der Kulturabteilung, war dort für die Vergabe von Stipendien mitverantwortlich, aber auch für die Förderung der deutschen Sprache. Und sie konnte sich für Schlesien einsetzen. Die damals geknüpften Kontakte blieben erhalten, als sie für einige Jahre nach Kenia versetzt wurde.

Anfang der 90er-Jahre wurde sie vom Auswärtigen Amt beauftragt, das Vizekonsulat in Oppeln aufzubauen. Bis 1995 hat sie erst am Generalkonsulat in Breslau, danach in Oppeln gearbeitet. Als Pensionärin zog sie nach Hirschberg und widmete sich weiterhin der Kulturarbeit. »Ich wollte den hiesigen Menschen zeigen, welch ein reiches

Land Schlesien ist.« Sie hat Ausstellungen und Konzerte organisiert und deutsch-polnisch-tschechische Jugendwochen vorbereitet und begleitet. »Ich wollte den jungen Menschen auch Dichter der drei Länder näherbringen. Das war eine ganz wunderbare Arbeit.« Jugendliche aus Deutschland hat sie nur dann eingeladen, wenn die ernsthaft gewillt waren, Polnisch oder Tschechisch zu lernen. »Die mussten dann auswendig in der Fremdsprache Gedichte rezitieren.«

Für alte deutschstämmige Bürger, die nach 1945 in Schlesien geblieben und heute sozial schlecht versorgt sind, empfand die Gräfin eine Fürsorgepflicht. »Ich betreue zum Beispiel eine Frau, die nach dem Krieg neun Jahre lang Zwangsarbeit leisten musste.« Sie wurde herzkrank, konnte keinen Beruf mehr ausüben. Da sie die polnische Staatsbürgerschaft nicht angenommen hatte, zahlte ihr der Staat nur monatlich 153 Zloty. Davon kann niemand leben. Der Frau wäre nur die Möglichkeit geblieben, nach Deutschland zu gehen, um eine deutsche Rente zu bekommen. »Aber wenn man 80 Jahre an einem Ort gelebt hat, geht das nicht«, sagte die Gräfin. Sie erreichte, dass das Deutsche Rote Kreuz der Frau 200 Euro jährlich zahlt. Die Situation mancher alter Deutscher sei katastrophal, sagte sie. Dazu zählten deutsche Kriegsgefangene, die nach ihrer Entlassung aus der Gefangenschaft in ihre schlesische Heimat zurückgekehrt seien. Die Deutschen sagten: Die leben doch in Polen. Und von dort komme die Antwort, an frühere Feinde zahle man nichts. Gräfin Pfeil mochte das nicht akzeptieren. »Deutschland sollte großzügig sein und diesen ehemaligen Wehrmachtssoldaten eine Genugtuung geben. Es sind doch nur wenige, die noch leben.«

Als Ingeborg von Pfeil in den 80er-Jahren von Polen gefragt wurde, wie sie die Zukunft des Landes sehe, hat sie geantwortet, dass eines Tages auch Polen Mitglied der

Europäischen Gemeinschaft sein werde. »Ach, Sie Optimistin!«, hätten ihre Gesprächspartner gesagt. »Heute sage ich: Unser Europa wird weiter zusammenwachsen, wie einst die USA. Natürlich anders, denn die europäischen Völker haben eine unterschiedliche Vergangenheit und eigene Sprachen. Aber es wird so kommen.« Ich schaute die alte Dame skeptisch an. Woher nahm sie bloß diese Zuversicht? Vielleicht aus der in vielen Jahren gewachsenen Erkenntnis, dass Polen und Deutsche dabei sind, Vorbehalte und Vorurteile abzubauen und gute Nachbarn zu werden. Sie selbst habe »so gut wie keine negativen Erfahrungen gemacht«. Gewiss, manchmal schmerze es, »dass wir nach einem Jahrhunderte währenden Leben und Wirken in Schlesien nun hier Ausländer sind«. Das ändere aber nichts daran, dass sie sich in Hirschberg zu Hause fühle.

Von einer alten Freundin hatte Gräfin Pfeil eine Uhr geerbt. Auf der steht: »Welche unter diesen Stunden wird deine letzte sein?« »Wir wissen es nicht«, meinte sie. Aber zuvor müsse sie noch ihr Buch über die mehr als 600-jährige Geschichte der Kreisewitzer Kirche zu Ende bringen, »bevor man – ja – den Weg nach oben geht«. Dafür hat sie vorgesorgt. In der Nähe der über Jahrhunderte evangelischen, jetzt katholischen Kirche, die im Krieg beschädigt und später restauriert wurde, liegt der Pfeilsche Erbfriedhof, umgeben von einer Mauer. »Der ist, was mich wirklich dankbar berührt, weiterhin nur für unsere Familie da«, sagte die alte Dame. Ihre Geschwister und sie hätten erreicht, dass die Urne der Mutter im April 2011 dort beigesetzt werden konnte. Neben der des Vaters, der der letzter Patron der Kirche war. Sie machte eine Pause. Dann sagte sie mit kräftiger Stimme: »Auch ich möchte dort bestattet werden.« Einige Monate nach unserer Begegnung erkrankte Gräfin Pfeil schwer. Am 22. Dezember 2011 ist sie gestorben. Einen Monat später, am 21. Januar 2012, wurde sie unter großer Anteilnahme der Dorfbewohner, der Familie und zahlreicher Freunde und Weggefährten aus Deutschland und Polen auf dem Pfeilschen Erbfriedhof beigesetzt.

Mythos Riesengebirge

Am Morgen nach der ersten Nacht in der Pension Koralowa Sciezka, auf Deutsch Korallenpfad, werde ich früh wach. Ich öffne das Fenster, trete auf den Balkon und schaue auf die Hänge des Riesengebirges. Der Anblick der malerischen Landschaft fesselt mich. Ich bin bisher nur einmal in dieser Gegend gewesen. Als Schlesien noch deutsch und ich ein kleiner Junge war. Das ist sechseinhalb Jahrzehnte her. Ich höre das Rauschen eines Bachs und vereinzelt Vogelgezwitscher, sonst ist es still. Keine menschliche Stimme, kein Geräusch eines Autos. Die Herberge liegt auf einem Hügel. Hinter dem Haus beginnt der Hochwald des Nationalparks. Ich bin in Agnetendorf, das jetzt Jagniatkow heißt. An der schmalen Dorfstraße, die sich ins Tal windet, stehen ein paar alte Bauernhäuser. Dazwischen einige Neubauten. Hinter Bäumen halb versteckt sehe ich das Haus Wiesenstein, langjähriger Wohnsitz von Gerhart Hauptmann. Bis zum Frühstück ist noch reichlich Zeit. Ich mache mich auf den Weg. Das Tor zum Park, der das burgähnliche Gebäude umgibt, steht offen. Das Haus mit seinem Museum ist leider noch verschlossen.

Hier also hat der Literaturnobelpreisträger von 1912 mit seiner Familie mehr als vier Jahrzehnte gelebt. In den Frühlings- und Herbstmonaten, aber auch im Winter. Hier hat er viele seiner Werke konzipiert und geschrieben. Hier hat er prominente Zeitgenossen empfangen und mit Freunden diskutiert und gefeiert. Und hier ist er auch gestorben, am 6. Juni 1946. Ich lehne mich an einen der großen Felsbrocken, die auf dem Gelände liegen, und betrachte seine einstige Wohnstätte. Ich erinnere mich an das Buch seines Freundes und Beraters Gerhart Pohl, das ich vor Jahren gelesen habe. Eine ergreifende Schilderung von Hauptmanns letzten Wochen und Tagen und von seinen letzten Worten, bevor er das Bewusstsein verlor, der stockend hervorgebrachten Frage, aus der die Sorge drohender Obdachlosigkeit sprach: »Bin ich noch in meinem Haus?« Als er bereits den Tod spürte, hat Hauptmann den Wunsch geäußert, im Park seines Agnetendorfer Anwesens beigesetzt zu werden. Sein Wunsch erfüllte sich nicht. Eine Trauerfeier fand noch in seinem Wohnhaus statt. Ein Sonderzug brachte den in einen Zinksarg gebetteten Leichnam unter dem Schutz der sowjetischen Militäradministration zunächst nach Berlin und dann weiter an die Ostseeküste. Sieben Wochen nach seinem Tod, am 28. Juli 1946, wurde Gerhart Hauptmann bei Sonnenaufgang auf dem Friedhof des Dorfes Kloster auf Hiddensee beerdigt. Dort stand das Haus Seedorn, seine Sommerresidenz, die er 1930 gekauft hatte.

Ich war nach Agnetendorf gekommen, um an einem Seminar des Herbert-Wehner-Bildungswerks teilzunehmen. Das Thema: »Niederschlesien – Eine europäische Landschaft.« Zur Gruppe gehörten Studenten, Berufstätige und Rentner. Manche hatten schlesische Wurzeln, andere lockte vor allem die Landschaft. Gemeinsam war allen das historische Interesse. Der Ort war von der Leitung mit Bedacht gewählt. Mit kaum einer anderen Region Schlesiens verband sich die Sehnsucht der Heimatvertriebenen so stark wie mit dem Riesengebirge. Das Reich von Rübezahl avancierte zum Mythos der Heimattreuen. »Riesengebirglers Heimatlied«, ein 1914/15 entstandenes Poem, hart an der Grenze zum Kitsch, wurde nach der Vertreibung der Deutschen zur inoffiziellen Hymne der Niederschlesier. Es stärkte ihr Heimatgefühl. »Blaue Berge, grüne Täler, mittendrin ein Häuschen klein, herrlich ist dies Stückchen Erde, und ich bin ja dort daheim.« Warum sangen dies mit Inbrunst auch Menschen, die in Breslau, Liegnitz und anderen Städten zu Hause gewesen waren? Vielleicht kannten sie, wie meine Eltern, das Gebirge von eigenen Wanderungen und Skifahrten. Vielleicht war es aber auch nur Sentimentalität, entstanden aus dem Gefühl, etwas Liebgewonnenes verloren zu haben.

Dabei war der Schöpfer dieser Zeilen gar kein Niederschlesier, sondern ein Deutsch-Böhme. Othmar Fiebiger, 1886 geboren, stammte aus einer Bauernfamilie in Altenbuch bei Trautenau, einem Städtchen auf der böhmischen Seite des Riesengebirges. Auch dort sprach man den gebirgsschlesischen Dialekt. Seit 1905 war er in dem Ort Lehrer. Die Melodie zum Lied schuf sein Landsmann Vinzenz Hampel. Nach dem Ersten Weltkrieg zog Fibiger nach Aussig. Von dort wurde er 1946 in die sowjetische Zone Deutschlands vertrieben. Sein Riesengebirgslied hing ihm auch da an. Die SED-Kommunisten stießen sich an den Worten »deutsches Gebirge«. Um sich den Repressionen zu entziehen, floh der dichtende Lehrer in die Bundesrepublik. In Bensheim im Odenwald ging er weiter seinem Pädagogenberuf nach. 1972 ist er in Baden-Baden gestorben. Richtig populär wurde sein Lied durch einen westdeutschen Heimatfilm: »Grün ist die Heide« kam 1951 in die Kinos und wurde ein Kassenschlager. Rund 16 Millionen Zuschauer in den Lichtspielhäusern wurden gezählt, und als der Streifen im Fernsehen erneut gezeigt wurde, gab es, wie in einem Filmbranchendienst nachzulesen, »traumhafte Einschaltquoten«. Sonja Ziemann und Rudolf Prack sind die beiden Hauptdarsteller, die sich am Ende einer simpel gestrickten Schnulze über Einheimische und Flüchtlinge glücklich »kriegen«. Dem Fibiger-Opus, das im Film die vertriebenen Schlesier mit Inbrunst singen, haben Landsleute nach 1945 noch folgende Verse hinzugedichtet: »Und kommt's einstens zum Begraben, mögt ihr euren Willen tun, nur das eine, ja das eine, lasst mich in der Heimat ruh'n. Wird der Herrgott mich dann fragen droben nach dem Heimatschein. Zieh ich stolz und frei und freudig flugs ins Himmelreich hinein. Bin aus dem Riesengebirge, wo die Elbe so heimlich rinnt ...«

Bei einer Wanderung bis zum Kamm wollte ich erkunden, woher die Faszination und die fast mythische Ausstrahlung dieses Gebirges rührten, das die Polen Karkonosze nennen. Und warum sich so viele Künstler, wie etwa Caspar David Friedrich und Ludwig Richter, von ihm hatten inspirieren lassen. In Krummhübel, dem heutigen Karpacz, parkten nur wenige Autos vor der Talstation der Seilbahn. Es war noch Vorsaison und die Zahl der Touristen überschaubar. An der Straße, die zu der aus Norwegen stammenden Holzkirche Wang führte, reihte sich Bude an Bude der Souvenirverkäufer. Sie haben sich ganz auf deutsche Besucher eingestellt. Überall Rübezahlfiguren in allen möglichen Formen und Größen. Der launische Berggeist, der sich der Sage nach in unterschiedlichen Gestalten zeigte, mal den Menschen half, mal sie in die Irre führte, ist für die Schlesier ihr Mythos. Doch auch nach der Vertreibung der Deutschen hat sich der Nimbus des grobschlächtigen Riesen erhalten. Märchen vom Rübezahl erschienen schon bald nach dem Krieg in polnischer Übersetzung. Die neuen Bewohner gaben dem Bergriesen einen polnischen Namen und benutzen ihn heute als Werbeträger.

Das Breslauer Rathaus war nicht das einzige Bild im Krombacher Haus meiner Eltern, das an Schlesien erinnerte. Da hing außerdem eine gerahmte Fotografie der Jahrhunderthalle, und meine Mutter liebte besonders ein Aquarell, das den Kleinen Teich im Riesengebirge zeigte. Es stammte von Edward H. Compton, der sich wie sein aus England stammender Vater als Maler auf Gebirgslandschaften spezialisiert hatte. Das Bild, eine Reproduktion, vermittelte einen idyllischen, beinahe lieblichen Eindruck des fast 1200 Meter hoch gelegenen Bergsees. Nun blickte ich selbst auf diese Landschaft, als ich am Ufer des Sees stand. Ich schaute auf schroffe Felswände, steile Geröllhänge und Schluchten, in denen – Ende Mai – noch Reste von Schnee lagen. 200 Meter weiter oben, auf der Hochebene des Koppenplans, begann schon die Baumgrenze. Dort gab es nur noch Knieholz, Borstengraswiesen und Flechten. Vom Tal aus gesehen ähnelt das Riesengebirge einem breiten Elefantenrücken. Erst aus der Nähe wurde mir klar, wie zerklüftet dieses Granitmassiv mit seinen steilen, steinigen Flanken und den über die Felsen stürzenden Wassermassen der Gebirgsbäche ist. Jetzt konnte ich mir vorstellen, wie unheimlich und abweisend diese Landschaft mit ihrem rauen, wechselhaften Klima den Menschen früherer Jahrhunderte erschienen sein muss.

»Da oben liegt sie, die ale Gake«, sagte ein älterer Mitwanderer aus der Seminargruppe. Er zeigte auf die Schneekoppe, die mit 1602 Metern höchste Erhebung des Gebirges. Gake heißt auf Schlesisch Gans, das wusste ich. Nicht aber, wie der Berg zu diesem Namen gekommen ist. Zu Hause habe ich die Erklärung gefunden. Der schlesische Dichter Paul Keller hat in seiner Erzählung »Bergkrach« einen mit mundartlichen Kraftworten ausgetragenen Streit zwischen der Schneekoppe und dem Zobten, einem 718 Meter hohen Bergmassiv 35 Kilometer südwestlich von Breslau, erfunden. Beide Erhebungen gelten als Wahrzeichen Niederschlesiens. Und weil der »Zotaberg« a bissl neidisch war auf die wesentlich höhere »Schniekuppe«, hat er sie eben im Wortgefecht als »ale Gake« tituliert.

Wir hatten die Hampelbaude bereits hinter uns gelassen und näherten uns dem Schlesierhaus. Ein kühler Wind jagte Wolkenfetzen über den Himmel. Ein steiler Zickzackweg führte vom Koppenplan zum Gipfel. Wir aber bogen nach rechts und liefen zur Wiesenbaude, die bereits in Tschechien liegt. Ich habe nicht bemerkt, dass wir eine Grenze überschritten. Als Polen und die Tschechoslowakei noch sozialistische »Bruderstaaten« waren, hat jede Seite ihr Hoheitsgebiet nicht nur deutlich markiert, sondern auch kontrolliert und vor unbefugten Grenzgängern geschützt. Zeitweise durften nur Polen und Tschechen den grenzüberschreitenden Kammweg benutzen. Im Baudenrestaurant gab es böhmische Speisen und frisch gezapftes tschechisches Bier. »Aber ich habe keine Kronen«, sagte einer der Mitwanderer, unsicher, ob er etwas bestellen dürfe. »Kein Problem«, meinte die junge Kellnerin auf Deutsch. »Sie können auch in Zloty oder Euro bezahlen.«

»Schlesisches Elysium«

Wenn ältere Vertriebene im Gespräch auf ihr Heimatrecht pochen, dann frage ich sie manchmal etwas provozierend, warum sie nicht dorthin zurückkehren, wo die Familie früher zu Hause war. Im Vereinten Europa sei das möglich. »Ich will doch nicht unter Polen leben«, antwortete mir jemand entrüstet. Ein anderer entgegnete: »Aber dann müsste ich Polnisch lernen.« »Wenn man nach Frankreich zieht, kommt man auch nicht ohne Kenntnis der Landessprache aus«, hielt ich dagegen. Wieder ein anderer Vertriebener meinte, er würde schon gern in seiner alten Heimat leben, aber für einen Umzug sei er schlicht zu alt. Das leuchtete mir ein. Tatsächlich sind es in der Regel jüngere Menschen, die sich trauen, ihren Wohnsitz in die ehemaligen deutschen Ostprovinzen zu verlegen. Wie zum Beispiel Jörg und Steffi Giere, die in Kopaniec, früher Seifershau, einem Dorf am Hang des Isergebirges, einen Bergbauernhof erworben haben und dort ein Pony-Hotel betreiben. Das Ehepaar hat Polnisch gelernt, die beiden Kinder gehen im 15 Kilometer entfernten Hirschberg zur Schule, und seit 2011 hat die Familie ein unbeschränktes Aufenthaltsrecht.

Es begann damit, dass Jörg Gieres Mutter Anfang 1990 den Wunsch äußerte, noch einmal ihren Geburtsort Petersdorf, heute Piechowice, zu besuchen. »Nur mal gucken«, sagte sie. Beide machten sich auf den Weg von Niedersachsen nach Polen und standen nach 500 Kilometern Fahrt vor dem Haus, das die Mutter nach dem Krieg hatte verlassen müssen. Die polnischen Bewohner bemerkten die Fremden und luden sie ein, über Nacht zu bleiben. Am nächsten Morgen trat die Mutter ans Fenster und sah vor sich, wie in ihren Kindertagen, das Riesengebirge. Das war für sie ein sehr emotionaler Moment. Jörg Giere, 1967 geboren und gelernter Baumpfleger, sah die Landschaft weniger gefühlvoll. Er fand sie »interessant, fast exotisch«, und machte als passionierter Naturfreund Beobachtungen, die er von zu Hause nicht kannte. Jedenfalls fuhr er bald darauf wieder in diese Gegend. In Kopaniec, nur ein paar Kilometer von Petersdorf entfernt, lernte er Menschen kennen, die ihn interessierten und mit denen er sich anfreundete. Da diese nicht Deutsch sprachen und er nicht Polnisch konnte, unterhielten sie sich auf Englisch.

Bei einem der weiteren Besuche sagte einer seiner neuen Bekannten: »Bei uns im Dorf steht ein Haus leer. Willst du das nicht haben?« Giere nahm das zur Kenntnis, mehr nicht. Aber als das Bauernhaus nach einem Jahr immer noch unbewohnt war, reifte in ihm der Entschluss, es zu kaufen. Vorher erkundigte er sich bei Nachbarn, ob sie ihm dazu raten könnten. »Die waren sprachlos«, erzählte Giere. »Keiner hat geglaubt, dass es mir ernst ist.« Die Gemeinde, der Haus und Grundstück gehörten, wollte die heruntergekommene Immobilie loswerden. Giere bekam den Zuschlag. Zunächst richtete er zwei Zimmer provisorisch her, um darin wohnen zu können. Die Behörden ließen sich Zeit, der Fall ging bis zum Ministerium nach Warschau. Schließlich machte die Gemeinde Druck, und er bekam grünes Licht. Seit 1993 ist der Deutsche in Seifershau sesshaft.

Jörg Giere war schon Besitzer des Hofes, als er seine jetzige Ehefrau Steffi, eine Tierärztin aus Hannover, in Deutschland kennenlernte. Ihre erste Fahrt nach Kopaniec unternahm sie auf dem Motorrad. »Ich war verliebt«, sagte sie lachend. »Da musste ich mich entscheiden.« Denn Jörg Giere war sich seiner Sache sicher, allerdings auch der Unternehmungslust seiner Freundin: »Sie wäre auch mit nach Sibirien gekommen.« Die slawische Sprache zu erlernen fiel ihr schwer. »Es hat lange gedauert, bis ich mich verständigen konnte«, berichtete sie. Es vergingen drei, vier Jahre, »bis ich einen halbwegs richtigen Satz herausbrachte«. Zug um Zug hat das Ehepaar das Wohnhaus restauriert, möbliert und Zimmer für Pensionsgäste eingerichtet. Zum Hof gehören ein großer Garten und Weideland. Der polnische Zoll erlaubte Steffi Giere, ihre Pferde aus Deutschland nach Kopaniec zu bringen. Im Frühjahr 2011 waren es zwölf, überwiegend Isländer. Vier von ihnen sind auf dem Hof geboren. Steffi Giere ist im Umkreis von 80 Kilometern die einzige Ärztin für Großtiere. Der letzte polnische Kollege ist vor einiger Zeit gestorben. »Ich wusste nicht, was mich in Polen erwartet«, meint Jörg Giere. Welcher Pionier weiß das schon? Er hat wie seine Frau und die beiden Söhne nach wie vor die deutsche Staatsbürgerschaft. Aber zu Hause ist die Familie in einem 400 Einwohner zählenden schlesischen Ort, den man Kopaniec oder Seifershau nennen kann, je nachdem, welche Sprache man spricht.

Julia Sulewska spricht nur Polnisch und wohnt ebenfalls in Kopaniec. Viel länger als die zugezogenen Deutschen. Als eine der ältesten Dorfbewohnerinnen ist sie zum Giere-Hof gekommen, um den Teilnehmern der Seminargruppe von ihrem Leben zu erzählen. »Ich fühle mich hier zu Hause«, sagt sie, als sie in der Runde der deutschen Zuhörer Platz genommen hat. Eine Frau Mitte 80, mit weißen Löckchen, einem faltenreichen Gesicht und wachen Augen. Eine Mitarbeiterin des Bildungswerks übersetzt. Julia Sulewska kam 1925 als Tochter eines Bauern in Ostpolen zur Welt. Als die Sowjets nach dem Stalin-Hitler-Pakt im Herbst 1939 den östlichen Teil des Landes okkupierten, mussten die Eltern mit ihren sechs Kindern den Hof verlassen, genauso wie die anderen polnischen Landwirte aus der Nachbarschaft. »Wir wussten nicht wohin«, erzählt sie. Zunächst liefen sie 35 Kilometer bis zum nächsten Bahnhof. Dort wurden sie in Viehwagen verfrachtet. Der Zug fuhr Richtung Osten bis fast an die mongolische Grenze.

Die vertriebenen Polen kamen in ein Lager. Drei Jahre vegetierten sie in der sowjetischen Fremde. Der Vater wurde Soldat, in einer polnischen Einheit der Roten Armee. »Polen gab es nicht mehr«, sagt sie. Den westlichen Teil hatten die Deutschen besetzt, den östlichen die Sowjets annektiert. Im Winter sank das Thermometer zuweilen auf minus 60 Grad. Etliche Lagerinsassen zogen sich Erfrierungen zu. Die Tagesration an Brot betrug 300 Gramm. »Ich hatte immer Hunger«, erzählt Julia Sulewska. Bis heute müsse sie daran denken. Die Deportation lastet auf ihr wie ein Trauma. Viele Jahre durfte sie dieses Wort nicht laut aussprechen. Unter den Kommunisten war das ein absolutes Tabu. »Sibirien war eine schlimme Zeit«, sagte sie stockend. »Immer wenn ich daran denke, muss ich weinen.«

Nach Kriegsende wurde die Familie nach Schlesien umgesiedelt. Als sie nach Seifershau kam, waren viele deutsche Häuser ausgeplündert. Für ein dreiviertel Jahr teilten sich die Umsiedler ein Haus mit den deutschen Besitzern. Man arrangierte sich, feierte sogar zusammen ein karges Weihnachtsfest. Dann mussten die alten Eigentümer Haus und Dorf verlassen. »Ich kann gut verstehen, wie es den Deutschen geht, die ihre Heimat verloren haben«, sagt Julia Sulewska. »Wir hatten ja das gleiche Schicksal.« In Seifershau, das in Kopaniec umbenannt wurde, lebten anfangs lauter Menschen zusammen, die sich nicht kannten. »Wir haben hart gearbeitet«, erzählt die alte Frau, »immer mit der Hoffnung auf Rückkehr.« Aber die Hoffnung erfüllte sich nicht. Die neuen Bewohner wurden sesshaft. Julia heiratete und bekam fünf Kinder. Ihr Mann ist inzwischen gestorben. Die Deutschen, in deren Haus sie gezogen war, sind schon einige Male zu Besuch gekommen. Sie selbst würde gern noch einmal ihr Heimatdorf in der heutigen Ukraine wiedersehen. »Das ist mein großer Wunsch.« Aber sie hat Angst. Angst vor den Erinnerungen an die Zeit, als sie mit Eltern und Geschwistern aus ihrer Heimat fortgejagt wurden.

Irgendwann bin ich einmal gefragt worden, wo in Europa ich die höchste Dichte von Schlössern und Herrenhäusern vermute. Ich tippte auf Frankreich und dachte an die Loire. Vielleicht käme auch eine bestimmte Region in England infrage? »Falsch«, sagte der Fragesteller. »Die richtige Antwort wäre das Hirschberger Tal in Schlesien gewesen.« Bei meinem Aufenthalt am Fuße des Riesengebirges habe ich mich davon überzeugen können, dass seine Behauptung stimmt. Südlich von Hirschberg liegen, nur wenige Kilometer voneinander entfernt und oft eingebettet in großzügige Parkanlagen, mehr als 40 Schlösser, Burgen und Herrensitze. Mit ihnen verbinden sich deutsche Ortsnamen wie Arnsdorf und Erdmannsdorf, Fischbach und Lomnitz, Schildau und Stonsdorf. An manchen der Bauten nagt der Zahn der Zeit, andere sind musterhaft restauriert. Baumeister wie Karl Friedrich Schinkel und Friedrich August Stüler durften hier ihr Können beweisen. Und auch der Landschaftsarchitekt und preußische Hofgärtner Peter Joseph Lenné konnte seine Vorstellung von einer Kulturlandschaft verwirklichen, die als »Schlesisches Elysium« in die Geschichte einging.

Im 19. Jahrhundert wurde es für reiche Leute chic, im Hirschberger Tal, wo einheimische Grundbesitzer bereits zahlreiche Residenzen hatten, Immobilien zu kaufen, neue Prachtbauten zu errichten und englische Gärten anzulegen. Bauherren waren vor allem Angehörige des Adels, des europäischen wie des deutschen. Auch die Hohenzollern entdeckten den Reiz und die Schönheit der von vielen Kulturreisenden als romantisch gepriesenen Landschaft. 1831 erwarb Preußen-König Friedrich Wilhelm III. das Schloss Erdmannsdorf, das vorher Generalfeldmarschall August Neidhardt von Gneisenau gehört hatte, ließ es von Schinkel umbauen und machte es zu seiner Sommerresidenz. Ein paar Jahre später kaufte Friedrich Wilhelm Schloss Schildau für seine Tochter Luise, die das Gebäude mit einer neu geschaffenen Parkanlage veredelte. Als dritter Sommersitz im Hirschberger Tal diente den Hohenzollern Schloss Fischbach, das Prinz Wilhelm 1822 gekauft und im neugotischen Stil ausgebaut hatte.

Nach dem Krieg wurden viele der Kulturbauten dem Verfall preisgegeben. Schlösser und Herrensitze wurden geplündert, einige völlig zerstört. Andere wurden von den neu ansässigen Polen als Schulen, Kindergärten, Gemeindeämter und Verwaltungen der Staatsgüter genutzt. Für die Pflege dieses deutschen kulturellen Erbes hatten die neuen Herrscher weder Interesse noch Verständnis. Ihr Augenmerk richtete sich allein auf Spuren aus der polnischen Piastenzeit. So verfielen nicht nur Adelssitze, sondern auch Kirchen, Kapellen und Denkmäler. Das änderte sich erst mit dem politischen Umbruch Ende der 80er-, Anfang der 90er-Jahre, als sich eine neue, unbefangene und europäisch ausgerichtete Generation von Kommunalpolitikern, Denkmalschützern und Privatpersonen auf die kulturellen und wirtschaftlich-touristischen Werte dieser Schlösser- und Parklandschaft besann. Deutsche und Polen arbeiten seither gemeinsam daran, dem »schlesischen Arkadien« Schritt für Schritt etwas von dem früheren Glanz zurückzugeben. Ausländische Investoren werden umworben. Sogar Angehörige der britischen Königsfamilie sollen gefragt worden sein, ob sie sich im Hirschberger Tal engagieren möchten.

Da sind Philip und Maria Rodwell schon weiter. Das englische Ehepaar hat zwar kein Schloss gekauft, aber in Erdmannsdorf, dem polnischen Myslakowice, ein geräumiges Landhaus, in dem die Rodwells eine Hotel-Pension betreiben. »Der Grund, warum ich hier bin, ist meine Frau«, erzählte der Hausherr. Er war gekleidet, wie man sich einen britischen Gentleman vorstellt: Flanellhose, Hemd mit Krawatte, grüner Pullover und ein lässiges Sakko mit Einstecktuch. 32 Jahre hatte er in der Nähe von London als Lehrer gearbeitet. Seine Ehefrau Maria, deren polnische Familie nach England emigriert war, leitete eine Vertriebsfirma. Sie sprach von Kind an Polnisch und hing am Land ihrer Vorfahren. Als sie im Jahr 2003 nach einem Verwandtenbesuch im Riesengebirge Urlaub machte, verliebte sie sich in die Landschaft. Die Begegnung wurde zum Wendepunkt ihres Lebens. Sie schlug ihrem Mann vor, nach Polen zu ziehen. Nicht an die Ostsee und auch nicht nach Zentralpolen. Das neue Zuhause sollte in Schlesien und möglichst in der Gegend um Jelenia Gora/Hirschberg sein. Fortan verbrachte das Ehepaar einen großen Teil seiner Freizeit damit, im Internet nach einem passenden Objekt zu suchen.

Im März 2005 sind Maria und Philip Rodwell nach Polen geflogen und haben vor Ort nach ihrer Wunschimmobilie Ausschau gehalten. Was ihnen der Makler zeigte, gefiel ihnen nicht. Zwei Tage vor der Rückreise entdeckten sie in Erdmannsdorf ein Bauernhaus, das zu einem Gästehaus ausgebaut werden sollte. Das stand zum Verkauf. »Wir waren nicht nur von dem Gebäude, sondern auch von der Aussicht begeistert«, sagte Mr. Rodwell. Ein freier Blick aufs Riesengebirge. Das Grundstück mit Garten und Wiese ist so groß, dass niemand die Sicht verbauen kann. Rodwells verkauften ihr Haus in England und erwarben ihren Landsitz im Hirschberger Tal. Sie nannten ihn Czerwony Dworek, auf Deutsch »Rotes Gutshaus«. Da sie sich noch zu jung für ein Rentnerdasein fühlten, beschlossen sie, das Haus als Pension zu führen. Im Juli 2005 zogen sie ein, mit ihren Möbeln, zwei Hunden und einer Katze, fest entschlossen, auf Dauer zu bleiben. Ihre Tochter habe ihre Entscheidung nicht verstanden, meinte Maria Rodwell. Sie wolle die Pension der Eltern später auf keinen Fall weiterführen.

»Mich hat man zunächst für einen Deutschen gehalten«, berichtet Philip Rodwell. »Die Polen denken, dass jeder, der hierher zieht und nicht Polnisch spricht, aus Deutschland kommen muss.« Dabei zählen zu den ausländischen Bewohnern des Hirschberger Tals auch Schweizer und Holländer. Gäste im »Roten Gutshaus« sind vorwiegend Polen und Deutsche. Letztere schätzt Mr. Rodwell wegen ihrer Zuverlässigkeit. Die würden, wenn sie ihre Buchung stornieren müssten, stets rechtzeitig absagen. Und während polnische Gäste gern lange schliefen, seien die deutschen in der Regel Frühaufsteher. »Wenn die fünf Minuten nach acht Uhr noch nicht zum Frühstück da sind, muss man sich ernsthaft Sorgen machen«, meint seine Frau. Wir sitzen auf der großen Terrasse des Hauses und blicken in den gepflegten Garten. »Wir fühlen uns hier sehr zu Hause«, sagt Maria Rodwell, »wie in Klein-England.« Manchmal habe sie den Eindruck, dass Schlesien eine besondere Region in Polen sei. »Schlesische Polen sind viel offener gegenüber ausländischen Gästen.« In Zentralpolen seien die Menschen stärker auf die eigene nationale Identität fixiert. Sie macht eine Pause und überlegt. Dann sagt sie: »Hier in Schlesien entsteht eine neue Offenheit.«

In Erdmannsdorf hat diese Offenheit Tradition. Man sieht es an einigen Häusern im alpenländischen Stil. Sie waren das Zuhause von Tiroler Protestanten, die ihre Heimat verlassen mussten, weil sie sich weigerten, katholisch zu werden. 1837 bestätigte der österreichische Kaiser Ferdinand I. eine Entschließung des Tiroler Landtags. Danach sollten

427 Bewohner des Zillertals, die an ihrem evangelischen Glauben nach Augsburger Bekenntnis festhielten, des Landes verwiesen werden, obwohl das von Kaiser Josef II. 1781 erlassene Toleranzedikt noch galt. Elf der Betroffenen gingen nach Kärnten und in die Steiermark, wo es konfessionell gemischte Gemeinden gab. 416 Zillertaler wanderten nach Preußen aus. König Friedrich Wilhelm III. hatte sich – ganz im Sinne schlesischer Toleranz – bereit erklärt, die Protestanten aufzunehmen.

Im Oktober 1837 kamen die ersten von ihnen in Schlesien an. Da sie Alpenbewohner waren, sollten sie in der Nähe von Preußens höchstem Gebirge siedeln. Der König stellte Teile seines Landbesitzes im Gebiet von Erdmannsdorf zur Verfügung, den die Glaubensflüchtlinge zu maßvollen Preisen erwerben konnten. Dort ließ er Tiroler Häuser nach einem vorab erstellten Musterbau errichten. Es entstand die »Kolonie Zillerthal«. Sie wurde für die Ansiedler zur neuen Heimat. Der letzte der Auswanderer ist hochbetagt 1922 gestorben. 1945/46 mussten auch die Nachkommen der Exilanten das von Polen beanspruchte Schlesien verlassen. Aus Zillerthal-Erdmannsdorf, wie der Ort offiziell geheißen hatte, wurde Myslakowice. Doch die Tradition geriet den polnischen Bewohnern nur vorübergehend aus den Augen. Ende der 90er-Jahre rettete ein österreichischer Staatsbürger aus Tirol eines der alten Siedlerhäuser vor dem Verfall. Er ließ den »Tiroler Hof« restaurieren und richtete darin eine Gastwirtschaft und ein kleines Museum über die Geschichte der Zillerthaler in Erdmannsdorf ein. Vor dem Schloss steht ein Denkmal, das an Johann Fleidl, den Wortführer der Zwangsauswanderer, erinnert. Und am Balkon eines der Tiroler Bauernhäuser steht in großen Buchstaben quer über die Breite des Vorbaus die Inschrift: »Gott segne den König Friedrich Wilhelm III.« Auch das ist ein Zeichen von schlesischer Toleranz.

Deutschlandtreffen der Schlesier

»Den Platz habe ich extra für Sie frei gehalten«, sagte ein älterer Mann, als ich am Hauptbahnhof Hannover in die Stadtbahn der Linie 8 stieg, die mich zum Messegelände bringen sollte. Ich setzte mich ihm gegenüber. »Sie fahren ja nicht bis zur Endhaltestelle«, fuhr der Mann fort. »Doch«, meinte ich. Er sah mich prüfend ab. »Sie sehen aber nicht aus wie ein Flüchtling.« Als ich ihm sagte, dass ich gebürtiger Breslauer sei, war sein Redefluss nicht mehr zu bremsen. Wir hatten dasselbe Ziel: Das Deutschlandtreffen der Schlesier 2011. Der Mann war, wie die meisten seiner schlesischen Landsleute, sehr redselig. Er kam ursprünglich ebenfalls aus Breslau, war 1928 geboren und Witwer. »Die labern«, sagen Schlesier, wenn Leute ausufernd erzählen. Der Mann laberte. Ich erfuhr, dass er – als er noch besser Autofahren konnte – drei bis vier Mal im Jahr nach Breslau gefahren war, dass er in Polen Brot, Apfelsaft und sogar Kartoffeln in größeren Mengen gekauft habe, dass er alle Ausgaben in ein Buch einträgt und dass er seit der Ölkrise von 1973 sich angewöhnt habe, häufig im Leerlauf zu fahren, um Benzin zu sparen. »Das mache ich bis heute so.« Nach einer Viertelstunde hatte er so viel von sich erzählt wie ein niedersächsischer Bauer in zehn Jahren.

Vor dem Eingang zu den Veranstaltungshallen standen junge Leute und verteilten Broschüren. »Infoblatt Schlesische Jugend Bundesgruppe« stand auf der Titelseite. Eine junge Frau drückte mir die Wochenzeitung *Der Schlesier* in die Hand, das Blatt, das auch meine Eltern bezogen hatten und das ich wegen seines politischen Rechtsdralls abbestellt hatte. Warum sie draußen stünden und ihre Drucksachen nicht drinnen anböten, wollte ich von den Jugendlichen wissen. »Man will uns dort nicht haben«, bekam ich zur Antwort. Im Foyer erkundigte ich mich nach dem Weg zur Pressestelle, holte dort meinen Ausweis und schaute mir das Material an, das ich bekommen hatte. »Wie der Vorstand der Landsmannschaft Schlesien sich der eigenen Jugend entledigt« lautete die Überschrift eines Beitrags, verfasst vom Bundesvorsitzenden des Jugendverbandes.

Der Artikel weckte mein Interesse. Der Autor beklagte, dass sich die Landsmannschaft »in einer Kurzschlussreaktion« von der Bundesführung der Schlesischen Jugend getrennt habe und nannte dies »eine Tragödie ersten Ranges«. Ich hatte zwar mitbekommen, dass die Führung der Landsmannschaft schon seit einiger Zeit im Streit mit einem Teil ihres nach rechts außen tendierenden Nachwuchses lag. Aber die jüngste Entwicklung erfuhr ich erst, als sich Niedersachsens Innenminister Uwe Schünemann, CDU, bei der feierlichen Eröffnung des Treffens erleichtert darüber zeigte, »dass gestern hier in Hannover auf der außerordentlichen Bundesdelegiertenversammlung die Bundesgruppe der Schlesischen Jugend aus der Landsmannschaft Schlesien ausgeschlossen wurde«. Der Thüringer Verfassungsschutz habe festgestellt, dass die Schlesische Jugend von aktiven Rechtsextremisten unterwandert worden sei, sagte der Minister und fügte hinzu: »Wir dürfen nicht zulassen, dass Rechtsextremisten das Leid der deutschen Heimatvertriebenen für ihre schäbigen Zwecke instrumentalisieren.«

Es wäre nicht das erste Mal, dass die Mutterorganisation einen Trennungsstrich zieht, dachte ich. 2000 hatte die

Landsmannschaft Ostpreußen ein Exempel statuiert und sich von ihrer Nachwuchsorganisation, der Jungen Landsmannschaft Ostpreußen, getrennt. Die hatte auf Funktionärsebene Kontakte zu rechtsextremistischen Gruppierungen unterhalten. Ich setzte mich in eine Ecke und vertiefte mich in die Schriften der Schlesischen Jugend. »Es ist in dieser BRD Mode geworden, Jugendgruppen, die trotz total einseitiger Erziehung noch zu Volkstum und Heimat stehen, als rechtsradikal zu diffamieren«, schrieb ein Unterstützer im Infoblatt. »Die angeführten Argumente gewisser Meinungsmacher und auch des sogenannten Verfassungsschutzes in Thüringen sind haltlos. Die Schlesische Jugend ist weder rechtsextrem noch verfassungsfeindlich.« Wirklich nicht? Wie ich in einem Beitrag las, sieht sich die Bundesgruppe in der Pflicht, »auch durch regelmäßige Fahrten in die polnisch verwalteten Gebiete des alten deutschen Kulturlandes jungen Menschen die für sie weitgehend unbekannte Heimat näherzubringen«. Polnisch verwaltete Gebiete deutschen Landes? Gehörte für den jungen Autor Schlesien nicht zum polnischen Staat? Wusste er nicht, dass Deutschland Oder und Neiße völkerrechtsverbindlich als Grenze anerkannt hat? Oder plapperte er nur nach, was früher zum festen Sprachgebrauch der Funktionäre gehörte? Wie auch immer, ich meine, Verfassungsschützer tun gut daran, jungen Menschen, die so reden und schreiben, auf die Finger zu schauen.

Von Kleinmut oder gar Selbstkritik war bei der von ihren Oberen verstoßenen schlesischen Jungtruppe nichts zu spüren. »Anders als die traditionellen Verbände sind wir weder von Parteien noch von der Verteilung staatlicher Zuschüsse abhängig, das heißt: Wir können uns Aufgaben und Ziele frei wählen.« So beschrieben sie forsch ihr Selbstverständnis. Damit trafen sie zugleich einen wunden Punkt der Landsmannschaft. Denn die ist – wie ich im Infoblatt las – »in der bisherigen Form ein Auslaufmodell«. Und angeblich zugleich eine Vereinigung am Tropf und Gängelband der Union. So sah es auch Paul Latussek, Chef der Thüringer Landesgruppe der Schlesier. In einem Interview mit dem Kampfblatt *Der Schlesier* sagte er: »Das Problem in den Vertriebenenverbänden ist, dass sie nicht mehr unabhängig agieren, sondern wie Untergliederungen der CDU geführt werden. Das gilt auch für die Landsmannschaft Schlesien, und da soll sich auch der Jugendverband anpassen, sonst fliegt er raus.« Und weiter: »Manchen sitzt das CDU-Hemd sicherlich näher als die Schlesien-Hose. Aber ich vertraue darauf, wenn es hart auf hart kommt, wird doch die Mehrheit sagen: Schlesien ist uns wichtiger als die Loyalität zu einer Partei, die uns Vertriebene längst abgeschrieben hat.« Die Zeitung durfte zwar nicht in den Hallen verteilt werden, aber viele Teilnehmer des Treffens hatten sie von draußen mitgebracht. Das Interview mit Latussek wurde besonders intensiv gelesen.

In der Halle 2, dem Treffpunkt der Heimatkreise, reihte sich Stand an Stand, an denen schlesische Waren angeboten wurden: Bunzlauer Keramik und Polohemden mit dem Aufdruck »Mein Herz schlägt für Schlesien«, Landkarten aus der alten Heimat und Schlüsselanhänger mit schlesischem Adler, Würste von schlesischen Fleischern und Brot von schlesischen Bäckern, Magenbitter mit einem Traditionsnamen aus dem Riesengebirge und CDs mit Aufschriften wie »Hörst du die Heimatglocken klingen« oder »Heemteland, mei liebes guttes«. Dazu Bücher über Bücher. Über manche Titel wunderte ich mich: *Verschwiegene Schuld*, *Das Versailler Diktat*, *Polen – ein Ärgernis*. Hatte der Veranstalter, der vorab darüber entschieden hatte, welche Publikationen feilgeboten werden durften, nicht genau hingeschaut? Früher war es durchaus vorgekommen, dass neben der umfangreichen Heimatliteratur auch Pamphlete,

Gazetten und einschlägige Bücher von Autoren wie dem Holocaust-Leugner David Irving ihren Weg in die Hallen gefunden hatten, die der Verfassungsschutz wegen der Verbreitung neonazistischen Gedankenguts unter die Lupe nahm. Das änderte sich erst, als der damalige niedersächsische Ministerpräsident und spätere Bundespräsident Christian Wulff sich als Gastredner beim Schlesiertreffen 2007 veranlasst sah, die Landsmannschaft vor politischer Unterwanderung zu warnen. Der Veranstalter täte gut daran, sich nicht mit »rechtsextremen Buchverlagen und Personen einzulassen«. Mit ihrem Partnerland, das die Zusammenkünfte auch finanziell unterstützte, wollte das Führungsgremium der organisierten Schlesier es sich nicht verderben.

Am späten Nachmittag ging ich zum Heimatabend, der unter dem Motto stand »Schlesien grüßt Niedersachsen«. Es hat Zeiten gegeben, da hätte ich um keinen Preis an einem solchen Folklorespektakel teilgenommen. Da hatte ich mit der vermeintlichen Heimatduselei nichts im Sinn. Zog es mich nun als journalistischer Beobachter oder als gebürtiger Schlesier in die voll besetzte Halle? Anfangs fühlte ich mich tatsächlich eher wie ein Chronist. Aber je länger ich dem aus Waldenburg angereisten Chor und den Rezitatoren schlesischer Lyrik und Prosa lauschte, desto mehr empfand ich mich mit den Menschen um mich herum verbunden. Wenn Mundartgedichte und Lieder vorgetragen wurden, war mir, als hörte ich meine Mutter. »Wenn mer suunichs ei de Kerche giehn …« Plötzlich war der Text der weiteren Strophen wieder da, tief unten aus meiner Erinnerung hervorgeholt. Meine Lippen formten die Laute, ich sang halb laut mit. Als schlesische Trachtengruppen auf der Bühne ihre Volkstänze vorführten und ich die Senioren unter den Aktiven sah, wirkte das nicht etwa lächerlich auf mich, nein, es berührte mich, setzte Gefühle in mir frei, die ich Stunden zuvor nicht für möglich gehalten hatte. Beim

Schlesierlied »Kehr ich einst zur Heimat wieder« merkte ich, wie sich die letzte emotionale Bremse in mir lockerte. Während eine Blaskapelle die schmissige Weise intonierte, sang ich Strophen und Refrain laut und fröhlich mit: »Mein Schlesierland, mein Heimatland, so von Natur, Natur in alter Weise, wir seh'n uns wieder, mein Schlesierland, wir seh'n uns wieder am Oderstrand.«

Am nächsten Tag, als sich die Schlesier zur Hauptkundgebung versammelten, spürte ich nichts mehr von dem, was mich am Vortag bewegt hatte. Ich achtete, wie immer bei derartigen Veranstaltungen, auf Distanz und suchte mir im hinteren Teil der Halle in einer leeren Stuhlreihe einen Platz. Jetzt war ich wieder ganz der kritische Journalist, der nicht auf die Musik und die Trachtengruppen achtete, sondern sich auf die Reden konzentrierte. Es gab zahlreiche freie Sitze, denn viele Besucher des Treffens plauschten lieber in der benachbarten Halle mit Freunden und Wegefährten. Zwei Stunden lang sich politische Reden anzuhören war längst nicht mehr allen nach Hannover gekommenen Schlesiern ein Herzensbedürfnis. Als prominenter Gastredner würdigte Niedersachsens Regierungschef David McAllister den Anteil der vertriebenen Schlesier beim Aufbau des Landes. Sie hätten die Städte und Gemeinden mit ihren technischen, handwerklichen und kaufmännischen Begabungen und ihrem Fleiß verändert, mitgestaltet und kulturell bereichert. Sätze, wie sie Politiker eben formulieren, wenn sie um eine Klientel werben. Der Ministerpräsident warb auch für ein besseres Miteinander von Deutschen und Polen und betonte, zum kulturellen Erbe Deutschlands gehöre die Kulturgeschichte des ehemaligen deutschen Ostens, »selbst wenn dieser nicht mehr geografischer Teil Deutschlands ist«.

Als Rudi Pawelka zum Podium ging, blieb David McAllister in der ersten Reihe sitzen. Sein Vorgänger Wulff war bei früheren Kundgebungen zu diesem Zeitpunkt schon gegangen. Der Chef der Landsmannschaft, der auf der Führungsebene der Vertriebenenverbände zu den Hardlinern gezählt wird, war für seine scharfen Reden bekannt. Auch diesmal blieb er seinem Ruf treu. Er schimpfte auf die Bundesstiftung »Flucht, Vertreibung, Versöhnung«. Was die plane, sei nicht das Heilen von Wunden, es bedeute vielmehr, Salz in die Wunden zu streuen. Er beklagte die deutsche Ostpolitik, die über Jahrzehnte darin bestanden habe, deutsche Positionen aufzugeben, die Ansprüche anderer zu erfüllen und dies mit deutschen Milliardenzahlungen zu garnieren. Ich beobachtete, wie einige Zuhörer aufstanden und die Halle verließen. Pawelka redete sich in Rage. »In Deutschland redet man den Menschen ein, die Vertreibung sei eine Kriegsfolge, man spricht von Ursache und Wirkung.« Ja, was denn sonst? Für Pawelka war dies jedoch nur eine bequeme Ausrede, »damit man sich nicht mehr mit den wahren Gründen für die Vertreibung auseinandersetzen muss und auch nicht bei den Vertreiberstaaten aneckt«. Immer mehr Menschen strebten dem Ausgang zu. Den Redner störte das nicht. Er arbeitete sich weiter an seinen Gegnern ab. »Völlig unpassend finde ich, wenn gesagt wird, der Zivilisationsbruch des Holocaust schlug am Ende auf die Deutschen zurück.« Damit würden Vertreiberstaaten in die Funktion eines Rächers gerückt, obwohl auch Polen am Holocaust beteiligt gewesen sei. Das war offensichtlich auch für den höflichen Ministerpräsidenten zu viel. Er verließ die Halle, angeblich wegen eines Anschlusstermins, wie die Staatskanzlei mitteilte. Ob es nicht eher eine demonstrative Geste des Protestes war?

Die riesige Messehalle, die den Heimatgemeinden als Treffpunkt diente, war mit Tischen und Bänken ausgefüllt. Wie auf den früheren Treffen zeigten Ortsschilder den Besuchern, wo sie ehemalige Nachbarn treffen konnten. Von Breslau Stadt und Brieg über Grünberg, Lauban, Löwenberg bis zu Trebnitz, Waldenburg und Wohlau. An manchen Tischen wurde gegessen und getrunken. Hier saßen ein paar Männer, die sich über eine alte Schlesienkarte beugten. Dort schwelgten ein paar Leute in Erinnerungen an früher. Und an wieder einem anderen Tisch tauschten sich Schlesier über heimische Gerichte aus. Ich lauschte dem lieb gewonnenen Dialekt. »Sei ock still«, sagte jemand. »Lieber gutt gelebt und dafür länger«, scherzte ein anderer. Am Stand der Stiftung Grafschaft Glatz war ein Dokument plakatiert: »Laut Anordnung der Regierung der Republik Polen hat die gesamte deutsche Bevölkerung das polnische Staatsgebiet zu verlassen. Alle Personen, welche dieser Aufforderung nicht nachkommen, werden mit Gewalt entfernt. Glatz, 29. Juni 1945. Der Bevollmächtigte der Polnischen Regierung für den Bezirk XXIV in Glatz.« Das war noch vor der Potsdamer Konferenz. Zwei alte Männer, einer von ihnen gehbehindert, blieben vor der Tafel stehen. »Komm, setzt dich hin, das ist dein Leben«, sagte der eine. Er bückte sich und drückte auf seine Digitalkamera. Der andere Mann studierte den Text. »Die Polen haben den Krieg nicht gewonnen«, meinte er, »das waren die Russen und die Amis.«

In früheren Jahren waren die Stunden nach der Kundgebung für die meisten Teilnehmer der Höhepunkt des Schlesiertreffens. Da trafen sich Freunde, Nachbarn, Bekannte. Menschen, die das Schicksal der Vertreibung teilten. Die Halle war oft überfüllt gewesen. In Hannover blieben die meisten Bänke leer. An manchen langen Tischreihen saß nicht ein einziger Besucher. Am Treffpunkt Zobten langweilte sich ein Mann. Ich setzte mich zu ihm, und wir kamen ins Gespräch. Er wohnte in Hildesheim. Bei der Vertreibung war er drei Jahre. »Nichts habe ich mitbekommen«, sagte er. »Jedenfalls kann ich mich nicht erinnern.« Es war sein erster Besuch eines Schlesiertreffens. »Und jetzt sitze ich hier, und niemand ist da, mit dem ich mich über meinen Heimatort unterhalten könnte. Wenn nicht bald jemand kommt, setze ich mich in die S-Bahn und fahr nach Hause. Das war es dann. Nie wieder.« Ich streifte weiter durch die leeren Bankreihen und sah das Ortsschild Petersdorf. Gleich daneben Hartenberg-Kiesewald. Das war der Ort im Riesengebirge, wo wir uns im Haus des Bauern M. fast wie zu Hause fühlten. An diesem Tisch saß niemand. Ich hockte mich hin und wartete. Da kam ein Mann vom Nachbartisch herüber. Ein, wie er sagte, angeheirateter Schlesier. Seit zwölf Jahren Rentner. »Als wir gestern kamen, war gähnende Leere«, berichtete er. Viel besser sei es heute auch nicht, meinte ich. »Vor zwei Jahren war hier alles voll«, erzählte er weiter. »Und wo sind die Leute?«, fragte ich. Er sah mich an und sagte: »Krank, tot, was weiß ich. Vielen ist die Fahrt zu beschwerlich. Und die Kinder wollen nichts davon wissen.« Er machte eine Pause und suchte nach Worten. »Die biologische Auslese sorgt dafür.« Er zeigte mit der Hand nach oben. Wie lange es noch Schlesiertreffen geben werde, wollte ich wissen. »Höchstens noch zehn Jahre. Dann ist Schluss«, sagte er und erhob sich.

Vielleicht hat der Mann mit seiner Prognose recht. Vielleicht geht es aber auch schon früher mit Schlesiertreffen in der bisherigen Form als Großveranstaltung zu Ende. In Hannover habe ich nur wenige Besucher gesehen, die als Familie kamen, mit Söhnen, Töchtern und Enkeln. Es dominierte die Generation Grauhaar. Vielen sah man an, wie schwer es ihnen körperlich fiel, sich auf den Weg zu machen. Nicht nur die Zukunft der Landsmannschaft sieht trübe aus, auch die des Bundes der Vertriebenen insgesamt. Die Erlebnisgeneration stirbt aus, von den vielen Millionen Deutschen, die nach dem Krieg ihre Heimat verloren haben, lebt nur noch ein Bruchteil. Die Angehörigen der Kindergeneration, zu der auch ich zähle, sind in ihrer Mehrzahl bereits Rentner oder Pensionäre. Noch besetzt diese Altersgruppe in den Verbänden die Führungsposten. Aber wer kommt nach ihnen? Die Verantwortlichen haben darauf keine schlüssige Antwort. Manche ahnen, dass ihre bisherige Arbeit an Menschen gebunden ist, die zumindest noch im ehemaligen deutschen Osten geboren sind. Andere drücken sich vor dieser Erkenntnis. Bei den Enkeln der Vertriebenen finden die politischen Forderungen der Sprecher und Vorstände immer weniger Gehör. Sie sind im Nachkriegsdeutschland geboren. Sie müssen nicht mit dem Trauma der Vertreibung leben. Was Heimatverlust bedeutet, wissen sie nur aus Büchern oder Erzählungen der Alten. »Heimatgefühl lässt sich nicht vererben«, hat der Theologe Christian-Erdmann Schott bereits in seiner Predigt beim Nürnberger Schlesiertreffen 2001 gesagt. Vielen Alten fällt es schwer, das zu begreifen.

Die Mandatsträger und Funktionäre setzen auf Bekenntnis-Schlesier, Bekenntnis-Ostpreußen, Bekenntnis-Pommern. Sie sollen die Lücken füllen, die der Tod in die Reihen der Erlebnisgeneration gerissen hat. Den stramm rechten Jungschlesiern kommt es gar nicht darauf an, »ob die Vorfahren tatsächlich Schlesier waren. Denn das Einzige, was zählt, ist der Wille und die Bereitschaft, sich für Deutschland in Wort und Tat einzusetzen.« Viele Heimatvertriebene haben im ehrenamtlichen Engagement einen großen Teil ihrer Freizeit für Ortsverbände und Heimatkreise eingesetzt, um Hunderte von Heimatstuben mit Leben und mit Erinnerungsstücken aus der alten Heimat zu füllen. Allein in Niedersachsen, Schlesiens Patenland, gibt es rund 80 kleinere museale Einrichtungen. Aktive Nachfolger für die Betreuungsarbeit gibt es vielerorts nicht. Mitteilungsblättern von Heimatkreisen und anderen Publikationen aus den Reihen der Vertriebenen fehlt es an Autoren und Mitarbeitern. Manchmal verrät eine kleine Meldung, wie schwierig es geworden ist, Einrichtungen aufrechtzuerhalten: »Nach 38 Jahren ist die schlesische Kindergartengruppe ›Rübezahl‹ Lage wegen fehlenden Nachwuchses aufgelöst worden. So sind noch einige Kindertrachten (für 5- bis 12-Jährige) und Volkstanzplatten abzugeben. Nähere Auskunft ...« Es folgen Name und Telefonnummer.

Viele Jahre lang hatte der Bund der Vertriebenen die Zahl seiner Mitglieder konstant mit »rund zwei Millionen« angegeben. Der Nachrichtenagentur ddp erschien diese Zahl zu hoch. Zu Jahresbeginn 2010 holte sie bei einer Telefonumfrage bei den Landesverbänden Informationen ein und kam zu einem anderen Ergebnis. Danach hatte der BdV lediglich 550000 Mitglieder. Diese Angabe entspreche nicht den Tatsachen, konterte der BdV in einer Pressemitteilung und hielt der Agentur »gravierende Fehler« vor. So habe sie nur die Landesverbände befragt, nicht aber die 20 Landsmannschaften und die vier außerordentlichen Mitgliedsverbände, die ebenfalls zum BdV gehörten. Eine aufgeschlüsselte Mitgliederstatistik legte der Dachverband nicht vor. Begründung: »Da unsere Mitgliedsverbände rechtlich eigenständig sind und ihre Angelegenheiten, auch die Zusammenarbeit untereinander vor Ort, selbstständig regeln, erfolgt die Erfassung vor Ort.« Viele kleinere Gruppen, wie etwa Heimatkreise, seien von den Landesverbänden gar nicht als Mitglieder erfasst.

Offenbar haben Mitarbeiter in der Bonner BdV-Zentrale doch noch einmal zählen lassen. Denn im November 2011 gab Erika Steinbach bekannt, dass die Zahl der Mitglieder auf 1,3 Millionen gesunken sei. Damit, so kaschierte sie den Schwund, engagierten sich im Vertriebenenverband so viele Menschen wie in allen demokratischen Parteien zusammen. CDU, CSU, SPD, FDP und Bündnis 90/Die Grünen hätten zusammen lediglich 1230000 Mitglieder. Die Partei Die Linke, die im Bundestag sowie in zahlreichen Landtagen und Kommunalparlamenten sitzt, wurde in der Aufstellung ignoriert. Die Korrektur ist das Eingeständnis, dass der BdV jahrelang eine Mitgliederstärke vorgetäuscht hat, die der Realität nicht entsprach. Nicht wenige Vertriebene werden sowohl in einer Landsmannschaft als auch in einer am Wohnort orientierten BdV-Untergliederung organisiert sein, sodass die Gesamtmitgliederzahl noch erheblich geringer sein könnte. Trotz des Schwundes beharrt der Dachverband darauf, die einzige repräsentative Organisation »der rund 15 Millionen Deutschen zu sein, die infolge von Flucht, Vertreibung und Aussiedlung in der Bundesrepublik Deutschland Aufnahme gefunden haben und noch finden«. Tatsächlich gehörte zu den Mitgliedern von Anfang an aber nur ein kleiner Teil der Heimatvertriebenen. Die große Mehrheit war nicht organisiert. Aber nicht sie haben das Bild der Heimatvertriebenen im öffentlichen Bewusstsein geprägt, sondern die Repräsentanten der Verbände mit ihren oftmals schrillen Reden. Wenn es darum ging, Landsleute zum Eintritt zu bewegen, waren manche Funktionäre auch gegenüber Schicksalsgefährten mit ihrer Wortwahl nicht zimperlich. Bei Otto Graf Pückler, in den 50er-Jahren Bundespressereferent der Landsmannschaft Schlesien, klang die Werbung fast wie eine Drohung: »Wir brauchen jeden Einzelnen, und wer nicht durch seine Mitgliedschaft in der Landsmannschaft unserer Heimat Schlesien die Treue hält, der redet dem Verzicht auf diese Heimat das Wort.«

Die Enkel und das Heimatrecht

Nach dem Selbstverständnis der Vertriebenenverbände geht das Heimatrecht auf die Nachgeborenen über. Aber wollen die überhaupt das Erbe antreten? Fühlen sich die Angehörigen der Enkelgeneration noch der Heimat ihrer Großeltern verbunden? Ich suchte die Antworten in meiner eigenen Familie. Ich überlegte mir rund 20 Fragen und schickte sie an meine Kinder, an die Kinder meiner ebenfalls in Breslau geborenen Brüder, an meinen Vetter sowie an dessen Kinder. Zunächst wollte ich wissen, was ihnen einfällt, wenn sie die Namen Breslau und Schlesien hören. Unser Sohn Markus und unsere Tochter Katharina antworteten kurz und knapp: Omi und Opa. Katharina fügte noch »Polnische Soße« hinzu. Auch die Kinder meines verstorbenen Bruders nannten die Großeltern väterlicher- wie mütterlicherseits, denn auch die Schwiegereltern meines Bruders stammten aus Schlesien. »Gehörte früher zu Deutschland«, schrieben die Kinder meines Vetters aus Nürnberg. Ein Neffe teilte mir mit, dass er zu Breslau und Schlesien keine Beziehung habe, eine Nichte meldete sich gar nicht.

Auf die Frage, ob sie sich als Schlesier fühlten, erhielt ich durchgängig ein schnörkelloses Nein. Nur mein Vetter meinte, er fühle sich zur Hälfte als Schlesier. Sein Vater Erich, jüngerer Bruder meines Vaters, war in Breslau geboren, seine Mutter stammte aus Franken. »Wenn man dich nach deiner Heimat fragt, welche Stadt oder Region würdest du nennen?«, wollte ich wissen. Er und seine Kinder gaben allesamt Nürnberg und Franken an. Ein Neffe und seine Schwester nannten Siegen und das Siegerland, unsere Tochter Berlin und das Rheinland. Sie hatte sich in Sankt Augustin sehr wohlgefühlt und später in Köln studiert. Nun lebt sie in der Hauptstadt, hat zwei Kinder und ist mit einem Berliner verheiratet. Markus schrieb, für alle Stationen unseres familiären Lebens – München, der Geburtsort unserer beiden Kinder, Sankt Augustin, Berlin – habe er »heimatliche Gefühle«. Bestimmte Plätze und Begebenheiten aus seiner Kindheit seien in seinem Gedächtnis fest verankert. »Zu Hause fühle ich mich inzwischen in Bremen«, bekannte er. Markus, Jahrgang 1971, hat eine Bremerin geheiratet. Sie haben drei Kinder.

Wenn er uns in Berlin besucht, ist er ebenfalls daheim. Nach unserem zweiten Umzug nach Berlin 1984 hatten wir knapp elf Jahre in einem gemieteten Haus in der Charlottenburger Siedlung Eichkamp im Falterweg gelebt. 1995, als er bereits in Münster studierte, gaben wir dieses Haus auf und zogen weiter ins Westberliner Zentrum. »Ihr habt mir mein Elternhaus genommen«, kritisierte er unseren Entschluss. »Das Haus gehörte uns doch gar nicht«, rechtfertigten wir uns. Aber diese Tatsache spielte für seine Gefühle keine Rolle. Das Elternhaus verlieren – ein solcher Vorwurf schmerzt. Wenn er von Münster nach Berlin kam, zog es ihn in nostalgischer Erinnerung auch in den Falterweg. Manchmal hat er Freunden und Freundinnen gezeigt, wo er die sorgenfreien Jahre seiner Gymnasialzeit verbracht hat. Wir haben das erst später erfahren. Als wir im Jahr 2000 durch eine glückliche Fügung ein Haus in derselben Straße erwerben konnten, war für Markus die Welt wieder in Ordnung. Und ebenso für seine Schwester.

Aber zurück zur Umfrage. Besonders interessierte mich,

was meine jüngeren Familienangehörigen vom vererbbaren Heimatrecht hielten. »Du stellst Fragen!«, schrieb eine Nichte. »Nein«, antwortete ihr Bruder auf meine Frage, ob ihn das interessiere. Unsere Tochter reagierte ebenfalls mit Nein. »Eher nicht« signalisierten Neffe und Nichte aus Nürnberg. Anders als ihr Vater, der mit Ja antwortete. Markus meinte, wenn man daraus materielle Besitzansprüche und besondere Rechte ableite, halte er davon nichts. Falls man unter Inanspruchnahme des Heimatrechtes jedoch die verbriefte Möglichkeit verstehe, etwa in Polen zu arbeiten und dort ein Haus zu kaufen, habe er damit keine Probleme. Nur frage er sich, warum man diesen Sachverhalt Heimatrecht nennen müsse. Denn mittlerweile gelte das Recht des Immobilienerwerbs und der Niederlassungsfreiheit für alle Bürger des vereinten Europa, und zwar für alle Regionen.

Bei manchen Fragen fielen die Antworten so aus, wie ich es erwartet hatte. Niemand von den jüngeren Pragals ist bisher in Breslau oder im polnischen Schlesien gewesen. Etwa die Hälfte von ihnen würde die Stadt ihrer Vorfahren aber gern kennenlernen. Für alle ist das Riesengebirge keine Region, wo sie etwa Winterurlaub machen möchten. Niemand hält es für besonders erstrebenswert, Polnisch zu lernen. Da hätten andere Sprachen Vorrang. Und fast alle könnten sich nicht vorstellen, in Breslau zu leben, selbst wenn sich dort eine lukrative Möglichkeit zur Berufsausübung ergeben sollte. Markus lehnte dies zwar nicht grundsätzlich ab, hielt es aber in seiner konkreten Lebenssituation für unwahrscheinlich.

Andere Antworten haben mich überrascht. Wie Fernsehbilder von Volkstanzgruppen in schlesischen Trachten auf sie wirkten, wollte ich herausfinden. Weil ich die Reaktion zu kennen glaubte, fragte ich zusätzlich, ob sie solche Rituale für überholt hielten. Ich bekam kein einziges Ja zurück. Meine Nichte aus dem Siegerland schrieb, sie finde traditionelle Trachten generell gut. Ebenso ihr Bruder, der es für wichtig hält, Traditionen zu bewahren. Unsere Tochter nannte das Vorführen von Volkstänzen einen selbstverständlichen Teil des kulturellen Lebens. Mein Vetter sagte, Brauchtum sei seit jeher Teil der kulturellen Identität. Und auch Markus meinte, mit der Pflege von Volkstänzen habe er grundsätzlich kein Problem. Wenn ältere Leute in schlesischen Trachten tanzen, hält er dies für authentischer, als wenn es Jugendliche mit rheinischem oder norddeutschem Akzent tun. »Allerdings gibt es ja Menschen«, merkte er noch an, »die sich am Wochenende als Napoleonische Soldaten, mittelalterliche Handwerker, Ritter oder auch als Cowboys verkleiden und die Zeiten nachspielen. In diesem Sinne ist das alles für mich okay.«

Überraschend und zugleich erfreulich ist auch das Interesse der »Jungen« an der Familiengeschichte. »Angeregt durch Deine Fragen, ist mir bewusst geworden, wie wenig ich doch weiß«, schrieb die eine Nichte. Ihr Bruder würde gern mehr darüber erfahren, welche Berufe die Generationen vor den Großeltern hatten. Und woher die weiteren Vorfahren stammten. Das würde ich selbst gern wissen. Bei meinen Recherchen in Breslauer Archiven bin ich nicht weit gekommen. Die Spuren verlieren sich in der Mitte des 19. Jahrhunderts. Bücher über Schlesien gibt es überwiegend nur in den Haushalten der Eltern und Großeltern. Schlesische Geschichte und Kultur im Geschichtsunterricht der Schulen? Bei den meisten Antworten war Fehlanzeige. »Wurde sicher mal gestreift«, »Kann mich nicht daran erinnern«, »Schlesien kam nur im Rahmen des Siebenjähriges Krieges vor« – so lauteten die Antworten. Nur bei den Kindern meines Vetters wurde das Thema im Unterricht behandelt. Die von ihnen besuchte Bildungseinrichtung trägt den Beinamen »Schule der Menschenrechte«.

Viele polnische Breslauer leben inzwischen in dritter

Generation in der einstmals deutschen Stadt. »Kannst Du verstehen, dass sie Breslau und Schlesien als ihre Heimat betrachten?« Das war meine vorletzte Frage. Alle äußerten ihr Verständnis. »Wo soll sonst ihre Heimat liegen?«, meinte einer der Neffen. Zuletzt stellte ich eine Frage, die bis heute in Politik und Wissenschaft für heftige Kontroversen sorgt. »Ostpreußen, Pommern und Schlesien gehören heute zu Polen. Wer trägt nach Deiner Ansicht dafür die historische Verantwortung?« Deutschland, das den Zweiten Weltkrieg angefangen habe, meinte unser Sohn. Die anderen äußerten sich ähnlich. Die Nürnberger brachten es auf die Kurzformel »Hitler und Stalin«. Eine Nichte schrieb: »Dazu reicht mein Wissen nicht.«

Natürlich ist meine private Fragebogenaktion nicht für die Nachkommen der Heimatvertriebenen repräsentativ. Aber sie gibt doch Hinweise darauf, wo jüngere Menschen, deren Eltern und Großeltern aus dem ehemaligen deutschen Osten stammen, sich jetzt beheimatet fühlen. Die Vorstellung von Vertretern der Landsmannschaft, es wüchse eine neue Generation von bewussten Schlesiern heran, ist eine Illusion. Die Freude am Dialekt wird mit denjenigen enden, die ihn noch authentisch zu sprechen vermögen oder die Mundart wenigstens im Elternhaus aufgesogen haben. In unserer Familie hört das Bekenntnis, Schlesier zu sein, vermutlich bei mir auf. Und als Heimatvertriebene können sich, da unsere Eltern, einer der Brüder und die beiden Onkel tot sind, nur mein jüngster Bruder und ich bezeichnen. Alle übrigen Mitglieder der Familie sind in Westdeutschland zur Welt gekommen. Neuerdings frage ich mich manchmal, ob ich meiner Verantwortung ihnen und dem Land unserer Ahnen gegenüber gerecht geworden bin. Ich fürchte nein. Die meisten von uns Angehörigen der Generation, in deren Personalausweisen noch eine Stadt oder ein Dorf östlich von Oder und Neiße als Geburtsort steht, haben es versäumt, unsere Kinder und unsere heranwachsenden Enkel mit dem Land der Vorfahren vertraut zu machen. Weil es uns nicht so wichtig erschien. Weil wir die Reden der Vertriebenenpolitiker nicht mehr hören konnten. Weil andere Probleme uns auf den Nägeln brannten. Bei mir war es die deutsche Frage, das Verhältnis zwischen der DDR und der Bundesrepublik. Erst nach der staatlichen Vereinigung war ich bereit und in der Lage, mein latent vorhandenes Interesse am deutschen Osten zu aktivieren und mich intensiv dem Land meiner Ahnen zuzuwenden.

Dass niemand der jüngeren Pragal-Generation Schlesien als seine Heimat betrachtet, bedeutet nicht, dass kein Interesse an Vergangenheit und Gegenwart dieses über Jahrhunderte von Deutschen geprägten Landes bestünde. Ihr Wunsch, Breslau und Schlesien zu erkunden, ist offenkundig. Nun liegt es an mir und an uns Älteren, die Aufmerksamkeit und die Wissbegier der jungen Generation zu wecken und zu fördern – in der Familie, in den Schulen, in den Medien. Und wenn sie erst einmal dort gewesen sind, dürfte sich ihr Interesse noch vertiefen. Die Gefahr, dass die einstmals deutschen Ostprovinzen mit ihrer wechselvollen Geschichte, ihrer reichhaltigen Kultur sowie die erzwungene Aussiedlung der früheren Bewohner vergessen werden könnten, scheint mir nicht so groß zu sein, wie sie Vertriebenenpolitiker darstellen. Vielen von ihnen geht es wohl eher darum, ihre eigene Bedeutung zu unterstreichen, ihren gesellschaftlichen Einfluss zu wahren und die Notwendigkeit von mehr finanzieller Unterstützung durch den Staat zu begründen.

Wenn Bekannte uns zum ersten Mal besuchen, bleiben sie meistens vor einem großformatigen Bild in unserem Esszimmer stehen. Es wurde zur Biedermeierzeit gemalt und zeigt ein Ehepaar mittleren Alters mit drei Kindern. Im Hintergrund sieht man eine Mittelgebirgslandschaft. Die

Familie aus dem Siegerland ist offenkundig wohlhabend: Der Mann trägt am rechten Zeigefinger einen Siegelring, das Kleid der Frau ziert eine große Brosche. »Das sind meine Vorfahren«, erklärt meine Frau dann. Sie deutet auf ein Mädchen mit Zöpfen: »Das ist meine Urgroßmutter.« Friederike Christine Elise Achenbach, die mit ihren Eltern und Geschwistern dem Maler Modell saß, hat im Jahr 1860 Carl Gottfried Alexander Menne geheiratet, den Urgroßvater meiner Frau. Der war Geheimer Baurat in einem Preußischen Ministerium in Berlin und wohnte in der Winterfeldtstraße in Schöneberg. Er ist im November 1900 in der damals noch jungen Reichshauptstadt gestorben, seine Frau drei Jahre später.

Wenn unsere Besucher dann noch einzelne Möbel bewunderten und meine Frau ganz lapidar erklärte, das seien Erbstücke, versetzte mir das früher oft einen Stich: Mir wurde wieder einmal bewusst, dass meine Eltern und Großeltern als Habenichtse ins Siegerland gekommen waren. Meine Frau merkte, dass mir ihre Schilderung wehtat. »Mein Mann stammt aus Schlesien«, sagte sie. »Seine Familie musste bei der Vertreibung ihren ganzen Besitz dalassen.« Das versöhnte mich. Vielleicht hat mich auch diese Tatsache, dass es kaum greifbare Zeugnisse meiner eigenen Familiengeschichte gibt, über die Jahre veranlasst, mich stärker der eigenen Familienhistorie zuzuwenden.

Breslau im Wandel

Beim ersten Mal hatte ich sie übersehen. Erst als ich erneut über die Schweidnitzer Straße bummelte, wurde ich auf die beiden Zwerge aufmerksam. Die Wichtelfiguren plagten sich mit einer großen Kugel. Einer drückte und versuchte, sie zu schieben. Der andere stemmte sich auf der gegenüberliegenden Seite mit dem Rücken dagegen. Ich fand das etwa 30 bis 40 Zentimeter hohe Denkmal in der Fußgängerzone witzig, konnte aber seinen Sinn nicht deuten. Als hätten mir die kleinen Männer die Augen geöffnet, erblickte ich fortan in den Straßen und Gassen mehr solcher gusseisernen Winzlinge. Sie hingen an Laternen, lagerten an Brunnen und hielten an Hauseingängen Wache. Was es mit den Kerlchen auf sich habe, wollte ich bei einem späteren Rundgang von einer Stadtführerin wissen. Sie lächelte geheimnisvoll und sagte, mit der Antwort wolle sie noch ein bisschen warten. Stattdessen machte sie auf weitere Zwerge aufmerksam, die aus Winkeln und Verstecken lugten.

In der Nähe der Universität löste sie das Rätsel auf. Die kleinen Männer mit der Zipfelmütze erinnerten an die »Orangene Alternative«, eine antikommunistische Gruppe aus den frühen 80er-Jahren, sagte sie. Während die in Breslau sehr aktive Solidarność-Bewegung das kommunistische Regime vor allem mit Streiks und politischen Forderungen bekämpfte, begriffen sich die zumeist jugendlichen

Alternativen als kultureller Gegenpart. Mit dadaistischen und surrealistischen Happenings machten sie das System lächerlich. Wenn die Staatsmacht regimekritische Sprüche an Breslauer Mauern und Hauswänden übertünchte, sprühten die oppositionellen Avantgardisten Graffiti-Zwerge mit orangefarbenen Zipfelmützen auf die Farbflecke, häufig verbunden mit scheinbar absurden Slogans wie »Nieder mit der Hitze«. Manchmal trafen sich Aktivisten der Untergrundbewegung im Breslauer Zoo und sangen vor dem Schimpansengehege Stalin-Hymnen oder skandieren »Wir lieben Lenin«.

Diese friedlichen, von Ironie durchzogenen Aktionen, die der Polizei wenig Handhaben zum Einschreiten boten, provozierten die Obrigkeit und brachten die Bürger zum Lachen. Die Zwerge wurden zum Symbol des Widerstandes.

Und sie kamen wieder. Nicht mehr gemalt und gesprüht, sondern als Miniskulpturen. Angeregt durch Absolventen der Hochschule der Schönen Künste tauchten im Jahr 2005 die ersten gusseisernen Zwerge im Stadtbild auf. Es wurden immer mehr. Private Initiativen beteiligten sich daran, weitere Wichtel in unterschiedlichsten Formen zu kreieren. Manche fanden Liebhaber, die sie entwendeten. Ihre Nachkommen wurden dann am Boden fest verankert. Die exakte Zahl der kleinen Mitbewohner kennt wohl niemand. Nach Schätzungen sind es mittlerweile mehr als 100. Bürger gaben ihnen eigene, oft phantasievolle Namen. Die Stadt machte aus den kleinen Mitbewohnern eine Touristenattraktion. Im Internet haben die Zwerge inzwischen eine eigene Infoseite. Die originellsten sind ausgestellt. Reiseleiter lassen die Besucher gern nach den kleinen Gesellen suchen, die Menschen meistens nur bis zum Knöchel reichen. Dazu muss man sich auch schon mal tief bücken oder weit nach oben schauen. Einst waren die Zwerge Sinnbilder für Aufmüpfigkeit und zivilen Ungehorsam. Heute stehen sie für Gastfreundschaft, Toleranz und Offenheit.

Breslau hat in den letzten Jahrzehnten eine erstaunliche Wandlung vollzogen. Diese einst größte Stadt Ostdeutschlands, deren Bevölkerung in den beiden ersten Nachkriegsjahren nahezu vollständig zwangsweise ausgewechselt wurde, hat sich von der verengten, nationalistisch gefärbten Geschichtsbetrachtung der kommunistischen Ära gelöst und ihr historisches Gedächtnis wiedergefunden. In der Fülle alter und neuer Erinnerungsstätten spiegelt sich der Wunsch der politischen und kulturellen Eliten, den Bewohnern und ihren Gästen ein möglichst vollständiges, von ideologischer Verzerrung freies Bild der Vergangenheit zu bieten. Manche Denkmäler, die dem Gedanken der Versöhnung verpflichtet sind, konnten erst im liberalen Klima der jüngsten Zeit errichtet werden. »Wir vergeben und bitten um Vergebung.« Diesen Satz hatte der spätere Breslauer Kardinal Boleslaw Kominek als Mitautor des offenen Briefes formuliert, den die polnischen katholischen Bischöfe im November 1965 zum Missfallen der regierenden Kommunisten an ihre deutschen Amtsbrüder geschickt hatten. Erst 40 Jahre nach dieser Botschaft wurde auf der Sandinsel ein Monument mit der mehr als vier Meter hohen Gestalt des 1974 verstorbenen Kirchenführers enthüllt. In den Händen hält er als Symbol des Friedens eine Taube. Die Schlüsselworte des seinerzeit Aufsehen erregenden Hirtenbriefes sind in den Boden eingelassen. Obwohl Kominek gegenüber dem Vatikan die Ansprüche Polens auf die 1945 gewonnenen Westgebiete nachdrücklich vertrat, gehörte er zu den frühen Wegbereitern der deutsch-polnischen Verständigung.

»Heute beginnen wir in Polen zu begreifen, dass wir Gäste in unseren eigenen Häusern bleiben werden, solange wir nicht die Vergangenheit der Menschen kennen, die in ihnen wohnten.« Als der Journalist und frühere Bürgerrechtler Adam Michnik dies im Jahre 2002 schrieb, sprach er mit seiner Erkenntnis noch längst nicht für alle Polen. Inzwischen ist seine damalige Einsicht zumindest in Schlesien und in den anderen einst deutschen Gebieten weitverbreitet. In Breslau wurden nicht nur Häuser und ihre früheren Bewohner, sondern auch die einst mutwillig eingeebneten deutschen Friedhöfe in die Erinnerungskultur einbezogen. »Zum Andenken an die früheren Einwohner unserer Stadt, die auf Friedhöfen beigesetzt wurden, die heute nicht mehr bestehen«, verkündet auf Deutsch die Tafel eines Denkmals im Grabiszynski-Park an der Gräbschener Straße. Die Erinnerungsstätte, die den Toten aller Konfessionen gewidmet ist, hat die Form einer fast 70 Meter langen und mehr als drei Meter hohen Granitmauer. Sie steht etwa dort, wo sich einst das Krematorium befand. Das Besondere an dem Denkmal: Dutzende von deutschen Grabsteinen, die nach dem Krieg von den aufgelassenen Gräberfeldern geborgen und für Bauzwecke gelagert worden waren, sind in das Bauwerk eingefügt worden. Es entstand eine aus Grabsteinen errichtete Friedhofsmauer ohne Friedhof, auf der die nicht mehr vorhandenen deutschen Begräbnisstätten Breslaus verzeichnet sind. Am 30. Oktober 2008 wurde das Denkmal in Anwesenheit von Würdenträgern aller Glaubensrichtungen feierlich eingeweiht. Als ein Ort der gemeinsamen Erinnerung, die – wie der Stadtpräsident sagte – »ehemalige und heutige Breslauer verbindet«.

So wie viele deutsche Breslauer nicht von ihrer Geburtsstadt loskommen, hängen polnische Breslauer gedanklich und emotional am heute ukrainischen Lemberg, das die Polen Lwow nennen. Von den alten Lembergern, die nach Breslau und andere schlesische Orte ausgesiedelt wurden, leben nur noch wenige. Die Sehnsucht nach der verlorenen Heimat ist mit ihnen gestorben, nicht aber das Wissen, dass diese Region einmal Polen war. Für ihre Kinder und Enkel ist sie Ausland. Und dennoch geht vielen von ihnen die Heimat ihrer Vorfahren nicht aus dem Kopf. Der 1957 in Breslau geborene Lyriker Roman Kolakowski hat 1991 in einem Gedicht »Ansichtskarte aus Breslau« den Zwiespalt seiner Empfindungen gegenüber beiden Orten beschrieben:

»Hier bin ich geboren
hier in einem Mietshaus
hier machte ich die ersten Schritte …
Heute ist die Renovierung beendet
wir kriegten größeren Wohnraum zugewiesen
im polnischen Wroclaw die deutschen Häuser
das ist eben meine Heimat.
Und Lwow, das ist für mich Ausland
der östliche Singsang, das alte Kino.
Lwow ist für mich Geheimnis
die Liebe, die ich dort nie erfuhr.
Lwow das ist die Zeit, die sich entfernt.«

Und noch einmal über Breslau:
»Hier bin ich geboren,
hier ist mein Platz auf Erden.
hier hab ich von Zukunft geträumt
die ja schon dicht vor der Tür steht
warum fühl ich mich unsicher
wenn ich auf die Turmuhr schaue
die beharrlich die Zeit anzeigt
die Zeit von Mitteleuropa.
Also eilt mein Gedanke voraus
Glaubend, dass ich im Recht bin
Im polnischen Wroclaw die deutsche Turmuhr
Das ist auch meine Heimat.«

Nur wer die Vergangenheit kennt, kann die Zukunft gestalten. Ein Satz, den Politiker gern zitieren. Im polnischen Breslau zeigt sich, dass er mehr ist als ein Gemeinplatz. Die Stadt boomt, wirtschaftlich und kulturell. Seit dem Beitritt Polens zur Europäischen Union profitiert sie verstärkt von der Nähe zu Deutschland und dem Westen. Mit Geld aus Brüssel wurden zahlreiche Bauvorhaben finanziert. In der kommunistischen Ära war Breslau mit seiner Randlage eine von Warschau vernachlässigte Stadt. Investitionen gingen vorrangig in andere Regionen Polens. Der Ausbau der Infrastruktur lahmte. Die Verkehrsverbindungen waren schlecht, auch die in die Hauptstadt. Mit der politischen und wirtschaftlichen Freiheit hat sich das gründlich geändert. Breslau wirkt an vielen Stellen wie eine riesige Baustelle. Weitere Schnellstraßen sind entstanden. Der Hauptbahnhof, 1856 in englisch-gotischem Tudorstil errichtet, ist vollständig umgebaut und modernisiert worden. Das neue Stadion, die »Arena Wratislavia«, dient nach den Spielen der Fußball-Europameisterschaft als Event-Ort und Freizeitzentrum. In der Südstadt ragt der Sky Tower mit seinen 56 Stockwerken in die Höhe. Auf dem einstigen Schlossplatz, wo früher Militärs paradierten, entsteht neben dem Opernhaus ein weiteres Prestigeobjekt, das Nationale Musikforum mit einem großen und drei kleineren Konzertsälen. Bei einem meiner Besuche stand auf dem Ring ein großes Tor. Wer es passierte, wurde von einem elektronischen Zählwerk registriert. Breslau wollte Europäische Kulturhauptstadt werden. Es ging darum, möglichst viele Unterstützer für dieses Vorhaben zu finden. Ich musste nicht lange überlegen und schritt hindurch. Eine Befürworterstimme mehr, dachte ich. Sie war nicht verloren. 2016 darf sich Breslau den Titel mit der spanischen Stadt San Sebastian teilen.

Berlin – die neue Heimat

Mit dem Wetter hatten wir Glück, wie fast jedes Jahr zuvor. Der 3. September war ein schöner, sonniger Spätsommertag. Auf diesen Sonntag hatten die Bewohner unserer Straße das traditionelle Falterweg-Frühstück festgelegt. Um elf Uhr sollte es beginnen. Eine Stunde vorher fassten ein paar Nachbarn mit an und stellten ein halbes Dutzend Tische und Bänke auf den Asphalt. Der Falterweg ist eine kleine Straße, die Hausnummern enden bei 38, eine Sackgasse mit wenig Autoverkehr. An ihrem Ende in Form eines Wendehammers steht eine alte Linde. Sie ist schon vor Ausbruch des letzten Weltkriegs gepflanzt worden. Um diesen Baum herum platzierten wir die Biergartenmöbel. Familien trugen Geschirr, Besteck und Gläser herbei, Körbe mit Brot und Schrippen, Kannen mit Kaffee und Tee, Schüsseln, gefüllt mit Buletten und Salaten, Platten mit Wurst, Schinken und Käse. Nach und nach setzten sich die Bewohner zu Tisch, aßen und plauderten. Bald wurde die erste Flasche Wein geöffnet. So vergingen die Stunden. Ein »harter Kern« von Nachbarn rührte sich bis zum späten Nachmittag nicht von den Plätzen. In früheren Jahren war man auch schon mal vom Frühstück ohne Unterbrechung in den Grillabend und zum Dämmerschoppen übergegangen.

Als wir 1984 in dieser Straße ein gemietetes Haus bezogen, gingen unsere Kinder noch zur Schule. Gleichaltrige Jungen und Mädchen gab es nur wenige. Meine Frau und ich gehörten zur mittleren Generation. In einigen Häusern wohnten alte Damen, deren Männer bereits gestorben waren. Auch unsere direkten Nachbarn des Doppelhauses waren Ruheständler. Der Mann, pensionierter Oberkonsistorialrat der evangelischen Kirche, stammte aus Schlesien. Bei der Rückkehr in den Falterweg im Jahr 2000 hatte sich die Situation grundlegend geändert. Einige der alten Witwen lebten nicht mehr. Andere bereiteten sich auf den Umzug ins Seniorenheim vor. Junge Familien, unter ihnen auch Nachkommen der ursprünglichen Eigentümer, waren in die Häuser gezogen. Es wimmelte von Kindern. Plötzlich war Leben auf der Straße. Das freute uns. Der Nachwuchs saust mit Lauf- und Fahrrädern und Rollschuhen um die Linde, malt mit Kreide Figuren auf den Teerbelag der Straße, übt sich im Seilhüpfen und spielt hinter den Büschen und Zäunen Verstecken. Dass die Kinder auch lärmen, stört uns nicht. Meine Frau und ich, inzwischen mehrfache Großeltern, zählen nunmehr zu den Alten.

Im Falterweg wohnt der frühere langjährige Vorsitzende des Siedlervereins Eichkamp e.V. Wir kennen uns aus der Zeit, als wir noch zur Miete wohnten. Er ist ein echter »Eichkamper«, von klein auf vertraut mit dem Berliner Kiez, in dem wir nun wohnen. Ich fand den Vereinsnamen etwas exotisch. Siedler – das klang ein bisschen wie Abenteuer und Landnahme. Meine Frau war schon in den 80er-Jahren dem Verein beigetreten. Da war mein Hauptwohnsitz noch in Ostberlin. 2001 wurde ich ebenfalls Mitglied und vertiefte mich in die Historie von Eichkamp. Ich stellte fest, dass die Bezeichnung des Vereins durchaus Sinn machte. Wir leben tatsächlich in einer Siedlung, geplant und erschlossen nach dem Ersten Weltkrieg von einer Wohnungsbaugenossenschaft. Die ersten Häuser, zu denen auch jeweils ein Stück Gartenland gehört, waren 1920 errichtet worden, auf einem für den gemeinnützigen Wohnungsbau freigegebenen ehemaligen Waldgelände. Das soziale Milieu war überwiegend kleinbürgerlich. Die größeren Zweifamilienhäuser im Süden der Eichkamp-Siedlung, zu der auch der Falterweg gehört, waren erst 1929/30 bezugsfertig geworden. Dort wohnten vorwiegend Akademiker, höhere Beamte, Anwälte, Geschäftsleute, Militärs.

Angeregt durch den Siedlerverein, der eine umfangreiche Dokumentation über die Geschichte von Eichkamp erarbeitet hatte, begann ich mich dafür zu interessieren, welche bekannten Persönlichkeiten in unserer engeren und weiteren Nachbarschaft gewohnt hatten. Ich machte interessante Entdeckungen. Wenn ich aus dem Fenster in unseren Garten sehe, erblicke ich hinter der Grundstücksgrenze ein stattliches Haus mit Veranda und einem Walmdach, in das eine Gaube eingelassen ist. Es war der langjährige Wohnsitz von Marie-Elisabeth Lüders. Ihr Name war mir schon vor unserer Berliner Zeit geläufig. Ich wusste, dass sie in den 50er-Jahren für die FDP im Bundestag saß und bis 1961 Alterspräsidentin des Bonner Parlaments gewesen war. Mit ihrer Vorkriegsvita beschäftigte ich mich erst als Eichkamp-Bewohner.

Marie-Elisabeth Lüders, 1878 als Tochter eines Oberregierungsrats in Berlin geboren, zählte zu den wichtigsten Vertreterinnen der bürgerlichen Frauenbewegung. Sie studierte in ihrer Heimatstadt Nationalökonomie, Geschichte und Philosophie und wurde 1912 als erste Frau in Deutschland zum Dr. rer. pol. promoviert. Von 1920 bis 1932 vertrat sie die liberale Deutsche Demokratische Partei im Reichstag. 1937 wurde die alleinerziehende Mutter verhaftet, nach Protesten internationaler Frauenorganisationen und in Berlin ansässiger Diplomaten aber wieder aus dem Gefängnis entlassen. Danach wurde sie mit Arbeits- und Publikationsverbot belegt. Obwohl sie von der Gestapo beobachtet wurde, gehörte sie zu den mutigen Eichkampern, die das Wagnis auf sich nahmen, flüchtige Juden in ihrem Haus aufzunehmen. Nach dem Krieg wurde sie zur Ehrenbürgerin ernannt. Im März 1966 ist Marie-Elisabeth Lüders 87-jährig gestorben. Einer der neuen Bundestagsbauten an der Spree trägt ihren Namen.

Wenn ich – was häufig geschieht – mit meinem Rad durch die Siedlung fahre, komme ich im Eichkatzweg an einer Adresse vorbei, die einer anderen, weit über Berlin hinaus bekannten Frau gehörte: der Schriftstellerin Elisabeth Langgässer. Die Tochter eines getauften Juden stammte aus Alzey in Rheinhessen und war im Frühjahr 1929, wenige Monate nach der Geburt ihrer Tochter Cordelia, nach Berlin gekommen, wo sie als Pädagogin arbeitete. Der Vater ihrer Tochter war ein jüdischer Hochschullehrer, der 1933 nach Spanien emigrierte und bald darauf starb. 1935 heiratete die ledige Mutter den Philosophen Wilhelm Hoffmann, den sie beim Rundfunk kennengelernt hatte, und zog mit ihm in den Eichkamp. Die Langgässer, die sich als Lyrikerin und Romanautorin bereits einen Namen gemacht hatte, gebar drei weitere Töchter. Wegen des fehlenden »Ariernachweises« ihres Vaters wurde sie aus der »Reichsschrifttumskammer« ausgeschlossen und mit Publikationsverbot belegt. Während sie von den Nazis als in »privilegierter Mischehe lebend« eingestuft wurde, galt ihre uneheliche Tochter Cordelia nach den NS-Rassegesetzen als »Volljüdin«. Schon als Zwölfjährige musste sie an ihrer Kleidung den Judenstern tragen.

Bei der verzweifelten Suche nach einer Möglichkeit, Cordelia vor der drohenden Deportation zu bewahren, fand die Mutter ein in München lebendes älteres spanisches Ehepaar, das bereit war, das Mädchen zu adoptieren. Cordelia erhielt nicht nur die spanische Staatsbürgerschaft, sondern auch einen Pass und ein Einreisevisum. Doch die NS-Behörden nötigten der Tochter ihre Zustimmung zur doppelten Staatsbürgerschaft ab und verweigerten ihr mit der Begründung, sie bleibe damit Deutsche, die Ausreise. Bald darauf holte die Gestapo das Mädchen ab und brachte es ins ehemalige jüdische Krankenhaus, das nun Sammellager war. Von dort aus wurde Cordelia über Theresienstadt nach Auschwitz deportiert. Sie überlebte das Vernichtungslager, fand in Schweden ein neues Zuhause und übersiedelte später nach Israel. Ihre Mutter musste als »Halbjüdin« gegen Kriegsende Zwangsarbeit leisten.

Bedrängt vom Regime, geschwächt von einer schweren Krankheit, gepeinigt von der Ungewissheit über das Schicksal ihrer Tochter und nicht zuletzt geplagt von der Frage, ob sie Cordelia nicht mehr hätte beistehen können, schrieb die strenggläubige Katholikin den Roman *Das unauslöschliche Siegel*. Er erschien 1946 und machte sie berühmt. 1948 verließ sie mit ihrer Familie das zerstörte Berlin und zog nach Bergzabern in der Pfalz. Dort traf sie noch einmal mit ihrer Tochter Cordelia zusammen. Die führte jetzt den Nachnamen Edvardson und arbeitete als Journalistin. Die durch die Deportation zwischen Mutter und Tochter entstandene Entfremdung, so berichtete eine Eichkamper Chronistin, sei durch die Begegnung nicht überwunden worden. Am 25. Juli 1950 ist Elisabeth Langgässer im Alter von nur 51 Jahren gestorben.

Die Beschäftigung mit solchen Lebensläufen, die zunächst meinem neu erwachten Lokalpatriotismus als Eichkamp-Bewohner geschuldet war, brachte mich ins Grübeln. Ich fragte mich, ob meine Vorstellung von Heimatverlust nicht zu eng gefasst war. Heimatlos wurden nicht nur Menschen, die – wie meine Familie – aus ihrer vertrauten Umgebung vertrieben wurden oder – wie der zeitweise im Eichkamp lebende, in Schlesien geborene Schriftsteller Arnold Zweig – emigrierten, um ihr Leben zu retten. Heimatlos konnte man offenbar auch durch gesellschaftliche Ausgrenzung werden. Wenn sich Freunde und Nachbarn abwandten. Wenn man seinen Beruf nicht mehr ausüben durfte. Wenn man in ständiger Angst leben musste. Wenn man einem verbrecherischen Regime ausgeliefert war. Wenn Bindungen gekappt wurden und Gewissheiten sich auflösten. In diesem Sinne, meine ich, war diese Zeit für manche auch eine Art von Heimatlosigkeit.

An einem Dezembertag öffnete uns ein älteres, freundliches Ehepaar mit dem Namen Raiser die Tür seines Hauses im Eichkamp. Im Wohnzimmer, das eine bildungsbürgerliche Behaglichkeit ausstrahlte, saßen schon etliche Nachbarn, die wie wir zum offenen Advents-Kaffee gekommen waren, bei dem die Eichkamper die Nachbarn bei sich als Gäste willkommen heißen. Es trafen noch mehr Gäste ein, und es wurde eng. Irgendwann im Lauf der angeregten Gespräche begriff ich, wer uns da in seinem Heim bewirtete. Konrad Raiser war Theologie-Professor und langjähriger Generalsekretär des Ökumenischen Rates der Kirchen. Seine Frau Elisabeth, Tochter des Physikers und Philosophen Carl Friedrich von Weizsäcker, war Präsidentin des Deutschen Evangelischen Kirchentages. Als ich dann auch noch erfuhr, dass der Vater unseres Gastgebers der renommierte Tübinger Rechtsprofessor Ludwig Raiser und Mitverfasser des Tübinger Memorandums sowie der Ostdenkschrift der EKD war, bat ich den Hausherrn, ihn noch einmal besuchen zu dürfen. Ich würde gerne mehr über seinen Vater erfahren.

Ein paar Wochen später trafen wir uns wieder. »Mit meinem Vater hatte ich damals einen intensiven Gedankenaustausch«, erzählte er. Natürlich auch über die Denkschrift von 1965. Konrad Raiser war zu dieser Zeit Vikar der Württembergischen Landeskirche. Im Temperament seien Vater und Sohn unterschiedlich gewesen, sagte er. »Aber in der Grundeinstellung lagen wir auf einer Linie.« Als das Dokument veröffentlicht wurde, war der Sohn im Ausland. Den Sturm, den es auslöste, hat er über die Korrespondenz mit den Eltern erfahren. Zu den schärfsten Kritikern hätten die Vertreter des Ostkirchen-Ausschusses der evangelischen Kirche gehört, berichtete er. Zeitweise hätten die Eltern sogar polizeilichen Schutz in Anspruch nehmen müssen. Zum Abschied schenkte mir Konrad Raiser ein Buch mit Schriften seines Vaters. Bei der Lektüre wuchs meine Hochachtung gegenüber dem Mut und der Aufrichtigkeit eines Mannes, der Anfang der 60er-Jahre öffentlich äußerte, was Politiker aller Parteien vermutlich auch dachten, aber aus Rücksicht auf die Wählerstimmen der Vertriebenen nicht auszusprechen wagten, »dass wir den Souveränitätsanspruch auf die Gebiete jenseits der Oder-Neiße-Linie werden verloren geben müssen«.

Zugleich wurde mir bewusst, wie unfair und ungerecht Ludwig Raiser von seinen Gegnern aus den Vertriebenenverbänden behandelt worden war. »Gerade weil meine Freunde und ich lange Zeit hindurch von dieser Seite sehr scharfen Angriffen ausgesetzt waren«, so schrieb er in einem Aufsatz, »fühle ich mich berechtigt und verpflichtet, einer in der polnischen Öffentlichkeit verbreiteten Darstellung entgegenzutreten, die sie als ›Revanchisten‹ oder gar als ›Kriegshetzer‹ bezeichnet und ihnen damit unterstellt, sie wollten die verlorenen Gebiete in einem neuen Krieg mit Gewalt zurückerobern. Diese Darstellung tut ihnen Unrecht. Ich kann nicht ausschließen, dass es einzelne verblendet Radikale gibt, aber die Führer dieser Verbände und die große Mehrheit ihrer Mitglieder sind anders gesonnen.«

Ein paar Hundert Meter Luftlinie von Eichkamp entfernt, getrennt durch die Trassen von Avus und Bahn, beginnt das Grunewaldviertel. In der Regierungszeit von Kaiser Wilhelm II. bauten hier wohlhabende und einflussreiche Berliner auf einem großzügig parzellierten ehemaligem Wald-

und Sumpfgelände ihre prächtigen Häuser und Paläste. Manche ließen parkähnliche Gärten anlegen und umgaben ihre Domizile mit kunstvoll gefertigten Eisenzäunen. In den großbürgerlichen Villen und Landhäusern, die häufig Schlössern, Palais und Burgen ähnelten, wohnten Bankiers und Fabrikanten, Kaufleute und Generaldirektoren, Generäle und Politiker, auch Professoren, Verleger, Schriftsteller, Maler, Sänger und Theaterleute. Viele der Bewohner, die in ihren Salons Kunst und Kultur pflegten, waren Juden. Die exklusive Villenkolonie, durchzogen von breiten Alleen und vier künstlich angelegten Seen, wurde als Ort kultivierter Geselligkeit und gehobenen Lebensstils zur bevorzugten Adresse der Reichshauptstadt. Weniger begüterte Berliner sprachen abfällig vom »Millionärskaff«. Im Zweiten Weltkrieg wurden durch Bomben etliche Bauten zerstört, aber die Schäden fielen insgesamt geringer aus als in den innerstädtischen Vierteln. Inzwischen sind die meisten Lücken geschlossen. In einigen Straßen sind neue, mitunter ziemlich exotisch anmutende Botschaftsresidenzen entstanden.

Ein Spaziergang durch das weiträumige Villenviertel gleicht einer Zeitreise. An zahlreichen Gebäuden sind Tafeln angebracht, die an ihre früheren Bewohner erinnern. Ab und zu führe ich Freunde und Bekannte, die bei uns zu Besuch sind, durch dieses Viertel. Stadtführer, so dachte ich manchmal, würde mir als Rentnerjob auch gefallen. In der Douglasstraße, nur wenige Gehminuten von meinem Zuhause entfernt, lebte der Filmregisseur Friedrich Wilhelm Murnau, bis er 1926 nach Hollywood ging. Ein paar Häuser weiter liegt die Villa Harteneck, die dem Chef des militärischen Abwehr-Geheimdienstes, Wilhelm Canaris, während der NS-Zeit bis zur Aufdeckung seiner Widerstandskontakte als Dienstwohnung zur Verfügung stand. In der Fontanestraße war für einige Jahre der Theaterregisseur Max Reinhardt zu Hause. Ganz in der Nähe, in der Trabener Straße, lebte zwischen 1904 und 1914 die amerikanische Tänzerin Isadora Duncan. Von dort ist es nicht weit zum früheren Wohnsitz des Verlegers Samuel Fischer. Auch etliche Schriftsteller und Publizisten zog es ins Grunewaldviertel. Angefangen von Vicki Baum über Lion und Marta Feuchtwanger und Maximilian Harden bis zu Hermann Sudermann und Ernst Wiechert.

Das Villenviertel hat aber auch Orte, die an tragische und schreckliche Ereignisse erinnern. Dazu zählt die Koenigsallee an der Einmündung der Erdener Straße. An dieser Stelle fiel Walther Rathenau am 24. Juni 1922 einem politischen Attentat zum Opfer. Die Attentäter sahen in ihm einen Verräter an Deutschland und handelten, wie es die völkische Kampfparole vorgegeben hatte: »Knallt ab den Walther Rathenau, die gottverdammte Judensau.« Auf dem Weg zum Reichstag wurde der Reichsaußenminister in seinem offenen Auto von einem rechtsradikalen Fanatiker erschossen. Ein Gedenkstein erinnert an die Mordtat. Ich fahre dort oft vorbei. Fast immer ist er mit einen Kranz oder einem Blumengebinde geschmückt.

Ein anderer Ort, mit dem sich entsetzliche Ereignisse verbinden, ist der Güterbahnhof Grunewald. Er liegt nur ein paar Hundert Meter vom Falterweg entfernt. Vom Gleis 17 fuhren die Deportationszüge mit jüdischen Bürgern in die NS-Vernichtungslager im Osten. Abgesehen von Schwachen und kleinen Kindern, die mit Lastwagen transportiert wurden, mussten die Menschen, bewacht von SS-Männern, den Weg von der Sammelstelle in Tiergarten bis zum Bahnhof zu Fuß gehen. Mitten durch die City des Berliner Westens. Trotzdem wollte nach dem Krieg kaum einer der »arischen« Hauptstädter die Marschkolonnen bemerkt haben. Die Transporte begannen im Oktober 1941, zu einer Zeit, als die Nazis die »Endlösung« vorbereiteten und Emigration nicht mehr zuließen. Die zumeist aus verschlossenen Viehwaggons bestehenden Züge führten die zur Ermordung bestimmten Menschen zunächst ins Ghetto Lodz und nach Riga, ab Ende 1942 ins KZ Theresienstadt und direkt nach Auschwitz. Der letzte Transport verließ Gleis 17 am 27. März 1945. Für die allermeisten der mehr als 50 000 deportierten Berliner Juden war es eine Fahrt in den Tod. Der Deutschen Reichsbahn brachten die »Umsiedlungstransporte« zusätzliche Einnahmen. In einer vom Bezirksamt Wilmersdorf herausgegebenen Publikation über die Villenkolonie fand ich den Hinweis, dass die Bahn pro Person und gefahrenen Schienenkilometer vier Pfennige berechnet hat, für Kinder die Hälfte.

Es dauerte nach dem Krieg viele Jahre, bis der Opfer in würdiger Form gedacht wurde. Zwar hatten Berliner Bürger bereits 1953 eine erste Gedenkplatte am Signalhaus des Bahnhofs angebracht. Die war aber einige Zeit später wieder entfernt worden. Die Gruppe, die das Erinnerungszeichen gesetzt hatte, galt in Westberlin als kommunistisch. Eine zweite, 1973 installierte Tafel wurde Jahre später gestohlen. 1987 wurde erneut eine Bronzetafel enthüllt, die auf Hebräisch an die »Opfer der Vernichtung« erinnert. Im selben Jahr setzte eine Frauengruppe der Evangelischen Gemeinde Grunewald vor der Eingangshalle des Bahnhofs in Form von Eisenbahnschwellen und einer beschrifteten Metallplatte ein sichtbares Zeichen des Gedenkens. Am 18. Oktober 1991, 50 Jahre nach Beginn der Deportationen, wurde auf Initiative der Stadt ein weiteres Mahnmal enthüllt. Es steht an einer Böschung neben dem Eingang zur S-Bahnstation, wurde von einem polnischen Künstler geschaffen und zeigt in einer Mauer Vertiefungen, die als menschlicher Körper zu erkennen sind. Auf einer Tafel stehen die Worte: »Zur Mahnung an uns, jeder Missachtung des Lebens und der Würde des Menschen mutig und ohne Zögern entgegenzutreten.«

Auch die Deutsche Bahn entdeckte ihre historische Verantwortung für die Mitwirkung der Reichsbahn an der Vernichtung der jüdischen Deutschen. Am 27. Januar 1998 übergab sie das Mahnmal »Gleis 17« der Öffentlichkeit. Es besteht aus 183 Stahlgussplatten, die in einem Schotterbett an den Kanten des ehemaligen Verladebahnsteiges liegen. Darauf sind in chronologischer Folge die Daten der Transporte, die Zahl der Deportierten und die Bestimmungsorte verzeichnet. »Gleis 17« ist ein viel besuchter Ort. Deutsche und Ausländer versuchen das für die Nachgeborenen unfassbare Geschehen zu begreifen. Manche stellen Lichter auf und legen Blumen nieder. Wenn ranghohe Politiker aus Israel in Berlin zu Gast sind, gehört die Besichtigung des Mahnmals zum Programm. Auch mich führt der Weg häufig auf die andere Seite der Bahn. Ein Teil des Areals um die gitterartigen Eisenplatten ist zugewachsen. Am Ende der Bahnsteigkante stehen Büsche und kleine Bäume zwischen den Schienen. Die Anschlussgleise sind demontiert. Jedem Besucher wird klar: Von diesem Gleis soll nie wieder ein Zug abfahren.

Bei einer meiner Erkundungsfahrten durch die Kolonie Grunewald radelte ich eines Tages durch die Höhmannstraße. An einer Villa, nicht weit entfernt von der Residenz des britischen Botschafters, sah ich an der Hauswand einer hell verputzten Villa eine Gedenktafel. Ich stieg ab und betrachtete die in die Wand eingelassene Porzellanplatte: »Hier lebte Alfred Kerr. Schriftsteller und Theaterkritiker. Er erhob die Kritik zur literarischen Gattung.« Neben den Daten von Geburt und Tod war auf der Tafel zu lesen, dass 1933 seine Bücher verboten und verbrannt wurden und dass er über Prag, Lugano und Paris nach London emigrierte. Von 1921 bis 1929 hatte Dr. Alfred Kempner – so sein bürgerlicher Name – in diesem Haus gewohnt und gearbeitet. Journalist, Publizist, Reiseschriftsteller, Theater-

und Kunstkritiker – Kerr war ein vielseitiger und ungemein fleißiger Autor, geistreich und amüsant, spöttisch und bissig. Breslau war seine Geburtsstadt, dort hat er studiert. Aber die meiste Zeit seines Lebens – von 1887 bis 1933 – hat er in Berlin verbracht, davon mehr als 20 Jahre in der Villenkolonie.

Seit ich in meiner ersten Ostberliner Zeit eine im Buchverlag Der Morgen erschienene Sammlung seiner Schriften unter dem Titel *Sätze meines Leben* gelesen hatte, kam ich von Kerr nicht mehr los. Besonders haben es mir seine »Berliner Briefe« angetan, die Woche für Woche in der angesehenen liberalen *Breslauer Zeitung* erschienen. An dem Tag, an dem ich die Gedenktafel entdeckte, bin ich ohne Umweg nach Hause gefahren und habe den Band mit der Sammlung seiner wöchentlichen Korrespondenzen für die Leser in seiner Geburtsstadt in die Hand genommen. Gleich auf der ersten Seite fiel mir seine Beschreibung des Berliner Westens ins Auge: »... diese elegante Kleinstadt, in welcher alle Leute wohnen, die etwas können, etwas sind und etwas haben und sich dreimal so viel einbilden, als sie können, sind und haben ...« Ganz schön frech, aber gut beobachtet.

Angestoßen durch Kerr, suchte ich nach weiteren prominenten Breslauern, die in Berlin gelebt haben. Einige fielen mir sofort ein. Der Theologe Friedrich Schleiermacher, Professor und Mitbegründer der Berliner Universität. Der Industrielle Johann Friedrich August Borsig, den man im Volksmund den »Lokomotivkönig« nannte. Der Politiker Ferdinand Lassalle, Gründer des »Allgemeinen Deutschen Arbeitervereins«. Und natürlich Adolph von Menzel, einer der bedeutendsten deutscher Maler des 19. Jahrhunderts. Seine Holzschnittillustrationen zu Franz Kuglers »Geschichte Friedrichs des Großen« haben mein Bild vom »Alten Fritz« schon als Pennäler geprägt. Bei Boleslaw Barlog, der zum Generalintendanten der Städtischen Bühnen in Westberlin aufstieg, wäre ich nicht auf Anhieb darauf gekommen, dass er aus Breslau stammte. Ebenso wenig bei Wolfgang Neuss, dem Kabarettisten mit der Berliner »Kodderschnauze«, oder, und das ist eine ganz andere Ecke, bei Joachim Meisner, dem früheren Oberhirten der Berliner Katholiken und späteren Erzbischof von Köln.

Breslau galt seit jeher als Sprungbrett nach Berlin. Wer in seinem Beruf an der Oder erfolgreich war, hatte gute Aussichten, auch an der Spree Anerkennung zu finden. Abgesehen von den jüngeren Breslauern, die durch Krieg, Flucht und Vertreibung nach Berlin gekommen waren, verband die anderen ihr Ehrgeiz, in Deutschlands größter Metropole Karriere zu machen. Aber das galt nicht nur für Breslauer, sondern für Schlesier schlechthin. Zeugnisse ihres Wirkens sind an vielen Stellen Berlins zu sehen. Dass Carl Gotthard Langhans, geboren im niederschlesischen Landeshut, Baumeister des Brandenburger Tores war, wissen viele Berliner und ihre Gäste. Weniger bekannt ist dagegen, wer die lebensgroße Bronzeplastik des Berliner Bären geschaffen hat, der auf dem Mittelstreifen der Autobahn zwischen Dreilinden und dem Kreuz Zehlendorf, nahe dem ehemaligen Grenzübergang, mit erhobenen Tatzen die Menschen in ihren Wagen begrüßt oder verabschiedet. Eine Miniaturform dieses Bären wird in Silber und Gold jedes Jahr an die Preisträger der Internationalen Filmfestspiele, der Berlinale, überreicht. Geschaffen hat die Bärenplastik die 1888 im schlesischen Glatz geborene Bildhauerin Reneé Sintenis. Sie starb im Oktober 1968 in Berlin.

Aber nicht nur Künstler, Schriftsteller und Architekten wurden von Berlin angezogen. Nach der Reichsgründung, als die preußische Residenzstadt rasant wuchs und einen stürmischen Bauboom erlebte, strömten Tausende von Arbeitskräften aus den deutschen Ostprovinzen nach Berlin. Sie verdienten ihr Geld vorwiegend in Fabriken, auf dem Bau, in Handwerksbetrieben. Eine Berufszählung im Jahr 1907 ergab, dass 18 Prozent aller Berliner Industriearbeiter aus Schlesien stammten. In vielen Haushalten der »gehobenen Stände« schufteten schlesische Dienstmädchen. Sie kamen oft vom Lande, waren in der Regel jung, bescheiden und unerfahren. Angekommen sind sie meistens am Schlesischen Bahnhof. Diesen Namen trug die 1842 errichtete und mehrfach umgebaute Eisenbahnstation von 1881 bis 1950. Ein Jahr nach Gründung der DDR wurde aus dem Schlesischen der Ostbahnhof. 1987 erhob ihn die prestigesüchtige Ostberliner Führung zum Hauptbahnhof. 1998 wurde er zum Ostbahnhof zurückgestuft. Zahlreiche Bürger setzten sich dafür ein, dem Bahnhof seinen traditionellen Namen, den er die längste Zeit seines Bestehens getragen hatte, zurückzugeben. Doch der damalige Berliner Senat, der sich offenbar der politischen Korrektheit verpflichtet fühlte, sperrte sich. Der Beiname Schlesisch wurde verworfen. Die stadteigenen Berliner Verkehrsbetriebe (BVG) waren traditionsbewusster. Am Namen der U-Bahn-Station Schlesisches Tor in Kreuzberg wurde nicht gerüttelt.

Vor dem Ersten Weltkrieg lebten rund 100 000 Menschen mit polnischer Muttersprache in Berlin. Sie war nach Warschau die zweitgrößte polnische Stadt. Einen polnischen Staat gab es zu dieser Zeit nicht. Das Territorium hatten Russland, Deutschland und Österreich-Ungarn unter sich aufgeteilt. Die polnischen Berliner organisierten sich in Schul-, Gesangs- und Sportvereinen. Sie unterhielten religiös-patriotische, berufsständische und akademische Zusammenschlüsse. Heute leben wiederum annähernd 40 000 polnische Staatsbürger in Berlin. In vielen Haushalten ist es üblich, eine polnische Putzfrau zu haben. Polnische Handwerker werden von Deutschen geschätzt. Schulen bieten Unterricht in polnischer Muttersprache an. Jedes Jahr werden einige Tausend deutsch-polnischer Ehen geschlossen.

Die Ausstellung »Tür an Tür«, die sich der tausendjährigen Nachbarschaft widmete, wurde im Berliner Martin-Gropius-Bau zu einem Publikumsmagnet.

Je mehr polnische Bürger Kontakte zu Deutschen haben, desto weltoffener, liberaler und vorurteilsfreier denken sie. Das zeigt sich auch in Wahlergebnissen. In Wojewodschaften, die im Westen und Norden liegen, wählte man bei den Parlamentswahlen im Herbst 2011 mehrheitlich Kandidaten der europafreundlichen liberal-konservativen »Bürgerplattform«. Im Osten und Südosten dagegen tendierten die Wähler mehr zur national-konservativen Partei »Recht und Gerechtigkeit«, deren Spitzenpolitiker hin und wieder antideutsche Ressentiments erkennen lassen. Umgekehrt haben auch die meisten Deutschen durch den vielfältigen Umgang mit Menschen aus dem Nachbarland ein positives Polen-Bild. Aus der abschätzigen Bezeichnung »polnische Wirtschaft« ist in Europa heute fast so etwas wie ein Gütesiegel geworden.

Ich erinnere mich an ein Foto, das am Rande eines Heimattreffens aufgenommen worden ist. Ein Mann hielt ein Pappschild, auf dem die Worte standen: »Schlesien ist nicht Polen.« Ich weiß nicht, wie der schon ältere Demonstrant seine Parole gemeint hat. Vermutlich war er einer jener Vertriebenen, die sich nicht damit abfinden wollen oder können, dass ihre alte Heimat zu Polen gehört. Gleichwohl ist der Satz nicht ganz falsch. Selbstverständlich ist Schlesien heute ein Bestandteil des polnischen Staates. Aber innerhalb der Republik hat das Land an der Oder eine besondere Rolle übernommen. Schlesien wirkt als Brücke zwischen Polen und Deutschen, zwischen Menschen, denen das Land vor dem Krieg Heimat war, und Menschen, denen es danach zur Heimat geworden ist. Die einst deutsche Region mit ihrer reichen Hinterlassenschaft hat das Denken und Fühlen ihrer heutigen Bewohner beeinflusst und geprägt. Das brauchte Zeit. Erst den Kindern und Enkeln der nach dem Krieg neu angesiedelten Polen ist es gelungen, in ihrer schlesischen Heimat ein Vergangenheit und Gegenwart umfassendes Regionalbewusstsein zu entwickeln, häufig verbunden mit einer gewissen Distanz gegenüber Zentralpolen und der Hauptstadt Warschau. In Oberschlesien, wo Deutsche und Polen über lange Zeit friedlich zusammenlebten und wo noch heute eine stattliche deutsche Minderheit lebt, ist die Eigenständigkeit noch deutlicher ausgeprägt, bis hin zur Forderung nach Autonomie. Sie drückt sich aus in dem viel zitierten Satz: »Ein Pole? Nein. Ein Deutscher? Nein. Also ein Schlesier.«

Vor mir liegt ein leicht vergilbtes, an den Rändern ausgefranstes Blatt Papier. Es stammt aus dem Nachlass meines Nürnberger Onkels. Darauf steht mit Schreibmaschine getippt ein Gedicht mit dem Titel »Heimatlied«, verfasst von einem unbekannten Autor. »Glocken läuten hell den Sonntag ein, übern Berg da muss die Heimat sein. Nach dem Osten richtet sich der Blick, man lässt uns in die Heimat nicht zurück.« So lautet die erste von neun Strophen. Als der Amateurpoet diese etwas holprigen Verse reimte, entsprachen sie der Gefühlslage der Vertriebenen. Menschen, die sich vor Sehnsucht nach der verlorenen Heimat verzehrten. Mit dem Abstand von einigen Jahrzehnten gelesen, wirken die Worte wie sentimentaler Kitsch. Die Welt ist nicht mehr dieselbe. Niemand hindert mich heute, nach Breslau zu fahren. Aber betrachte ich deshalb die Oder-Stadt als meine Heimat? Ich zögere mit einem klaren Ja. Breslau ist die Heimat meiner Eltern, Schlesien das Land meiner Vorfahren. Dort liegen die Wurzeln unserer Familie. Dort wurden Mentalitäten geprägt, die auf nachkommende Generationen übergingen. In Breslau bin ich geboren. Deshalb sage ich, wenn ich nach meiner landsmannschaftlichen Herkunft gefragt werde: »Ich bin Schlesier.« Aber ein Geburtsort allein begründet kein Heimatgefühl. Unsere beiden Kinder sind in München zur Welt gekommen. Sie waren noch klein, als wir nach Berlin zogen. Nie käme es ihnen in den Sinn, die weiß-blaue Metropole als ihre Heimatstadt zu bezeichnen. Sie haben zu ihr keine Beziehung.

Bei mir ist das anders. Ich habe Breslau gleichsam als späte Liebe entdeckt. Für mich als Kind war »Gruss Brassel«, wie die Stadt im Dialekt genannt wurde, ein Mythos, geformt aus den Berichten meiner Mutter. Breslau erschien damals unerreichbar. Auch oder gerade deshalb wurde der heimatliche Ort in der Familie verklärt. Als ich im Erwachsenenalter mit der Wirklichkeit der polnischen Stadt konfrontiert wurde, war sie mir fremd, ja geradezu abweisend. Vorübergehend habe ich sie innerlich abgeschrieben. Dann fiel der Eiserne Vorhang, die Staaten des östlichen Mitteleuropa befreiten sich vom Kommunismus, und in mir vollzog sich ein Stimmungs- und Sinneswandel. Mit jedem Besuch wuchsen das Gefühl der Vertrautheit und der Wunsch, die Stadt besser kennenzulernen.

Nie habe ich erlebt, dass mir ein Wroclawer unfreundlich begegnete, nur weil ich Deutscher bin. Nie ist ein Pole erschrocken, wenn ich gesagt habe, dass ich ein Breslauer bin. Für meine Gesprächspartner waren derartige Aussagen verständlich und normal. Es gibt Heimatvertriebene, die andere Erfahrungen gemacht haben. Für mich zählen meine eigenen Erlebnisse. Berlin und Breslau liegen nur rund 330 Kilometer auseinander. Die Städte verbindet eine Autobahn. Ebenso eine direkte Flug- und Eisenbahnverbindung. Es macht keine große Mühe, ein Wochenende in Breslau zu verbringen und ein Konzert oder die Oper zu besuchen. Ich möchte die Zuneigung zu meiner Geburtsstadt auf meine Kinder übertragen, zumindest aber ihr Interesse wecken. Breslau – das ist die alte Heimat, die nicht vergessen werden soll. Meine neue und wohl auch endgültige ist in Berlin.

Ich nenne sie Wahlheimat. Die Suche ist beendet. Ich bin angekommen.

Beim Kramen in alten Unterlagen, die ich als notorischer Sammler in Kisten und Kartons verstaut habe, fand ich eine Einladung. Am 31. Dezember 1999 wurden meine Frau und ich »zu einem Galadiner mit anschließendem Tanz ins neue Jahrtausend« in das Restaurant »Die Möwe« im Berliner Palais am Festungsgraben gebeten. Zwischen den Gängen des Menüs gaben einige Gäste einen Ausblick auf die Zukunftschancen ihres jeweiligen Berufs.

Auch ich hielt eine kurze Rede, in der ich mir wünschte, dass die gedruckte Zeitung sich im Konkurrenzkampf mit den elektronischen und digitalen Medien des Internet-Zeitalters behaupten möge. Das Manuskript hatte ich zusammen mit der Einladung und der Menükarte aufbewahrt. Ich schloss meinen Beitrag mit Sätzen, die Alfred Kerr genau ein Jahrhundert zuvor in seiner Silvester-Kolumne geschrieben hatte: »Die Zeit ist aus den Fugen. Die Entwicklungen, die sich anbahnen, brauchen viele Säkula, um Ergebnisse zu zeitigen. Wir werden sie nicht sehen. Aber wenn das Bewusstsein, in einem der grandiosesten und konfusesten Augenblicke gelebt zu haben, Seligkeit ist – dann können wir alle selig werden. Adieu, Leser. Es schadet nichts, wenn wir einer dem anderen für den neuen Zeitabschnitt recht viel privates Glück wünschen.«

Für meine Frau und mich ging der Wunsch in Erfüllung. Im Jahr 2000 verabschiedeten wir uns endgültig vom Plan, als Rentner zurück nach Bayern zu gehen. Wir wollten in Berlin bleiben, in der Stadt, in der wir die längste Zeit unseres Lebens gewohnt haben. In der die meisten unserer Freunde zu Hause sind. In der wir den Mauerfall und das Zusammenwachsen der beiden getrennten Stadthälften erlebt haben. In der wir uns auskennen wie in keiner anderen Stadt. In der ich als politischer Journalist die beste und ergiebigste Wirkungsstätte habe. Wir zogen erneut in den Eichkamp. Seit wir unsere Elternhäuser verlassen hatten, lebten wir stets zur Miete. Diesmal zogen wir ins eigene Haus, ein Heim mit Garten. Wir gestalteten ihn nach unseren Vorstellungen, pflanzten Rosen und Kräuter, setzten Büsche und Beerensträucher. Wir erlebten, was Verwurzelung bedeutet. Spürten, dass wir nach einem langen Weg an unserem Wunschort angekommen sind. Und erfuhren ein neues Gefühl von Sicherheit. Sollten einmal karge Zeiten kommen, so malten wir uns aus, dann könnten wir notfalls aus unserem Rasen ein Kartoffel- oder Rübenbeet machen. Wir hatten dabei den Maler Max Liebermann vor Augen. Der hatte während der Hungerphase des Ersten Weltkriegs die Wiese seiner Sommervilla am Wannsee umgestalten lassen. Das große Kohlbeet hat er in einem seiner zahlreichen Gartenbilder festgehalten.

Manchmal beobachte ich Spaziergänger, die nicht merken, dass der Falterweg eine Sackstraße ist. Bevor sie zurückgehen, ruhen sie sich zuweilen auf einer Bank aus, die um den Lindenstamm gebaut ist. Als wir einzogen, war der Baum von einem Blumenbeet umgeben. Die Pflege oblag der Stadt, aber sie kam ihrer Aufgabe nur sporadisch nach. Ein Nachbar schlug vor, die von Unkraut überwucherte Anlage durch ein Kiesbett zu ersetzen und darauf eine Holzbank zu stellen. Wir Anwohner waren von der Idee angetan, sammelten Geld und setzten den Vorschlag um. Die Sitzgelegenheit wurde zum Dorfplatz. Statt auf ihren eigenen Terrassen zu bleiben, versammeln sich die Nachbarn an lauen Tagen nach Feierabend unter der Linde, trinken Prosecco, Wein oder sonst etwas, tauschen Neuigkeiten aus und plaudern. Es kam auch vor, dass jemand fragte, was es bei Nachbarn am Abend zu speisen gebe. Nachdem jeder berichtet hatte, sagte einer aus der Runde: »Wir könnten doch gemeinsam essen.« Der Gedanke erhielt Beifall. Flugs wurden Tische, Stühle und Bänke zu einer langen Tafel zusammengestellt. Bald wurden die vorbereiteten Speisen der einzelnen Familien herbeigeschafft, und es begann ein Mahl, das bis Mitternacht dauerte.

Nie zuvor haben wir in einer so vertrauten Nachbarschaft gelebt. Manchmal zieht eine Familie weg, und eine andere kommt hinzu. Sie wird in kurzer Zeit in die Gemeinschaft aufgenommen. Man hilft sich, hat wechselseitig Schlüssel deponiert, wässert den Garten und nimmt Post und Pakete an, wenn der Nachbar verreist oder kurzeitig nicht zu Hause ist. Gleichwohl wahrt jeder ein gewisses Maß an Distanz, sodass die Beziehungen nicht zur Kumpelhaftigkeit ausarten. Berlin bietet uns beides – hier die kleine, überschaubare Welt von Falterweg, Eichkamp und Nachbarschaft. Dort die Metropole, die Hauptstadt, die Kulturstadt. Das große Berlin, stets im Umbruch, nie fertig, eine ewige Baustelle. Die kleine Welt ist der Ort der Verankerung, er bietet – wie die Familie – Nähe und Vertrautheit. Die große Welt bewahrt davor, uns abzukapseln, nicht mehr über den lokalen Tellerrand zu schauen und Probleme der Gesellschaft zu ignorieren.

Die Italiener haben ein Sprichwort: »Heimat ist wie eine Mutter. Es gibt nur eine.« Stimmt das? Vielleicht. Eine Zeit lang habe ich das Siegerland für meine neue Heimat gehalten. Gewiss, Landschaft, Dialekt und Ort werden mir vertraut bleiben. Ich möchte weiterhin dort meine Mitabiturienten treffen und an den Gräbern von Eltern und Bruder verweilen. Ich könnte mir vorstellen, mal wieder auf den Kindelsberg, den Krombacher Hausberg, zu wandern oder eine Vorstellung im Siegener Apollo-Theater zu besuchen. In unserem Berliner Zuhause haben Landschaftsbilder aus dem Siegerland – ebenso wie das Breslauer Rathaus – einen festen Platz. Dennoch stelle ich fest, dass die Anziehungskraft schwindet. So geht es mir auch mit den anderen früheren Wohnorten. In München würde ich mich nie fremd fühlen, genau so wenig wie in Sankt Augustin und in Bonn. Wenn ich in diesen Städten bin, schaue ich mir manchmal die Gegend an, wo wir gelebt und wo ich gearbeitet habe. Mit Neugier, mit angenehmen Erinnerungen, aber ohne Wehmut und Trauer.

Heimat ist für die einen der Ort der Kindheit und der Familientradition, für andere das Gefühl, an einen bestimmten Ort zu gehören, manche verbinden damit Häuser und Landschaft, andere die Sprache, den Dialekt, vielleicht auch den Platz, an dem man eine sinnvolle Aufgabe hat, und wieder andere vor allem die Menschen, mit denen man vertraut ist. Es gibt Leute, die schleppen Heimat – wo auch immer sie sind – wie ein Stück Gefühlsgepäck mit sich herum. Und es gibt andere, die haben sich dieser Last entledigt und wähnen sich überall auf der Welt zu Hause. Heimat, das ist nichts Statisches, sondern etwas, das Veränderungen unterliegt.

Heimat ist ein schillernder Begriff, und er wird oft missbraucht. Wenn Menschen von Heimattreue oder gar Heimatfront reden, werde ich hellhörig. Rechtsradikale bedienen sich gern solcher Worte. Bei ihnen wird Heimat zum ideologisch aufgeladenen Kampfbegriff. Er bedeutet ihnen Abgrenzung von allem, was ihnen fremd erscheint, seien es Menschen, ihre Kleidung oder ihre Sitten. Immer wieder haben Deutsche und Bürger anderer Staaten von Heimat gesprochen und hatten dabei Chauvinismus, Fremdenfeindlichkeit und Rassismus im Kopf. Suspekt sind mir auch jene, die sich mit ihren Erinnerungen und ihrem erfahrenen Leid seelisch einkapseln, unfähig, die Veränderung der Realität wahrzunehmen und sich mit ihr auseinanderzusetzen.

»Heimatlos sind viele auf der Welt«, hat der Schlagersänger Freddy Quinn einst gesungen. Es war ein Hit. Er bediente ein Gefühl der Einsamkeit und erinnerte daran, dass es viele Menschen gibt, die ihr Leben lang nach einem

Ort der Geborgenheit suchen, aber dort nie ankommen. Als uns neulich ein alter Bekannter aus dem Siegerland besuchte, erzählte er, dass er sich in Polen, in der ostpreußischen Heimatgemeinde seiner von dort vertriebenen Familie, ein Grab gekauft habe. Meine Frau und ich schauten ihn ungläubig an. »Doch«, sagte er, »ich will dort begraben werden.« Er ist etwa in unserem Alter. Ich war überrascht, dass einem Angehörigen der Kindergeneration die oft mythisch verklärte Heimaterde so viel bedeutet, dass er darin zur letzten Ruhe gebettet werden möchte. Mein Grab in Breslau? Das kann ich mir bei aller Verbundenheit mit meinem Geburtsort nicht vorstellen. Mit meiner Frau bin ich mir einig: Unsere Urnen werden auf einem Berliner Friedhof beigesetzt.

»Der richtige Berliner stammt entweder aus Posen oder aus Breslau.« Den Satz hat Kurt Tucholsky geschrieben. Mit dieser Feststellung aus dem Jahr 1921 leitete er einen Text über die schlesische Landeshauptstadt ein. Tucholsky unterschied zwischen dem Breslauer Breslauer und dem Berliner Breslauer. Der Erstere kam bei ihm schlecht weg. »Er hat einen durch Frechheit gemilderten Respekt vor den Berlinern, schimpft auf sie und bewundert sie maßlos.« Die zugewanderten Breslauer hingegen seien viel forscher als die richtigen Berliner. »Aus Breslau zu stammen, das ist keine ethnografische Bestimmung: das ist eine Weltanschauung. Ich kann Ihnen im Dunkeln alle Breslauer aus einer Gesellschaft heraussuchen«, schrieb Tucholsky. Man erkenne den Breslauer an seiner gradlinigen Natur. »Er passt, wie man so sagt, in seine Zeit. Er hat in die große gepasst, und er hat sich auch in die jetzige hübsch hineingefunden.« Kann ich mich in dieser Typisierung wiederfinden, 90 Jahre nachdem sie formuliert wurde? Warum nicht? Schließlich bin ich Berliner Breslauer oder auch Breslauer Berliner. Das macht keinen großen Unterschied.

Literaturverzeichnis

Albertz, Heinrich: *Die Reise – Vier Tage und siebzig Jahre.* München 1985

Bahr, Egon: *Zu meiner Zeit.* München 1996

Beer, Mathias: *Flucht und Vertreibung der Deutschen.* München 2011

Birnbaum, Immanuel: *Entzweite Nachbarn – Deutsche Politik in Osteuropa.* Frankfurt am Main 1968

Dönhoff, Marion Gräfin: *Weit ist der Weg nach Osten.* Stuttgart 1985

Dönhoff, Marion Gräfin: *Von Gestern nach Übermorgen.* Hamburg 1981

Friedrich, Otto: *Weltstadt Berlin – Größe und Untergang 1918 – 1933.* München 1973

Glotz, Peter: *Die Vertreibung – Böhmen als Lehrstück.* München 2003

Michaela Goos/Brigitte Heyde: *Eichkamp – Eine Siedlung am Rande mitten in Berlin.* Berlin 1999

Hahn, Eva und Hans Henning: *Die Vertreibung im deutschen Erinnern.* Paderborn 2010

Hartung, Hugo: *Deutschland deine Schlesier – Rübezahls unruhige Kinder.* Hamburg 1970

Herzig, Arno: *Schlesien – Das Land und seine Geschichte.* Augsburg 2008

Hupka, Herbert: *Große Deutsche aus Schlesien.* München 1978

Kossert, Andreas: *Kalte Heimat.* München 2008

Olschowsky, Burkhard: *Einvernehmen und Konflikt – Das Verhältnis zwischen der DDR und der Volksrepublik Polen 1980–1989.* Osnabrück 2005
Pfau, Dieter (Hrsg): *Kriegsende 1945 in Siegen.* Siegen-Bielefeld 2005
Prochazka, Jan: *Solange uns Zeit bleibt.* München 1973
Reinke, Fred (Hrsg): *... und ist der Ort, wo wir leben – Eine Heimat-Anthologie.* Berlin/DDR 1987
Ruge, Elisabeth und Peter: *Nicht nur die Steine sprechen deutsch – Polens deutsche Ostgebiete.* München 1985
Schieb, Roswitha: *Breslau – Literarischer Reiseführer.* Potsdam 2004
Schieb, Roswitha: *Jeder zweite Berliner. Schlesische Spuren an der Spree.* Potsdam 2012
Schlanstein, Beate/Rutsch, Hans-Dieter u.a.: *Als der Osten noch Heimat war.* Berlin 2009
Schott, Christian-Erdmann: *Geh aus Deinem Vaterland – Vertreibung – Integration – Vermächtnis der evangelischen Schlesier.* Berlin 2008
Schmitt-Roschmann, Verena: *Heimat – Neuentdeckung eines verpönten Gefühls.* Gütersloh 2010
Stern, Fritz: *Fünf Deutschland und ein Leben.* München 2007
Völklein, Ulrich: *»Mitleid war von niemandem zu erwarten« – Das Schicksal der deutschen Vertriebenen.* München 2005
Walther, Klaus (Hrsg): *Zwiebelmarkt und Lichterfest – Bräuche, Feste, Traditionen.* Halle/Leipzig 1983
Weidner, Michael/Lagiewski, Maciej: *Reise nach Breslau.* Leer 1993
Urban, Thomas: *Der Verlust – Die Vertreibung der Deutschen und Polen im 20. Jahrhundert.* München 2006
Wolter, Gudrun u.a.: *Fremde Heimat – Das Schicksal der Vertriebenen nach 1945.* Berlin 2011

Bildnachweis

Andreas Varnhorn: Tafel 15 unten
Berliner Verlag: Tafel 14
Stadtmuseum Brelsau/Muzeum Miejskie Wroclawia: Tafel 4

Die übrigen Bilder entstammen dem Privatbesitz des Autors.